WWI

第一次世界大戦 上

1914-16

B・H・リデルハート
上村達雄【訳】 石津朋之【解説】

B. H. Liddell Hart

HISTORY OF THE FIRST WORLD WAR

中央公論新社

この本の校正刷をお読み下さり、ご批評やご意見をお寄せ下さった方々のご好意にお礼を申し上げる。とりわけH・G・ド・ワットヴィユ中佐、E・G・ホーク氏、および名をあげないが各種の資料に精通し、また著者への助力を惜しまれなかった方々に厚くお礼を申し上げる。

リデルハート

原著『真実の戦争』への序文

私はこの本を書き終えた段階で、数々の欠点に気づいている。が、およそ読むに値する本は不備な点をもっているということを思い返して、いくらか慰めを覚える次第である。この本は少なくともひとつの長所と、おおかたの『戦史』と違った点をひとつもっていると思われる。私はこの本に登場する人々の欠点を隠したいと思わないのと同じく、この本の欠点をも隠したいとは思わない。執筆に際しては、誤って〝たしなみ〟と呼ばれている偽善的な粉飾の顔料を用いることによって、私の真実の探求に支障をきたすことはなかった。価値判断を下すに当たり、個々の人たちの名声をおもんぱかって、いやな事実をうまくごまかし、ために別の人々を犠牲の祭壇に捧げてしまうよりも、真の評価のための材料を提供することのほうが大切なのである。けだし歴史を長い眼でみる以上、私はいまやすでに地に落ちた少数の人々の名声を、一国、一時代の運命よりも価値があるとは考えないのである。

また一方、私は一般受けをねらって個々の人々の不完全さを誇張したり、また本来国民全体が負うべき愚行や誤りの重荷を、個人に負わせたりする意図はさらにない。

歴史家の正当な任務は、後世のための戒めとして歴史上の事実という経験を蒸留することであって、粉飾された史実という麻薬を蒸留することではない。全力をあげて、誠実にこの責務を果たしたとき、歴史家は目的を達成したといえるのである。だが次の世代がこの戒めに耳を傾けてくれるであろうと、仮に歴史家が信ずるとすれば、彼は気の早い楽天家というべきであろう。歴史は少なくとも歴史家にひとつの教訓を与えているのである。

さらにこの本の標題は二重の意味をもっているので、簡単な説明をしておこう。ここに描かれた戦争は〝真実の戦争〟ではない、真実の戦争は個々の人間の引き裂かれた肉体と精神のなかにこそあるのだ、と言う人もあるであろう。真実のこの局面を無視したり否定したりする気は、私にはさらさらない。しかし私と同様に、戦争を人類の歴史の一挿話《エピソード》と見なそうとするものにとっては、それは二義的な局面にすぎないのである。戦争は個々の人間の営みをこれほどまでに侵害したがゆえに、またそのような人が何百万にも達しているがゆえに、そしてまた彼らの運命の根源が過去のなかに深くかかわっているがゆえに、戦争を正しい遠近法をもって観ることと、その太い筋みちを偶発的な悲惨事からより分けることがよけいに必要とされるのである。おそらくこの試みは、最近の戦争文学の傾向──それはたんに個人を中心とするばかりではなく、好戦家の手先どもの考え方や感情に焦点を合わせようとする──に想いをいたせば、なお意義があると言わなければならない。なるほどこの戦争においては兵力の物理的衝突による以上に、個々人の心のなかで戦いが行なわれ、決着がつけられた。しかしそういう個人の決定的印象を受けとめてこれを打ち出したのは、各国内閣、各国軍首脳部の側であって、歩兵の隊伍のなかや、苦悩に満ちた崩壊家庭の側ではなかった。

この標題のもうひとつの──そしてもっと意図的な──意味は、この戦争の〝真実な〟歴史を書くことのできる時がきているということである。いまや各国政府は、古い記録文書や声明文の数々を公表し、またかつての将軍たちは前例のない博愛の精神から、その心情を活字をもって吐露している。この戦争に関する資料は、学究の徒に利用できるよう公刊され尽くしていると言ってもさしつかえない。しかしこれらはまだ、一般向けの情報として照合されてはいない。

文書、日記、備忘録などがこのように大量に公刊されたことは、ひとつのすぐれた利点をもっている。それはこの戦争の危機的瞬間や運命的決議に参画した人々の証言によって、それらの真実性が試されるだけの時間がまだあるということである。だが、一一、二三年たてばもう手遅れになるであろう。

このような試みを経てはじめて、歴史が真実に肉薄する唯一のチャンスが与えられるのである。歴史を記録する者が、その歴史の過程におけるその場に居合わせるなり、歴史の創り手と接触をもつなりする度合いが強ければ強いほど、公式文書だけを資料にした歴史書がいかに皮相なものにすぎないかを、強く認識するようになるのである。歴史はまた、知らず知らずのうちに〝神話〟の侍女になる場合があまりに多いのである。

『第一次世界大戦』への原序文

『真実の戦争』が公刊されてから四年以上になる。この標題を選んだ理由は、すでに述べたとおりであって、そのひとつの目的は果たしたが、時の経過とともにこういう標題の必要もなくなった。あの戦争の重要な史実を集めたものとして、私の著書は強い反論に出会うことがなかったし、また史実の解釈の点において、各国の権威ある専門家から支持を受け、著者としては望外の喜びを味わっている次第である。あの戦争が起こってからすでに二十年が経過し、戦争をじかに体験していない世代が育ちつつある。あの戦争は過去のものとなっている。したがってもう同時代的な色合いを含まないタイトルを採用していい時代がきている。内容を増補したことも理由のひとつになっている。この本は完璧さにおいても、私自身の理想という点にもほど遠いけれども、少なくともひとつの『世界大戦史』と呼ぶことができるかもしれない。そしてこれは世界大戦史の決定版を育てるのに役立つかもしれない。これ自体が『真実の戦争』から育ったもので、その『真実の戦争』はひとつひとつの局面や挿話に関する研究論文の集成の発展したものである。このような段階的方法によらずに、一九一四年から一八年の満足な歴史を編むことができるかどうか、私は個人的な経験から疑問に思う。いまでこそ入手し得る膨大な証拠の数々をだしぬけにつきつけられると、頭は混乱し、記録の重圧に負けて構成もゆがみやすくなるであろう。私自身としては、多年にわたってそのつど新しい証拠を加え、枠をひろげていくことのできたこの方法の実際的な価値を、いまさらのように痛感している。

『真実の戦争』からこの著書へと発展させていくに当たって、多少の改訂と多量の増補を行なった。『両陣営の兵力と作戦計画』はいまでは新しい材料を加えて、二章に分けて扱われている。一九一四年のいきさつをいっそう完全にするために、新たに〝場《シーン》〟がふたつ加えられた。ひとつはオーストリア軍とロシア軍の緒戦の衝突を扱い、もうひとつはイギリス海峡の諸港の占有を決定づけたイープルとイゼール川の秋の戦闘を扱っている。しかし増補のもっとも大きな部分は、過去四年間に公にされた新しい証拠を組み入れて、既存の章と〝場〟を拡大した部分である。たとえば章の概説の個所でいっそう詳しい説明を加えたのは、一九一四年におけるドイツ軍のフランス侵入、一九一五年のドイツ゠オーストリア軍のロシアへの攻勢とバルカン情勢、一九一六年のパレスチナ情勢、西部戦線の一九一七年春の戦役、一九一八年のドイツ攻勢に先立つ連合国側の論議などである。しかしいちばん主な増補と新材料の大部分は、とくにヴェルダン、ソンム川、パーサンダーラ、『第一次突破作戦』、『フランダース突破作戦』などを扱う〝場〟に含まれている。また新事実を多少注入した〝場〟としては、ブルシーロフ、アラス、メッシーネ山岳地帯、カンブレー攻勢、第二次マルヌ川戦闘などがある。

改訂を必要とした部分は比較的少なかった。しかし過去四年間に公にされた幾多の新証によって、私の見解を修正する必要があった問題は、ヴェルダンにおけるドイツ軍戦略、オーストリアに対する企て、一九一七年のニヴェルの失敗の原因、ヴェルサイユ委員会と一九一八年のドイツ攻勢に対処するための準備などに関するものである。またいくつかの点については、いっそう充分な知識のために初期の見解が強化されたし、逆にそのために犯した誤りが浮き彫りにされる場合もあり、その原因をはっきりつかむ助けにもなった。いくつかの挿話については、自分の最初の論評を修正あるいは割愛した。そしてその代りに責任ある人々の証言を引用して、事実から結論が引き出せるよう配慮した。

1　本文中で、＊1・2・3……とあるのは訳注番号を示す。また、†原注1・2……は原注番号を示す。

2　本文中、訳者および編集部が（……）の形で補足した部分がある。

第一次世界大戦　上

一九一四―一六

目次

第5章　行詰り——一九一五年　241

第6章　〝相討ち〟——一九一六年　353

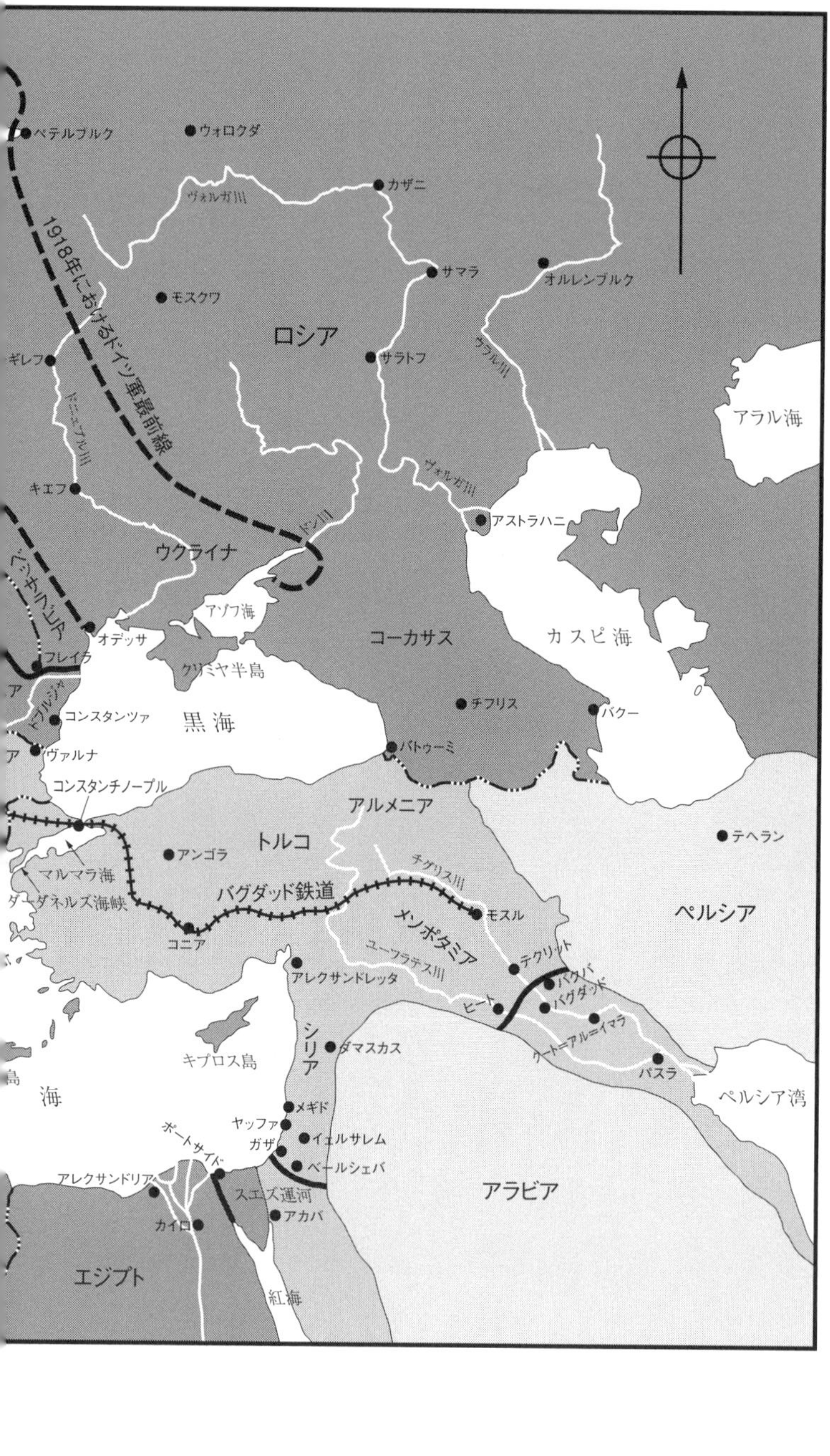

ペテルブルク
ウォロクダ
カザニ
ヴォルガ川
サマラ
オルレンブルク
モスクワ
ロシア
1918年におけるドイツ軍最前線
サラトフ
ウラル川
アラル海
ドニエプル川
ヴォルガ川
キエフ
アストラハニ
ドン川
ウクライナ
ベッサラビア
アゾフ海
オデッサ
コーカサス
カスピ海
フレイラ
クリミヤ半島
ドブルジャ
コンスタンツァ
黒海
チフリス
バクー
バトゥーミ
ヴァルナ
コンスタンチノープル
アルメニア
トルコ
テヘラン
アンゴラ
マルマラ海
チグリス川
ダーダネルズ海峡
バグダッド鉄道
モスル
ペルシア
メソポタミア
コニア
ユーフラテス川
テクリット
アレクサンドレッタ
バグバ
バグダッド
ヒート
クート＝アル＝イマラ
キプロス島
シリア
ダマスカス
バスラ
海
ペルシア湾
メギド
ヤッファ
ポートサイド
イェルサレム
ガザ
ベールシェバ
アレクサンドリア
スエズ運河
アラビア
アカバ
カイロ
エジプト
紅海

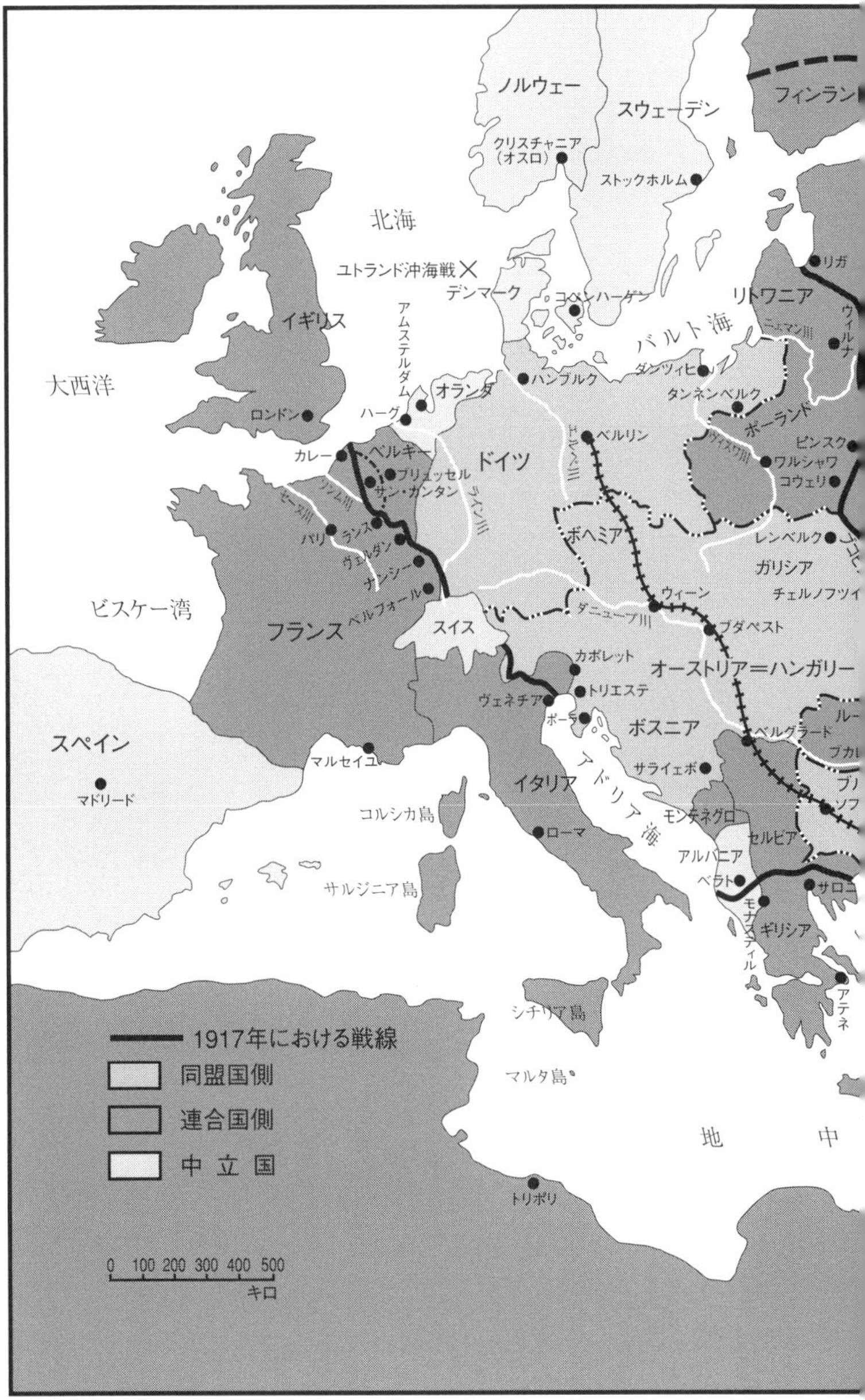
ノルウェー
スウェーデン
フィンランド
クリスチャニア（オスロ）
ストックホルム
北海
ユトランド沖海戦
デンマーク
コペンハーゲン
リガ
リトワニア
ウィルナ
バルト海
ニェマン川
イギリス
アムステルダム
大西洋
ハンブルク
ダンツィヒ
タンネンベルク
オランダ
ロンドン
ハーグ
ポーランド
ベルリン
ピンスク
カレー
ベルギー
ドイツ
エルベ川
ヴィスワ川
ワルシャワ
ブリュッセル
コウェリ
サン・カンタン
ソンム川
ライン川
セーヌ川
ボヘミア
レンベルク
パリ
ランス
ヴェルダン
ガリシア
ナンシー
ウィーン
チェルノフツイ
ビスケー湾
ベルフォール
ダニューブ川
ブダペスト
フランス
スイス
カポレット
オーストリア＝ハンガリー
ヴェネチア
トリエステ
ポーラ
ボスニア
ベルグラード
スペイン
マルセイユ
サライェボ
マドリード
イタリア
アドリア海
コルシカ島
モンテネグロ
ローマ
セルビア
アルバニア
サルジニア島
ベラト
サロニカ
モナスティル
ギリシア
アテネ
シチリア島
1917年における戦線
同盟国側
連合国側
中立国
マルタ島
地中
トリポリ
0 100 200 300 400 500
キロ

1 主要参戦国全図

下巻目次

第1章　戦争の原因

THE ORIGINS OF THE WAR

ヨーロッパを爆発寸前の状態にもってくるのには五十年を要したが、いざ爆発させるには五日で充分だった。爆発するような事態――これが争いの根本原因をなしているが――がどのようにして形成されたかを調べることは、この世界大戦小史の枠をはみ出した問題である。われわれとしては、一方ではドイツ帝国の建国にプロイセンの及ぼした影響、ビスマルクの政治思想、ドイツ哲学の傾向、経済状態、つまり商品の販路を得ようとするドイツの当然な欲求が、不幸にも満たされずに、世界の大国になりたいという幻想へと変形していく一連の過程などを究明しなければならない。さらにまた、中世の遺物であるオーストリア＝ハンガリーという混合国家を分析して、その複雑な民族問題、不自然な政治機構を理解し、内部分裂の恐れをひた隠しにしながら、避けがたい終末を遅らせようと必死にあがいたその浅はかな野心などを把握する必要があるのである。

また一方ではわれわれは、ロシアの政治を支配していた野望と理想主義の奇妙な混合物の実体を調べ、またロシア国外、とりわけゲルマン系の国々に及ぼしたロシアの恐怖――最終的な爆発の要因のなかで、おそらくこれがいちばん強力なものであった――を調べなければならない。さらにまた一八七〇年以来、フランスが絶えず受けていた新たな侵略の脅威を理解し、アルザス＝ロレーヌ[*1]をドイツに奪われたために、フランスがそのわき腹に受けた傷を念頭に置かなければならない。最後に英国が次第に孤立政策を離れて、ヨーロッパ体制の一員となり、自国に対するドイツ人の感情の実体に少しずつ目ざめていった過程を調べなければならない。

ヨーロッパの五十年間の歴史をこれらの角度から探究するときにはじめて、概括のほうが、詳細をきわめた歴史よりも正確なものとなり得るのである。争いの根本原因は三つの言葉に要約できる。それは〝恐怖〟〝飢え〟〝誇り〟である。これにくらべれば、一八七一年から一九一四年の間に生じた国際的〝事件[*2]〟はその症状にすぎない。

因果関係の連鎖のうち発火点へ導いた最重要な転換点をつきとめることが、この際、可能な唯一のそして賢明なポイントである。この連鎖は、一八七一年以後、ビスマルクが次々と同盟を結んで築き上げた機構のなかにも作用している。皮肉なことにビスマルクは、この機構を自分が創りあげたドイツ帝国の平和的発展のための保障と心得て、爆発物の貯蔵庫だとは考えていなかった。それというのも、彼の哲学は一八六八年に言った言葉[*3]──「弱者は強者に食われるためにつくられた」──に要約されているが、一八七〇〜七一年の戦争でたら腹つめこむことができたために、彼自身の飢えは満たされていたからである。だが、食べたくもないくせに欲張ったのだ、と言って彼を非難することはできない。なぜならドイツが、彼の言葉によれば今や飽和状態の国であると感じたために、彼はその後は拡張でなく強化を目ざすことを根本理念としたからである。そしてこの新興ドイツ強化のための時間と平和を手に入れるために、彼はフランスに対して、報復戦争のできない恒久無力化の状態を押しつけようとつとめたのである。

しかしその結果は、悪事が重なっては帝国も成らないことを証拠立てることになった。

フランスの意外に早い復興に対抗し、ビスマルクはフランスに対して再三直接的脅威を与えたばかりでなく、間接的にはフランスとその友好国、支持国を引き離そうとした。この目的のために、まず彼はオーストリアとロシアをドイツとの共通の輪に結ぶ体制をでっちあげようとした。また一方、この輪に対する危険な圧力を防ぐ手段として、バルカン諸国に平和を確保しようと努めた。数年間はどちらの側にもくみせずに、ヨーロッパ外交の取引場で、〝正直なブローカー〟の役を演ずることが彼の政策となった。しかしロシアの宰相ゴルチャコフとの対立と、一八七七年の露土戦争[*4]のもたらした混乱が動機となって、ビスマルクは一八七九年にオーストリアと防衛同盟を結んだ。しかしドイツの老皇帝ヴィルヘルム一世はこれに反対し、ロシアに対する〝裏切り〟だとして退位も辞さない姿勢を示した。この同盟は、その後無数の結果を生む重大な態度決定であった。けれどもビスマルクは一八八一年の外交上の大成功のおかげで、一時的に主人公の役割を取り戻すことになった。これがロシア、

＊1――Elsas-Lothoringen（仏 Alsace-Lorraine）　ドイツ語読みでエルザス＝ロートリンゲン。独仏の国境地帯としての戦略的重要性と、埋蔵する鉄鉱石の豊富さからつねに両国の紛争の原因となるフランス東部の地方。第一次大戦時においては、ミュールルズ、タンなどとともに主戦場となったが、敗戦後の『ヴェルサイユ条約』でフランス領となる。第二次大戦当時も一時ドイツに占領されたが、戦後復帰する。

＊2――一連の国際的事件とは、『三帝同盟』成立（一八七三年六月、ドイツ・オーストリア・ロシア）、『露土戦争』（一八七七年四月～七八年）、『ベルリン条約』（一八七八年六月）、『三国同盟』（一八八二年五月）、『清仏戦争』（一八八四年～八五年）、アフリカ分割に関する『ベルリン列国会議』（一八八四年十一月～八五年）、『再保障条約』（一八八七年～九〇年、ドイツ・ロシア）、『露仏軍事協定』（一八九二年八月）、『日清戦争』（一八九四年八月～九五年三月）、『ファショダ事件』（一八九八年九月）、『義和団事件』（一八九九年～一九〇一年）、『ボーア戦争』（一八九九年～一九〇二年）、『日英同盟』（一九〇二年一月）、『日露戦争』（一九〇四年～〇五年）、『三国協商』成立（一九〇七年八月）、『第一次・第二次バルカン戦争』（一九一二年十月～一三年七月）等々、サライェボの凶変へと続く事件をさす。

＊3――一八七〇年七月十九日～七一年五月の普仏戦争。ドイツ統一をめざすビスマルクの《鉄血政策》と領土的野心に燃えるナポレオン三世との衝突でひき起こされたプロイセン、フランス間の戦争。スペインの王位継承問題もからんだこの戦いは、パリを包囲すること四ヵ月、ドイツの勝利に終わり、フランスはアルザス＝ロレーヌ地方と賠償金五〇億フランを支払うこととなった。戦闘中の七一年一月、ビスマルク宿願のドイツ帝国が成立し、プロイセン王ヴィルヘルム一世が第一代皇帝に就任し、以後ドイツは急速な発展を遂げる。

オーストリア、ドイツの三国がバルカンの一切の問題に関して、共同歩調をとることを約した有名な三帝協商[*5]である。一八八七年にこの協商は失効したが、ドイツとロシアの結びつきはその代りに秘密の再保障条約[*6]によって強化され、両国は互いに第三国との戦争に際して、好意的中立を維持することが取り決められたのである。けれどもドイツがフランスを、あるいはロシアがオーストリアを攻撃した場合には、この条約は適用されないとされた。多分に二枚舌を使ったものではあったが、この第二の成功によって、ビスマルクはロシアとフランスが同盟を結ぶ危険を、きわどいところで回避したのである。

この間に、ドイツ＝オーストリア同盟は一八八二年にイタリアを加えて強化された。これは、ロシアと開戦した場合にオーストリアを闇討ちから守護し、返礼として、イタリアがフランスから攻撃された場合に、この新同盟国の救援におもむくというねらいであった。しかしイタリアとしては、英国との古い友好関係があり、また自国の沿岸を守るためにも、この条約は英国に当てつけたものでないことを、特別議定書として付加してもらう必要があった。一八八三年、ルーマニアも国王自らの秘密の働きかけを通じて、この新〝三国同盟〟に加わった。セルビアもオーストリアとの独自の条約によって、またスペインもイタリアとの協定によって、暫定的にこれに結びついた。英国に関してのビスマルクのねらいは、ドイツに対して友好的孤立、フランスに対して非友好的孤立の関係を保たせたいということだったようである。ビスマルクの対英感情は、政党政治の風向き次第で〝友情〟と〝軽蔑〟の間をゆれ動いていた。〝老ユダヤ人〟ディズレーリにはビスマルクは心からの尊敬を寄せていたが、グラッドストーン配下の自由党員の見解には理解を示さず、そのふらつきがちな行動を軽蔑していた。ビスマルクはディズレーリが政権を担当していた時期には、その同盟国の一環に英国を加えたい意向をちらつかせていたが、ヴィクトリア女王のほうは「ドイツはいかなる点でももっとも安全な同盟国である」と、祈るような思いで信じつつも、ビスマルクが信用のおける人物であるかどうかには疑いを抱いており、ディズレーリも同じ不信感をもっていた。そこでビスマルクはさほど苦心することもなく、英国とロシアを、また英国とフランスを代わる代わる不和にさせるというかたちで、漁夫の利を占める政策を続けたのである。彼は英国のエジプト占領がフランスの反発を買うであろうことを抜け目なく計算し、これに肩入れした。またドイツ国内においては、植民地拡大の願望の高まりに対し、「わが国の盲目的な植民地拡大論者の強欲さは、必要な限度を越えている」として抑制す

＊4――黒海からさらにバルカン、コーカサスに進出せんとするロシアの伝統的な南下東方政策がトルコとの間にひき起こした前後六回にわたる戦争をさす（十八世紀後半から十九世紀後半）。フランス革命、ナポレオン戦争等々、激動するヨーロッパ大陸列強にとって汎スラブ主義をかかげて着々と南下するロシアの政策は、『クリミア戦争』（一八五三年〜五六年）、バルカン民族運動を誘発した。結局、一八七八年三月の『サンステファノ条約』により、ロシアは黒海東岸の地と、ダーダネルズ、ボスポラス海峡の自由航行権のほかにコーカサスを手に入れ、ブルガリア、ルーマニア、セルビア、モンテネグロの独立をトルコに認めさせ、バルカンにおける影響力を著しく強めた。しかし脅威を感じたヨーロッパ列強は、『ベルリン列国会議』（七八年六月）において同条約の改定をロシアにせまり、その特権はふたたびせばめられることになった。

＊5――『ベルリン列国会議』以後、ロシアで反ドイツ的傾向の強まるのを恐れたビスマルクが、再びロシアに接近しドイツ、オーストリア、ロシアを再結合した条約（一八八一年六月十八日）。ダーダネルズ、ボスポラス南海峡の閉鎖の承認、バルカン半島での相互の利益を尊重するなどをその内容とした。しかし、八五年ブルガリア問題でロシアとオーストリアの対立が激化したために無力となり、八七年にオーストリアが再度の更新を拒絶したために消滅した。

＊6――三帝協商の崩壊後、ロシアとフランスの接近を恐れたビスマルクは、バルカンにおけるロシアの権限を認め、第三国との戦争には好意的中立を守るとの遵守を約束した。これによってビスマルクは、対仏戦の際の背後の脅威をなくすと同時に、まだ有効なドイツ＝オーストリア同盟による東方の保障という二重の保障を得て、相対立するロシア、オーストリアを共にドイツに結びつけたのである。だが一八九〇年三月にビスマルクが下野した後、この体制は崩壊した。

る側に回ったが、それは英国と将来事を構えるようになるのを恐れたためである。そのくせ、無視することができないほど強力になったドイツ企業家集団の植民地渇望をいやすために、エジプト問題で英国を支持したことの代償に、海外での譲歩をとりつけようと計ったのである。英国ではふたたび保守党の天下となり、フランスとの対立が強まったことが動機となって、ドイツとの連携を新たに強化する気運が高まり、ビスマルクの正規の同盟締結の申し入れを、ソールズベリー卿内閣は大いに歓迎した。もっともソールズベリー卿は、外国とかかわり合うことに国会が反対するのを恐れ、手を出さなかったようである。しかしビスマルクとしては、非公式の協約ながら、ヘルゴラント[*7]——三十年後にドイツ海軍の作戦に重要な役割を演じた島——を二束三文で譲り受ける確約をとって、利益を得たのである。

　こうして一八八〇年代末には、ビスマルクの一大保障機構は完成したかにみえた。ドイツは〝三国同盟〟によって守られる一方、ロシアと英国のドイツに対するつかず離れずの立場から、足手まといなしの利点を与えられた。この安定した基盤の上に立ってドイツは貿易拡大へ乗り出す構えをみせていた。そしてビスマルクは、フランスを政治的孤立無縁の境地へうまく押し込めてしまったのである。

ヴィルヘルム2世

　けれども九〇年代に入ると、張本人の辞任直後にこの機構に最初のヒビ割れがはじまった。一八八八年、若いヴィルヘルム二世（カイザー）が即位したが、ロシアの皇帝《ツァーリ》アレクサンドル三世はこの新皇帝の〝慇懃無礼〟を好まず、その腹の中を疑って、この交替をこころよからず思っていた。しかし機構のヒビ割れはアレクサンドルではなく、むしろヴィルヘルムの方がひき起こした。ビスマルクの政治支配をこころよからず思っていたのは、参謀本部もヴィルヘルムも同様であった。ために彼は、共に訓練を受けてきた軍人たちの間に、ごく自然に同志を見出すことができた。しかし彼らと手をつなぐことが、新しい束縛をみずからに課す結果になることには気づかなかったのである。

〝親ロシア派〟の宰相の辞任にともない最初にあらわれた影響は、後継者がロシアとの〝再保障条約〟を更新するのを拒んだことである。第二の影響は、その当然の帰結として、ツァーリが共和政体に対する自らの嫌悪を押し殺し、一八九一年、フランスと協定を結んだことである。この協定は一年後には、攻撃を受けた場合の相互援助を申し合わせた軍事協定に発展した。その最重要事項は、〝三国同盟〟のメンバーの一国が軍隊を動員した場合には、フランスもロシアも即座に動員することを取り決めたことである。ツァーリは、少なくともそのことの意味が理解できないとこぼすわけにいかなかった。なぜならば、フランス側の交渉担当者ボアデフル将軍が、「動員とは宣戦布告を意味する」という説明の労を惜しまなかったからである。ツァーリの場合は、英国がいまにもドイツと同盟を結ぶかもしれないという恐れから、この一服をのみ下したのであり、実のところ胃に重くもたれていた。したがってこの協定がフランス外交に役立つには時間がかかった。

しかしフランスはすでに〝隔離状態〟を脱していた。ヨーロッパの政治集団は、ひとつからふたつに増えたのである。このふたつの集団は結合力には差があったし、勢力もまだ不均衡であったが、ともかくも一応の勢力均衡を形成していた。

ドイツがこのロシア＝フランスの秘密条約を嫌っていたことを側面から物語る意味深い出来事は、

＊7――Heligoland（英）Helgoland（独）ヘルゴラント島。元デンマーク領の、エルベ河口北海上の島。一八一四年、英国領となるが、一八九〇年ドイツへ移譲される。戦略上の要衝で、第一次世界大戦時の一九一四年八月二十八日、英独艦隊の激戦の舞台となった。地図第14参照。

この一件を吟味したベルリンの議会が、この条約はオーストリアに対してばかりでなく、英国に対しても裏切りであるとして、反対の決議をしたことである。カイザーには数々の欠点もあったが、ビスマルクよりは正直であった。そして彼の一見不正直とも思われる矛盾に満ちた発言も、じつはバカ正直なうえに心変りしやすい性質からきていると思われる。この二人の本質的な違いはと言えば、後者が不正直を貫いて安全保障を得ようとしたのに反して、前者は発作的な正直さゆえに不安定を招いたことである。英国に考慮が払われたことは、カイザーの意向にかなっていた。なぜならば、カイザーはビスマルクの対ロシア政策を反古《ほご》にしてしまったが、ビスマルクの対英友好政策を、おそらくもっと正直な、政治的ではない動機から踏襲したからである。もっともカイザーとその叔父にあたるプリンス・オブ・ウェールズ――のちの英国王エドワード七世――の間は不仲であったため、そういう個人的な感情が原因となって不和を生む下地はあった。そして奇妙なことに、この個人的反目をつのらせるように工作したのが、ビスマルク側だった。

　しかしもっと大きな要因が働いていなかったら、これが国家間の不和にまで発展することはなかったであろう。その原因とは、せんじつめればひとつだったが、雑多な増幅要素がからんでいた。その最たるものは、ドイツの政策が国内充実から国外拡張へと転換されたことである。ドイツの産業と影響力が世界的規模にまで成長した結果、必然的にドイツと英国間にさまざまな利害の衝突が生じた。この摩擦を巧みな、またはビスマルク流の狡猾な方法で処理していれば、火花が散るほどのことはなかったであろう。英国人の政治感覚には独特の鈍感さがあったからである。自国の帝国主義的地位をもっとも自覚していた英国の政党は、ある意味で帝国主義的ドイツにもっとも同情的な政党でもあった。しかしかのビスマルクはすでにしりぞき、一時しのぎの策をもってしては、その空白は埋めようがなかった。大人物が第一線を引退したあとによくあるように、その弟子たちは師の大義名分を忘れ、

ニコライ2世

方法だけを覚えていた。つまり武力である。しかしカイザー自身は武力をふるうほかに魅力をふりまくこともできたから、英国を何度もいら立たせながらも、どうにかそこでの人気を維持できたばかりでなく、弱気で人のいいロシアの新皇帝ニコライ二世をがっちり制御することもできたのである。こうして当分の間カイザーは、義務を負わされることなしに威勢をふるうことができた。

英国との摩擦はまずトルコで発生した。これが、将来にわたる暗影を投げることになった。一八九二年、英国に自由党政権が復活したとき、グレイによれば「突然ベルリンから一種の最後通牒が舞い込んで」、ドイツ人との間の「トルコにおける鉄道利権をめぐる競争をやめるよう求めてきた」。そしてその後数年間、カイザーは機会あるごとに、ひろがるドイツ帝国貿易網の中心には、鋭い牙をもったクモがいることを強調し続けた。一八九五年にはカイザーが介入して、日本が日清戦争[*8]から得た利権をロシアに横取りさせた。一八九六年、英国との間に第二のより重大な摩擦が生じた。皮肉にもそれは、ある英国人がビスマルク流の帝国主義を熱烈に賛美したことから発生した。その英国人セシル・ローズは、カイザーに対しても同様な賛美の念を抱いていたのだが、カイザー自身は心おだやかではなく、ローズの南アフリカにおける英国勢力拡張計画を、おのれの計画をくじくものと考えて、いら立ちを濃くしていった。何回も同計画に対して苦情を持ち出し、またトランスヴァールのボーア人を励ましたりしたあげく、カイザーはジェイムソンによるトランスヴァール侵攻[*9]を介入の好機と考え、一八九六年一月三日の会議の席上、トランスヴァールをドイツの

＊8——一八九四年八月一日〜九五年三月。

保護領として軍隊を派遣することを提議した。宰相ホーエンローエは、「それをやれば、英国との戦争は不可避です」と反対すると、カイザーはいとも無邪気に、「さよう、しかし陸上でだけだ」と答えた。もっと柔軟な代案としてカイザーに進言されたのは、トランスヴァール大統領クルーガーに対し祝電を送ること、しかもその用語は英国にとって非常に腹立たしいものであるばかりでなく、トランスヴァールに対する英国の宗主権を否認するようなものとすることであった。

英独両国の国民感情は沸き立った。ドイツでのそれは抑え切れない嫉妬心ゆえであり、英国ではこれまでの友邦のなかに、新しい競争相手を見出したことによる驚きと苦痛のためであった。ドイツ人としては、英国がすでに多くの植民地を擁しながら、あとから発展してきた国が権利を主張しているしかるべき地域で、さらに余分の利益を得ようとしていることに、自然な反感を抱いたのである。英国人のほうは、植民地獲得が習慣として身についていたために、この習慣に従うことこそジョン・ブル像にふさわしいものと平然と思い込んでおり、フランス、ロシアなど古くからの好敵手以外の新興国が気をもんでいることなど、まったく理解できなかったのである。この平然たる確信は、ふだんからの交際の場では無意識に相手をいら立たせるが、危機に際しては逆に鎮静剤の作用をするものであって、今回の危機にもそれが大いに役立った。実際に好戦的な手段をとったのはドイツ側であり、フランスとロシアに対して反英連合を呼び掛けたのもドイツである。しかしこの両国は反応を示さなかったし、ソールズベリー卿政権は平静を保っており、ドイツは海軍の弱体を意識していたために行動を起こすことができず、結局平和への直接的脅威は回避された。

しかし戦力不足のために危機が回避されたことは、原因の解消を意味するものではない。このときを起点として、ドイツの海軍軍備拡張の野望は燃えあがった。カイザーは一八九七年に「〝三叉のほこ〟[*10]をわれらの手に握らねばならぬ」と宣言し、ティルピッツ提督を起用して三叉のほこの鋳造に

アルフレート・フォン・ティルピッツ

かかった。翌年、『第一次海軍拡張計画』が着手された。また同年、カイザーはダマスカス訪問のおり、みずからを全世界の回教徒の保護者であると宣言して、英仏両国の神経をさかなでした。英仏のみではない。トルコに対するカイザーのまぎれもない守護聖人役の僭称は、対ロシア友好の致命傷となった。カイザーの影が、いまやロシアにとっての長き宿願たるコンスタンチノープル進出の展望をふさいでしまったのである。その敵側の嘲笑を買ったかつてのナポレオンと同じように、カイザーは、「一度にたくさんのことを考えすぎて」政策上の誤りを犯した。さらにはかつてビスマルクが、互いに敵対させて漁夫の利を占めた諸国を、どっちを向いても目に映るものはただひとつドイツのげんこつだけ――、という状況に追いやってしまったのである。にもかかわらず、南アフリカで英国に侮辱を加えたことが、一八九八年に、ビスマルクがかつて望んで得られなかった同盟を、逆にチェンバレンの方から締結したいと申し出るという結果をもたらした。しかし今度はドイツ側が、眉にツバをつける番だった。英国側としてはこの申し出は、一応は古くからの親独感情に根ざしているとはいえ、新たな孤立化と弱体化の不快な意識にさいなまれた末の行動であった。しかしそれが多少なりとも弱さの告白とみえる限り、新ドイツにとっては魅力あるものとは映らなかった。おまけにビスマルクが後継者らに残した遺産のひとつが、英国の力を過小評価し、ロシアの力を誇大視する習性だったのである。

＊9――第4章＊43参照。

＊10――Trident　海神ネプチューンの標章。転じて『制海権』を意味するようになった。

一八九八年から一九〇一年にかけて、チェンバレンの申し入れに対するドイツのたび重なる拒否の裏には、ひとりの人物が介在していた。ホルシュタインなる陰の人物がそれである。外務省の役人でつむじ曲りの疑い深いけちなこの男は、人に知られぬほうが実力をふるい真の政策を煮つめるに都合よしとして、裏に回って暗躍することを好み、相場をやるときは、立場上ひそかに得た情報を利用することには多少のためらいも示さぬくせに、背広一着新調するでもなく、また主人の忠実な下僕を装いながら、その上司の解任のために陰謀をこらす男であった。いまやその人物がビスマルクの精神的後継者と見なされ、実際は先任者の不徳義なやり方だけを受け継いだにすぎないのに、周囲から恐れられるようになっていたのである。この男にいちばん欠けていたのは、ビスマルクのもっていた〝確信〟であった。

それゆえにこそ、ホルシュタインは英国の申し入れを受けたい気はありながら、ドイツが英国の手先になり、ロシアに対する緩衝器の役を押しつけられることを恐れて尻込みした。他方、彼は英国を寄せつけすぎずにおきながら、連携を密にする希望をもたせておき、その利権をしぼりとり、そうすることによって英国の弱体化をドイツの利益のために役立てることができると考えた。少なくともこの点では、彼は宰相ビューロウの支持を受け、またカイザーからも支持された。カイザーのビューロウに対する次のような言葉は、その見解をよく物語っている。「英国がどんなにもがいてみても、ホルシュタインの言うとおり、今はこちらの望みどおりに交渉できるのだ」。そして一九〇〇年に新たに拡張されたドイツ海軍は、圧力を強める絶好の手段となった。

それ以後の二、三年、ことに南アフリカの危機と南アフリカ戦争[*11]の時期において、英国政府は、ドイツの支持を得るためではなく、ただドイツの威嚇と侮辱が実力行使にはいたらぬという保障を得るために、しこたま代償を支払わねばならなかった。ポルトガル植民地やサモアや中国問題で、ソールズベリー卿内閣は情けない弱体ぶりを露呈したために、カイザーが、その閣僚たちを「どうしようもないバカ」と書いたことも、うなずけないことではない。当時の外交文書を暴露した記事は、決して読んで愉快なものではない。最終的な葛藤にいたる間接的責任が、これらの政治家にあることは、まぎれもない事実である。なぜならカイザーとその助言者らが、武力をひけらかすのが上策であることに確信を抱いていたことは疑問の余地がないからである。とはいえ、自身の戦争嫌いを示す証拠と、とかく軽薄な判断を下す傾向があったことから、カイザーには自分の外交方針を現実の戦いにまで押し進めていくつもりがなかったことは断言できる。この場合は、抑制のきいた脅しをかけることによって、危険をともなわぬ戦争で得る利益と同程度のものが得られることははっきりしていた。その明瞭な推論が彼の考え方にちょうどマッチしたのである。

彼の戦争責任はこの数年間のその言動に集約される。しかもその責任は大きく、いやむしろ最大の責任といえる。カイザーの好戦的な発言と態度によって、いたるところに生み出された不信と警戒の念が、ヨーロッパを火薬庫にしてしまったのだから。最終的に点火の役割を演じた者を最大の責任者とすることの不当性は、火の燃えあがった月日に戦争原因の調査を集中することが妥当でないのとまったく同じである。

カイザーが戦争を求めていたとか、まして着々と計画していたとか書き立てる非歴史的な宣伝とは裏腹に、世論はいま反対方向へ傾きすぎている。彼のいささか風変りな善意を認めるとしても、それが彼の起こした戦いという悪を過小評価することには決してつながらないのだ。彼が自分の行為と自分の真の姿を謙虚に見つめようとせずいい気になりすぎたことが、そもそも間違いのもとだったのだ。

＊11——第４章＊43参照。

彼は現実にはパック[12]の衣装をまとっていたにすぎぬのに、きらめくよろいに盛装していると思い込んでいた。彼はいたずらをすると戦争になってしまうことを立証したのである。

英国の申し入れを受け入れるのを遅らせながら、カイザーとビューロウは手をこまねいていた。どこかで国と国とが安直に結びつくと、それが世界全体に不安をかもし出すということを、彼らは真剣に考えようとはしなかった。妙に自信たっぷりに、「クジラとクマ[13]の間には」真の結びつきはありえないと口では言いながら、実際の行動ではこの結びつきを不可避なものしていた。今から考えれば、ドイツに手をさしのべてくる英国をけとばして、これをしぶしぶ〝二国同盟[14]〟に加わらせるに至るまでの、ドイツの拒否、拒絶の数々こそ異常なものといわなければならない。ドイツは少なくとも事前に充分なほどの警告を受けていたはずだ。それは一八九八年と一九〇一年に、チェンバレンが次のようにドイツに警告しているからである。「大英帝国の栄えある孤立の時代は終わった。……われわれはドイツおよび〝三国同盟〟に加担したいと考える。しかしこれが不可能であれば、フランスおよびロシアに接近せざるを得ないだろう――」

ドイツ側がこれを不可能だと思いこんだのは、結局は誤りであった。そういう誤った信念は、ホルシュタインの次の言葉によくあらわれている。「ロシア、フランス両国と了解ができつつあるというのは、まったく英国流のペテンである……。私の考えでは、およそ英国を相手にまともな協定に達することができるのは、英国国内に、ほかにどうしようもないという気運がもっとひろまったときにおいてのみである」。ホルシュタインは気を回しすぎたのだ。彼の言うまともな協定[15]とは、対等の国と国との同盟ではなく、主人と従者の関係のことである。なるほど英国政府の態度は軟弱なものであった。〝血と鉄〟の哲学に染まったものの眼には、いっそう軟弱にみえたといえよう。しかしホルシュタインの驚くべきずうずうしさを説明するには、この軟弱さだけでは充分ではない。それはじつに、ドイツにおける真の問題および紛糾の原因が、ほんもののマキアヴェリ的術策によるたくらみではなくて、学童用語で〃うぬぼれや《swelled head》〃と片付けられている小児病的欠陥にあるということを、よく示したものなのである。

他方面での立場をより強固にしようとする英国の努力は、まず一九〇二年、日本との同盟[*16]となってあらわれた。ヨーロッパにおけるこの同盟締結の意義は、英国をドイツから引き離すことにはならず、むしろ英国と〃二国同盟〃の間に新たな障害を設けることになるという点にあった。そもそもチェンバレンの最初の提案は、アメリカと接触を密にしながら、英、独、日の三国条約を結ぼうとするものであった。しかしドイツが尻込みしたために、日本もあやうく手を引きそうになった。なぜなら、日本の政治家伊藤（博文）侯爵はむしろロシアと同盟を結びたいと望んでいたのだが、ペテルブルクに

＊12――シェイクスピアの『真夏の夜の夢』に出てくる妖精。

＊13――英国とロシアのこと。

＊14――露仏同盟のこと。

＊15――ホルシュタインは、ドイツを主人とし、英国を従者とする形の同盟関係を念頭においていたわけで、これが後出の〃驚くべきずうずうしさ〃の具体的内容である。

＊16――日英同盟。日清戦争後の十年間は、帝国主義列強の世界政策にとっては中国問題がその焦点となった。なかでもロシアが最も熱心だった。フランスは『露仏同盟』によりその進出をあおり、ロシアの野望を極東に釘づけにすべく、ドイツも同盟成立を後押しした。当時、アジアのいたるところでロシアと対立していた英国は、長い〃栄光ある孤立〃の伝統を捨て、一九〇二（明治三十五）年一月三十日、日本との間に軍事同盟を締結した。フランスを抑制する意図をも含んだ同条約は、『日露戦争』を不可避なものとし、また第一次世界大戦への日本の参加の名目上の理由ともなった。

到着してみると、ロンドンにおいてすでに日本の大使林（薫）男爵と、外務大臣ランズダウン卿との間に交渉が進展していたために、当初考えていた腹案を断念したのである。しかし日本の枢密院は、いよいよ英国との同盟を認めるという寸前までは、伊藤侯の圧力を受けて腰がふらついていた。かかるいきさつでこの同盟は、間接的に日露戦争[*17]を早める役割を果たしたが、そういう結果を英国人は望みもしていなかったし、またよろこびもしなかった。

なぜなら、一九〇四年までにヨーロッパ情勢にはひとつの劇的な変化が生じていたからである。そのわずか五年前に、フランスはファショダ問題[*18]で英国に対して大いに含むところがあり、ために〝アルザス＝ロレーヌ〟を忘れそうになっていた。しかしながら、ドイツに対し一段と根の深い恐怖感を抱いているフランスの政治家たちは、一九〇一年、チェンバレンがドイツに対する警告を実行に移したときに、接近の姿勢を見せはじめたのである。ランズダウンとフランス大使ポール・キャムボンの最終的交渉の第一段階は、もっともデリケートな地域である海外での摩擦の原因を除去することであった。最大の障害はエジプトであって、フランスはこれを依然として野心の対象として忘れかねていた。だからフランスのモロッコ占領が実現すれば、その権利を承認することと引き換えに、英国の現実の占領を承認させることは、決して小さくない外交的成果であった。この協定は一九〇四年四月に調印された。国王エドワード七世がこの協定に責任があるという世間の考えは、まったくの噂にすぎず、いわんや国王がドイツにマキアヴェリ的なわなを仕掛けたのだというドイツ側の流した考え方は、いつわりである。しかし国王のパリ訪問が協定を可能にする下地をつくったことは事実である。初めは彼を迎える空気は冷たかったが、その如才なさとフランス人に対する理解に、共和国フランスらしい王制へのあこがれが加わって、雪解けがうながされ、国王のたび重なる訪仏が共通の基盤を見出させたのである。だから国王が新しい協定を締結したという事実はないが、少なくとも友好を生み出したことは間違いない。

しかしカイザーもひと役買っていた。自分のほうから拒んでいったんははねつけた恋人が、別の相手にしなをつくっているのをくやしがり、カイザーは水さし役に回った。彼は『英仏協定』を破棄させようとたくらんだ。たまたま勃発した日露戦争がチャンスを与えたが、第一着手は失敗だった。平和を愛好するツァーリが、英国をものともせずに、ダーダネルズ海峡経由で《黒海艦隊》を派遣するようにとのカイザーの忠告を拒んだからである。しかしロシア海軍最後の切札である《バルチック艦隊》が極東に向けて発進したとき、日本の魚雷艇が北海で待ち伏せしているという偽情報――のちにロシア側は、ドイツから出たものだと申し立てているが――を受けた。あわてふためいた艦隊は、英国のトロール船に向けて発砲したが、この誤射に対する補償の努力をしなかったため、ロシアと英国の間は一時戦争寸前の状態になった。数日にわたって英国海峡艦隊がロシア艦隊を尾行した。そのあげく、ロシア側の戦争当事者の意志に反し、ツァーリが遺憾の意を示すメッセージを出したために、緊張は緩和された。ツァーリがこの件による恥辱ににがりきったことは、カイザーからみれば思うつぼであった。彼は「英国と日本の傲慢不遜をくじくために」ロシア、ドイツ、フランス間の連合を提唱して、すぐにロシア、ドイツ間の条約草案を送った。そしてツァーリに、フランスには洩らさないように説いて、「条約がひとたび事実となれば、われら両国の連合がフランスに強い影響を及ぼすで

＊17――一九〇四年二月～〇五年九月。

＊18――アフリカ、スーダンのFashoda（コドク）帝国主義列強のアフリカ分割の過程において、英仏が衝突した事件。大陸横断政策を進めるフランスと、大陸横断をめざす英国との部隊が一八九八年九月、ファショダで衝突、植民地獲得をめぐる闘争の頂点となったが、フランスは露仏同盟の弱体化と国内政局の動揺のため全面戦争を望まず、英国に譲歩した。両国の勢力分野が画され、『英仏協商』への礎となった。

あろう」と説き、さらにこう付け加えた。「英国の不遜な思い上りを冷やすための上策は、ペルシア＝アフガニスタンの国境で、何らかの軍事的示威行動をやってのけることであろう……」。しかしツァーリのほうは熟考して冷えてしまったのである。

ドイツの次の手は、まことにまずいものだった。その責任はカイザーにはなかった。彼自身はフランスを脅して英国から離反させる代りに、遅ればせながらフランスに言い寄ろうと考えていたのに、実際にはビューロウとホルシュタインに尻を叩かれ、タンジールへ出向き、そこでモロッコにおけるフランスの請求権をなじる演説をして、「フランスに挑戦する」ことになってしまった。これはたまたままずい時期だった。フランス軍は周期的に来る危機のひとつに見舞われていたし、ロシアは日本と事を構えていた。おまけにフランス首相ルーヴィエは、英国の援助の現実性も実効性も疑っていた。フランスは外相デルカッセを生贄《いけにえ》として解任し、ドイツの要求をのんだ。こうしてカイザーの武力がまたしても得点をあげた。しかしドイツに対する警戒心は、英国とフランスをいっそう親密な関係に追いやってしまったのである。

第三の手は、まさしくカイザー自身の手であった。カイザーは一九〇五年七月、ビョルケでツァーリのヨットに同乗していた際、ふいに条約草案を取り出して、彼一流のまぜものの多い〃ウィリー・ニッキー〃[*19]英語で、「これに署名したくはありませんか。これはわれわれの会見のとてもいい記念になるでしょうよ」と迫った。カイザーの語るところによれば、ニコライが、「ええ、署名しましょう」と答えたとき、「うれし涙が私の眼にあふれ——喜びのあまり背筋がぞくぞくした」。そして〃お祖父さま〃を含めて祖先のすべてと、〃古きプロイセンの神〃が自分を祝福していることを感じた、ということである。この国王外交の一局面は、その意味するところは重大であるが、ユーモラスな救いがないことはない。〃親愛なるニッキー〃宛の彼の書簡の一通には、次のような愉快な宣伝文句もある。

「貴国の艦隊の若返り案が提出されましたので、私は貴国の当局者に、シュテッティン、キールその他にあるわが国の大企業をお忘れなきよう、あなたからお口添えいただきたく存じます。これらの企業は優秀な艦隊の見本を、必ず提供できると存じます」。また例の条約案が、モロッコにおける反仏気運醸成のねらいに反しているとして辞任を申し出たビューロウに対して、カイザーが苦衷を述べた手紙には、メロドラマ調が目立っている。「貴下の辞表が彼カイザーの手にわたった翌朝は、彼カイザーはもはやこの世にいないであろう！　その妻や子供達がどんなに悲しい思いをすることか」

しかしその条約を目にしたときツァーリの大臣たちは、これはフランスとの同盟と両立しないと言って反対した。そしてそのことがフランス側に洩れたために、フランスから強い抗議が舞い込んだ。こうしてこの〝傑作〟外交は紙屑籠にそっと捨てられたのである。

カイザーに対して公平を期するために言い落としてならないことは、当時彼には英国に対して個人的な不満をもつ理由がたしかにあったということである。もっともそれも主として、脅しによって目的を遂げようとする彼の長年のやり方が招いたことではあったが……。彼の激しい衝動的性格とそっくりな性分をもっていたのが、英国海軍軍令部長になったばかりのジョン・フィッシャー卿であって、この人物はいつも予防戦争を口にしており、またもしドイツがどうしても海軍拡張を制限しないならば、その艦隊にネルソンの故智にならって、「コペンハーゲンの二の舞いを演じさせるぞ[*20]」と豪語し

＊19――ウィリーはカイザー自身の名前ヴィルヘルム、ニッキーはツァーリの名前ニコライのそれぞれの英語読み愛称。カイザーは故意にくだけた英語を使うことで、ツァーリに親愛の情を示したのである。

＊20――一八〇一年四月二日、英国艦隊（ネルソン麾下）が正式の宣戦布告をすることなしにコペンハーゲンを襲い、フランス海軍に大勝を博した事件をさす。

ていた。このような激しい言葉は、もちろんロンドンよりベルリンで強い印象を与えた。国王エドワード七世の存在がいら立ちの原因の一部をなしていたが、それは政治には関係のない社会的個人的な問題であった。国王が自分の甥[*21]の無作法に対してもう少し寛容であったならば、いろいろな関係がもう少し円滑になったかもしれなかった。ランズダウン卿は、「国王が自分の弟（コンノート殿下）のことを話したり書いたりするときの言葉は人をぞっとさせる」と記している。こういう個人的悪感情やいやがらせは、国王が憲法上の支配者であり、またユーモアの感覚ももっている英国の国柄では、ほとんど問題にされなかったが、支配者が政策に決定的な影響を与えることができ、ユーモアの感覚にも欠けているドイツ側では、大きな反響をひき起こした。そしてそれがいっそうカイザーを陰謀や脅しに駆りたてたことで、結局は英国へも累がおよぶことになった。英国ではキャムベル＝バナーマンの自由党新内閣すら、これを無視することができなくなり、気乗りのしないままにいっそうフランスの腕へと寄りそっていかざるをえなくなったのである。

新政府はフランスと正式の同盟を結ぶ気はなかったが、フランスが攻撃された場合には、世論が好意的介入を支持してくれることを希望していた。そして緊急援助はその実行方法を考えておかない限り役に立たないだろうと、フランス側が筋の通った議論を行なったとき、キャムベル＝バナーマンは、両国参謀本部の間の討議を正規のものと認めた。この両国の参謀本部は、開戦を最終的に決定する力はもっていなかったが、戦いの指揮に関しては大きな力をふるうことができた。また一九〇五年のドイツの新作戦計画には、英国の兵力一〇万が――これはフランスが要請した数とまったく同じである――遠征軍としてフランスへ送られることが、あらかじめ予定されていたことは注目に価する。

フランスをロシアとともに反英連合に引き込もうとした意図をくじかれたカイザーは、モロッコ問題を口実にフランスに対して事を起こす考えに傾いた。しかし彼は「軍事技術的観点から」、機は熟していないと判断し、むしろトルコと同盟を結べば、「回教徒の軍隊を――プロイセンの指揮のもとに――もっとも広範にわが意のままになしうるであろう」から、国内での立場の強化とあわせて、これが必要な前提条件になると考えた。これはカイザーのバランスを失した精神状態を、よく物語る例であって、ビューロウへの一九〇五年十二月三十一日付書簡にこれが述べられている。その末尾の部分は次のとおりである。「まず社会主義者どもを撃ち倒し、首をはね、インポにしろ。必要とあらば大虐殺をも辞するな。しかるのちに外国との戦いだ！　この逆の順序ではいかん。もとのテンポに戻ってもいいかん」

しかしヨーロッパ情勢の次の変化は、カイザーの基盤を強化するよりもむしろ弱くした。ツァーリによって代表されるロシアへの彼の影響力が弱まったからである。皮肉なことに、英国の新政権とその苦手な相手である独裁国ロシアが、思いもかけずに接近するという事態が生じたからである。自由党政権は全般的な平和主義にもとづいて、またドイツの脅しに対する当然の反作用もあって、ロシアとの古くからの摩擦の原因をなくそうとするランズダウンの努力を引き継いだ。一九〇七年、ひとつの協定にもとづいて、両国の交渉分野における相違点が解決された。その結果、本格的な協定を待たずに、ヨーロッパにおいて協力への道が自然に開かれることになった。英国はフランスともロシアとも、正規の協定によっては結ばれていなかったが、忠誠心のきずながこれを結び合わせ、したがって

＊21――外交手腕に優れ『ヨーロッパの伯父』と呼ばれたエドワード七世は、ヨーロッパ各国王室と複雑な姻戚関係にあった。王の姉がカイザーの母（フリードリヒ三世の妃）に当たり、王の妃アレクサンドラの兄弟が、デンマーク王フレデリックであり、ギリシア王ゲオルギオスだった。またアレクサンドラの姉がロシアのマリー皇太后なのでロシア皇帝ニコライ二世の叔父という関係にもあり、王の姪アリックスはニコライの皇妃、王女モードはノルウェー王妃、二人目の姪がスペイン王妃、三番目のマリーはルーマニア王妃だった。そのほかヴィクトリア女王九人の王の子、王女の子孫も何親等にもわたってヨーロッパ各国の王室に入り、英国王室と親戚関係を結んでいた。

裏切り行為の疑いがない限り、両国を抑制することはもはやできなくなった。こうして危機に際しての英国の、不偏不党の発言力は消滅してしまった。外相エドワード・グレイ卿はこのジレンマをよく認識し、一九〇六年二月二十日付の覚え書のなかで、次のように要約している。

エドワード・グレイ

「英国が卑劣に振舞って、フランスを見殺しにしたという一般的な印象が、各国にみなぎるであろう。アメリカは英国を軽蔑するであろうし、ロシアは、アジア問題で英国と友好協定を結ぶ価値はないと思うであろうし、日本は第三国とふたたび同盟を結ぶ準備をするであろう。英国は友もなく、友を得る力もないままに放置され、ドイツはこの全般情勢を、英国の不利になるように利用していい気になるだろう……。他方、ヨーロッパに戦争が起こるという予想、そして英国が巻き込まれるという予想は恐ろしいものだ」

それ以後列強は、名目上はともかく、事実上は二大敵対グループに分かれた。ドイツは拙劣な喧嘩腰の政策によって、奇妙な組合せのグループをでっち上げていたが、次の数年間はその強化のために、オーストリアを助け、また逆にそれに助けられた。ちょうど雪の球を握りしめて強化するように。しかしドイツは自分の作り出したものが、反面では重荷にもなった。英国が新しいグループに加わったことが、イタリアをおぼつかない相棒にしてしまい、古いグループは弱体化した。こうしてドイツは以前からリードしてきたオーストリアという、もう一方の相棒にいっそう接近せざるをえなくなった。ドイツが戦争を望む場合には、このきずなはひとつの利点であったが、平和を望む場合には、足かせとなるであろうことは、英国の場合と同様であった。

ヨーロッパに生まれた新しい系列化は、従来あったような勢力均衡ではなくて、たんに列強の間に障壁を設けただけのことであって、しかもその障壁には爆発物が仕掛けてあった。いくつかの国が、野心よりも恐怖心から急いで増強していた軍備がそれである。もうひとつの悪い結果は、不意の爆発を恐れた独裁主義国側が、これらの軍備の管理者である軍当局に、その自由使用という危険な権限を与えたことである。一九一四年七月のはるか以前に、恐怖が理性を屈服させていたというわけである。

最初の火花は一九〇八年、バルカン諸国に散った。トルコに起こった革命を、ブルガリアはトルコの宗主権を払いのけるきっかけとして利用し、オーストリアはそれを、一八七九年以来管轄してきたボスニア＝ヘルツェゴヴィナ両地方（ユーゴスラヴィア）を合併する好機と考えた。この合併については以前から、オーストリア外相アーレンタールとロシア外相イスヴォルスキーの間で談合が行なわれていた。イスヴォルスキーはダーダネルズ海峡の公開をオーストリアが支持してくれる代償として、この合併に同意していたのである。しかしイスヴォルスキーがフランスと英国に対する打診をすまさないうちに、合併が宣言された。イタリアは当然これを侮辱と感じ、セルビアは脅威と感じた。しかしロシアにおいては、もしこれを認めなければオーストリア＝ドイツの連合で攻撃を加えるといって、その承認を迫ったドイツ大使の高飛車な要求のために、もっと悪い結果が生じた。

ロシアは単独で行動していたすきを、二国連合に威嚇されて、恐怖のあまり屈服したが、バルカン諸国での足場をとりあげられたと感じて、憤激の念はつのるばかりだった。イスヴォルスキーは威嚇されたうえに、だまされたという印象を受け、そのあとすぐに外相を辞任し、パリ駐在大使としてドイツ側諸国に憎しみをもやす敵対者となった。これもうひとつの個人的な要素である。そしてドイツの武力外交をまねて、最初の成功を収めて上機嫌のオーストリアは、こういう路線を続行する気になった。

このアーレンタールのボスニア詐取は、大戦の直接的原因のうちでも、とくに顕著なものである。

一九〇六年から一四年にかけて、ドイツの対フランス、英国関係は、少なくとも公式には改善されていたのだから、この事件の介在はいっそう不幸なことであった。ドイツ海軍の不吉な拡充が続いていなかったなら、この事件はもっと目立ったかもしれない。現在の観点から、ティルピッツの反英的な海軍増強計画をカイザーが激励したのは、主として虚栄心からだったと評価することは容易であるが、その当時としては、一貫した意図にもとづく挑戦だと見る方が自然だった。そしてカイザーが失った信用を取り戻そうとしたときすら、その方法は裏目に出てしまった。英国の感情をなだめるための彼の努力は、あの有名な一九〇八年の『デイリー・テレグラフ』紙の会見記事となったが、英国人が自分の友情を認めてくれないのは「まったくもって狂気の沙汰」だとし、自分は「英国に友好的でない」国のなかでの少数派であると宣言したものである。この宣言は英国人の恐怖をなだめることができなかったばかりか、ドイツ国内に抗議の声をあげさせ、宰相ビューローをして公的な反対声明すら出させた。そして結局ドイツの開戦論勢力に対する、カイザー自身の抑制力を弱めることになってしまったのである。

しかし当面の結果としては、宰相ビューローの罷免と、平和を維持する力には劣っていても、それを望む点ではさらにまさった善意の人、ベートマン゠ホルヴェークの首班指命が、カイザーによってなされた。新宰相は直ちに英独協定のための交渉にかかり、一九一〇年の選挙でふたたび信任された英国側の自由党政権（アスキス内閣）は、熱心にこれに応じた。しかしその努力の成果を妨害したのは、第一にティルピッツのいかなる海軍関係の調停にも応じないというかたくなな態度であり、第二にドイツの、いかなる協定も英国のフランス救援を阻止することを謳わねばならないとした要求である。

これは明らかに戦略上の手だった。エドワード・グレイ卿はこの際可能な唯一の答えとして、「従来からの友好関係を破棄してまで、新しい友好関係を結ぶ価値があるとは思わない」と述べた。

　にもかかわらず、緊張は緩和された。ドイツ国民およびカイザー（彼自身の文書によるコメントが示すとおり）は、依然として英国嫌いが抜けていなかったが、それは主として、ねらいが挫折したという感情と、国王エドワード七世がドイツに対して大包囲網を計画しているという、一般に言いふらされた考え方のせいであった。一九〇八年、英国王の、フランツ・ヨーゼフ皇帝訪問が、オーストリアをドイツから引き離すための手であると一般に信じられていたことからも、当時の空気がわかろうというものである。しかし、実際には、オーストリア側の公文書によれば、国王は、英国とドイツの摩擦をやわらげるために、フランツ・ヨーゼフの助言を求めたのであり、相手側の同盟はひとつの共通の輪として尊重していたことが、今日ではわかっている。ともかくこの二人の討議が、英独両国外相の関係に好影響を及ぼして、両国外相は懸案のいくつかの争点を解決するために、協力することになった。またモロッコ問題に関して、フランスとドイツの間の和解が成立したことも、事態の好転に役立った。

　この和解のあとに危機が訪れたことが、いかにも特徴的である。奇妙なことにこの危機は、本来平和的だったはずの外務大臣キダーレン＝ヴェヒターがそそのかしたもので、カイザーはこれには反対だった。ここにもドイツの政策のきわめて危険な特質があり、信頼の置けない二頭政の一例がある。フランスに対して、アフリカでの利権の譲渡をうながす手段として、キダーレン＝ヴェヒターは一九一一年六月、アガディールへ砲艦を派遣した。これに応えて、先のボーア戦争の反対者であり、英国内閣での主導的平和主義者であるロイド・ジョージは、公的演説のなかで、「平和に対するこのような脅威は断じて許せない」とドイツに警告した。そして即座にフランスを助ける決意のほどを示したことも手伝って、戦争の火の手に水がかけられた。しかしいきり立ったドイツの世論は、爆発寸前の

デヴィッド・ロイド・ジョージ

状態となり、ドイツ海軍のさらに高度な拡充を熱烈に支持した。けれどもその後にきたモロッコ問題での和解が、ドイツとフランスの間の深刻な摩擦の原因を除去して、公的雰囲気を改善するのに間接ながら役立ち、一九一二年、ホールデインのドイツ派遣が実現したのである。しかしそのホールデインすら、仲間の閣僚だけに洩らしたことだが、自分の〝精神的故郷〟が〝火薬庫〟になってしまった恐怖を、語らずにはおれなかった。しかしドイツでは好戦派勢力が増大する反面、主として社会主義者から成る平和勢力も強化されていった。そして平和を願う宰相の存在は、交渉を進展させるための可能な途を存続させることになった。

しかしまさにこの時期に、新たな火薬の導火線が他ならぬバルカン諸国に敷かれたのである。トルコの弱体ぶりと、イタリアのトリポリ占領[*22]などに刺激されて、ブルガリア、セルビア、ギリシア三国は、マケドニアの自治を要求して、これをヨーロッパからのトルコ人追い出しの布石にしようとした。トルコ人はたちまち敗退して、セルビアは北アルバニアを戦利品として得ることになった。しかしオーストリアは、以前からセルビアの野心を恐れていたために、スラヴ国家がアドリア海に接近することを許すつもりはなかった。そこでオーストリアは軍隊を動員し、セルビアに威圧を加えた。当然ロシアもこれに対抗して、同じ措置をとった。幸いにもドイツは、英国、フランスと協力して危機を未然に防ぐ側に回った。しかし運悪くもこの三国の決定が、新たな危機の原因となった。なぜなら、アルバニアを独立国として打ち建てたために、戦利品の分け前が混乱することになったからである。セルビアは今度はマケドニアの一部を要求したが、ブルガリアは喧嘩腰で拒絶した。しかしセルビアとギリシアと、さらにルーマニアが加わって、圧力をかけてきたため、やむなくその要求をのんだ。ところが、こういう乱戦模様の巻き起こす砂塵のかげに、トルコは失地回復の野望を抱いて、こっそり戻ってきていた。

結果としてはセルビアがいちばん得をし、ブルガリアがいちばん損をした。これはオーストリアにとって、はなはだ面白くないことであったから、オーストリアは一九一三年夏にセルビアに直接攻撃をかけることを提案した。ドイツはこれを制止し、穏便にすますよう忠告したが、そのくせ自分ではトルコ陸軍に対する支配権を拡大して、ロシアに新たな腹立ちの原因を与えてしまった。ダーダネルズ海峡への夢がはかないものになってくるのを感じたロシア政府の閣僚たちは、はなはだ危険にも、ヨーロッパ全体戦争が勃発した場合にのみ、その念願を果たすことができるという結論に達した。彼らの直接のねらいは、バルカン諸国で揺らいでいる自国の威勢を取り戻すことであって、新しいバルカン同盟を設けるための第一歩として、ルーマニアを味方に引き入れようとした。このことが、ただでさえ異民族居住地相互間の緊張のために混乱していたオーストリアに、新しい脅威を与えることになった。

オーストリアは合併した領土に住むセルビア人、クロアチア人、およびトランシルヴァニアにおけるルーマニア人の不満を抑える手段として、武力を用いていた。そしてセルビアという外国――それは国内のあらゆる不満分子が、期せずしてそこへ眼を向けるポイントとなっていたが――へも、早晩は同じ対策を施したい気持があった。オーストリアの指導者たちは、国境外での戦争こそが、国内の不和を沈静させる最善の手段と考えていた。これは彼らに限ったことではない。むちと流刑をもってしても全面的には抑え切れない、ロシアのあの知らぬ者とてない不穏な情勢、ドイツにおける普通選挙

＊22――トリポリ戦争。一九一一年九月～十二月。

実施の国民的要求などが、この両国の好戦派勢力に、「戦争こそ安全弁」という考えを植えつけていたのである。

一九一三年を通じて、関係各国において、好戦的演説や新聞記事、論説、国境地帯の偶発事件などの誘因はふえる一方であった。ウィルソン米大統領の腹心の友であるハウス大佐は、ベルリンを去るに当たって、ドイツ軍部はごく早い時期に戦争を始める決意であり、もしカイザーがこうした意向に反対するならば、軍部は彼に退位を迫ることも辞さないであろうという確信を抱いていた。たまたまドイツ陸軍の近年の増強ぶりに当面したフランスが、兵力の劣勢を補うために、『三ヵ年兵役法』を採用したことが、ドイツ軍部の興奮をさらにあおることになった。けれども駐仏ドイツ大使は、ベートマン＝ホルヴェークへの報告書のなかで、「各方面の狂信的愛国主義の風潮や、失った国土の回復を願う一般大衆の夢にもかかわらず、フランス国民全体としては平和を望んでいると言うことができよう」と述べている。大統領ポアンカレにしても、この時点で言える最大限のところは、「フランスは戦争を望まないが、戦争を恐れはしない」に尽きたのであろう。しかしながらフランス以外の大陸のいたるところに、いまや火薬がまき散らされていた。そしてどこでも〝宿命論〟がみなぎっていた。

レイモンド・ポアンカレ

その宿命的な火花は、一九一四年六月二十八日、ボスニアの首都サライェボに飛び散った。最初の犠牲者にとっては運命のいたずらとしか言いようがなかった。フランツ・ヨーゼフの後継者であるフランツ・フェルディナント大公を殺害することで、大義名分を示そうとした熱狂的スラヴ民族主義者たちは、選りに選って自分たちの友であるこのオーストリア随一の実力者を選んでしまったのである。なんとなればフランツ・フェルディナントも帝国再建の夢を抱いてはいたが、そこでは国籍の異なった数民族が〝奴隷〟として一本化されるのではなく、連邦を形成するという形態を理想としていたからである。しかしながらボスニアのスラヴ人一般にとっては、彼はたんに抑圧者のシンボルにすぎなかったし、また殺害をたくらんだ過激派民族主義者にとっては、帝国の枠内のみにおける融和を計ろうとしている大公は、帝国の枠を離脱してセルビアをも含めたより大きな〝ユーゴ・スラヴ国〟を建設しようとする彼らの夢を挫折させる恐れがあったので、かえってよけいに憎悪すべき存在であった。

若い共謀者の一味は、〝黒手組《ブラック・ハンド》〟として知られるセルビアの秘密結社から必要な援助を受けていた。〝黒手組〟は、主としてセルビアの既存の文民政府に敵対するグループをつくっていた陸軍将校らが結成したものである。陰謀のうわさは閣僚たちの耳にも達していたらしく、共謀者らを国境付近で逮捕するように命令が出されていた。ところがその国境警備隊員らが〝黒手組〟のメンバーであったため、事前の措置も当然失敗に終わった。また確認はされていないが、漠然とした警告がウィーンに送られていたとも思われるふしがある。確かなことは、オーストリア当局が大公の身辺警備に驚くほど不注意であったことと、このきわめて不人気な皇太子に振りかかってくる運命に、当局が冷笑的なほど無関心であったことである。ボスニア軍の総司令官で、のちのセルビアに対する攻勢の指揮官となったポティオレークは、暗殺者らの策動を黙認したわけではなかったが、結果的には一味を大いに助長したことになった。今後も、彼が黙認したという疑惑が跡を絶たないに違いない。市役所への通路上で大公を襲った最初の襲撃が失敗したあと、ポティオレークが帰路の指揮を機敏にやらなかったため、大公の車は停止せざるを得なくなった。そのとき二発の銃声が響きわたり、大公と、平民の出で宮廷から軽蔑されていた大公妃は重傷を負い、〝午前十一時〟という予言的な時刻[*23]に大公は死んだ。

この大公暗殺のニュースは、オーストリアとセルビアの二国を除いたあらゆる国に衝撃を与え憤激をかきたてた。セルビアの新聞は喜びを隠す努力をあまりしなかった。ましてセルビアの一般民衆は手放しの喜びようだった。一方バルカン戦争で疲弊していた同国政府は、その利得を強固なものにするために、喉から手が出るほど平和を欲していながら、自国民の共謀事件の調査を愚かにも怠っていた。

オーストリア警察ものんびりしたもので、調査を一任されたヴィースナーは、二週間たってからやっと報告をする始末で、セルビアの結社や役人が関係していたが、「セルビア政府が共謀に加担していたことを示す証拠はない。……むしろ、まったく問題外だと信ずるに足る根拠がある」とした。

オーストリアが現実に行動に出るのはずっと遅れたが、決断はすみやかに下されていた。アーレンタールが残した欺瞞的な外交方針に、優雅な持ち味を加味していた外務大臣ベルヒトールト伯爵は、失われた自国の威信とみずからの名誉を回復するため、この事件を優美にまた欣然と利用した。事件の翌日、彼は参謀総長コンラート・フォン・ヘッツェンドルフに「セルビアの問題をきっぱりと片付けるときがきた」と宣言したが、この言い草はコンラートからみれば、彼自身が

襲撃される直前のフェルディナント大公夫妻

コンラート・フォン・ヘッツェンドルフ

何度も繰り返し訴えてきた戦争促進の言辞の口真似に他ならなかった。しかしベルヒトールトは、ティッサ伯爵の反対で、思わぬ障害にぶつかった。ティッサ伯爵は道義心からではなく、便宜主義から強く反対して言った。「戦争の口実となるべき事件は、必要とあればいつでも簡単にみつけられます」。コンラートも便宜上の考慮から、ベルヒトールトに、「われわれはまず何よりもドイツに、われわれをロシアの攻撃から守ってくれるつもりかどうか、問わねばなりません」と言った。ベルヒトールトにしても、二年前と同じようにドイツからひじ鉄をくらって、威信を傷つけられたくはなかった。そこで老皇帝としてはやむをえず、カイザー宛の覚え書に署名して、私信をこれに付け加えた。しかしカイザーに対してはそんな哀訴は必要ではなかった。なぜなら、ドイツ大使チルシュキーが六月三十日、ベルヒトールトとの対談の内容の報告に添えて、性急にことを運ばないよう警告しておいた旨をカイザーに書き送ったのを受け取ると、カイザーはその余白に次のような走り書きをしたのである。「誰の許可を得てそんな警告などしたのか。バカげたことだ。余計な口出しというものだ……。チルシュキーは分を守って、こんな愚行はやめなければならぬ。われわれはセルビア人を追い払わなければならぬ、しかも即座に」。あわれにもチルシュキーは、主人であるカイザーの豹変の妙技にはとてもついていけなかったのである。以前は人をあ

＊23——本書ではしばしば十一という数字が、予言的、あるいは運命的感慨をこめて語られているが、もともと英語ではat the eleventh hourというと、ある事をするための最後のチャンス、ないしはきわどい時を意味し、その出典は『新約聖書』マタイによる福音書、第二十章第六節である。なお邦訳聖書に「五時ごろ……」とあるのは、英訳におけるabout eleventh hourに当たる。

おることに熱心だったチルシュキーは、おそらく一年前に自重を求めてきた主人の声を覚えていて、今度は自分の調子を変えることがカイザーの意向に沿うものと考えたのであろうが、案に相違して、カイザーのほうも変わっていたというわけである。この変身をどう解釈したものであろうか。考えられるもっとも有力な理由は、カイザーが弱気のかどでふたたび責められることを恐れたことと、王族の血が流されたことに対する彼らしい憤激、およびもっと強い動機として、殺された人間に対する憐憫などがあげられるであろう。こうしてカイザーは、手紙の取次人であるオーストリアのホヨース伯爵に対して、七月五日に、オーストリアは「ドイツの完全な援助に依存することができる」旨の確約を与えた。

「余の意見では、もはや猶予はならないのであり、……もしオーストリア＝ハンガリーがロシアと戦争するようなことになれば、ドイツが味方につくことを確信していい」のであったが、カイザーはまた、ロシアが「戦争準備をしているというような事実は断じてない」と付け加えた。ドイツは準備ができている、と彼は確信していた。陸海軍首脳らと急いで談合を重ねたあげく、さまざまな警戒措置を命じたカイザーは、一方では予定どおりノルウェー訪問に出かけた。数日後の十七日に、参謀次長のヴァルダーゼーが外務大臣にこう報告している。「本官は跳躍に備えて国内にとどまります。用意はすべて整っています」

ドイツ宰相が裏書きし、結果に対する完全な承認をこめて与えられたこの無記入の小切手は、戦争の直接原因のなかでもきわ立って有力なものである。オーストリアはこれをいそいで現金化し、これを助けてチルシュキーは、さきに慎重な態度を奨めたしくじりを挽回せんものと、大いに気を入れていた。その後のいろいろな決定事項とは違って、冷ややかではないにしても冷静な雰囲気のうちにこの決定は受け入れられた。このことは戦争をやる意志があったと認定するための、ひとつのきわめて重要な手掛りとなっている。また緊迫した行動を気どられぬために、ドイツ、オーストリア両国が払った配慮も重要な意義をもっている。コンラートの「平和的意図を擬装せねばならない」という言葉が、この配慮のほどを示している。オーストリアに対しては、要求をあまり露骨にならべないようにという忠告はしなかったが、ドイツ政府としては戦争となれば、イタリア、ブルガリア、ルーマニア、トルコをぜひとも援助しなければならないことを懸念していた。イタリアに対しては行動の意図を知らせる必要はなかったが、オーストリアに対しては開戦の場合、イタリアからの支援に払うべき代償の用意をしておくようせき立てた。

ドイツのあと押しを確信したベルヒトールトの次の問題は、セルビアに対して、相手がとてものむことのできない最後通牒を書き送ることである。これには多少頭を使う必要があった。ベルヒトールトは七月十日、チルシュキーに対して、自分はまだ「セルビアがまったく承服できかねるような要求を、どう書いたらいいか」思いあぐんでいると打ち明けている。ただひとり開戦に異議を唱えているのはティッサであったが、開戦論者はそれに対して、「外交で成功してもなんにもならないではないか」と応酬する。ティッサは支持を撤回すると息まくのだが、やがてふいに態度を変えてしまう。それはベルヒトールトが、「遅らせることによって生ずる軍事上の困難」について彼に警告し、「一撃を加えるべきこの好機に、われわれが手をこまねいてやりすごしてしまうことを、ドイツはとても理解してはくれないであろう」と強く主張したからである。オーストリアとしては、ここで弱味をみせると、ドイツとの盟友関係があやうくなりかねないのであった。

〝最後通牒〟が起草され、それを一読した老皇帝ヨーゼフは、「ロシアは受け入れることはできまい……これは全面戦争にほかならぬ」と言う。けれども各種の戦争準備ができ上がるまで、これは実際には送達されない。仏大統領ポアンカレはツァーリ訪問を終えてペテルブルクから出航している。ウィーン駐在のロシア大使もやはり、平和は保証されているから休暇をとるようにと奨められている。だが、ドイツの海運会社はオーストリアの最後通牒が送達される期日に関して警告を受け、事態の急速な〝進展〟に備えるよう指示されている。

この最後通牒は七月二十三日午後六時、首相不在中のセルビア政府に送られている。これに示された条件は、いっさいの反オーストリア宣伝の弾圧ばかりでなく、オーストリアはセルビアが独自に任命した官僚を罷免し、オーストリアの官僚をセルビアに送り込む権利を与えられることを要求している。これは独立国としてのセルビアの地位を、あからさまに侵害することになる。このための審議には、四十八時間しか与えられていなかった。翌日ドイツ政府は、ペテルブルク、パリ、ロンドンで覚え書を手交し、そのなかでオーストリアの要求は「穏健妥当なもの」であると述べ、――そのくせ気軽にこう書いた時点では、ドイツ政府はその最後通牒をまだ見てさえいなかった――「これに対する干渉は……不測の事態を招くであろう」との脅しも付け加えている。この覚え書は、ロンドンではただ茫然と、モスクワでは激しい怒りをもって受け取られた。

しかしこの最後通牒の時間切れ二分前に、セルビアの回答がオーストリア大使に渡された。だが大使はそれを読むや読まずで、外交関係を断ち切って汽車でベルグラートを発った。すべては上からの指示に従ったまでであった。三時間後にはセルビア戦線へ、オーストリアの一部動員令が正式に発令された。同時に、ドイツとロシアで動員のための予備的措置がとられた。

しかしながらセルビアの用意した覚え書は、国の独立を決定的に侵す二点を除いては、オーストリアの要求をすべて受け入れていたのである。帰国したカイザーは七月二十八日にこれを読み寸評を書いた。「わずか四十八時間の期限つきにしては、上出来だ……。ウィーンにとって、大きな精神的勝利には違いない。だが、これでは戦いの口実がまったく消えてしまうのだ」。そしてオーストリアの一部動員令にふれて、こう付け加えている。「私なら、こんなことでかさにかかって動員令を出すことなどしなかったろう」。ふたたび武力が勝利を収めた。カイザーは懐疑派におのれの強さを示したことによって、いまは栄光の座に安住することを望む。王者の面目は立っているのだ。しかし彼は、セルビアがオーストリアの要求を満たすまで、オーストリアがセルビアの一部を占領することはやむを得まいとほのめかすが、これは賢明とはいえなかった。ロシアが容認するはずがないのはわかりきっているのだから。ベートマン＝ホルヴェークはカイザーの見解に同意し、二十八日午前、その言葉を次の但し書つきでウィーンへとりついだ。「オーストリア政府がいっさいの仲介・調停の申し入れを拒み続けるならば、ドイツ国民は、ドイツ政府に対して大戦を避けるための労を惜しんだとの非難を浴びせるであろう」

このように態度を軟化させたことも、すでに手遅れとなっていた。もっとも有望だった時期に、ドイツ自身がこの提案を封じていた。そして七月二十四日にこのドイツの覚え書が送付されたとき、ロシアはすぐさまフランスの援助を確認し、またグレイは同盟諸国から英国の連帯を謳うことを迫られた。しかしグレイは国会に対する責任と、閣内の意思不統一と、民衆の支持を得ることのおぼつかなさのために、それを請け合うことができなかった。それと、彼はロシアとドイツの好戦派勢力を硬化させることを恐れたのである。むしろ仲介の途を開こうとして、まず手始めに二十四日、ベルリン経由で、オーストリアの指定刻限を延長するよう働きかけた。しかしこれはベルリンでは支持されず、ウィーンへはわざとゆっくり時間切れの二時間前に送達されたが、もちろんすぐさま拒否された。二十五、六の両日、グレイは別の提案を出して、ドイツ、英国、フランス、イタリアによる合同仲介と、オーストリア、ロシア、セルビアの軍事行動の停止を申し入れた。パリとローマは即座に受け入れた。ペテルブルクのサゾーノフは、同じ構想を最初に打ち出した当人だったが、原則的には同意であるが、今回はウィーンと直接話し合うことが先決だと述べた。ベルリンは拒否した。カイザーは提出された報告書に、例によって扇動的な寸評を書きつけた。「英国流尊大さの恐るべき一例がこれだ。私は、（オーストリア）皇帝陛下に対し、グレイ風に名誉を守る方法をご伝授申し上げることなど、なすべきではない」。英国の態度に、戦争になったら中立を維持しそうだとドイツに思わせ、つけ上がらせるだけのものがあったことは、証拠によりはっきりしている。しかし英国政府は、七月二十七日の新聞に、演習に集結した艦隊を、分散させない命令を出したことを公表した。この公表文とセルビアの回答の内容とが重なって、ベルリンにおける公式発言の調子に変化が現われてきた。その前日、ベルリンの参謀本部は、ベルギーにつきつける予定で起草した最後通牒を、外務省に送付していた。

こうして二十七日遅くに、ドイツ政府はグレイ提案をウィーンに回すことを決めた。そしてグレイに対して、ドイツ政府がこの措置をとったことは「貴下のご希望にある程度同調する」ことを意味する旨、伝言した。けれどもドイツ外務大臣と会ったオーストリア大使は、次のようにウィーンに打電した。「ドイツ政府が英国と同調することなどありえず、それどころか英国の考え方に決定的に反対しているのであり、ただ英国人を満足させるために連絡をとっているにすぎないということを、完全に、無条件に確約している……。ドイツ政府がこのような行動をとっている理由は、さし当たって英国が、ロシア、フランスと大義名分を同じくしないよう配慮することがもっとも重要であるという立場からである」。二十八日にカイザーがセルビアの回答を読んだあと、ドイツの調子が一段と冷静になったことはすでにみたとおりである。しかし当日のベートマン＝ホルヴェークの、彼としては最初のウィーンに対する警告的メッセージは、手遅れであったし、また生ぬるいものでもあった。

なぜなら七月二十八日――またもや午前十一時――に、オーストリアの宣戦布告電報がセルビアに届いたからである。そして同日、ベルヒトールトはサゾーノフの直接交渉の提案を、宣戦布告がたった今なされたことを理由に拒否した！　オーストリアが開戦の決意を早めた理由とその方法には、無気味なユーモアが存在している。八月十二日まで、軍隊を動かす用意をしていなかったから、軍事的には実際の宣戦は遅らせたほうがいいことは明らかだった。しかしドイツからのメッセージがオーストリアをせき立てていたために、ベルヒトールトとコンラートは、ぐずぐずしているとドイツの支援と戦いの機会を失うことを恐れたのである。ベルヒトールトは七月二十七日、皇帝に対して事態を冷笑的に要約してこう報告した。「私が思いまするに、協商国側による平和的解決を求める努力が、これ以上可能であるためには、宣戦布告による新事態が到来しないことを要件とします」。そして宣戦布告に皇帝の署名を得るに当たっては、セルビアの軍隊がオーストリアの軍隊を攻撃したことは事実であると言い立てて、疑惑の余地を封じた。いざ署名をもらってしまうと彼は、このありもしない攻撃に関する文章を削除したのである！

「軍事上の必要」というエンジンに引っ張られて、奈落への突進は歯止めのきかない速度で続けられた。ヨーロッパ各国の参謀本部は、巨大で煩雑な機構を築き上げることに没頭して、戦いの第一鉄則であるべき弾力性を忘れていた。徴兵制にもとづくヨーロッパ各国の陸軍は、動員する場合にも実際に使用する場合にも、ひどく扱いにくいものであった。事件が重なると、その陸軍は動かすことはできても、効果的に指導することは不可能なことが、すぐはっきりしてきた。つまり〝かじの輪止め〟が不完全なのであった。いまや平和への脅威となってきたこの欠陥状態は、同時期の艦隊とくらべても、またかつての小規模でプロフェッショナルな陸軍とくらべても、異質のものであった。

　この緊迫した日々における将軍たちの唯一の関心事は、彼らの軍隊を行動に移させることであった。戦争をしたいという欲望と、不利な事態に追い込まれることに対する恐怖心とが反発し合っていた。こうしてオーストリアばかりでなく、ドイツやロシアにおいても、政治家たちの平和への願いは、将軍たちの行動への要請と、その専門的な忠告を無視した場合の恐ろしい結果の予想などの思惑に、足を引っ張られてしまった。いち早くオーストリアにおいて、将軍たちは戦争の口火を切ったという陰《いん》鬱《うつ》な栄光を、ベルヒトールトとともに分け合っていた。

次にロシアでは、これも軍事的には凡庸な国であるが、将軍たちはそこで成功を収めていた。オーストリアが宣戦布告をしたという知らせが、ロシアにひとつの重大な変化をもたらした。それまではサゾーノフが将軍たちを掌握していた。ところが今や、避けがたい勢いに抗しかねて、サゾーノフはオーストリア国境沿いの軍隊に限り、部分的動員を行ないたいと申し出る。参謀本部は「専門的理由」で、これを実行不可能と称し、機構の狂いを避けるには総動員しかないと説き立てる。この論法に屈する気もなく、また彼らを無視することも本意ではなく、サゾーノフは妥協案を考える。部分的動員のためと、総動員のためとの二通の勅令がツァーリの署名待ちで用意され、いずれかの決定は延期される。

しかし参謀本部はその瞬間にも働いている。翌朝、動員局長は、ツァーリが暫定的に署名した総動員令を受けとって、必要な各大臣の署名を得るために奔走する。大臣のうち一名は夕刻まで居所がわからない。その間にもドイツ大使が、午後六時ごろサゾーノフを訪れて、ベートマン＝ホルヴェークからの次のメッセージを伝達する。「ロシアが動員措置を今後とも継続するならば、ドイツも動員を行なうであろう。そして動員とは戦争を意味する」。このメッセージを伝える際に口頭で、これは「脅迫ではなく友好的意見である」と念が押されるが、しかしサゾーノフにはどうしても脅迫と聞こえるし、オーストリア国境への部分的動員さえ禁じているように受けとれる。小うるさい参謀本部に対する日ごろの反感もついに弱まり、参謀総長ヤヌーシュケヴィッチと会談したあと、サゾーノフは総動員に同意した模様で、ツァーリの是認もとりつける。

　ここでしばらくベルリンへ眼を転じよう。ベルリンにも同じように神経性の緊張がみなぎっており、同じような足の引っ張り合いが続く。しかしカイザーの政治顧問たちは、オーストリアが妙な真似をすれば自分たちにも犯罪者という汚名がきせられたうえにイタリアの支援を義務づけられ、他方では英国を敵に回すことになるであろうと、真剣に警戒し始めていた。そこで、即刻動員を求める参謀本部の要求は拒否され、夜も遅くなってから、ベートマン＝ホルヴェークが英国大使に会う。そして英国に中立を依頼する代償として、ドイツはフランスの一部を合併するつもりはない――もっともフランス植民地に関しては「保証の限りではない」が――と申し出る。英国大使はこの申し入れはきわめて受け入れにくいものであると述べる。この予言は的中することになる。ロンドンからリヒノフスキーが、英国政府の見解の硬化を警告してきたことが、カイザーの恐怖と怒りをかき立てる。例によってあくどい形容句を並べてなぐり書きをやり、「英国的パリサイ主義」[*24]とか、「〃卑劣なペテン師〃グレイ」とか、ベートマン＝ホルヴェークの申し入れを考えてみてもいささか変な言葉だが、「下等な行商人の群れなる英国人」とか書いている。しかし、グレイが新たに仲介の労をとりたいと申し入れたことをリヒノフスキーが伝えたために、ベートマン＝ホルヴェークは少なくともこれを考慮に入れて、一連の電報をウィーンに送って、オーストリアに対し露骨な拒否を続けないように、さもないとドイツは不利な状態で戦争に巻き込まれることになるからと勧告する。カイザーもまたツァーリに打電し、ウィーンに対し〃率直な交渉〃に同意するよう、説得につとめている旨を知らせる。これと行き違いにツァーリからも、同様な慰撫の調子の電報がはいり、さらに先の電報への返事として、「オ

＊24――Pharisaism　紀元前二世紀後半のキリスト時代に最も盛んに流布されたユダヤ教の一派。モーゼ律法の厳格な遵守を主張し、守らない者は汚れた者として斥けた。イエスは激しくその偽善的傾向を攻撃した。転じて形式主義をさす。

ーストリア、セルビア間の問題は、ハーグ国際仲裁裁判所[*25]にまかせることが妥当でありましょう。私は陛下の英智と友情を信頼しております」という答えが届いた。カイザーがこの電報の余白に記した「くだらない」という寸評は、カイザーの誠意のほどを疑わせるものである。しかし彼はもう一度電報を送って、「わざわいを早めるような……」軍事措置を抑えるように訴えている。そしてこれはひとつの実効を生む。

ツァーリは午後十時ごろ、参謀総長ヤヌーシュケヴィッチに電話を入れる。そして参謀総長が総動員令はもう出してしまいましたと、大あわてで抗弁しても聞き入れずに、それを撤回して代りに部分的動員令を出すように指示する。

しかし出鼻をくじかれたとはいえ、参謀本部も負けてはいない。翌朝、同本部は失地回復をめざして新しい論法を持ち出し、自分たちに負わされた重責を説く。まずツァーリに拝謁を求めるが、ツァーリは参謀総長に会うことを拒んで、彼らの圧力を回避する。そこでヤヌーシュケヴィッチはサゾーノフを探し出して、これ以上総動員を遅らせると、軍機構は「混乱し」、ひいてはロシアの安全がおびやかされることを説く。彼はさらに、部分的動員は、いざ開戦となった場合、ロシアはドイツの猛攻をくいとめる助けにならないという印象をフランスに与えるであろう、と主張する。いまや戦争必至とあきらめたサゾーノフは、午後からツァーリに会うことを約束する。ツァーリは色を失い、心痛しながらも、「何事が起ころうとも、陛下のご良心にやましいことはございません」となだめるサゾーノフの言を入れて譲歩し、命令を与える。サゾーノフはこの命令を電話でヤヌーシュケヴィッチに伝え、ついでにツァーリの心変りに備えて、「その日いっぱい姿を消す」ように忠告する。はじめサゾーノフは、この総動員を公式的な宣言なしで秘密にしておく考えでいたが、それが技術的に不可能であることを知る。そして『勅令』は翌朝、七月三十一日に発布される。この日の数時間後に、オー

ヘルムート・フォン・モルトケ

ストリア軍の総動員令が発せられる。その後も〝政治家たち〟は、電報の発信を続けるが、それはすべて反古《ほご》にすぎない。軍機構が完全に主導権を握ったのである。

事実三十日に、軍機構は主導権を握っていた。それはロシアだけではない。ドイツ軍参謀総長モルトケは、午後二時、ドイツ大使館員を通じてオーストリア軍参謀本部へメッセージを送り、ロシアの軍事措置がかならずや「ドイツにとって、応援義務発生事由に発展するでありましょう……。平和のために英国が新たに行なっている申し入れを、拒否しなさい。ヨーロッパ戦争は、オーストリア＝ハンガリー帝国を救う最後の機会です。ドイツは無制限にオーストリアを支援する用意をしています」と伝えていた。その後モルトケは、直接コンラート宛に電報を打った。——「ロシアに対し、即座に動員せられよ。ドイツは動員する予定。イタリアに対し報償を約し、同盟国としての義務を尽くすよう説得せられよ」。こうしてモルトケは、ベートマン＝ホルヴェークの優柔不断な電報をご破算にしてしまった。オーストリアの軍および民間の指導層は説得の必要はなく、ただドイツの支援の確約があればよかった。そしてドイツが支援を撤回するとおどさない限り、仲介の申し入れなどに応ずる意図はなかった。しかもその〝ドイツ〟なるものは今やその〝参謀本部〟に他ならなかったのである。

＊25——the Hague Conference　一八九九年三月〜七月、ロシア皇帝ニコライ二世の提唱により開催された『第一回ハーグ万国平和会議』の結果、恒久的な国際裁判所として創設され、第一次大戦までに一四件の国際紛争が提訴された。だが次第に無力化し、第二次大戦時は全く機能を停止した。なお一九四六年、国連憲章にもとづいて設立された『国際司法裁判所』とは別個のものである。

ロシアの総動員令のことがベルリンに伝えられると、直ちに『戦争緊急事態』が宣言されたが、これには第一段階の動員が含まれていた。トリックを見破られずに先手を打つための、巧妙な軍事上の工夫なのであった。それと同時にペテルブルクとパリに、最後通牒が送られた。ロシアへの最後通牒のなかで、「オーストリアとわが国に対するあらゆる戦争措置を、十二時間以内に停止すること」および「このことを明確にわが国に通知すべきこと」が要求されていた。サゾーノフはこれに答えて、動員の停止は技術的に不可能であるが、交渉が継続する限りロシアは攻撃を仕掛ける意図がないことを述べた。ツァーリはさらに電報をカイザーに送って、この声明を次のように補った。「陛下が動員を余儀なくされていることは理解するも、ロシア側の措置が戦争を意味するものでないこと、および交渉継続の意図あることを私が保証するごとく、陛下からも同様の保証を賜わりたし……」。けれどもドイツ政府は、さきの最後通牒に対する返事を待たずに、正式な宣戦布告文をペテルブルク駐在大使に送り、大使は通牒の時間切れを待って、八月一日の宵の口にこれを手交した。ほとんど同時にドイツ軍の動員が始まった。

だがこれより以前に、フォン・ヒェリウス将軍はペテルブルクから、抜け目なく次のように報告を送っていた。「当地では侵略的意図からではなく、将来の事態に対する恐怖心から動員が行なわれている。そしてすでにあらわれた結果におびえている」。これにカイザーは寸評を書き込んだ。「然り。これが真相だ」。しかしカイザーは、こわいくせにやる気も半分あって、ドイツの軍機構を制止できずにいた。モルトケが、「この願ってもない状況は利用すべきである」と主張して「フランスの軍事情勢は混迷以外の何ものでもないし、ロシアはおよそ自信がない。そのうえ季節は好都合ときている」と指摘したためである。ロシア軍の参謀本部の性急さは、〝神経過敏〟のせいとして言い訳ができても、モルトケの性急さのほうは言い訳できそうもない。この時点で、かりに三名の戦争責任者を選ぶとすれば、ベルヒトールト、コンラート、そしてモルトケがあげられる。しかしモルトケは実際には、参謀総長という一個の有限責任者にとどまっていた。

この人たちの行動が熟慮にもとづいたものであったとしても、その熟慮の背後にはたんに軍事的野心ばかりでなく、恐怖心もあった。オーストリア軍参謀本部には、バルカン戦争でセルビアが領土を獲得した結果、セルビア陸軍が倍増されることに対する恐怖があった。ドイツ軍参謀本部には、ロシア陸軍が一九〇五年、スホムリーノフの管轄下にあって腐敗したあと、意外に早く立ち直ったことに対する恐怖があった。金に困った引き船道の船引き[*26]よろしく、モルトケは助けに飛び込んであとでお礼として助けてもらいたいばかりに、オーストリアを戦いの川につき落としたようなものである。

ドイツがフランスへ送った最後通牒は、「ロシア対ドイツの戦争において」フランスは中立を守るかどうかを、十八時間以内に回答することを求め、「動員は必然的に戦争を意味するであろう」という脅しを付け加えていた。フランスが中立を維持すると申し出た場合は、ドイツ大使はフランスに、「ヴェルダンおよびツールの要塞を保証として引き渡すべし」というとてものめない要求をつきつけることを命じられていた。なぜならモルトケの計画は東西両面作戦に備えたものであり、もし敵がひとつしか現われない場合は彼のねらいは狂うことになるからである！　これ以上の軍事的愚行は考えられないではないか。

ドイツ大使は八月一日に呼ばれて、回答を受けにいった。そしてフランスは「その国益の要求するままに行動するつもりである」とだけ言われた。当日の午後、フランス軍に動員令が発せられた。し

＊26——ヴォルガ川の船引きに見られるような、綱を引く人夫たちの通る道。ここでは、相手（オーストリア）を故意に困った状態に陥れ、さも偶然に出食わしたような顔で助けの手をさし伸べてその礼金をまき上げる、の意。

かし共和国フランスにあっては、文民政府がまだ参謀本部より優位にあった。そして七月三十日以降、国境守備軍は平和的ゼスチュアとして、また国境の小ぜり合いが戦争の口実になる危険を防ぐために、フランス領土内一〇キロの線にまで後退していた。軍事的にはマイナスであっても、この後退の政治的賢明さは、ドイツのパトロール隊が三十日に実際の国境を越え、さらにドイツ側の公式発表によれば、翌三十一日にも越えたという事実によって理解できる。かくして八月三日、ドイツがフランスに宣戦を布告したとき、その具体的口実として申し立てることができたのは、フランスの飛行機が「カールスルーエとニュルンベルク付近で鉄道を爆撃した」ということだけであった。しかしその風説すら、宣戦布告が伝えられるより前に、すでにドイツで打ち消されていたのである。

なぜ実際の宣戦が二日遅れて布告されたのであろうか。まず第一にグレイが、ロシアとオーストリア政府間に合意の見込みがある限り、ドイツとフランスは攻撃を控えるべきであると新しい提案をしたことによる。この提案はあいまいな言い回しを用いていたが、リヒノフスキーは平和を熱望するあまり、これをベルリンに打電する際に、「これはわれわれがフランスを攻撃しなければ、英国は中立を守りフランスの中立をも守る意向だという意味のようである」と拡大解釈した。カイザーとその宰相はわらをもつかみたかった。カイザーはモルトケに、「それならばわれわれは、全軍隊をもっぱら東方へ進撃させよう」と言った。モルトケは、回想録のなかで記しているように「それはなりません。何百万の兵からなる部隊の進撃は……多年にわたる労苦の成果なのです。いったん計画されてしまえば、おそらく変更できるものではありません」と答えた。カイザーは辛辣にやり返す。「貴官の叔父上[*27]だったら、違う答えをしたろうに」。モルトケはフランスに集中的にかかり切る点では、目的を達したが、フランスおよびルクセンブルクの国境を実際に突破することに対しては、二十四時間の抑制が命じられた。モルトケはのちに悲壮な調子で、「これは本官には非常なショックで、心臓をなにものかで打ち叩かれたような感じであった」と記している。しかしその心臓はたちまち元気をとり戻した。その夜遅く、ロンインから来た別の電報が、英国は中立を約束していないことを伝えたからである。抑制はゆるめられた。かりにその抑制がモルトケの手順に多少の妨げになったとしても、彼の最前線の軍隊の一部は、その日すでに予定時刻より早く、ルクセンブルクに侵入していたのである！

にもかかわらず英国内閣の腰のふらつきは収まっていなかった。閣僚の大多数は平和を渇望していながらも、国民世論に確信がもてなかったために、微力ながらドイツ国内の好戦派勢力と対決しようとしているベートマン＝ホルヴェークを援護するような明瞭な警告を発することができずにいた。いまや時すでに遅く、軍機構が実権を握っていた。七月三十一日以降、戦争はいかなる手段をもってしても回避できそうになかった。かかる英国内閣の不決断は、自然でありまた誇るべきことともいえたが、反面、見殺しにされはしまいかというフランスの不安をつのらせるばかりであった。

この煮え切らなさを吹き飛ばしたのが、ドイツであった。ドイツが長年あたためてきた作戦計画では、自軍の部隊にベルギーを自由に通過させる必要があったが、これをベルギーに要求する最後通牒もかねて用意されていて、八月二日夕刻にこれがつきつけられた。ベルギー政府は自国の中立侵害を断固として拒んだが、八月四日朝、ドイツ軍第一線部隊は侵攻を開始した。この情報が伝わる以前の侵攻の懸念があるという段階で、英国の見解はすでに決定的に硬化し、介入へ踏み切る腹を固めてしまっていたのである。もっともドイツ側も見抜いていたとおり、介入はすでに不可避であった。ドイツ側に対し、ベルギーの中立を尊重すべしとする英国の最後通牒が渡された。ベートマン＝ホルヴェークは、英国は「たった一枚の紙きれのために」戦いにおもむこうとするのかと、肩を落としてこぼ

＊27――大モルトケをさす。

しながら、これを受けとった。ドイツ時間の午後十一時、この最後通牒は時間切れとなった。今や英国もついに戦いに加わったのである。だがイタリアは、七月三十一日に〝中立〟を決めていたために、この圏外にいた。

かくしてこれら一連の最終的行動も、またこれに先立ついくつかの処置と同じく、〝軍事上の専門的論拠〟が決定のカギをにぎった。ドイツ陸軍は、たとえ英国を敵に回すことが確実であっても、ベルギーをぜひとも通過する必要があった。当面する軍事上の必要性——平時にあって戦争を起こすのにこれがいかに手取り早い原因になることか！　またまもなくわかることになるが、実際に戦争が始まると、勝利を得るうえでこれがいかに無力であることか！

大戦の勃発

十九世紀末から二十世紀初頭、帝国主義時代へ入った世界は、西欧各列強の利害対立により一触即発の危機をはらみながら、一連の外交交渉によってかろうじて表面上の平和を維持していた。しかし、植民地をめぐる英国とドイツの帝国主義的対立、アルザス＝ロレーヌ問題その他をめぐるフランス・ドイツ間の歴史的確執、さらにバルカンにおける覇権を争うロシア・オーストリア間の民族主義的抗争等、複雑に錯綜し合った諸問題は国際緊張の度をますます深めていった。そして、一九一四年六月二十八日、サライェボの凶変が勃発するに至りついに爆発、ドイツ・オーストリアを中心とする同盟国側と、英仏ら連合国（協商国）側とによる未曾有の大戦争に発展していった。

ドイツは大戦を予測して着々と軍備拡充に努めていた。しかし、東西に国境を接する二大強国のロシア・フランスに対して、同時に戦火を交えるのは不可能と判断した。そこでドイツ軍首脳部は、まず緒戦期において西部戦線を一挙に粉砕し、そののちただちに東に転じてロシアを屈服させようと図った。英仏軍を短時日のうちに撃破すべし……そのための作戦が『シェリーフェン計画』であった。

八月二日、連合軍側の意表を衝いてルクセンブルク、ベルギーの中立を侵犯し北フランスになだれ込んだドイツ軍の奇襲は完全に成功した。連合軍は総崩れとなって撤退していった。ひと月間にわたるドイツ軍の進撃は、その作戦の正しさを立証するものだった。しかし、パリ東方に背水の陣を敷いた連合軍は、マルヌ会戦においてドイツ軍の所期の目的を挫折させ、以後西部戦線は膠着状態を迎えていった。

第2章　両陣営の兵力

THE OPPOSING FORCES

各国がこの紛争に介入した時点では、十九世紀に入ってからの数々の事件で多少修正を施したとはいえ、いずれの国も十八世紀の古い考えと体制とを、相変わらず持ち続けていたのである。政治の観点からいえば、各国ともこの紛争を、外交上の同盟関係という伝統的仕組みを基礎にした連合体間の敵対関係と考えていた。また軍事的観点からは、職業的な軍隊同士の戦いとみなしているにすぎなかった。なるほどヨーロッパ的徴兵制度によって軍人の数は増えているとはいうものの、本質的には兵士と兵士の戦いであり、人民大衆は円形劇場の観客席から選手の力闘を見物するというかたちで考えられていたのである。

ドイツ人は多少真相を知っていた。しかし――一人か二人の予言者的人物は別として――ドイツ人全般が十九世紀に考えてきた〝武装国家〟[*1]の理論によれば、国民は軍隊増強のための員数を補給するための貯水池であって、これと別の見方、つまり国民とは大河のようなものであって、軍隊はそこへ流れ込む多くの支流のひとつにすぎないという思想は排除されてしまっていたのである。彼らの考え

＊1――Nation in ArmsとNation at War　ここに言う『武装国家』と『戦闘国家』とは、前者は兵員と、兵員が直接に使用する武器を充実させることを国防の根幹とみなす古いタイプの国家であり、これに対して『戦闘国家』とは、近代戦が国の総力にかかわるものであることを認識して、一国のあらゆる分野の営みを、戦争目的のために有機的に統合結集して、いわゆる総力戦を遂行できる能力のある国家である、と考えることができよう。

ているドイツは〝武装国家〟ではあっても、〝戦闘国家〟ではなかった。今日においてもまだ、この基本的真実はその全貌が把捉されておらず、全部の意味も理解されてはいない。一九一四年から一八年を戦い抜いてきた国々は、科学者や技術者の研究、発明、専門的技術、また産業界の労働力、情報宣伝の力などを、次第に大量に軍需面へ投入していった。だがこれらの分野の力の結合は、久しいあいだ大きな混沌とした渦巻きを形造るばかりであった。古い秩序は崩れ去ったものの、新しい秩序はまだ育っていなかったのである。共同作業はごく徐々に始まっていたが、いちばん最後の時期にすら、各分野の協力体制が有機的結合という高い次元——つまり相違の統一による方向づけという次元——にまで達したかどうかは、議論の分かれるところである。

一九一四年当時のドイツ陸軍は、ナポレオン戦争のときに創設され、グナイゼナウとシャルンホルストに育成され、青年期は大モルトケとローンに指導されたものである。そして一八七〇年の戦争[*2]で、指揮、装備ともに劣った長期服務のフランス陸軍との戦いに勝利を収め、はじめて一人前になった。五体満足な国民はすべて兵役の義務を負い、国家は必要な人数だけ徴兵し、これに短期間全日制で軍事訓練を施したあと、除隊させ、市民生活へ復帰させた。この制度の特色でありまた同時に目的としているものは、多大な予備軍を育てておき、いざというときに正規軍を拡充することであった。兵科によって異なるが、二年または三年間の全日制軍務に服した男子は、その後五年または四年のあいだ正規予備役軍[*3]に編入された。その期間を過ぎると、十二年間後備軍に入り、それを経過すると最後に国民軍へ繰り入れられた。これは三十九歳から四十五歳までであった。そのうえ、現役に服さなかった国民によって補充軍が設置された。

このような軍機構と徹底的な訓練にこそ、緒戦期におけるほとんど決定的勝利ともみえた奇襲攻撃の大きな秘密があった。現にドイツ軍は、予備役兵をただ補助的役割または守備部隊に向いているだけの、質の悪い兵士とみなすことなく、動員の過程でほとんどすべての第一線軍団を、予備軍団で倍増することができたし、また緒戦の攻撃にこの予備軍を投入するだけの勇気をもっていた。そして事実、それが正しかったことを証明した。この奇襲がフランス軍の計算を狂わせ、ひいては会戦の計画全体に影響を与えたのである。

ドイツ軍は数多くの計算違いを非難されているが、その反面、彼らの直感力が正当なものであったことを正しく評価されていない。いまでこそ自明の理とされている次の事実も、当時認識していたのはドイツ人だけであった。すなわち新編成部隊に訓練を施す中核となるべき幹部さえしっかりしていれば、それが強固な鋳型となって、短期徴募兵という溶液を流し込むことによってすみやかに軍機構が完成されるということである。ドイツ軍の鋳型は長期服務についている将校、下士官の集団であって、彼らの専門知識と技術水準は他のヨーロッパ諸国に並ぶものがなかった。しかしその機構は訓練によってつくられたが、内容の充実は別の理由によっている。心理的要素は職業的軍隊よりも、〝国民的〟軍隊においてははるかに大きな役割を演ずる。軍人精神だけでは足りない。行動への大きな精神的衝動を刺激することが必要なのであり、戦うために国民を召集する大義への強い信念が不可欠なのである。ドイツ帝国の指導者層は何代にもわたって、祖国の偉大さに対する愛国心と誇りを国民に吹き込んできた。ドイツの敵側諸国といえども、それぞれ自国の大義に対する強い信念をもってこの戦

＊2――普仏戦争。一八七〇年七月～七一年五月。

＊3――各国によって徴兵制度に違いがあり、呼称も変わっているので、一般的な説明をすると、――常時軍務に服している《現役軍》のほかに、兵力に不足をきたした場合に備え、あらかじめ定められた「動員計画」によって動員されるのが《予備役軍》。現役、予備役をすでに終えたものを《後備軍》と称し、臨時に徴集されるのを《補充軍》という。だいたいにおいて年齢、健康状態によって区別する。

大戦勃発以前のドイツ軍兵士

家族に別れを告げるオーストリア＝ハンガリー兵士

いにおもむいたのではあるが、その燃えるごとき愛国心をもってしても、多年にわたる着実な努力がドイツ国民につちかっていたような、訓練された団結心をはぐくみ育てるだけの時間的余裕はなかったのである。ドイツ国民は訓練の苛酷さにもかかわらず、自国の軍隊に親近感をもち、これを誇りにしていた。これはよその国にはないことであった。

またこういう独特な国民感情をうまく操縦したのが、選別と訓練の厳しさ、専門知識、また技術上でも最高水準に達していた参謀本部であった。もっともそこではものの考え方にある種の〝型〟ができ上がっていた。しかしこれはどんな職業にもみられることである。職務執行の手腕は習熟の成果であり、たえず従事し繰り返しているうちに、どうしても考え方の独創性、柔軟性を硬化させることになる。職業人の集団においては、年功序列もまた避けがたい慣例である。たしかにドイツの軍隊では参謀本部を中心とした管理機構に傾きがちであったが、実際には血気さかんな参謀将校の手に実権が握られるのが通常となっていた。戦争回顧録や公文書が明らかにしているように、各種の部隊や軍団の参謀長は上級司令官に相談するそぶりさえも見せずに、適切な決定を下すことがよくあった。だが反面この仕組みには大きな難点もあった。これが〝車輪にはいりこむ砂〟となって、ドイツ軍機構の円滑な運営を妨害したこともまれではなかったのである。

戦術面では、ドイツ軍はふたつの大きな利点をもってスタートした。重曲射砲[*4]の威力を知っていて、この兵器を必要数用意していたのはドイツ軍だけだった。また他の各国軍隊は、機関銃こそ〝歩兵の精髄〟であることを充分認識せず、またこのずば抜けた〝火力の源〟を充分開発することもしなかっ

＊4――比較的遠距離の目標に対し、弾道が放物線を描くように（曲射）発射される砲のことで、曲射歩兵砲、臼砲、榴弾砲などの総称。

ドイツの機関銃兵

ドイツの420㎜重曲射砲“ビッグ・ベルタ”

た。一方、ドイツ軍は機関銃の研究にもっとも熱心に取り組んでいたからこそ、戦闘を支配する機関銃のもつ無限の可能性をいち早く引き出すことができたのである。重砲と機関銃の重要性を見抜いたことに関しては、ドイツ軍参謀本部は、日露戦争の際、満州における日本軍に随行した若い観戦武官ホフマン大尉の正確な診断に、大いに啓発されたものと思われる。戦略的にもドイツ軍は、他のいかなる敵国よりも敏速に、鉄道輸送の研究と開発に力を注いでいた。

オーストリア＝ハンガリー軍はドイツ軍をお手本にしていたが、かなり見劣りのする軍隊であった。ここにはいまだに敗北の歴史しかなかったばかりか、同盟国ドイツ軍をあれほどきわ立たせていた〝精神の同質性〟が、人種的混交国家であるがために存在し得なかったのである。古い職業軍隊を国民皆兵の軍隊に改めても、効率的にはかえって悪いものになってしまっていた。オーストリア＝ハンガリー帝国領土内の部隊が、領土外の部隊と人種的に同じであることもしばしばだった。ためにオーストリアでは軍事的配慮よりも、近親者同士を闘わせないようにという政治的配慮から、軍隊を編成せざるを得なかった。この人種面での不利に加え、地理的にも広大に延びた国境を守るという弱点があった。

またこの軍隊の指導者層は、ごくまれな例外を除いてはドイツ軍の専門家には及ぶべくもなかった。そのうえ、共同行動については、協商国側[*5]におけるよりもよく理解し合っていたにもかかわらず、オーストリアはドイツの指図を受けることをいさぎよしとしなかった。

これらの弱点はおおうべくもなかったが、しかしこの異民族同士のゆるやかな結合体は、四年にわたる戦争のショックと緊張によく堪え、敵側を驚かせ落胆させた。このことは頑強なゲルマンとマジ

＊5——the Entente Powers　『三国協商国』側の意味で連合国側をさす。

ヤール民族[6]という枠組の上に、民族混合の織り物が織られたということで説明ができよう。

さて中欧[7]諸国から、協商諸国に眼を転じよう。フランスの潜在動員兵力はドイツの六〇パーセント（ドイツの九七五万に対して、フランスは五九四万）にすぎなかったので、この劣勢を補うために、五体満足なほとんど全部の男子の軍務を要求せざるを得なかった。男子は二十歳で召集され、三ヵ年の全日制軍務に服し、その後十一年間の予備軍に編入され、最後には七年の国防義勇軍と七年の国土防衛予備軍役が待っていた。この制度によってフランスが開戦当時に擁していたのは約四〇〇万の訓練ずみの兵員であり、これに対しドイツのそれは五〇〇万であった。しかもフランスでは予備役兵の戦闘力にほとんど信頼をおいていなかった。フランス軍総司令部は短期決戦を予想して準備していたが、それには約一〇〇万の兵員から成る第一線の半職業《セミ・プロフェッショナル》部隊だけを当てにしていた。そのうえ、ドイツ側も同じ短期決戦の態勢でいるものと推測していたのだが、まったくの見当外れに終わった。この開戦早々の失望を別としてもフランスは、人口ではドイツの六五〇〇万に比して四〇〇〇万以下であったために、長期戦となると兵力補充の余力の乏しさという、もっと深刻な弱点をもっていた。のちに有名になったマンギャン大佐は、アフリカの人的資源に目をつけて原住民の大部隊を組織することを考えついたが、政府はこういう施策にともなう危険を恐れた。そして実際に実施した結果、政治的にも軍事的にもこれが無駄であることがわかった。

フランス軍参謀本部はドイツのそれにくらべて、緻密な仕事ぶりでは劣っていたが、ヨーロッパでもっとも令名高い幾人かの軍事思想家を生んでいたし、知的水準では充分にドイツと並ぶものがあった。しかしその軍事的な思考方法は論理に長《た》けている反面、独創性と柔軟性に欠けるきらいがあった。戦争前から深刻な意見の対立があって、これが連携活動の妨げになっていた。なお悪いことに、フランスの新しい戦争哲学は精神的要素を重視しすぎて、不可欠である物質的要素を軽視してしまっていた。どれほど戦意が高揚していても、装備面での劣勢を意欲で補うことは無理というものだ。しかも自軍兵器の劣勢がひとたび明らかになると、それは兵士の士気に必ずや悪影響を及ぼす。フランス軍は武器としては当時世界最良の、《七五ミリ速射砲》という一大資産をもっていた。その威力が機動戦における過剰な自信を植えつけ、それが現実的な戦闘に対処する装備と訓練を怠らせることになったのである。

ロシア軍の資産は兵士の体力であり、弱点は知性と精神面にあった。開戦当時の兵力はドイツをしのいではいなかったが、人的資源は無限であり、さらにその勇気と忍耐力は抜群であった。[*8]しかし指導者層の間に腐敗と無能がはびこり、兵卒には知性と科学的戦争への積極的姿勢が欠けていた——彼らは強力ではあるが適応性をもたない兵団だった——し、また武器弾薬類の製造能力では、大工業国の水準をはるかに下回っていた。地理的悪条件がこれに輪をかけていた。同盟国へは敵の制圧する氷の海でさえぎられ、そのうえ広大な陸の国境を守らなければならなかった。もうひとつの根本的な欠陥は、鉄道の不備であった。これはロシアの勝利が兵員の数の威力を充分に生かすことにかかっている以上、まことに致命的なことであった。国内の情勢はいちだんと暗かった。民衆の不穏な動きはすでに各国周知のことであり、ひとがよくて論理的一貫性のない一般民衆を献身させるだけの大義名分がない限り、そのゴタゴタが国の努力の妨げになることは明らかであった。

＊6——Magyar　ハンガリーに住むFinno-Ugic語系の主要種族のひとつ。ハンガリー語をさす場合もある。

＊7——the Central　第一次大戦当時、連合国に対して共同して戦ったドイツ、オーストリア、ハンガリーの各国をさす。その他ブルガリア、トルコを含むこともある。

＊8——第4章＊29参照。

前線へ向かうフランス兵

フランス75㎜速射砲

前線へ向かうロシア兵

ドイツ、オーストリア、フランス、ロシア各国の軍隊組織には著しい類似点があり、相違点はむしろ細部の問題だった。この類似が、もうひとつのヨーロッパ大国である英国の軍組織を、いっそう際立たせていたともいえる。英国は近代を通じ本質的には一貫して海洋国であって、ただ伝統的に連合国の外交と財政を支援するための政策により、陸地に介入したまでである。英国は自国の職業軍隊を酵母として送り込んで、これら連合国の軍事上の努力を補強したのである。英国は主としてこの正規軍を、海外の属領——ことにインド——を保護管理するために維持し、また常にこの目的達成に要する最低限度内にこれを押さえてきた。一方では最高の海軍力の維持を決断し、他方では陸軍を常になおざりにしてきた。この妙な食い違いの理由のひとつは、島国という地勢にあった。そこから海こそ英国の生命線であり主要防衛対象であるという思想が育ってきた。またもうひとつの理由は、陸軍に対する古くからの不信の念にある。これは理不尽な偏見ではあるが、その由来がクロムウェル[*9]の軍事政権にあったことは、ほぼ忘れられてしまっている。とにかく規模こそ小さかったが、英国陸軍は大陸の軍隊が経験したことのなかったほどの多様な実戦経験を積んでいた。大陸の軍隊とくらべて、英国陸軍の不利な点は、指揮官が植民地遠征の際の小縦隊の扱いには適していても、大会戦における大部隊の指揮には馴れていないという点であった。

　しかしこういう実戦の体験と、英国の負っているマイナスとは、門外漢がややもすると誇大に評価しがちなものである。なぜなら、軍隊が大規模になれば、統率力を発揮する余地は少なくなり、それが要求されることも少なくなることを、これまでの戦史が教えているからである。たとえばマールボロー[*10]、あるいはナポレオンのような将軍が、戦闘前や、また激戦中にみせた多彩な指揮能力にくらべ

＊9——英国の政治家。一五九九〜一六五八。清教徒革命を指導。

れば、一九一四年から一八年における軍司令官の決断は、必然的に回数も少なく大まかなものとならざるを得なかった。その役割は大きなデパートの専務取締役に似ている。そして指揮官がみな能力不足を暴露して、戦況の進展についていけないような場合には、各兵士にとっては平時の演習で身につけた専門的技術より、その場のカンのほうが頼りになる。平時の演習は、ことにフランス陸軍の場合、遠く離れたところから命令を下しさえすれば、前線で必ずそれが実行されるものと思い込むような傾向を育んでいた。

ダグラス・ヘイグ

ジョン・フレンチ

緒戦に出動した小規模な英国陸軍にあっては、しばらくは個性がずいぶんものをいっていたし、多くの戦闘がその指揮官たる人物の個性に依存していた。ところがその後は、不幸にして人選段階の過程で、もっとも統率力のある将校を前面に押し出すことに失敗してしまった。フランスへ向かう途中、ヘイグがチャトリス[*11]に対して、かつて南アフリカで彼が片腕として仕えていた総司令官ジョン・フレンチ卿への不満を語ったことには大きな意義がある。次第はこうである。「D・H[*12]が、きょう胸のうちを明かした。彼は英国軍総司令部の構成について、大いに関心をもっている。フレンチはいざというときの最高指揮官としては、ふさわしくないという見解である……。フレンチの軍事面での判断は不健全で、戦争というものを知っておらず、おまけに頑固で、明らかな誤りがあってもそれを指摘するような人物は遠ざけてしまう、とヘイグは言う。なるほどフレンチは戦術上の手腕と勇気、決断力には長《た》けている、とヘイグは認める。参謀長のマリ将軍はフレンチの言い出すことに対して、少しも異議を唱える気はないだろうが、いずれにしてもフレンチはマリの言うことなどに耳をかさず、ウィルソン将軍を頼りにしている、だがそれがよけいによくない、とヘイグは考える。D・Hはウィルソンを〝政治屋〟であって、〝軍人〟ではないと見なしている。ダグラス・ヘイグにとって〝政治屋〟とは、不正な取引と誤てる価値観の別称にほかならないのだ」。この判断は、軍事史家として傑出したある将軍の、次のような判断と通い合うものである。「およそ歴代英国軍総司令官のうちでも、南アフリカ戦争と一九一四年の戦争を始めたときのそれほど、人選を誤ったものは例がない」

しかし人選の誤りは別としても、将校がその素質にふさわしい任務を与えられたかどうかについては疑問がある。すでに一九一二年にフレンチ自身が、ヘイグとグリアソンのことを「前線司令官としてよりも、高級参謀将校としての方が適任だし手腕も発揮する」だろうと述懐している。グリアソンはドイツ陸軍についての比類のない知識と、フランス陸軍との親密な交際と、部下をくつろがせる天賦の才により、フレンチにとってはまたとない参謀長になったことであろう。だが、「演習時の参謀長であったグリアソンが、フレンチに対して、指示事項のなかに実行不能のものがあることを指摘したときに、フレンチは即座に彼を解任し、アーチボールド・マリ卿を後任にもってきたのだった」。そしてグリアソンは軍団長としてフランスへおもむいた。しかし恰幅がよく机に向かう事務的な仕事

＊10——英国の将軍、政治家。一六五〇〜一七二二。ネーデルラント戦役に活躍。のちに総司令官。
＊11——ヘイグの軍事秘書で、のちの情報部主任将校。
＊12——ダグラス・ヘイグのこと。

に馴れていたこの五十五歳の軍人は、それまでの〝いい暮らし〟に過労が重なりすでに健康を害しており、前線へおもむく途中で亡くなった。陸軍にとって大きな損失であったが、これに続いてマリが八月二十六日、ル・カトーが危険に陥ったときに倒れたことにくらべれば、これによる影響はまだしも間接的であった。もっと困ったことに、マリは実際には働けないのに働けそうだと思わせる程度には回復しそうだった。このふたつの例は特に目立ったケースであるが、その他にも似たような例はいくらでもあって、これらの問題のすべてが、年齢的に活力が衰え始め、戦争の緊張に耐えられないようになった将校を、重責につける制度からきていたのである。しかし幸いなことに、敵側もこれと同じハンディキャップに、少なくとも同じ程度に悩んでいた。現にドイツ軍参謀総長たるモルトケは、病気治療を終えたばかりだったが、緒戦の大切な時期には半病人の状態であり、側近をはらはらさせたものである。

もうひとりの軍団長へイグは、日ごろから健康には充分留意しており、五十三歳にしてはまれなほど体調がよくて、これといった心配はなかった。南アフリカ戦争においては緻密で徹底した能力を発揮して、フレンチの参謀将校としては理想的な存在となった。しかしのちに移動縦隊[*13]の指揮官を命ぜられたときは、必ずしもこの任務に向いていないことがはっきりした。「ずば抜けた情報将校で、闘志満々たる」ウルズ＝サムプソン大佐が、へイグの縦隊指揮官任命を聞かされたときに言った言葉を思い返してみるとよい。「あの男ならだいじょうぶだ。ただあまりにも用心深い。だから敵につけ込ませまいと用心しているうちに、味方もチャンスを逃してしまいはしないか」。十三年後に、ウルズ＝サムプソンのこの懸念は立証された。一世代を経て出版された『英国公刊一九一四年史』の改訂版によれば、軍団長としての初めての重大な試練に際して、へイグは暗闇で行なわれた小さな遭遇戦で、ほんのいっときだが度を失ってしまい、「事態はきわめて危険」と報告して、ほんとうに苦戦していた隣りの部隊に何度も救援を頼み込んだということである。また同書によれば、ヘイグはエーヌ川[*14]に到着したとき、用心しすぎてせっかくの一日を空費してしまい、敵が対岸にその後四年間守り続けることになる根拠地を設営するのを許してしまった。これでわかるように実戦指揮はヘイグの得意とするところではなく、彼は別の分野にこそ余人の及ばぬ才能をもっていたのである。そしてひとたび戦線が膠着状態となると、軍団長の役割を、高級参謀の役割に変えることになるのだった。

　誤てる思考は、誤てる行動よりも高いものにつくのが世の常である。南アフリカ戦争の教訓はたんに司令官の選定の問題にとどまらなかったが、それが生かされていなかった。一九一四年から一八年の状況を念頭において、『南アフリカ戦争における王立委員会の証言』を読むと、専門家の眼というものが、いかに〝木を見て森を見ていない〟かが歴然としていて、驚かされる。砲火による防衛線の圧倒的な強さ、弾幕地帯を突破することの困難さなど、将来の根本的な問題を、次の戦争の指揮官となるべき人たちが的確にわきまえていた例はほとんど皆無なのである。わずかにイアン・ハミルトン卿だけがこれを強調したが、そのハミルトンさえこの困難を克服する可能性ありと楽観していた。しかし彼は、正しい方向にある解決策を提案していた。つまり防衛陣の利点をなしくずしにするために、奇襲と浸透作戦を工夫すること、および歩兵を掩護するために重野砲部隊の必要などを力説していた。もっと予言的な見通しとして、彼は歩兵が両軍陣地間の無人地層を突破し、敵側に拠点を設けるために〝車輪つき鋼鉄防楯〟を装備するように提案した。

＊13――a mobil colum　正式な軍用語ではなく、機動に容易な縦隊の意で、自動車や馬匹により機動力を強化した《快速編合部隊》をさす。

＊14――フランス東北部、オアーズ川に注ぐ一支流。

『タイムズ版大戦史』の著者エイメリー氏は、ヨーロッパに流布していた学説の弱点を探って、現代にあっては科学技術の優劣が数のそれよりものをいうのであり、技術の価値は物質文明の進歩につれて増大するであろうと論じた。これと同じことをバーデン＝パウエル将軍も力説しており、その技術を錬磨するための第一課は、各将校たちの若いうちに責任をもたせることであるとしている。ところがそれを立証する段となると陸軍の例でなくボーイスカウト運動の例をあげざるを得なかったのである。

パジェットおよびハンターの両将軍は、将来の戦いにおける自動車の効用と採用を考えていたが、ヘイグも乗馬歩兵[*15]よりも、〝自動車利用〟歩兵を採用したいと言明した。一九〇三年から一九一四年までの自動車の発達ぶりに想いを至せば、今次大戦の緒戦期において、またその終末期において、いかに自動車の利用されることが少なかったかに驚かざるを得ない！

しかしこの王立委員会でいちばんきわ立った特色は、フレンチとヘイグが騎兵の価値を最高に評価している点であり、騎兵の突撃が阻止されない限り、戦争の遂行にはまったく支障がないと主張しているのである。火砲の威力をかくもみくびった同様な例としては、ヘイグの「砲兵は未訓練の部隊を相手にした場合にのみ、真に効果的であるようにみえる」という意見がある。彼は委員会の冒頭で、「将来の戦争においては、騎兵はますます広い行動領域を有することになろう」と自信たっぷりに確言し、さらに「騎兵はこれまでのように戦闘前、戦闘中、そして戦闘後に用いられるばかりでなく、戦略的に従来よりははるかに大がかりに使用されるようになることを、予期しなければならない」と論断した。この期待と事実の経過との間に、なんと大きな相違が生じてしまったことか！　たしかにフランス、ドイツ、ロシア、オーストリアの各国軍では、開戦当時、前例のないほどの騎兵員数を用意していた。しかし緒戦期の段階で騎兵は、それぞれ敵側よりも自軍の方にめんどうをひき起こした。

一九一五年以降、騎兵は戦果の少ない割に、補給の面で大きな負担となった。たとえば英国の騎兵は他の国のそれとくらべると比較的少数であったが、馬糧たるや海外へ送る補給物資のうち弾薬量すらしのぐ、最大の品目となり、当然、敵潜水艦の脅威を受けるもっとも危険な兵科となった。また権威ある判定によれば、ロシア軍にとっても、多数の騎兵用馬匹を養うために生じた輸送上の困難が、軍の崩壊を生む重要な一因とすらなったのである。

英国軍においても、同じ錯覚がひとつの不幸な結果を生んだ。それは大戦直前、騎兵優先論が全盛であったとき、現実に即した意見を表明した将校が栄達の途をふさがれるという例の傾向があらわれ、ために多くの良識ある人々が沈黙を守らざるを得なくなったのである。

このことがより残念に思われるのは、可動性の観点からは、騎兵という手段はすたれても、騎兵的可動性の感覚はぜひとも必要なのに、古い手段を不当に強調するあまり、新しい手段開発の機会が奪われてしまったことである。

しかし別の面では、南アフリカ戦争の苦い教訓は好ましい結果をもたらしてくれた。たとえば軍隊の専門化が進むにつれて増大する精神面での硬直化を、ある程度打破しようとするような影響を及ぼしたことである。

一九一四年にいたる数年間の英国陸軍組織化の進展については、ホールデイン卿[†1]があずかって力があり、また軽い訓練を施した市民から成る第二の正規軍である国防義勇軍の創設も、卿の力によると

＊15――移動の時だけ馬を用いる歩兵。

†原注1――彼はヘイグという誠意ある助力者を得たが、そもそも陸軍省にヘイグを登用したのは、国王エドワード七世の強い意向によったものであった。

いっても過言ではあるまい。ロバーツ卿は軍事訓練を義務づけることを主張していたが、すでに志願兵制度が国民の気風に深く根づいていたために、採用されなかった。ホールデインは賢明にも、伝統的政策の範囲内で英国の軍事的効率を高めることを目ざした。その結果一九一四年には、英国の遠征軍は約一六万となったが、これは世界でもっとも高度に訓練された攻撃軍で、いわば鎌ばかりの中にある、ひとふりの剣であった。この軍隊の強さを維持するために、昔ながらの国民軍[16]が選抜を目的とする特別予備軍に改組されていた。この第一正規軍の背後に国民義勇軍がひかえており、この義勇軍は前身である寄せ集めの志願兵とは異なって、国内防衛のために徴募されたものであっても、恒久的な戦闘組織を備えていた。英国陸軍は装備類ではずば抜けたものは何ひとつなかったが、世界の軍隊のうちでも独特なライフル射撃の基準を設けていた。

英国軍のライフル兵

　英国陸軍は着実な改革を重ねた末、ヨーロッパのお手本[17]と肩を並べるところにまで成長していたが、その改革にはひとつの欠陥があった。しかもフランスと協商を結び両国参謀本部間に親しい関係ができ上がったことによって、その欠陥はいっそう顕著なものとなった。すなわち英国参謀本部は次第に〝ヨーロッパ的〟思考習慣を身につけて、そのために連合軍に伍して戦うといういささか身の程知らずの役割を引き受けようと、背伸びを始めたことである。このために、従来どおり英国陸軍を陸海共同作戦に投入することが困難となり、ひいては制海権を握っていながら、その機動力を充分に発揮できないという結果にもなるのであった。小規模でも高度に訓練された兵力は、ここぞというときに〃まったく不意に〃攻撃をかければ、その員数にしては意外と思われるほどの戦術的効果を上げることが可能なのである。

この論法から英独両国艦隊の比較の問題が念頭に浮かんでくる。長い間当然とされてきた英国の海上覇権が、当時、自国の製品と余剰人口のはけ口としての植民地を有する帝国たらんとするドイツが、強力な艦隊建造を計画したことによって、挑戦を受けることになった。ドイツの野望とそのための手段とは、フォン・ティルピッツ提督の危険な天才によって育成された。[*18] 結局英国民はこのような海軍増強競争の刺激にあおられ、なんとしても〃対二ヶ国〃[*19]の基準を維持する決意をした。この反応は理性的というよりは本能的ですらあったけれども、そこには無意識のうちにこれを正当化しようとする謳い文句や、また侵略に対する防衛上の必要性そのものよりもずっと必然的な論理性があった。島国である英国には海外からの補給に食糧を依存し、また産業の存続そのものも海路による輸出入の確保に依存せざるを得なかった。海軍自身にとっても、この競争は軍全体の発展改良をうながすものとなった。砲術が発達し、逆にピカピカに磨いた真鍮の金具はそれほど大切にされなくなった。軍艦の設

＊16――各州で募った義勇軍。
＊17――フランス陸軍をさす。
＊18――第4章＊40参照。

計と装備が改められ、《弩級《どきゅう》戦艦》[*20]が新しい〝巨砲戦艦時代〟の到来を告げた。一九一四年の時点で、英国はこのような主力艦二九隻を所有し、一三隻を建造中だったが、ドイツは一八隻を所有し、九隻を建造中であった。そのうえ英国海軍は主力を北海に集中させて、万全の配備体制をとっていた。

数名の海軍消息通が予言していたことを考え合わせ、当然批判を受けなければならないのは、英国海軍がUボートの脅威をあまり重視していなかったことである。この点でのドイツ側の考えを物語っているものは、就航中のUボート数よりも、建造中のものの数であった。ドイツが誇ってもよいことは、海での伝統が浅いにもかかわらず、人為的産物であるドイツ艦隊が、そのすぐれた海軍技術によって英国艦隊の恐るべきライバルとなり、科学的砲術の分野においてはおそらく英国をしのいでしまったということである。

しかし戦闘の第一段階では、海軍力の比率は陸軍の比率にくらべれば、大局にほとんど影響しなかった。艦隊は海にしばられるという宿命的な限界があるからであって、ために敵国を直接的に攻撃することはできないのである。したがって海軍の第一の目的は、自国の海上交通を保護し敵のそれを断ち切ることである。海戦の勝利は必要な序曲かもしれないが、封鎖こそが究極の目的なのである。封鎖が効果を発揮するには時間を必要とするから、陸軍が陸上で短時間に勝利を占めることができない場合にのみ、封鎖の影響がものをいうことになる。

この短期決戦のもくろみが、経済力を軽視するひとつの理由にもなっていた。現代国家が、何ヵ月にもわたる大規模な戦争の負担に堪えられると考える者はまずいなかった。食糧、資金の調達、軍需品の製造補給などは、短期の算定をもとにしてのみ考えられる問題であった。交戦国のうち英国、ドイツを除けば、すべて食糧の自給ができたし、またドイツの食糧不足は戦争が多年にわたった場合にのみ、深刻化する程度のものであった。しかし英国は海外補給を断たれれば、三ヵ月で飢えるとされていた。

軍需品とその他の戦時用物資に関しては、英国の工業力は他を抜いていたが、もちろんその前提として生産の転換が必要であり、しかもすべてがひとえに海上輸送の安全にかかっていた。フランスは弱体で、ロシアはもっともろかった。だが、フランスはロシアと違い、英国が制海権を握っている限り、海外からの補給を当てにできた。英国がこのように一方の連合国の産業の核心をにぎっていたように、ドイツもまた別の同盟国の産業を左右していた。一大工業国であるドイツは、ことに一八七〇年戦争でロレーヌの鉄鉱産地を合併してからは、原料にも恵まれていた。しかし国外からの補給停止は、戦いが長引けば長引くほど不利な条件となるはずであり、とくにゴムのような熱帯の産物に関しては事態は最初から深刻だった。そのうえ、ドイツの主な炭坑や鉄鉱産地は東部ではシュレージエン、西部ではヴェストファーレン、ロレーヌなどといったように国境に近い危険な場所にあった。こういうわけで中欧諸国にとっては、即時決戦と侵攻が協商国側にとってよりはるかに必要なのであった。

財源に関しても同様に短期決戦を予想して算定されており、ヨーロッパ列強はすべて、主として戦争用に特別にたくわえた多量の金保有高に頼っていた。英国だけはこのような戦争資金をもたなかったが、銀行組織の力と、一般の富裕な産業人の有している富が、戦前の経済学者が思い及ばなかった形で〝軍資金〟を提供することになったのである。

＊20――日露海戦で日本艦隊が《バルチック艦隊》を撃滅した結果、大口径砲を擁する戦艦の威力が明白となった。そして従来の中間砲、一五センチ副砲を廃し、より艦型も大きく主砲数（三〇センチ）を極力多くした単一口径主義の英国戦艦〈ドレッドノート〉（三〇センチ砲一〇門、一万七九〇〇トン）が完成され、以後この種の《弩級戦艦》が各国で競って建造されるようになった。さらに英国、ドイツの建艦競争により、口径も三六、三八センチと逐次増大、ついに排水量も三万トン、二三ノット以上の戦艦を生むようになり、これらを《超弩級戦艦》と称した。なお後出の巡洋戦艦〈ブレスラウ〉は四五〇〇トン、軽巡戦艦〈ゲーベン〉は二万三〇〇〇トン。

ホレイショ・キッチナー

経済力が列国の戦争努力のなかでなおざりにされていた以上に、国民の精神力というものはよけいに無視されていた。わずかに軍事面におけるその影響が問題となっていたが、その軍隊においてすら、兵士の肉体面の研究にくらべて、精神面の研究はほとんど行なわれていなかった。一八七〇年の戦争に倒れた一兵士で哲学者のアルダン・デュ・ピクは、戦闘に関する〝英雄〟的な虚飾をはぎとって、危機に直面した正常な兵士の反応の姿を描き出した。幾人かのドイツの批評家も一八七〇年の戦闘で示された士気の真相を、体験にもとづいて記し、恐怖と勇気という共存する要素のバランスを基礎にして、戦術を立てなければならないことを論じたのであった。十九世紀の末、フランスの軍事思想家フォッシュ大佐は、精神的要素が軍隊の指揮にいかに大きく影響するかを、例を挙げて証明しているが、彼の意図したところは敵の戦意をくじくことよりも、味方の指揮官の戦意を高揚させることにあった。しかしここではテーマは表面をなでただけに終わっており、一般大衆が見すごされている。この戦争の最初の数週間、国民の心理を全般的に誤解していたことが、言論機関の口封じとなってあらわれた。英国では主としてキッチナーがその責任者であった。それに続いて真相を包み隠したコミュニケを連発するという、愚かな習慣が始まって、世論は政府のニュースすべてに対して不信を抱くようになり、もっともらしい無責任なうわさが野放しのままになった。賢明な計算にもとづく公表と宣伝という武器の応用は、幾度もの失敗を重ねたあげくやっとその真価が理解されるようになったのである。

第3章　両陣営の作戦計画

THE RIVAL WAR PLANS

歴史的な検討を加える場合、まずドイツ側の作戦を取り上げるのが妥当である。何といっても、一九一四年に、戦争という〝時計の針〟をスタートさせた〝ぜんまい〟が、ドイツの作戦ばかりでなく、それ以後の戦いの流れをも支配したからである。

なるほどこの流れは、一九一四年秋以降、外観上は中欧諸国に対する大規模な〝攻囲〟という形をとったようにみえて、流れという表現は当たらないように思われる。しかしドイツとその同盟国側を攻囲された側と見なすことは、経済の面では正しくても、ドイツ側の戦略に見られた主導性というものを見落とすことになりかねない。ドイツが立てていた最初の作戦は失敗したけれども、それ以後の全般的な作戦傾向は初めのこの失敗のなかから決められていったのである。戦術的にいえば、戦闘は攻囲戦に似たものが多かったが、そういう戦術的条件を無視したためというよりは、むしろそれに合わせすぎたために、陸軍の実際の戦略が長期にわたって過誤を犯し続けたのである。

ドイツ軍とオーストリア軍の合計兵力をもってしてもフランス、ロシアの合計兵力にとうてい及ばないということが、ドイツ側の当面した問題であった。しかしこの劣勢を補う好材料として、ドイツ側が中欧に位置しているということと、ロシアが動員に時間を食い、最初の数週間には大した圧力にはなるまいという期待があった。この予測のなかには、完全に準備を完了しないうちにロシアを決定的に叩いてしまうことが、暗に含まれていたかもしれない。反対に、ロシアはドイツの手の届かないはるか彼方に軍主力を集結する可能性も大いにあった。ナポレオンの経験[*1]に照らしても、ろくに交通の便もない広漠としたロシア領奥深く侵入することは、警戒しなければならなかった。したがってナポレオン戦争時代以後、ドイツが常にとってきた作戦は、まずロシアの前進部隊を窮地に追い込んでおき、次いでフランスに素速い攻撃を仕掛けて撃破したのち、ロシア軍と本格的に対峙するというものであった。しかしこれには、フランス国境付近が侵入者に対して天然および人工の障害を備えているという難問題を含んでいた。独仏国境地帯は全長約一五〇マイルに過ぎず、ドイツが進撃のために準備している軍勢を機動させる余地も、展開させる区域も充分ではなかった。国境南東の末端はスイスに隣接し、ベルフォール山地として知られる平坦な地域がやや続いたあと、ヴォージュ山脈沿いに七〇マイルの国境が続いていた。この自然の防壁の延長として、その背後に、それぞれエピナル、ツール、ヴェルダンを拠点とするほとんど切れ目なしの要塞地区がつらなり、ヴェルダンの二〇マイル先には、ルクセンブルクとベルギーの国境地帯ばかりでなく、難関のアルデンヌ森林地帯がひかえていた。防備堅固なベルフォールとヴェルダンを通る侵入経路をのぞけば、この防壁の唯一のすき間はエピナルとツールの間のトルエ・ド・シャルムであるが、ここはもともとフランス側の戦術上のわなであり、ドイツ軍をまず同地に誘い入れ、決定的な反撃によって殲滅するために、開放してあったものである。

アルフレッド・フォン・シュリーフェン

　こうした物心両面ですきのない障壁に対しては、ベルギー経由の広範な機動によってこれを迂回するのが、作戦上の正道であった。この計画は一八九〇年から一九〇五年にかけて参謀総長の重責をになったフォン・シュリーフェン伯爵の立案によるもので、フランス陸軍を大包囲、すみやかに撃破殲滅する一大戦略戦術として慎重に推考が重ねられ、一九〇五年に練りあげられた作戦だった。同計画遂行の前提条件としては、軍主力を右翼に集結して大きく左旋回させ、一方最小限度の左翼軍をフランス国境に配置するという危険をあえて冒す必要があった。後備軍および予備補充軍の支援のもとにロレーヌの要塞地帯メス＝チオンヴィルの線をかなめとして、でき得る限り迅速に左旋回する右翼主力に五三個師の大軍を要するのに対し、左翼にはわずか八個師のみを当てることになっていた。逆説的にいえば、左翼のもろさそれ自体が主力の攻撃を助けることを意味していた。フランス軍が、微弱なドイツ軍左翼をライン川方向へ押し戻せば戻すほど、ベルギー経由でフランス軍側面に対して敢行される攻勢はより容易になるからである。それはちょうど回転扉のようなもので、誰かが扉の一方の側を強く押せば、別の側がそれだけ強く回ってきて、当人の背中を打つことになるというわけである。単なる地理的な迂回という意味よりも、この点にこそこの作戦の重要性があったのである。

ドイツ包囲軍はベルギー＝北フランス経由で旋回し、なお大きな弧を描き続けながら、徐々に東へ回り込む予定だった。最右翼はルアンの近くでセーヌを渡河、パリの南端を通り、フランス軍をモーゼル川の線にまで押し込め、ここでロレーヌ要塞とスイス国境が形造る鉄床の上で、フランス軍の背後を打ち砕くことになっていた。

他方シュリーフェンの作戦では、フランス軍を包囲殲滅している間に、ロシア軍を食い止めるために一〇個師団を当てることになっていた。シュリーフェンは、長期戦の展望には欠けていたが、事態を鋭く把捉していた証拠として、英国の介入を考慮に入れ、一〇万の遠征軍が「フランス軍と手を携えて行動する」ことを計算に入れていた。さらに後備軍と補充軍の編隊を実戦に投入することで、国

＊1――一八一二年、ナポレオン一世のロシア遠征をさす。

民の人的資源を軍隊にとけ込ませようとする計画も彼の発案であった。伝えられるところによれば、いまわのきわに彼は「かならず戦争になる。ただ右翼を強化するように」と言ったという。

ドイツにとって不幸なことに、シュリーフェンの後継者である小モルトケは、国際信義を無視したという点では同じであったが、前任者の持つ勇敢さに欠けていた。モルトケはシュリーフェンの作戦を踏襲したが、そのもっとも肝心な理念をそぎ落としてしまった。というのは一九〇五年から一九一四年の間に、新たに九個師団が投入できるようになったが、モルトケはそのうち八個師団を左翼に、残り一個師団だけを右翼に配備したのである。なるほどロシア前線からもう一個師団を加えはしたが、このわずかばかりの増援には大きな代価が払われていた。それは、一九一四年のロシア陸軍は、東部戦線のドイツ軍にとってシュリーフェンの作戦が実施に移されたときよりも、一段とあなどりがたい脅威となっていたからである。そのため、〝八月戦役〟の緊急事態に、東部戦線を補強するために二個軍団をフランス戦線から移動させざるを得なくなった。シュリーフェンのいまわのきわの頼みに、後継者は耳を貸してはいなかったのである。

またモルトケはこの作戦に、政治的に大きな意味をもつ変更を加えた。シュリーフェンの意図は、右翼をベルギー国境からさらに北へ、オランダ国境のクレフェルトまで展開させることにあった。〝マーストリヒト突出部〟として知られる狭いオランダ領を横切ることによって、右翼はアルデンヌ山岳地帯北方の、ベルギー領への狭い入口をさえぎっているリエージュ要塞の側面を迂回することができるはずだった。シュリーフェンは外交交渉で、このオランダ領通過の許可を得てもらいたいと望んでいた。そして道義上の非難を受けずにすむのならベルギー、オランダ両国の領土を侵犯する意図はなかった。なぜなら彼の腹積りでは、自軍の一部をそのあたりで半ば公然と展開させれば、フランス側は仰天してやむを得ずベルギー南部国境を越えて軍を送り込み、ナミュールの南方、ムーズ峡谷の天然の防衛陣地を占領することになるはずだったからである。そうなればシュリーフェンは、フランスがベルギーに軍を進めたことを口実にして、中立地帯を侵犯することができるわけである。この手のこんだわなが成功しなかった場合でも、シュリーフェンにはリエージュを事前に陥れて、自軍の主力の前進に支障をきたさない成算があった。そして自国の政治家が中立地帯を強奪したとの非難を受けるのを回避するために、充分時間をかけることができるように、時間切れぎりぎりまで待つ心積りであった。

後任者モルトケにはこれほどの深慮遠謀はなかった。彼は開戦となれば即座に奇襲を仕掛け、リエージュを陥落させる決心であった。そこで軍の行動をより容易にするために、故意に中立国に対する非難をあおり、ベルギーを刺激し、英国の圧力を誘い出したが、それがあやうくドイツ軍に不利をもたらしかねないほどだった。この敵を〝誘い出す〟モルトケのやり方は、確かにシュリーフェンの逆をいったものだった。だがこれはまぎれもなく危険な賭けであって、場合によっては軍事上の危険をもはらんでいた。これは〝戦略が政治を支配する〟場合に起こりがちなのである。

最終的にでき上がったドイツの作戦計画の誤りが、〝勇気の欠如〟であったとするなら、フランスのそれは〝勇気の過剰〟にあった。フランスの場合も開戦直前の何年かは、思考の混乱が毒気のように指揮系統を冒していたようである。一八七〇年の敗北以来フランス軍総司令部は、緒戦においては国境要塞による防御戦、次には大反撃に出て勝利を収めるという段取りを計画していた。大要塞網が設けられ、侵入軍をいったん〝流入させ〟ておいて逆襲に転ずるためにトルエ・ド・シャルムのようなすき間が残してあった。しかし一九一四年に先立つ十年間に、新しい考えをもった流派が出現した。彼らは、攻撃こそフランス人の性格と伝統に合ったものであって、《七五ミリ砲》——機動性と速射性にすぐれた野砲——が戦術的にそれを可能にしており、戦略的にはロシア、英国との同盟がそれを

フランス75㎜速射砲

可能にしている、と論じた。彼らは一八七〇年の教訓を忘れて、気力は弾丸よりも強いと妄想したのである。よく引用されるナポレオンの教訓、「精神力と物量の力の比は三対一である」の一語が、これには大いに責任がある。この言葉が軍人たちに、精神力と物量の間に区別があるように思い込ませているのだが、実際は両者は互いに依存しあっているものなのである。勇気を欠いた武器は無効であり、反対に生命と士気を維持してくれる充分な武器なしには、いかに勇敢な軍隊といえども無力である。兵士が自軍の武器への信頼を失うとき、勇気はたちまち消滅してしまう。

　はたして結果はみじめなものであった。この新流派はド・グランメゾン大佐を予言者と仰ぎ、一九一二年に参謀総長に任ぜられたジョッフル将軍を、推進役とみなした。将軍の権威を笠に着て、無制限攻撃を主張する連中がフランス軍機構を牛耳り、伝統ある原則を反古にし、あの高名な、あるいは悪名高い『第十七計画』[*2]を立案したのである。同計画は歴史的経験も、また常識も無視したうえで、〝兵力〟と〝場所〟――後者のほうが大事な意味があったが――との二重の計算違いを犯して立案さ

ジョセフ・ジョッフル

れたものだった。この計画では、ドイツ軍が緒戦期から予備軍を用いる可能性があるとされ、西部戦線に投入されるであろうドイツ軍兵力は最大限六八個師団と見積もられていた。ところが実際には、ドイツ軍は後備軍と補充軍をも含めて、ほぼ八三個師団を展開した。しかしフランス側は、その後もずっとこの見込み違いを抱き続け、一大集結を終えたドイツ軍部隊が進撃を開始してからも、なおフランス軍情報部は、敵兵力を実際の半分の四五個師団が活動中、としていた。かりにこれほどのひどい誤謬を犯していなかったとしても、この『第十七計画』は是認されず、むしろ根本的な誤りが露呈されたはずである。国境要塞地帯に立てこもっているドイツ軍主力に対して、劣勢の兵力をもって正面攻撃を仕掛けるような作戦、しかもその攻撃たるや、本来の伝統的な方法――まず防御、しかるのちに攻撃――の利点のすべてを無視するようなこの作戦に対して、これまでの歴史はひとかけらの正当性も認めていないからである。

第二の〝場所〟についての計算違いとは、ドイツ側がベルギーを経由して来る恐れはあり得るとは

＊2――『第十七計画』は、一九一三年五月に採用された。その基盤となった考え方は、のちのマルヌ会戦において、退却以外にあり得ぬ戦況下にもかかわらず、有名な攻撃命令を下したフェルディナント・フォッシュ将軍によった（本文二三二ページ参照）。「勝ちいくさとは絶対に自己の敗北を認めぬ戦いをいう」とする、この当時の陸軍大学校長フォッシュを熱烈に支持したのが、陸軍総司令部第三局軍事作戦課のグランメゾン大佐であった。大佐は〝防護なき突進〟を熱狂的に説き、その理論が参謀本部を動かして『第十七計画』と実戦指揮のための『作戦要務令』との立案をみたのである。防衛戦を排し「攻撃のみが絶対的な結果をもたらす」とした同計画は、具体的には、フランス＝ベルギー国境の三分の一に当たるベルフォールからイルソンに至る線に五個軍を展開し、残る三分の二、海岸線までは無防備のままだった。だが同計画は、本質的には応戦のためのもので、事前には予測できない行軍路を進撃して来るドイツ軍の攻撃をはね返そうとしたものだった。

しながらも、その旋回の幅について完全に判断を誤ったことである。ドイツ側はアルデンヌ山岳地帯経由の困難なルートを、おとなしく通ってくれるはずであり、その間に敵相互の連絡を断ち切ることができる、と都合よく予測していたのである！　迅速な総攻撃という考えをもとにして、第一、第二軍をロレーヌに投入、ザール地方に向かわせることが、決められた。その左側では第三軍がメスに面し、第五軍がアルデンヌ山岳地帯をにらみつけており、この両軍はメス＝チオンヴィル間の攻撃を引き受けるか、もしくはドイツ軍がルクセンブルクとベルギーを経由してくる場合には、北東に向けて敵側面を撃つことになっていた。第四軍を中央部付近に戦略予備軍として温存し、また二群からなる予備師団が両翼後方に配置された。予備師団を受身の役割に格下げしたことが、予備部隊戦力に対するフランス軍統帥部の軽視を物語っている。

英国が付属部隊として参加することになったのは、作戦上というよりは、英国の軍隊組織が過去十年間にいわゆる〝ヨーロッパ化〟されていたことによるのである。このヨーロッパ的影響[*3]が英国にフランス軍左翼の付属部隊という役割を引き受けさせ、海軍力の機動性を利用するという歴史的役割を忘れさせた。遠征軍の総司令官となったジョン・フレンチ卿は、八月五日の作戦会議の席上、この「あらかじめ決められた作戦」に対する疑問を表明し、代案としてベルギー派兵を提議した。この派兵によってベルギーの抵抗を強化し、迂回してくるドイツ軍側面をおびやかしたいと述べた。ヘイグも同様の見解をもっていたと思われる。しかしこの案には戦況の変化に緩急自在に応ずる柔軟性がなかった。結局ヘンリー・ウィルソンの代表する英国軍参謀本部は、フランス軍と直接共同行動をとることを事実上誓約したのである。英仏両国の参謀本部が一九〇五年から一九一四年にかけ、非公式の交渉を行なっている間に、何世紀にもわたる伝統的政策をくつがえして、英国人にとって完全に未経験な戦争準備に着手する下地がすでにつくられていたのである。

今回の緊急事態で陸軍大臣に任命されたばかりのキッチナー卿は、ドイツ側の作戦について異常に鋭い直感力を身につけていて、遠征軍を危険にさらすことの少ないアミアンの近くに集結させることを主張した。しかしフレンチは、すでにウィルソンの意見に同意しており、フランス軍の作戦を熱烈に支持していたため、キッチナーはやむを得ず譲歩せざるをえなかった。のちに彼はこの譲歩を気弱さゆえの過ちとして嘆いている。しかしとにかくキッチナーは危険を少なくするための指示をフレンチに与えたが、結局この指示は事態を紛糾させ、危険を増大させてしまったのである。というのは、フレンチに対して「フランス軍を支援しこれと協力する」という目標を与えながらも「……貴下の部隊が不当な危険にさらされるような状況にあっては……戦闘に加わることの可否に関する重要な決定は貴下にゆだねられるであろう」といういくぶん矛盾したような指示によって、その目標を修正しているからである。さらに、「貴下はいかなる場合にも、またいかなる意味においても、連合軍のいかなる将軍の命令にも服するものではない」とも言っている。

遠征軍がフランスへ、何らの障害もなく秘密のうちに移送された（主力は八月十二日から十七日までの間に）ことは、ドイツ側のうかつさもさることながら、輸送手段とスパイ対策の妙を物語るものである。ドイツ情報機関は、実際に英国遠征軍に遭遇するまで正確な情報を入手できなかったばかりでなく、ドイツ軍総司令部も英国軍がどこにいるかにほとんど関心を払うことをしなかった。モルトケは、英国軍の通過を海軍に妨げさせることを望むかどうかを問われたとき、さしたる反応も見せずにこう言った。「ことのついでに、その一六万の英国軍を西部戦線のわが陸軍が平げてしまえれば、

＊3——第一次大戦前までの英国軍は、伝統的に陸海軍の共同作戦による、局地戦に終始していた。第一次大戦ではじめてヨーロッパ大陸において大会戦に従事したことを指している。

まことに結構ではないか」。参謀本部も海軍総司令部も兵法でいう〝集中の原則〟にこだわって、分散の重要性を無視した。両者ともにそれぞれ狭い殻に閉じこもり、英国が何をやっているかに関心を持たず、またこちらの意図を相手側に伝えたいとも思わなかった。

ドイツ軍参謀本部は決定的戦闘という目標にのみ心を奪われ、イギリス海峡の港のことなど念頭になかった。分遣隊は編成したものの、その目的とするところは敵を混乱させることではなく、自軍の前進を支援するという消極的なもので、かえって悪い結果を招いてしまった。ドイツ海軍総司令部の支配的な考え方は、不測の事態に備えて北海に艦隊を集結させておくことであって、これによって積極的に事態を左右する意図はほとんどなかった。せめてもの行動としては数隻のUボートを申し訳程度に派遣することであった。英国海岸に上陸するという考え、あるいは上陸のそぶりを示すことさえ考慮されていなかったようである。しかしその上陸の可能性だけでも、英国軍のかなりの部分を拘束するはずだった。さらに参謀本部は、遠隔植民地の原住民の蜂起を扇動し、英国政府を困惑させるような計画も立てなかった。あくまでも主戦場で、敵主力に対してすみやかな勝利を収めることが、ドイツ軍参謀本部の外的困難一切に対する解決策であって、そのために戦争をより広範な見地から考える余裕を失ってしまったのである。

ロシア戦線の作戦計画はもっと流動的で、綿密な仕上げに欠けていたが、それは西部戦線の場合と同じく、事態の変遷につれて変幻きわまりないものになっていく運命にあった。地理的条件は考慮できたが、計算に入れられない重大な問題点は、ロシアが、いかに早くどの程度の兵力を集結できるかということであった。ロシア領ポーランドはロシア本国から突き出ている巨大な舌状の国であり、三方をドイツ領、オーストリア領に接していた。北部には東プロイセンとそれに続くバルト海が、一方、南部にはオーストリア領ガリシアとその南方にカルパチア山脈がつらなり、ハンガリー平原への侵入を妨げていた。西部にはドイツ領シュレージエン地方が接していた。ドイツ側の国境付近一帯には戦略的な鉄道網ができ上がっていた。ポーランドはロシアと同様交通機関が貧弱であったために、ドイツ同盟国側は、ロシア軍の前進を迎え撃つための兵力集結の点できわめて優位に立っていた。ということは反対に、ドイツ軍が攻勢に転じて、ポーランドあるいはロシア領内に深く進めば進むほど、この優位性を失うことを意味した。したがってドイツ軍のもっとも有利な戦法は、攻撃を仕掛けるよりも、反撃に好適な線までロシア軍を誘い出すことであった。ただこの場合の唯一の欠点としては、かかる古代カルタゴ風の戦略では、ロシア軍に集結の時を与え、さびついたその軍機構に動き出すためのゆとりをくれてやることになるということだった。

この点をめぐり、ドイツとオーストリアの間に意見の分裂が生じた。ドイツ軍がまずフランスを撃破し、次いでロシアを徹底的に叩くため、オーストリア軍と合体すべく西部戦線の軍を東部戦線へ移送するに要する六週間のあいだ、ロシア軍を何とか食い止めておく必要があるという点では両国ともに一致していた。問題はその具体的方法であった。フランスに対して決着をつけることを望んでいたドイツは、東部に残す兵力を最小限にとどめたいと念願した。東プロイセンからヴィスワ川（ヴァイクセル川）の線まで撤収する気になれなかったのは、ただ国土を敵の侵入に任せたくないという政治的感情だけからであった。しかしオーストリアは、参謀総長コンラート・フォン・ヘッツェンドルフの考えに従って、直接攻撃によってロシア軍機構を混乱に陥れたいと思っていた。この方法はドイツ側から見ても、フランスとの会戦中ロシアを完全に手一杯にさせておくことが確かだったから、モルトケもこの戦略に同意した。

コンラートの作戦は、二個軍によって、東方戦区の右翼を守りながら、別の二個軍が北方へポーランド侵攻を敢行することであった。次にこの侵攻二個軍は東方へ旋回し、計四個軍でロシア軍を黒海方向へ追い返す手はずになっていた。当初の計画では、この作戦を補って東プロイセンのドイツ軍が南東へ攻撃し、オーストリア軍と一体になって、ポーランドの〝舌〟へ進撃してきたロシア軍勢を遮断することになっていた。しかしモルトケはこの侵攻のために充分な兵力を提供することができなかった。

コンラート自身の攻撃は、気が変わりやすい彼の性格と、融通のきかない移動手段とにわざわいされて台無しとなる運命にあった。オーストリア軍は次の三個の集団に分かれていた。

《A梯団》[*4](二八個師団＝ロシア戦線に展開するためのもの)

《ミニマム・バルカン》(八個師団＝セルビア戦線に展開するためのもの)

《B梯団》(一二個師団＝状況に応じて使用するもの)

したがってオーストリア軍の作戦は図面上では、他の軍隊のものよりも柔軟性に富んでいたといえる。ただ不幸にして実力がともなわなかった。コンラートはセルビアを片付けたい念願から、ロシアが介入してくるやもしれぬ危険を冒しても、《B梯団》をセルビアに向け移動させることに踏み切った。ところが七月三十一日になるともう気が変わり移動を中止させた。しかし野戦鉄道隊長がコンラートに次のように伝えてきた。「混乱を未然に防ぐためには、《B梯団》を最初の目的地であるダニューブ(ドナウ)川沿い国境へ送ることを許可しなければなりません。そしてそこから《B》をガリシアへ移送することができます」。その結果、ダニューブ川から《B》が撤退したことで、セルビアへの攻勢が台無しになり、またロシア軍に対する攻勢の手助けもできなかった。到着が遅すぎたからである。オーストリア軍総司令部における混乱が、オーストリアとドイツの利害の相克にいっそう拍車をかけることになった。

一方、連合国側陣営でも、一同盟国の国益主張がもうひとつの同盟国の戦略に重大な影響を与えていた。その軍事的動機と民族的動機の両方の理由で、ロシア軍総司令部は、まずまだドイツ軍の支援を受けていないオーストリア軍だけに対して集結し、ドイツは相手にせずにそっとしておいて、その間に全兵力の動員を完了したいと望んだ。しかし、一刻も早くドイツ軍による脅威を軽減したいフランスは、オーストリア軍に対すると同時にドイツ軍も攻撃してくれるようロシア軍をせき立てた。ためにロシア軍は、員数の点でも編成の点でも未整備のまま、実力不相応の攻勢を掛けることに同意させられた。南西戦線方面では、それぞれ二個軍から成る二個集団をガリシア地方のオーストリア軍と対峙させ、北西戦線では二個軍を東プロイセンのドイツ軍に対抗させることになった。ロシア軍はすでに周知の悠長さと、粗雑な編成のために、もっと用心深い戦略が必要であったのに、いまや機動力と編成のすぐれた軍隊だけが試みるような賭けにのりだそうとしていたのである。

　軍司令官の机上作戦というものは、いったん戦場で試されると、すべてあえなく瓦解してしまうものである。うわべだけ吟味してみると、その失敗は司令官が心のうちで〝二兎を追った〟こと——彼らが頭に叩き込まれたはずの〝集中の原則〟を守れなかったこと——に起因すると思われるものである。この面での司令官の失敗の過程を指摘するのはたやすいことで、事実、軍事専門家の書物にはたいていこの点が強調されている。しかしそれはあまりにアカデミックな判定というものである。いずれの陣営も同じ過ちを犯しているという事実は、もっと突っ込んだ説明を必要としている。およそ〝司令官〟たるもので、理論上〝集中の原則〟を支持しないものは少なかった。問題はそれを現実に当てはめたとき、つまり戦略を実施する際の政治的、戦術的条件に当てはめたときに生じた。彼らが作戦を現実の状況に適用できなかったのは、さかのぼれば平時の訓練によって、またとりわけ机上

＊4——Echelon　ひとつの編合部隊を用兵しやすいように、一列に長い縦隊ではなく、複数の部隊にわけた集団をいう。

作戦と演習によって養われた心理的習性に起因していた。そのような机上作戦や演習の際には、戦闘のみが至上命令であり、慣例はすべてが軍事的であり、効果はもっぱら数字によって表現されたのである。〝集中〟という問題にしても、最大限の員数を集めることだけしか念頭にないため、その前提として、敵の注意をわきへそらす必要があること、また外的要因の干渉を予定していないことなどが、しばしば見落とされてしまうのである。

平時の訓練は、現実から遊離した理想主義的解決を追求する傾向があった。なにぶんにも戦争は政治と同じく妥協の連続なのである。だから戦争前の準備段階で、現実への適用の必要性を予見し、調整する力を養っておかなければならない。参謀本部において教育された一九一四年当時の指揮官には、これがほとんどできていなかった。彼らはやはり、〝嗜好に合うように調理された史実というデザートを添えられた理論という食事で育てられ〟、現実の歴史に含まれる〝経験〟を提供されなかった。この経験を学ぶためには、批判的精神こそ何より必要なのである。十八世紀の多くの偉大な指揮官にはそれが顕著にみられたのに、十九世紀の軍の伝統はこの能力を毛嫌いしていたのである。

第4章　クリンチ — 1914年

THE CLINCH / 1914

1 実在しなかったが、形勢を変えた“マルヌ川の戦い”

2 伝説の戦場—タンネンベルク

3 軍隊を操りそこねた男—レンベルク会戦

4 現実の戦いと夢の戦い—《第一次イープル戦》

ドイツ軍のフランス侵攻は秩序整然と進撃すべく計画され、たとえ予想外の反撃にあっても時間表を寸分も狂わせることは許されなかった。ドイツにおける鉄道組織は軍の指導監督の下に発達し、狭軌鉄道はおろか路面軌道ひとつ敷くにも参謀総長の同意を要するほど厳重なものであった。その結果、西部国境に通じる複線の数は、一八七〇年から一九一四年までの間に九線から一三線に増えていた。八月六日に大展開が開始され、日に五五〇本の列車がライン川を渡り、十二日までには七個軍[*1]が進撃に備えていた。開戦から二週間、ケルンのホーエンツォレルン橋を約十分ごとに一列車が通過した。この鉄道による大量輸送は組織の勝利であったが、八月十七日に展開が完了し、怒濤の進撃が開始されたとき、戦争の軋轢《あつれき》が、ドイツ軍機構とその統帥系統の弱点をたちまちあばき出した。

ベルギー軍が抵抗した場合に備える、モルトケの修正を加えた作戦計画は次のとおりであった。

フォン・エンミッヒ将軍指揮下の独立部隊をいつでも出撃可能な状態で維持し、アルデンヌ山岳地帯北方のベルギー平原に至るムーズ川沿い通路を掃討確保させ、ドイツ国境の背後に集結している主力部隊の前進命令に備えるということであった。リエージュの環状要塞が、この前進路ににらみを効かせていた。しかしドイツ軍の一個旅団は八月五日にいったんは阻止されたあと、砦のすき間をかい

*1――一五〇万。

くぐって侵入し、同市を占領した。この壮挙で特筆すべきは、これが一参謀将校の発意によったという点である。その将校ルーデンドルフの名前はまもなく全世界に鳴り響くことになった。砦自体は頑強に抵抗してドイツ軍をおおいに悩ませた。そして彼らをして、重曲射砲——やがてその破壊力で第一次世界大戦最初の戦術上の驚異となったもの——の到着を待つことを余儀なくさせたのである。

150㎜重曲射砲を輸送するドイツ軍

緒戦におけるベルギー軍の頑強な抵抗は、かえってドイツ軍主力縦隊の威力の真価をおおい隠し、連合軍情報部の判断を誤らせた。ベルギー野戦軍はジェッテ区[*2]の背後にあって、ブリュッセルを死守していたが、リエージュが陥落する前にすでにドイツ第一、第二軍の前衛部隊が、この線に押し寄せていた。フランス軍の犯した作戦上のミス、そして英国軍がフランス軍と行動を共にしたために、ベルギー軍は援軍を得られず、仕方なくアントウェルペンの塹壕陣地まで引きさがって、兵力を温存することに決めた。そこまでさがれば地理的条件からいって、少なくともベルギー軍はドイツ軍の進撃経路上の潜在的脅威になるはずであった。当面の進路に障害がなくなったドイツ軍は、八月二十日、ブリュッセルに侵入し、同日、フランスへのムーズ川経路を妨害する最後の要塞ナミュール前面に進出した。ベルギー軍の頑強な抵抗はあったが、ドイツ軍の前進は予定時間に遅れていなかった。しかし抵抗さえなければ、四、五日ははかどっていたかもしれない。そしてベルギー軍が側面へ撤収したことが、一時的にはドイツ軍の前進を早めたけれども、結果的にはより以上の戦闘を交えて大きな犠牲を払った場合にも増して、それを妨害したといえるのである。

　この間に戦線のもう一方の側面で、フランス軍の攻勢が始まっていた。口火を切ったのは、上部アルザスへの一個軍団の前進であった。そのひとつのねらいは、軍事的擾乱とそれが生み出す政治的効果にあった。しかし本当の目的は、バーゼルの停車場とその南方のライン架橋を破壊することであった。この進撃はまもなく一時停止されたが、十九日にポー将軍指揮の大兵力によって再開され、ライン川に到達することができた。しかし別の地域での敗戦が重圧となって、この企ては中止となり、兵力は分散され、西部戦線へ援軍として移送されることになった。この間にもフランス第一軍（デュバイユ将軍）、第二軍（ド・カステルノー将軍）の総勢一九個師団が、八月十四日、ロレーヌへの主要攻撃を開始したが、八月二十日、モラーンジェ＝サールブールの戦闘で大敗を喫した。

　この敗戦によってフランス軍は、物量が精神を圧倒できることを思い知らされたのである。また自分たちが攻勢にのみ熱中するあまり、近代兵器の防御力が正統的な戦いのメカニズム総体を瓦解させてしまうほどの条件になっていることに、眼をふさいでいたことを身をもって痛感させられた。しかし公平を期するために付け加えておけば、結果的には失敗に帰したこのフランス軍の大攻勢は、ドイツ軍作戦に間接的な影響を与えていた。もっともそれとても、優柔不断で日和見主義のモルトケの代りに、かりにシュリーフェン、あるいはルーデンドルフのような逸材がドイツ軍総司令部を統轄して

＊2——ブリュッセル市北西端の地区。

いたとすれば、起こり得なかったであろう。

モルトケが左翼兵力を『シュリーフェン案』のほぼ二倍にしていたということからして、シュリーフェンが構想していた、負けると見せて「おびき寄せる」防御戦には不必要なほど、それが強力であることは明らかである。といってその反面、反撃によって敵主力を殲滅するに必要なほどの右翼兵力は、保持していなかったのである。しかしロレーヌにおけるフランス軍の攻撃が進展し、彼らみずからの要塞化した防壁をあとにして進撃して来るのをみたモルトケは、主力である右翼軍の旋回を一時延期しても、ロレーヌで決着をつけたくなった。この衝動に駆られたモルトケは、元来は右翼を補強するために用いるはずであった新編成の補充軍部隊六個師を、左翼に回す気になった。しかし彼は、この新計画も思いつくかつかないうちに中止し、八月十六日、シュリーフェンの〝回転扉〟作戦に逆戻りした。

しかしモルトケはまた、左翼の司令官たちに対し、でき得る限り多くのフランス軍部隊を引きつけておくように、といささかあいまいな命令も下している。このときバイエルン王国の皇太子ルプレヒト（第六軍）がそれには攻撃するほかはないと反論すると、モルトケは決定を彼にゆだねた。思うにルプレヒトは、ドイツ皇太子[*3]が前進しているのに、バイエルン皇太子たる自分が退却することによって栄光へのチャンスを失うことに我慢がならなかったのだと推測できる。しかし参謀総長モルトケの態度以上に愚かしくあいまいなものは他に例がなかった。というのも、ルプレヒトが「明確な命令がなければ攻撃を思いとどまるわけにはいかない」と言ったときに、参謀次長フォン・シュタインは、ルプレヒトの参謀長クラフト・フォン・デルメンジンゲンに電話で

ルプレヒト

こう伝えた。「いや、無理に攻撃を禁止するつもりはありません。自分で責任をとるべきです。貴官の良心の命ずるとおりにお決めなさい」。戦略の論拠とするに良心とは、いささか奇妙ではないか。クラフトが「もうすでに始まっています。われわれは攻撃しているのです」とやり返すと、愚かしくもシュタインはこう叫んだ。「まさか！　だがまあおやりなさい。幸運を祈る」

退却を続行してフランス軍を引き寄せる代りにルプレヒトは、自分の第六軍を停止させ戦闘隊形をとらせた。フランス軍の攻撃が思いのほか進展していないのを知ると、彼は先手を打つ決心をした。八月二十日、左翼の第七軍（ヘーリンゲン将軍）と連合して攻撃をかけた。不意をくらったフランス軍は、モラーンジェ＝サールブールの線から押し戻されたが、ドイツ軍の反撃は優勢ではなく（このとき二個軍は二五個師団から成っていた）、一気に決着をつけ得るほど戦略的に有利な立場にもいなかった。そのうえヴォージュ山岳地帯を越えて、フランス軍の右側面を包囲せんとする企ても開進[*4]が遅れたために失敗に帰した。こうして得られた戦果は、フランス軍を要塞化された防壁にまで後退させたことだけだった。フランス軍は防壁まで退却し、抵抗力を回復強化することが可能となった。フランス軍は西側面へ部隊を移送し補強できたのだが、この兵力再編成こそそのちのマルヌ川決戦で、大いなる戦果を挙げる要因になったのである。

これと同じようにドイツ軍統帥部の権威を無視した例は、メスとチオンヴィル間でかなめの役割を果たすはずの第五軍を指揮していたドイツ皇太子で、彼は守勢に立つことを命じられたにもかかわらず反対に攻撃をかけた。フォッシュ大佐のいう〝理知的規律〟の欠如が、ドイツ軍敗退の重大な要因

＊3――プロイセン皇太子フリードリヒ・ヴィルヘルム第五軍司令官。
＊4――隊形が縦隊から横隊に移ること。

となったのである。そしてかかる事態の責任は、ひとえに将軍たちの野心と嫉妬心にあった。

ロレーヌで〝シーソー・ゲーム的〟戦火が交えられている間に、北西部方面ではより深刻な事態が発生していた。フランス軍総司令官ジョッフルは、ドイツ軍がリエージュ要塞攻略を敢行したことにより、ベルギー突破の意図を確信したが、その旋回の幅についてはいまだ予測し得なかった。リエージュの強い抵抗をみてジョッフルは、ドイツ軍右翼がリエージュの南方、ムーズ川とアルデンヌ山岳地帯の中間を通過するものと判断した。『第十七計画』[*5]では、ドイツ軍のベルギー突破を予想し、反撃の準備をしていたのだが、現実に戦況が進展していくのを目の当りにしたフランス軍総司令部は、敵の動きを慎重に読んでいるうちに結局同計画と同じ予測を立てた。そして反撃すべく準備を整え始めたが、その反攻を過大に重要視したために、これこそとどめの一撃とすべきだ、と思い込んでしまった。フランス第三軍（リュフェイ将軍）と予備の第四軍（ド・ラングル・ド・キャリイ将軍）は、アルデンヌ山岳地帯を越えて北東へ進撃し、ベルギー経由で迫るドイツ軍後衛の側面を突き、敵の包囲作戦を混乱させる作戦だった。ランルザック指揮下の左翼第五軍はさらに北西方、ムーズ川とサンブル川の形成する三角地帯のジベ＝シャルルロア間に移動した。この第五軍は英国遠征軍を左翼に加えて、ムーズ川北方の敵に対処することを任務とした。またアルデンヌ山岳地帯を越えて来る友軍[*6]と連携して、予想されるドイツ主力へ集中攻撃をかけることになっていた。こうして知らぬが仏のドイツ軍をはさみ打ちするという、けっこうな青写真ができ上がった！　だが奇しくもドイツ軍側にも同じはさみ打ちの策略があった。ただその役割は裏返しで、しかもその動機はより切実であった。

フランス軍の作戦の根本的欠陥は、ドイツ軍がフランス軍情報部の見積りの二倍の兵力を展開させており、その包囲範囲も予測を越えていたことである。フランス軍側は情報収集を主として一〇万人の騎兵に頼っていたが、「この騎兵の大集団は、敵の前進を少しも探知せず、フランス軍はいたるところで不意打ちをくらった」。フランス第三、第四軍[*7]は、その主力部隊をさらけ出していると考えられるドイツ軍の中心部めがけてアルデンヌ山岳地帯をやみくもに押し進んでいったあげく、八月二十二日、地表を流れる霧の中でドイツ第四、第五軍[*8]にぶち当たり、ヴィルトン＝ヌフシャトー付近の遭遇戦で手痛い敗北を喫して撃退された。銃剣でしゃにむに戦う軍隊が、機関銃の火線になぎ倒されたのである。フランス軍にとって幸いなことに、敵はこの好機を充分に活用するだけの明確な状況判断ができなかった。

しかし北西部では、ジョッフル将軍配下のフランス第五軍[*9]と英国軍[*10]が、ドイツ軍のわなに首を突っ込んだも同然だった。ドイツ第一、第二軍の師団群が北から雪崩《なだれ》のごとく猛進撃し、第三軍は東から迫っており、その総数はじつに三四個師団に達していた。この危機をうすうすながらも感づいていたのは第五軍司令官ランルザックだけだった。彼は終始ドイツ軍の作戦行動の範囲が予想外に広範囲にわたっていることを懸念し、麾下部隊を北西部ぎりぎりまで移動させることを強硬に主張し、軍統帥部にそれを認めさせた。サンブル川を渡河前進することを彼が用心深くもためらったこと、また英国

＊5――第3章＊2参照。
＊6――フランス第三、第四軍。
＊7――二〇個師団。
＊8――二一個師団。
＊9――一〇個師団。
＊10――四個師団。

軍がドイツ軍情報部には気づかれることもなく第五軍の左翼に移動したこと、さらにドイツ第二軍の攻撃が時期尚早であったこと等々により、連合軍の後退と、わなかからの脱出が可能になったのである。

マルヌ川への退却

モブージュ付近に集結した英国軍四個師団は、八月二十二日、モンスまで移動し、連合軍左翼の攻撃の一環としてさらにベルギー領深く進入する準備をしていた。モンスに到着早々英国遠征軍総司令官ジョン・フレンチ卿は、ランルザックが前日の二十一日に攻撃され、サンブルの渡河点を奪われたことを知った。となるとフレンチ卿は最前線で敵に身をさらすことになったわけだが、ランルザックの左翼を守るためそのままモンスにとどまることに同意した。しかし翌二十三日、ランルザックはナミュール陥落が近いこと、およびムーズ川沿いのディナン付近にある無防備な自軍の右側面に、ドイツ第三軍（ハウゼン将軍）が現われたという報告を受けた。彼は同日夜、退却命令を下した。英国軍も同日、ドイツ軍六個師団の攻撃に抵抗したあと、翌二十四日にフランス軍と歩調をあわせて退却した。ドイツ第一軍の残余部隊が、無防備な自軍左側面を包囲すべく、さらに前進しつつある戦況を考えれば、一瞬たりとも遅れることは許されなかった。[†1]

英国軍はフランス軍よりもおくれて退却を始めたが、そのスピードはより早く、その退却行程はより長かった。主としてジョン・フレンチ卿が突然心境の変化をきたしたために、かかる好ましくない事態になったのである。フレンチ卿はキッチナーの指示によって負わされた任務を後生大事に守って前進してきたが、今度はキッチナーがほんの思いつきのようにいった言葉を念頭において後退してきた。[*11] 彼の心境の変化の原因はドイツ軍の攻撃によるというより、むしろフランス軍の事情によるものだった。そもそものきっかけは、さし迫った危機に目を向けようとしない総司令官ジョッフルに対していら立ちを覚えていたランルザックが、直属上官に向けられない怒りを、新参の隣人であるフレンチにぶつけたことにあった。こうした感情をよく表わしているのが、フレンチとともにランルザックを訪ねたユゲに対して、ランルザックの参謀長が述べた次の挨拶である。「とうとう到着されましたね。むしろ遅すぎたくらいです。この戦いにわれわれが負けたらみんなあなた方のせいですよ！」。そしてドイツ軍がウイの地点でムーズ川に到達したと、興奮した口ぶりで告げられたフレンチが、これから予測されるドイツ軍の動きを質問すると、ランルザックは、腹立ちまぎれに答えた。「なぜ彼らがここまで来たかというと、川で釣りをやるためですよ」。そこに含まれた皮肉は、通訳の段階で修正された。しかしいかにフランス語にうといフレンチでも、ランルザックがそのやりとりの間にみせたいら立ちと非礼が、感知できないわけはなかった。フレンチは腹を立てたが、フランス軍が自分を孤立状態に放置して退却してしまったことを知ったときには、その腹立ちは唖然たる嫌悪の念に変わった。それ以後、フランス軍が自分を窮地に見捨てたのだという思いが、彼の心にこびりつき、ために彼はフランス軍と袂《たもと》を分かつことを考えた。さらに以後二、三日間の苦い経験が、彼に北海沿

†原注1——幸いにも、ドイツ軍六個師団と五〇〇門の砲は、ナミュールを鎮圧するために、八月二十日から最後の砦が陥ちた二十五日までの間、忙殺されていた。アントウェルペンを見張るために要する部隊に加え、このドイツ軍兵力の分散が、シャルルロアとモンスの戦闘で連合軍の左翼を襲って圧倒しようとしていた大切な数日間、ドイツ軍右翼を著しく弱体化させてしまっていた。軽視されていた旧式なナミュール防衛線が、ドイツ軍に与えた一見わずかな遅延が、同じように軽視されていたモブージュのフランス軍陣地の抵抗の側面援護の役を果たした。砦はしぶとく抗戦し、マルヌの戦場からドイツ軍二・五個師団を引きつけ、九月七日まで降伏しなかったのである。しかし遠征軍にとっていささか不運なことに、九月十二日、支援のために英国軍前衛部隊が到着する数時間前、このドイツ軍分散兵力は拘束から解放され、エーヌ川北方シェミン＝デ＝ダムの山にすでに駆けつけていたのである。クルック軍（第一軍）とビューロウ軍（第二軍）の間隙を埋めるための布陣であった。

＊11——本文九九ページ参照。

岸のル・アーヴルへ単独で退却し、半島を根城に《トレス・ヴェドラス防衛線》[*12]の現代版によって自軍を強化したい、という妄想を抱かせたのである。フレンチのこのぶっそうな考えを思いとどまらせたのは、ウィルソンのおどけた甘言と、キッチナーのいささか露骨な急場の干渉と、それにも増して事態の成り行きそのものであった。

フランス軍左翼のあわただしい後退で、ジョッフルはついに事の真相に眼をひらき、『第十七計画』の完全な崩壊に気づいた。そしてこの計画の断片を寄せ集めて新しい作戦を立てようと試みた。彼はヴェルダンをかなめとして、自軍中央と左翼を旋回後退させ、他方では右翼のアルザスから兵力を引き抜き、左翼に新しい第六軍を編成し、退却部隊を攻撃に転じさせるきっかけを得ようと決心した。

ドイツ側に誤りがなかったならば、ジョッフルのいまや消えなんとしている楽観主義が、またもや場違いのものになったかもしれない。その誤りの第一は、モルトケがシュリーフェンの意図したとおり後備軍、補充軍を用いることをせず、愚かにも第一線にある七個師団をさいてモブージュとジベを包囲させ、またアントウェルペンを監視させたことである。もっと悪いことは、彼が八月二十五日、東プロイセンにおけるロシア軍の前進を阻止するために、四個師団を東方に派遣する決断を下したことである。これらの兵力もまた右翼から[*13]引き抜かれたが、のちになっての言い訳として、ドイツ軍総司令部は、すでに決定的勝利を収めたものと考えたためであったと釈明した！　そのうえまたドイツ軍総司令部は、前進しつつあった部隊と接触を失い[†2]、ためにそれらの部隊の移動は統制を欠いたものとなったのである。

スミス＝ドリエンが上官の意志にさからって行なった、ル・カトーにおける英国第二軍団の抵抗も、ギーズにおけるランルザッ

アレクサンダー・フォン・クルック

オットー・フォン・ビューロウ

クの反撃——フレンチは、自軍の第一軍団を支援に送ることを禁じた——も、ドイツの両翼部隊による包囲を阻止する要素であり、両者ともに間接的にはそれ以上の大きな影響を及ぼした。その理由は、ドイツ第一軍司令官クルックがル・カトーの抵抗戦をみて、英国軍とるに足らずと確信したらしいことと、ビューロウ（第二軍）がギーズの戦いで、クルックに支援を求めざるを得なくなり、これを受けてクルックがフランス軍左翼を撃退するつもりで内側へ旋回したことである。セダンにおける大戦[*14]がドイツ側の脳裏にこびりついていて、そのために彼らは青い果実をもぎとりたい気になっていた。この、パリに到着する前に敢行された時期尚早の旋回は、

＊12——Lines of Tores Vedras　ポルトガル、リスボンの北の町。一八〇九年、二八マイルにわたる防衛陣地が築かれ、翌一〇年、英国のウェリントン将軍はここに本拠をかまえてナポレオン軍のリスボン進撃を阻止した。

＊13——実際にはナミュールを攻囲している軍から。

†原注2——この重大な欠陥は、もともとドイツ軍総司令部がコミュニケーションの重要性を理解できなかったことに起因している。野戦電信隊長は、総司令部の場所設定に関して、ひと言の相談にもあずからなかった。またドイツの民間電信電話業務の経験ゆたかな技手を、多数利用することも試みられなかった。ドイツ公刊戦史によれば、進撃がすすむうちに、「ルクセンブルクと右翼軍のあいだの不完全な連絡網をすみやかにひろげようとか、無線、ケーブル、自動車、飛行機などの各種の補助的連絡手段で技術的に補うことによって、その改善をはかろうとかいう試みは、ほとんど何ひとつなされなかった」。おまけに進撃を先導した騎兵隊は、ものの区別がつかずに、「電線も、器具の類も、無分別に切断破壊してしまった」

＊14——普仏戦争当時の一八七〇年、ムーズ川沿いのセダン要塞にたてこもったナポレオン三世軍一〇万を、プロイセン軍が撃ち破った戦いをさす。

シュリーフェンの作戦を反古にすること、さらにドイツ軍右翼を敵の逆包囲にさらすことを意味した。

この向う見ずな移動が行なわれているさなかに、モルトケも別の場面でセダンの夢を追って、シュリーフェンの意図を犠牲にしていた。モルトケは自軍中央と左翼に対し、ヴェルダンを両側から挟み打ちするよう命じたが、右翼に対してはこの包囲を開いてパリに向かい、挟み打ちを防護するよう命じた。この不意な方向転換と役割変更は、ちょうど滑りやすい道路上で運転手が力いっぱいブレーキを踏みながら、前輪を急角度に回すときの愚かしさにも似ていた。もうひとつの要因をあげなければならないが、おそらくこれがもっとも重大であろう。それはドイツ軍が予定時間を上回る速い速度で前進したため、補給が追いつかず、飢えによる兵員の疲労が増したことである[†3]。実際、いざ戦闘開始となったとき、兵員は肉体的消耗のためにほとんど行動できない状態だった。かてて加えて、フランス軍が退却の際に行なった徹底的な破壊のために、事態はいっそう困難となっていた。要するにドイツ軍の機構には、余計なものが多量に混じってしまったため、ちょっとした衝撃でもそれを故障へ追いやる可能性があった。それを現実化したのがマルヌ川の戦闘だったのである。

ジョセフ・ガリエニ

形勢一転

この好機を感知したのは、退却継続を指令していたジョッフルではなく、《パリ防衛軍》司令官ガリエニであった。パリには新編成の第六軍が安全に集結していた。九月三日、ガリエニはクルックの内側旋回の意味を察知し、第六軍（モーヌーリ）に命じてドイツ軍の無防備な右側面を撃つ用意をさせ、翌日、かろうじてジョッフルの承認をとりつけた。いったん納得すると、ジョッフルはてきぱきと振舞った。左翼全軍に対し、くるりと向きを変えて九月六日開始の全面攻勢に戻るよう、指令が下された。すでにモーヌーリは五日に行動を開始していた。そしてその圧力がドイツ軍の敏感な側面に加えられるにつれ、クルックは自分の部隊から最初は一部を、次には全部を引き抜いて、危険な側面の防衛に当てざるを得なくなった。そのためにクルックとビューロウの部隊の間には三〇マイルのすき間が生じ、これを埋めるには騎兵部隊の遮蔽活動によるほかはなかった。このすき間に対峙していた英国軍がすみやかに後退し背を向ける形になったので、クルックは大胆にも危険を冒す気になった。フランス軍が両側面でくるりと向き直りつつあった五日になっても、英国軍はさらに一日分、南へ移動を続けていた。しかしこの〝退却〟には、じつは意図せざる勝因がひそんでいたのである。というのは、英国軍が来た道をとって返したときに、英国軍縦隊がすき間へ侵入しつつあるという報告を受けたビューロウは、九月九日、自軍に退却を命ずることになったからである。このために、すでにみずから招いて孤立してしまったクルックの第一軍が、モーヌーリのフランス第六軍に対して表面的に有していた利点は帳消しになり、この部隊は同じ日に退却した。十一日までにモルトケの命令のあるなしにかかわらず、ドイツ軍全部隊が退却を開始していた。

ヴェルダンをかなめにした部分的包囲の企てはすでに失敗に終わり、第六、第七軍が形成した挟撃用の顎は、フランス東部国境防衛線によって歯を折られてしまった。ナンシーを含むグラン・クローネ高地への、ルプレヒト指揮第六軍の攻撃は、とくに高価な代償を要する失敗だった。戦争前の冷静

†原注3——ある代表的な連隊史には次のように記されている。速い進撃のために野戦炊事班があとにとり残され、パンの支給が四日間停止された。そこで部隊は、すでに漁りつくされた地区で、手当り次第に糧食を徴発せざるを得なかった。マルヌ川にたどりついたときには、兵員の疲労はその極に達していた。「一片のパンと、コップ一杯のスープ、コーヒー、未熟な果物、なまのカブ一個」で、四十八時間行軍したのだから無理もない。

な計算では、この方面への攻撃はきわめて悲観的で、ために唯一の代案として、ベルギー経由の前進という重大な決定が下されざるを得なかったというのに、なぜドイツ軍総司令部が即興的便法にすぎないこの攻撃に、本気で信頼をおくことができたのかまことに理解に苦しむところである。

要するに、このようにしてマルヌ川の戦闘では、衝撃とひび割れによって事が決したのである。ドイツ軍右側面に加えられたモーヌーリの攻撃が衝撃を与え、それがドイツ軍戦線の弱い部分にひび割れを生じさせた。そしてこの物理的ひび割れの増大が、次にはドイツ軍総司令部に精神的ひび割れを生じさせたのである。

その結果は戦略的敗北であって、戦術的敗北ではなかった。だからドイツ軍右翼はひび割れをつぎ合せ、エーヌ川戦線で頑強に抵抗することができたのである。連合軍が自軍の勝利をより充分に活用できなかった理由は、ひとつにはモーヌーリの側面攻撃が比較的弱かったことであり、またひとつには英国軍とフランス第五軍[*15]が、すき間が埋められてしまう前にそこを早く突破できなかったことである。これら部隊の行く手には、川がいくつも交錯した地帯が待っていたが、この悪条件に加え、指揮官たちの側に意欲が欠けていて、各自がいずれも隣りの人間を頼りにし、おずおずと自軍側面に気をつかっていた。彼らの気分を示すのにうってつけの詩がある。

　つるぎも抜かずにチャタム卿は
　リチャード・ストローン卿を待ち続け
　心ははやれどリチャード卿も
　誰を待つらむ　そはチャタム卿

＊15――ランルザックに代わりデスプレイ指揮。

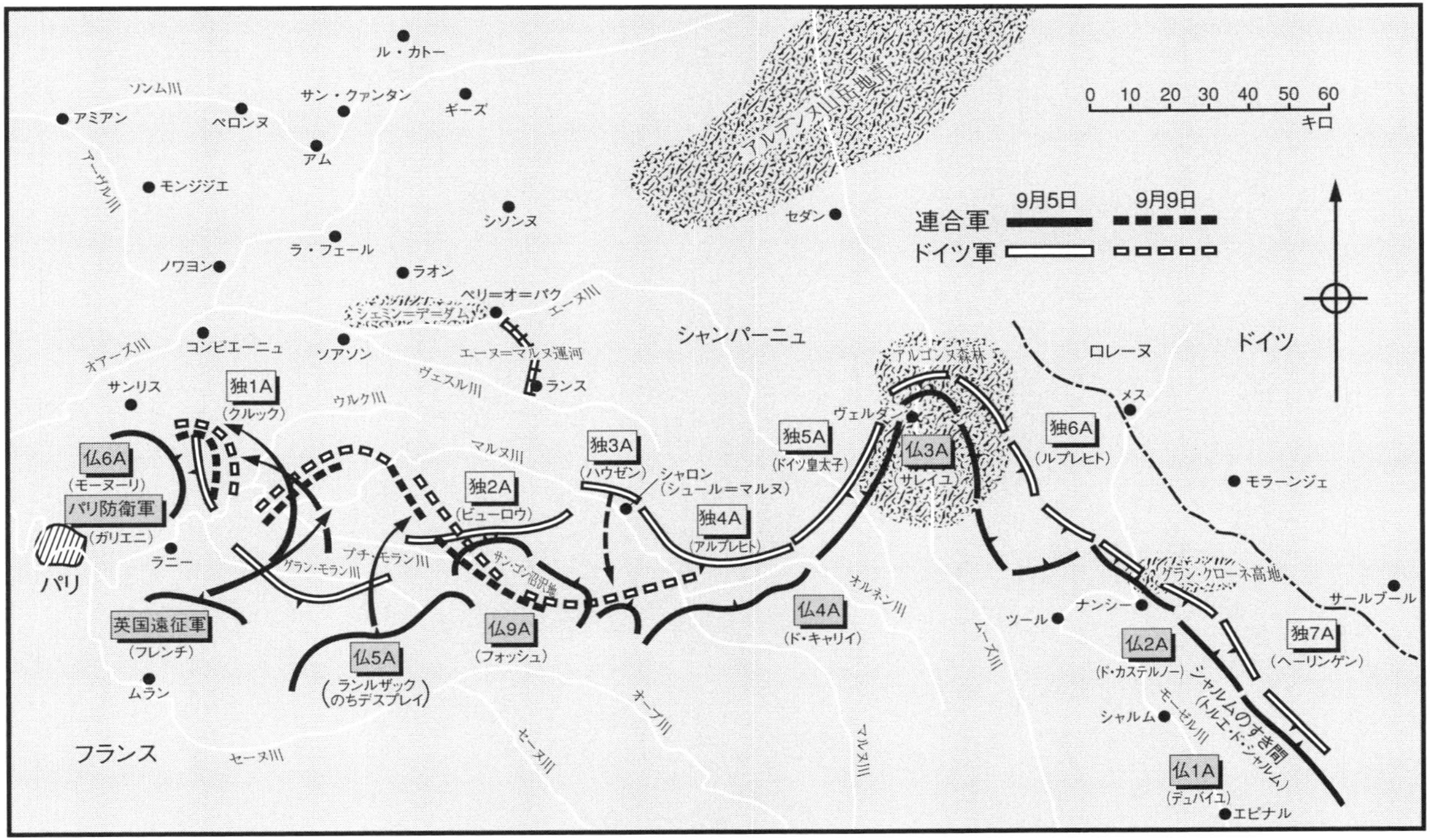

2 マルヌ会戦 1914年

また《パリ防衛軍》司令官ガリエニが力説したとおりに、もしドイツ軍の正面ではなく、右側面を衝くためにパリ北西部に援軍を向けるべくもっと力を注いでいたなら、より偉大な成果が得られたことと思われる。この見方を裏付けていることとして、英国遠征軍のベルギー海岸上陸の報を受けたドイツ軍総司令部が、補給路をおびやかされることを恐れ、神経過敏になっていた事実がある。英国軍上陸の報に驚いたドイツ軍総司令部は、マルヌ川の戦闘が始まらないうちに、自軍右翼の撤退を考えたくらいである。このような幽霊部隊が与える心理的影響と、アントウェルペンの包囲を破ってベルギー軍が出撃するかもしれぬという恐怖が与える実質的影響――つまりドイツ軍勢のベルギーへの拘束――とを比較してみるとき、軍配は、どうやらフレンチが試案として出した代案のほうに上がりそうである。この代案[*16]によって英国遠征軍は、この戦闘に間接的影響のみならず直接的影響を及ぼしたかもしれず、また戦闘の成り行きを消極的のみならず、積極的に決定づけたかもしれなかった。

しかしマルヌ川の戦闘の経過を考えると、連合軍二七個師団が、ドイツ軍一三個師団と決定的側面で対決したという事実は、第一に、モルトケがいかに完全にシュリーフェンの意図から逸脱したかの証拠であり、第二に、ジョッフルがきわめて困難な状況のもとで自軍をいかにうまく立て直したかの証拠でもある。また第三に、このように数字上の優勢がはっきりしている以上、現実に企てられた包囲よりもっと大規模な包囲も可能であったということの証拠である。

モーヌーリはドイツ軍側面を部分的に包囲することを企てたが、それが無益であることを見てとったジョッフルは、九月十七日、ドイツ軍側面をぐるりと背後まで包囲する作戦のため、ド・カステルノー将軍指揮下に新部隊を編成することを決意した。それ以前に正面の追撃はエーヌ川で阻止されていた。その九月十七日ごろまでに、ドイツ軍は結集力を取り戻していたから、ドイツ軍総司令部はいまや自明の成り行きであるこの作戦行動を予期し、これに備えていた。しかし連合軍の指揮官たちは行動には慎重であったが、考えることにはその慎重さを欠いていた。彼らがあまり聡明ではなかったとする批評家もあるかもしれぬが、少なくともお人好しではあった。フレンチとジョッフルの参謀将校であるウィルソンとベルトロは、九月十二日、自分たちがドイツ国境地帯を突破する日はいつであろうかと論じ合っていた。ウィルソンは大事をとって、四週間後と見積もったが、ベルトロは「それは少し悲観的すぎる、自分は国境地帯への到着を一週間早いと思っている」と述べた。

ド・カステルノー

流動と停滞

この両名の予想に反し、攻撃軍よりも防御軍の方が有利であること――当時の塹壕布陣はのちのものにくらべればまだ幼稚ではあったが――が、エーヌ川戦闘によってまたもはっきりと証明された。そこで唯一の打開策として、両陣営でお互いの布陣の西側面の一部または全部を包囲しようとする試みが、次から次へと行なわれた。これは一般には〝延翼競争〟〝海への競争〟として知られているものであるが、その表現は正確とはいえない。この両陣営共通の意図から生まれ出たのが、やがて戦略上ひとつの新しい支配的な特色となった現象である。つまり鉄道を利用して予備軍を前線の一地点から別の地点へ、わきみちを通って入れ替えることに他ならない。両陣営の意図がこういう必然的な副

＊16――本文九八参照。

産物を充分結実させないうちに、新しい事態が介入した。ベルギー野戦軍の守るアントウェルペンは、依然としてドイツ軍のわき腹のトゲであった。そこで九月十四日、モルトケの後任者となった新参謀総長ファルケンハインは、ドイツ軍騎兵部隊がフランスにおける包囲翼の延長として、ベルギー海岸を掃討している間に、アントウェルペンを降伏させようと決心した。この戦争のドイツ側におけるもっとも驚くべき失敗のひとつは、連合軍が総退却をしているときに、モルトケはその時点でならどうにでもなったイギリス海峡沿岸の諸港を確保する試みをまったくしなかったことである。英国軍はカレー、ブーローニュおよびアーヴルまでの全沿岸からすでに撤退していた。そして、基地をビスケー湾に臨むサン・ナゼールへ移してしまっていたが、これは英国軍がいかに事態を悲観的にみていたかを示すばかりでなく、これがエーヌ川沿いのドイツ軍前線が強化されてしまうまで、援軍である第六師団の到来を遅らせる原因となった。そして連合軍の退却のあいだ、ドイツ軍槍騎兵はフランス北西部を気ままにうろついたあげく、下宿人のようなかっこうでアミアンに落ち着き、肝心の港には手をつけずにほおっておいたのである。総司令部は、「戦争には手段はひとつしかない。それは戦闘である」というクラウゼヴィッツの教義にすっかり魅せられていたため、〝決戦〟で勝利を収めないうちに戦利品を確保することなど彼らの思い及ばないことであった。彼らは、初めのうちなら代償なしに手に入れることができたはずのものを、一ヵ月後になって何万という兵員の犠牲を出しながらも、ついに得られなかった。

エーリヒ・フォン・ファルケンハイン

　ここでわれわれは、ベルギー野戦軍が主要作戦圏から離れて、アントウェルペンへ退却した時点からのベルギーにおける作戦行動の経路をたどらなければならない。八月二十四日、ベルギー軍は英仏連合軍左翼に対するドイツ軍の圧迫を軽減するため、ドイツ軍右翼の後方へ出撃を開始し、次にはモンスおよびサンブル川沿いの戦いに手をつけた。フランスにおける英仏軍の退却の報がとどいた二十五日、出撃は停止された。しかしベルギー軍の圧力は、ドイツ側に対抗上、予備四個師団、後備三個旅団をここに釘付けさせることになった。九月七日、ベルギー軍総司令部はドイツ側がこの兵力の一部をフランス戦線へ急派しつつあることを知った。そこでアルベール国王は九月九日、新たな出撃を開始した。これがマルヌ川の戦いの決定的な日となった。これはジョッフルの懇請を待たずにとられた行動で、ジョッフル自身はおのれの直接の活動領域外での問題には不思議なほど関心を示さなかったようである。この出撃のために、ドイツ軍側はフランスへの一個師団の急派を断念し、二個師団[*17]の派遣を遅らせてしまった。しかしベルギー軍はたちまち撃退される運命にあった。にもかかわらずこのベルギー軍出撃の報は、たまたまマルヌ川からのドイツ第一、第二軍の退却の開始と時期を同じくしていたために、ドイツ軍総司令部に明らかな心理的影響を与えたようである。アントウェルペンが自軍補給路の潜在的脅威となっているという意識が、ドイツ側をして新たな決戦を試みる前に、その準備としてこの要塞の陥落を企てさせ、ベルギー沿岸の、将来の英国軍上陸予定地点の奪取をもくろむことを余儀なくさせたからである。

イギリス海峡の港がドイツの手中におちれば英国の受ける脅威は明白だった。英国軍総司令部がこの危険に備える処置をこれまで怠ってきたことは、ドイツ側と同じような誤りを犯したわけで、考えてみれば奇妙な話である。もっとも海軍大臣ウィンストン・チャーチルは、マルヌ川の戦いの以前からその必要を力説していた。九月二十八日、ドイツのアントウェルペン砲撃が始まったとき、英国政

＊17――六個師団。

府ははじめて目がさめ、チャーチルの戦略的読みの深さを今さらのように認め、その希望をいれ、海兵隊一個旅団と海軍志願兵から成る新編成の二個旅団を海港の守備隊に加えた。また一方では、ローリンソン指揮下の正規第七師団と、第三騎兵師団に攻囲を破る任務を与えて、オステンデとゼーブリュッへに上陸させた。英国で活躍できる国防義勇軍は一一個師団あったが、ドイツの場合と違い、キッチナーはこれらの師団を積極的役割を負わせるに足りないものと判断していた。乏しい援軍によってアントウェルペンは多少は持ち直したが、十月十日に降伏してしまった。そしてローリンソンの救援軍は、かろうじてベルギー野戦軍をフランダース沿岸へ退却させるのを掩護するのに間に合っただけだった。

しかしながらいまにして思えば、西部戦線におけるこの英国軍水陸両用部隊投入の、最初にして最後の努力は、ドイツ軍の海への進出にブレーキをかけ、これが西方で決定的な勝利を収めようとするドイツ軍の第二の試みを阻止したのである。この英国軍水陸両用部隊の投入は、英国軍主力を、エーヌ川から、連合軍戦線の新しい左翼へ移動させる時をかせいだのであり、またこの英国軍主力が、イゼール川づたいに海岸までをフランス＝ベルギー軍に守られながら、イープルで勇敢に防戦したことがドイツ軍の前進を阻む人垣になったとすれば、きわどいその成功はアントウェルペン遠征軍の支援作業に負うところが大きいと判断せざるを得ない。

主戦場がフランスからフランダースへ移された理由は何であったろうか？　マルヌ川の戦闘のあと一ヵ月は、両陣営とも相手側の西側面を回り込んで背後を突こうとする試みを、あからさまに繰り返していた。ドイツ側では、この開運の機をつかむ作戦をすぐにやめ、もっと綿密な作戦を考え始めていたが、フランス側ではその作戦自体の頑固さに似かよった、むき出しの頑迷固陋《がんめいころう》さで、あくまでもこれに固執した。九月二十四日には、ド・カステルノーの側面迂回攻撃は、ソンム川で停止状態とな

フェルディナント・フォッシュ

ってしまっていた。次にド・モーデュイ指揮下の新編成第十軍が、十月二日からやや北上を試みたが、ドイツ軍側面を迂回することができず、かえってアラスを死守しなければならなくなってしまった。しかしそのとき英国遠征軍は、本国からの補給路を短縮するため、エーヌ川から北へ移動しつつあった。そこでジョッフルは、この軍隊をドイツ軍側面迂回の第三回目の試みの一部として投入することに決めた。この新作戦行動を統轄するために、ジョッフルはフォッシュ将軍を新設北方軍集団総司令官に任じた。

フォッシュはジョッフルの計画を受け継いで、この迂回部隊にベルギー軍を参加させようと尽力したが、アルベール国王は用心深さからか、あるいは現実的であったがためか、沿岸地帯を放棄して内陸へ前進することなど軽率だと考えて辞退した。確かに軽率であった。アントウェルペン陥落の四日後の十月十四日、ファルケンハインは予想される連合軍の次回の側面迂回機動作戦に備え、戦略的わなを仕掛けたのである。ロレーヌから移送された兵力から成る一個軍が、予想される連合軍の攻撃をくいとめ、その間にアントウェルペンの陥落で浮いた兵力と、新兵から成る四個軍団とで編成された別の軍がベルギー海岸を一気に掃討し、連合国側攻撃軍の側面へ殺到するという手順になっていた。ファルケンハインは連合軍総司令部をあまり早くから警戒させないために、ベルギー軍を追撃する部隊に追撃をやめさせる処置さえとった。

一方、連合軍の新たな前進は少しずつはかどっていた。それは南部から汽車で運ばれてきた軍団が東へ向きを変え、〝鎌〟の型をどんどんひろげつつあったためである。三個軍団†4の兵力となった英国遠征軍のほうは、ラ・バセーとイープルの間に展開し、その地域でローリンソンの第七師団との連結部の役を果たした。その向うには新しいフランス第八軍の前身が育ちつつあったし、ベルギー軍はイゼール川から海へかけての戦線を守り続けていた。英国軍団の右翼と中央はすでに阻止されていたにもかかわらず、フレンチ卿は情報部がもたらしたドイツ軍兵力の過小な見積りをさらに割引きして考え、左翼軍団（ヘイグ）に対し、イープルからブルージュへ向かって攻撃するよう命令した。だがこの攻撃は死産に終わった。十月二十日のドイツ軍の攻勢とかち合ったためである。しかしジョン・フレンチ卿は、一両日の間には攻撃が行なわれているものと信じていたが、そのじつ英国軍は陣地を保つことさえなかなかできないありさまであった。天啓に見舞われるとフレンチは別の極端へ走り、ブーローニュの近くに「遠征軍全部を収容するための」大規模な塹壕陣地を設営するようしきりにせき立てた。しかし退却したい願望はたびたびぶり返したが、結局は意志の強さがこれにうちかった。またフォッシュの一貫した自己欺瞞もこれにひと役演じたであろう。フォッシュは強烈な個性とこびへつらった態度で、フレンチに対してすでに強い影響力をもっていたのである。

　そしてキッチナーがフレンチを罷免して、代りにイアン・ハミルトン卿を起用したいと内密に提案したことをフォッシュがこっそりフレンチに洩らしたため、フレンチは彼にいっそう恩を感じることになったのである。この戦争中、部隊が敵と戦っているさなかにも、指揮官同士の確執は決してあとを絶たなかったのである。[†5]

　上級司令官らが状況把握に失敗したために、この戦闘の実際の処理はヘイグとその師団長たちの手にゆだねられることになった。そしてヘイグらは予備軍の手持ちがなかったため、ほかからそれをかき集めた。そして疲れ切ってはいても負けん気の強い前線兵士にもちこたえるように激励して、戦線の崩壊部分をつくろうのが精一杯であった。こういうわけでイープルはインカーマン[*18]と同じく、本質的に〝兵隊の戦い〟であった。これより先、十八日以来、イゼール川沿いのベルギー軍はいつなんどき破滅を招くかもしれない苦境に陥っていた。しかしこの危機も、月末に水門を開き沿岸地帯を水浸しにすることによって、回避することができた。イープルの危機は、時期的に遅れたとはいうものの長きにわたった。十月三十一日と十一月十一日の両日がこの戦闘にとっての大きな山場だったといえる。ドイツ軍に攻めまくられ、未曾有の圧力を蒙りながらも、連合軍が何とか戦線を維持し得たのは、ひとえに英国軍の頑強な抵抗とフランス軍増援部隊の到着が、危機一髪というところで間に合ったことによる。

このイープル防衛戦は英国正規軍にとって、ふたつの意味でこのうえない記念碑となった。ひとつには、将校も兵士も規律ある士気のはかり知れない価値と、長い訓練のたまものである小銃射撃の最

†原注4——一個軍団はのちには三個師団または四個師団から成るが、この当時は二個師団から成っていた。

†原注5——その後フレンチが思い違いをやりがちだった理由のひとつは、この戦闘の直後に——つまり経験を重ねて、少しは眼が開けてきたはずの時機に——フレンチと対話したことを、ゴフ将軍が書きとめた記録のなかに示されている。「フレンチはこの戦争が三ヵ月で終わるであろうし、ドイツはそれ以上の緊張に堪えられないであろうと考えていた……。こうしてみると、フレンチにとっては願望が判断を生み出すのであり、しかもその判断は、偉人の場合にそうであるように、どんなに不愉快なものでも事実は事実として、注意深く考えた結果生まれるものではないようである。これはまたある程度、フレンチの気力の衰えも示しているように私には思われる。余分なことはやる気がなく、知性と意欲をもっと働かせるような仕事を当てられることを望まない。フレンチはわれわれがここで何もしないでいるうちに、ロシアが戦いを終わらせてくれるだろうと望んでいる。したがって希望が判断に変わるのである」。もうひとつの理由は、肉体的に不適任だという点だった。六十二歳のフレンチは心臓病をわずらった直後で、医者から無理をしないようにと言われていた。それからまたフレンチの参謀長マリは、モンスからの退却の早い時期、ル・カトーの陥ちた日に病いに倒れてしまった。第二軍団の最初の軍団長グリアソンは、フランスへ向かう途上で急死していた。これらの事実は比較的高齢の人間を、トップに押し出す昇進制度の危険を物語っている。

＊18——一八五四年、『クリミア戦争』におけるロシア軍敗北の地、クリミア半島の港。

高の水準を示したこと、いまひとつにはこの地に彼らの墓標が立っていることからである。祖国のお召しにこたえて英国に育てられつつある「新しい陸軍」へと、「彼らは衰えゆく手からたいまつを投げた」のである。ヨーロッパ列強の場合は、正規軍が国民軍へ吸収されることは、国民皆兵制の自然な成り行きであった。しかし英国の場合はそれは進化というより革命だった。各国の政府や参謀本部筋とは異なって、キッチナーは比類なきビジョンのひらめきによってこの戦争がどれくらい続くかを予測していた。それからこれは臆測にすぎないが、キッチナーはこの戦闘が英国の伝統的な〝付かず離れず〟の戦略の放棄を意味することをいち早くみてとり、ヨーロッパ的思考から、英国は陸軍の育成によってのみ決定的影響を及ぼすことができるという見解をとった。英国民はキッチナーの呼びかけに応じて、補充兵志願受付所へ殺到した。この年の終りには一〇〇万近い人が応召し、大英帝国の合計兵力はじつに約二〇〇万にのぼっていた。

この大規模な拡充に踏み切ってから、キッチナーは既存の国防義勇軍の枠を残すよりも、新しい入れ物をつくることに心を決めた。国防義勇軍は国土防衛のために応召したものであり、もっと広範な任務を引き受けるかどうかは、もともと各兵個人の任意であったことを指摘しておく必要がある。しかしとにかくこうして戦力を二元化し組織も二元化したことは、遅れを生み、努力の浪費を生んだことは事実である。キッチナーはまた、義勇軍を全廃して徴兵制一本にすることを渋った点で非難されている。しかし義勇軍制度は英国社会に深く根ざしていることを忘れてはならないし、また英国において長く続く変革が効果をあげるには、時間がかかるということも忘れてはならない。キッチナーのやり方はいかにも彼らしい、と同時にいかにも英国らしいものだった。またこのやり方は一貫性に欠けているとしても、それは英国民に昔の〝剣闘士〟の戦いと、いま従事している〝国民的戦い〟の違いを強く印象づけることを、計算に入れたものだった。フランス駐屯の英国軍総司令部によって代表されるような、英国軍人気質にこれを印象づけるには、もっと長い時間が必要だった。ヘンリー・ウィルソン[*19]はこう記している。キッチナーの「二五個軍団から成るこのバカげた、途方もない部隊は、ヨーロッパ軍人の笑い草になっている……こんな烏合の衆では、どんなことがあっても二年間は戦闘を始めることさえできないだろう。だとすれば、いったい何の役に立つというのか」。それというのも、ウィルソンの胸算用では、英国軍はすでにベルリンにほぼ到達しているはずだったのである。

イープルの戦闘は心理的かつ軍事的に画期的な大事件であった。突破せんと猛進撃して来たドイツ軍を撃退したことにより、塹壕の防壁がスイス国境から海岸線に至るまで強化されたことを意味するからである。現代戦において防衛術が攻撃力に勝利を収めたのである。しかしその結果行詰りが生じた。以後四年間の英仏同盟の軍事史は、この袋小路を力づくで突破するかそれとも行き当りばったりに迂回路を見出すか、どちらかによってこの行詰りを打開しようとする試みの歴史なのである。

しかしながら東部戦線においては、戦場が遠く離れていたことと、両陣営の装備の差が顕著であったために、西部戦線とはまったく異なった様相を呈し、戦線は流動的であった。塹壕布陣は設けられたとはいうものの、それは流動的な戦線を覆う表皮にすぎなかった。表皮を破ることは容易であり、いったんそれが破られれば、昔ながらの機動作戦が可能であった。塹壕戦によるか機動作戦によるかの選択の自由は、ドイツ以外の西側列強には許されなかった。ドイツだけはヨーロッパ大陸の中央に位置している関係で、どちらかを自由に選ぶことができたのである。そこで一九一四年十一月以降、ドイツ軍の新参謀総長ファルケンハインは、彼自身としては乗り気ではなかったが、フランスにおいては守勢を採用し、ロシアに対しては相手の戦力をくじく作戦をとった。

＊19――ここではそういう英国軍人気質の典型として例にあげられたもの。

ロシア戦線

緒戦期の東部戦線における遭遇戦は、どちらか一方が決定的に優勢を占めるというよりも、優劣がめまぐるしく交替する点にいちじるしい特色があった。オーストリア軍総司令部は、失敗に終わったセルビア撃破のために、兵力の一部をさくという愚を犯してしまった。そしてポーランドの〝舌状地〟を切断しようとした最初の攻撃計画は、ドイツ側の鋏がスムーズに作動しなかったため、いっそうまずい結果となった。そしてこの計画は逆にロシア軍のはさみ打ちにおびやかされていた。ロシア軍の総司令官ニコライ皇子が、盟友フランス軍に対するドイツ軍の圧迫を軽減すべく、自国の第一、第二軍に対して、まだそれらが集結を完了するのも待たずに、東プロイセン侵攻を命じたためである。ロシア軍は二倍以上の兵力を擁していたから、連携攻撃をかけさえすれば、ドイツ軍を両軍の間で撃砕する可能性は十二分にあった。八月十七日、レンネンカンプのロシア第一軍[20]は東プロイセンの国境を越え、八月十九日から二十日にはグムビンネンにおいてプリットヴィッツ麾下ドイツ第八軍[21]の主力と遭遇し、これを撃退した。八月二十一日、プリットヴィッツはサムソーノフ麾下のロシア第二軍[22]が、東プロイセンの南部国境——プリットヴィッツ軍の後方にあり、わずか三個師団によって守られていた——を越えたことを知った。あわてふためいたプリットヴィッツは総司令部への連絡の際、電話口で、

パウル・ルートヴィッヒ・フォン・ヒンデンブルク

エーリヒ・ルーデンドルフ

ルーデンドルフ(左)、ヒンデンブルク(中央)、ホフマン(右)

ヴィスワ川後方への退却をほんの一瞬口走った。これを聞いたモルトケはプリットヴィッツを罷免して、代りに退役大将ヒンデンブルクを起用し、その参謀長としてリエージュ攻撃の際の英雄ルーデンドルフを任命した。

これより先に第八軍参謀ホフマン大佐によって立案され、必要な着手がなされてきた作戦計画をさらに発展させて、ルーデンドルフは約六個師団をサムソーノフの左翼を対象に集結させた。ロシア軍よりも劣勢なこの兵力では、決戦はおぼつかなかったであろうが、レンネンカンプが依然としてグムビンネン付近にいるのを見て、ルーデンドルフは計算ずくで危険を冒し、騎兵の牽制部隊[*23]だけを残して、他のドイツ軍部隊はすべてその前線から引きあげさせ、サムソーノフ軍の右翼に対峙させた。この思い切った措置を助けたのは、暗号を用いずに無電命令を出していたロシア軍司令官たちの愚行で

＊20――六・五個師団と騎兵五個師団。

＊21――七個師団と騎兵一個師団。

＊22――一〇個師団と騎兵三個師団。

＊23――敵の斥候に、敵本隊と連絡をとらせないように配置された騎兵部隊のこと。

あった。ドイツ軍はこれらすべてを傍受していたのである。

ドイツ軍の集中攻撃に抗しかね、サムソーノフ軍の両側面は弱体化し、中央部は包囲され、その大部隊はほとんど崩壊にひんしていた。この好機は意図的につかんだというより、いわばころげこんだものだったが、とにかくのちに《タンネンベルクの戦い》と名づけられたこの短時間の会戦とその結果は、専門的には〝内部布陣[*24]〟――もっと平易には〝中央陣〟――と呼ばれている戦法の典型的な用例である。

次にヒンデンブルクは、フランス戦線から活《い》きのいい二個軍団を抽出して、ゆっくり前進してくるレンネンカンプ軍に対抗させ、東プロイセンから追い出した。激戦の末、ロシア軍は二五万の兵員を失い、そのうえもっと痛いことに多量の軍需物資を消耗した。しかしロシア軍の東プロイセン侵攻は、ドイツ側に少なくとも西部戦線から二個軍団を急派するのを余儀なくさせ、マルヌ川沿いのフランス軍の立直りを可能にする一助となった。しかもまことに皮肉なことに、移送された軍団は到着が遅れ、タンネンベルクでは何の役にも立たなかったのである。

しかしタンネンベルクの大戦果も、南部戦線のガリシア[*25]で中欧諸国[*26]の形勢が不利となっていたために、減殺されてしまった。オーストリア第一、第四軍のポーランド攻撃は、最初にこそ進展をみたが、右側面を守る弱体なオーストリア第二、第三軍に対し、ロシア第三、第八軍が猛攻を加えたのである。この弱勢の部隊は大敗を喫し[*27]、レンベルク（リウォフ）を通って退却した。前進して来るロシア軍左翼が、勝ちいくさを続けているオーストリア軍左翼の背後をおびやかすことになった。コンラートは左翼の一部をこのロシア軍の側面へ迂回させようと試みたが、これはかわされてしまった。逆に今度は、オーストリア軍が混乱している間にロシア軍右翼の新たな前進に追いつかれてしまい、コンラートはわが身を救うためやむを得ず九月十一日に総退却を命じ、月末までにほぼクラクフまで落ちのびた。ドイツ軍はオーストリア軍の窮状を見殺しにできず、援軍を送ることになり、東プロイセンの軍勢の大半を投入して新たに第九軍を編成し、ポーランドの南西端へと配備した。そしてこの部隊はオーストリア軍の攻撃再開とともに、共同してワルシャワへ進撃した。しかしロシア軍は、同時期にちょうど兵力動員の最盛期に近づいており、兵力再編成と大反撃をかけて敵を追い返し、その余勢をかってシュレージエンへ侵入すべく、大がかりな追撃を企てた。

ニコライ皇子は七個軍から成る大密集軍――三個軍を先駆とし、二個軍がそれぞれ両側面を守るという形の――を組織した。もうひとつの軍、すなわち第十軍はこれより先すでに東プロイセンの東端へ侵入しており、これが弱体なドイツ軍と交戦中だった。密集した六〇個師団から成る、かねて鳴り物入りのロシアの〝蒸気ローラー〟[*28]が、地響き立てて前進を始めたとき、連合軍側は期待に色めき立った。これを迎え撃つべく、ドイツ東部戦線はすべてヒンデンブルクの指揮下におかれ、ルーデンド

＊24――Central position interior lines　軍隊の主力をある一点に集中して行動するのではなくして、まず主力を後方にさがらせておき、その主力先遣隊を左、右両翼に配して戦況の展開に対し臨機応変に対処できるような布陣をいう。

＊25――カルパチア山脈北部斜面一体の地方。

＊26――同盟国側諸国をさす。

＊27――八月二十六日～三十日。

＊28――突撃して来るコサック騎兵や、強健でがまん強いロシア農民軍を表現した言葉。日露戦争でその見かけ倒しの実力を露呈したロシアだったが、ヨーロッパ各国にとってはなお無気味な存在だった。当時のロシア陸軍戦力は、平時でも一四二万三〇〇〇、加えて戦時には三一一万五〇〇〇の動員能力があり、地方軍二〇〇万と新期徴募兵を加えると実に六五〇〇万にのぼるといわれた。

ルフとホフマンはこれを助けるべく絶妙の策略をこらした。その基礎になったのは、ドイツ国境内側に張りめぐらしてあった鉄道網と、国内にくすぶっていた戦争の将来に関する疑念を晴らすに足るだけの情報活動だった。ドイツ側は無線によるロシア軍参謀本部の指令を絶えず傍受して、これがドイツ指揮官たちに、「敵側が戦況をどう見ており、何を企てているかについて、明確な情報」を与えてくれたのである。的確な情報は大胆な行動を保証するばかりでなく、味方の劣勢を補う重要な要素でもあることが立証された。

ロシア軍の猛進撃の前に後退していった第九軍は、ポーランドにおける貧弱な連絡補給路を寸断することによって、ロシア軍の進撃を遅延させた。第九軍は追撃を受けることなく本国国境にたどりつくとすぐ、北のポズナニ（ポーゼン）＝トルニ方面へ転出し、次いで十一月十一日、南東へ向かい、左翼をヴィスワ川にさらしながら、ロシア軍の右翼を守る二個軍の接合地点へ突っ込んだ。

ルーデンドルフの〃槌〃によって打ち込まれたこの楔《くさび》が、ロシア二個軍の連絡を切り離した。こうして第一軍をワルシャワへ後退させ、第二軍にはあやうくタンネンベルクの二の舞いを演じさせるところだった。同軍はロズ（ルージ）で包囲されようとしたとき、前衛から第五軍が救援のために駆けつけてきた。その結果ドイツの包囲軍の一部は、ロシア軍に対して仕組んだ運命に逆に陥るところだったが、やっとのことで活路を見出し本隊に合流できた。ドイツ軍は決定的な戦術上の成功を収めたわけではなかったが、この作戦行動は比較的小規模の兵力でも、機動性を発揮して急所を衝くことにより、数倍の兵力の敵の前進を阻むことができることを示した古典的な範例となった。ロシア軍の〃蒸気ローラー〃は故障して、二度とふたたびドイツの大地をおびやかすことはなくなった。

一週間内に西部戦線から、新たにドイツ軍四個軍団が到着した。西部戦線ではいまやイープルの攻撃が失敗に終わり、決定的勝利のための好機はすでに手の届かないところへ去っていたけれども、ルーデンドルフはこれらの軍団を利用して、ロシア軍を十二月十五日までにワルシャワ前面のブズラ＝ラヴカ川の線まで、撃退することができた。ニコライ皇子はこの敗退と軍需品補給の枯渇に当面して、クラクフ付近で継続中の一進一退の接戦から手を引く気になり、ポーランドの〝舌状地〟の末端を敵の手にわたして、ニダ川とドナエッツ川沿いの冬季塹壕線に戻る決意を固めた。こうして西部と同様東部戦線においても塹壕戦による行詰りがきていたが、東部の膠着はさほど強固なものではなかった。だがロシア軍は軍需品のストックを使い尽くし、貧弱な工業力では補給が困難となった。

制海権

順番からいうと、実際には開戦後まず最初に着手された海軍の作戦行動をここで三番目に取り上げるわけだが、その理由は、海軍力が初期の陸上の作戦が不首尾に終わったのちにはじめて、この戦争にひとつの支配的な影響――最終的にはとどめを刺すような影響――を及ぼすようになったからである。もし陸軍の指導層が期待していたような早期の決着がついていたならば、海軍力がこの決着に影響を及ぼすことになったかどうか疑問である。ドイツがすんでのところで決定的勝利を逃してしまったこと、しかもそれが考えられないような大失敗の積み重ねによったものであることが、歴史に照らして明瞭である。なるほど英国は援軍なしでも戦争をやりとげる力も意志もあったかもしれないが、忘れてならないことは、一九一四年八月当時は、事態は真の国家的戦いというよりは、民衆の支援を後ろ楯にした職業軍人の戦いといった様相を帯びていたのであり、また英国の介入は英国自身の興廃をかけた死闘というよりは、侵略されたベルギーと挑戦を受けたフランスを助けるための、騎士道的努力とみなされていたのである。また事実、友人がトラの脚の下にうめいているとき、もしそのトラをおびき出して友人を救う見込みがあるならば、いたずらに決戦を挑んで人命の損失を招くことは、真実の友情とはいえないのである。

けれども幸いにして、一九一四年にはこのトラは窮地に追いつめられていた。そこでひと息つくゆとりをもった英国は、伝統的な武器である海軍力を発揮する機会を得たのである。この戦争に与えた海軍力の影響は、稲妻のように一閃で敵を打倒するものではなく、じりじりと放射する熱のように援助の相手を活気づけ、敵の資源を枯渇させるものであった。

しかし海軍力の効き目は広範囲にわたり、累積的ではあっても、海軍力の発揮そのものはほとんど電気のスイッチを入れるくらいの瞬間的なものであった。この単純ではあるが今次大戦を通じておそらくいちばん決定的な行動がなされたのは、実際の開戦以前の七月二十九日、午前七時、巨大な英国大艦隊がポートランドを発進して、戦時基地スカパ・フロー[*29]へ向かったときであった。この艦隊の通過を見たものはごくわずかであり、その目的地が北ブリテンとノルウェーの間の航行を規制する、オークニー諸島北方の島々であることを知っていたものは、さらに少なかった。しかしこの瞬間から、ドイツの主要水路は目に見えない圧力にさらされ続け、それが解かれたのは一九一八年十一月二十一日、ドイツ艦隊がこの同じ北方水域に到着して、敵艦隊に身柄を引き渡したときであった。ところでドイツ艦隊がそれまでの四年半にわたるのれんに腕押し式の戦闘の間、敵艦隊の姿を見かけたのはわずかに二、三回であった。

こうした先例をみない戦闘の様式をもたらした根本の原因は、機雷および潜水艦という新しい武器が開発されたことにあるのであって、これが攻撃力に対する防御力の優勢という、陸戦での基本的要因と同じものを、海戦にももたらしたのである。しかし直接の原因となったのは、ドイツ海軍総司令部が、英国の戦略を予想しそこねたこともあって、見当違いの戦略を立てたからであった。ドイツ軍総司令部は古代ローマ帝国の将軍ファビウス流[*30]の持久戦を採用した。それは準備万端ととのった英国艦隊に対しては不意打ちが不可能であることと、自国艦隊の劣勢とを考慮に入れ、また英国艦隊がネルソン以来の戦闘好きの伝統にとりつかれているものと信じたためであった。おそらく、ドイツ軍総司令部は機雷敷設艦とUボートの厳重な海上封鎖の効果がはっきりあらわれて、不意打ちの機が熟し、そして陸上での英国の同盟諸国の敗北が英国の立場をむずかしくするまでは、戦闘を避けることをねらったのである。

この作戦は少なくとも妥当な地理的根拠をもっていた。ドイツ沿岸の地形がこの戦略に向いていたからである。北海の短い海岸線は深い凹凸が刻まれていて、入江の部分は複雑な迷路をなし、これがふちどりのように点在する島々によってさえぎられていた。そのなかでもヘルゴラント島は、ヴィルヘルムスハーフェン、ブレーマーハーフェン、クックスハーフェンなどの海軍基地を守る、要塞化された堅固な楯をなしていた。一番いいことに、エルベ河口からバルト海へ通ずる裏口があった。キール運河である。これを利用してバルト海の海軍力は急速に補強することが可能であったし、その反面、敵がその陸地に囲まれた海へ侵入しようとしても、中立国がその水路を所有しているために、ままならないばかりでなく、デンマーク諸島の間の狭い海峡を通過している間に、Uボートや駆逐艦の攻撃にさらされる恐れがあった。ドイツの海上境界線の天然の防衛力が、攻撃をほとんど不可能にしてい

＊29——スコットランド北部、オークニー諸島の間の水域。

＊30——Quintus Fabius Maximus Verrosus　?〜紀元前二〇三。古代ローマ帝国の将軍で政治家、元老院の筆頭議員。カルタゴのハンニバルがアルプスを越えてイタリアに侵入してきた『第二ポエニ戦争』時、ディクタトル（独裁官、都督）に任ぜられ、ローマ軍を指揮。常勝を続ける優勢な敵との一大決戦を避け、たくみな遷延策によってカルタゴ軍を疲弊させて勝利を得た。「ただひとりの士、遷延によって国を再興せり」とたたえられた。俗称クンクタトル（遷延家）。

たし、逆にそれがドイツ側からする攻撃には絶好の基地を提供していた。ただ地理的不利条件としては、巨大な防波堤に似た英国の海岸線が、ドイツ海軍にとって外海での作戦活動のための出口をせばめている、ということがあげられる。

この持久戦略の明らかな欠点は、これがドイツの貿易活動の即時停止を必要とし、さらに英国と連合諸国の海上補給を妨害できる機会を減ずることを意味していたことである。さらに敵の消耗をねらったドイツ軍の作戦は、英国海軍本部のとった戦略によって、効力を失った。その戦略とは敵を探し出そうとする直接主義の方針を廃して、代りに《現存艦隊》[*31]の間接主義をとったことである。

ドイツの機雷とUボートとが、地理的好条件と相まって、厳重な封鎖を危険の多いものにすることを悟った英国海軍本部は、遠方から監視する戦略をとって、戦闘用艦隊を北海を見渡せる場所に配して、敵が現われれば即座に行動に移れる準備を整え、軽舟艇を敵に接近させて監視する態勢をとった。この戦略は、トラファルガー沖海戦[*32]の現代版を切望していた批判的な人々が考えるほど、受身なものではなかった。そしてこの戦略は、英国が全般的な制海権を握ることが連合国側の大義名分のかなめであることと、また一方的に損害を蒙るような立場に身をさらして、その制海権を危うくすることは、この至上命令の否定にほかならないことを、よくわきまえたものであった。そこで戦闘を願い、そのための用意は整えつつも、海軍本部は平静に、海上ルートの安全確保という第一の任務にとりかかり、これらのルートに対する時おりの脅威を排除し、英国遠征軍のフランスへの渡航の安全を保証したのである。

海軍力を行使して経済的圧迫を加えるという考えは、当時まだ熟してはいなかった。これが正式の戦略にまで結晶したのはのちの段階に至ってからであって、そうなると〝封鎖〟という言葉が、新しいもっと広い定義を必要とすることになった。海洋交易に攻撃をかけるということは英国海軍の古い伝統であったから、それがやがて敵国民の生活――すなわち食糧と原材料の補給――に対する間接的攻撃へ移行することは、ほとんど勘づかれないくらいの進展であった。この種の間接的攻撃が、新しい武器により新しい形で――つまりUボートによって――自国に加えられたとき、英国がこれを残虐行為として非難したのは、論理的ではなかったが、人間的なことではあった。政府間の政策の衝突からくる戦争が、やがてクラウゼヴィッツ流の「最後までやりぬく戦い」のキャッチフレーズに陶酔した国民と国民の間の戦いに移っていくにつれて、騎士道というあいまいな作法が、原始的本能の解放によって抹殺される運命にあったのだが、この道理が保守的な頭の持ち主にはなかなか理解できないのであった。けれども一九一四年当時は、こういう〝絶対的〟戦争はまだ一個の仮説にすぎず、開戦時の作戦活動にほとんど影響を及ぼしていなかった。

海上の戦いの歴史は、海軍本部が国際情勢の悪化にかんがみて、観艦式のためにポートランドに集結した艦隊に対して分散を禁ずる命令を出した一九一四年七月二十六日に、端を発するものとしなければならない。この観艦式は幸運な偶然であったとしても、その機会を利用したことは、この戦争にとってひとつの決定的行動であり、賢明な判断の最たるもののひとつだった。なぜならこの措置は、

＊31――the fleet in being　軍事力を実際には発動してはいないが、港に停泊していること、その存在していること自体で敵にとり戦略上無視し得ない海軍力をさす。

＊32――ヨーロッパ大陸征覇の野望実現に乗り出したナポレオン一世に対抗すべく、一八〇五年、英国、ロシア、オーストリアの三国間に『第三次対仏大同盟』が締結された。ナポレオンは一挙に英国を征服しようと決意、その最強の戦力である英国艦隊をたくみに本国から誘い出し、すきに乗じて英国本土上陸を敢行、一気に首都ロンドンを席巻しようとした。一度はその誘致に成功したフランス艦隊だったが、ネルソン麾下の英国艦隊はナポレオンの意図を見破り、逆にフランス艦隊を追尾、同年十月二十一日、スペイン南端トラファルガー（Trafalgar）岬沖の海戦で撃破し、英国の制海権を不動のものにするとともに、ナポレオンの大陸支配に対する最大の抑止力となった。

他国の陸軍の動員などを誘うことなしに、ひとりでに英国の手に制海権を握らせたからである。これに続いて七月二十九日には、英国大艦隊の北海における戦時基地への隠密航行と、海外の戦隊への警戒電報打電が行なわれた。戦争および政治学の研究者にとってこの教訓は見すごしにされてはならない。なぜならば、職業軍人の集団はいろいろの欠点はあっても、国民的な兵員集団に欠けているところの、動員令発動という挑発なしに準備を完了する能力をもっているからである。[*33] 〝動員〟は周囲に脅威を与え、平和的な議論をすぼませ枯死させるような雰囲気を作り出す。交渉と動員の間には亀裂があるが、動員と戦争の間には目立たないながら縫目があって、そこを通して無責任な人間の行動が一国民を戦争へと引きずっていくことがありうる。

ジョン・ジェリコウ

デヴィッド・ビーティ

《大艦隊《グランド・フリート》》の新任司令長官ジェリコウ提督としては、まず克服すべき欠陥がひとつあった。それはスカパの基地には魚雷攻撃に対する防御施設がなく、ロサイスに建設中の要塞基地はまだ完成されていなかったことである。過去において英国海軍力の歴史的な結集は、最良の施設と防御態勢を誇る港のあったイギリス海峡沿岸で行なわれていた。そしてこれまで政府は、結集水域の変化にともなう北海の基地整備の資金支出を渋ってきた。

この危機に当面してジェリコウ提督は、やむなく艦隊をオークニー諸島の西方へ回した。もっともこの艦隊は遠征軍をフランスへ輸送する際には、はるか南のフォース川まで航行した。直接にこの遠征軍を掩護したのは、《海峡艦隊《チャンネル・フリート》》の旧式の軍艦と、北海の南部水域の《重層パトロール・システム》であった。遠征軍を無事に輸送したことが、海軍初の直接的戦果だった。次の戦果としては八月二十九日、ビーティ指揮の巡洋戦艦部隊と、ティリット指揮の駆逐隊が、ヘルゴラント・バイトを急襲して、ドイツ軽巡洋艦数隻を撃沈したことがあげられるが、この戦いがドイツ側に防衛戦法に徹する決意を固めさせたことから、間接的な戦果のほうがはるかに大きかったが、反面これに懲りたドイツ側が、Uボート攻撃のわざを錬磨することになったので、ありがたくない副作用もともなったのである。この交戦を別にすれば、一九一四年の北海戦史は、一方の側の昼夜を分かたぬ警戒の記録であり、他方の側のUボートと機雷敷設艇のささやかな戦果と損害の記録であった。

地中海の戦いは、政治的に大きな波紋を及ぼしたひとつの手違いから始まった。ドイツでいちばん速い軍艦である巡洋戦艦〈ゲーベン〉と軽巡洋艦〈ブレスラウ〉の二隻は、地中海にあって、コンスタンチノープルへ向かうようにというベルリンからの指令を受け取った。この二隻はひとつには英国側が海軍本部の指示を実施に移す要領が悪かったこともあって、これを一隻ずつに切り離そうとする英国の努力をうまくかわした。

公海におけるこの二隻に対する追跡は、いっそう長引いた。ドイツは本国の水域から通商破壊艦を派遣するだけの時間はこれまでなかったが、数ヵ月間は外国での任務を帯びた数隻のドイツ巡洋艦が、英国海軍にとって悩みの種だった。一方では北海で集結の必要があるのに、他方ではインドや自治領から母国支援のために差し向けられる部隊と補給物資の長大な海上輸送路を、巡回し保護する必要があっては、この調整は容易なことではなかった。十一月九日の巡洋艦〈エムデン〉[*34]の撃砕によって、

*33――国民徴募軍をさす。

インド洋では最終的に邪魔はなくなった。しかしこの勝利は太平洋上の敗北で相殺されてしまった。クレイドック提督の巡洋艦部隊がフォン・シュペー提督の装甲巡洋艦〈シャルンホルスト〉および〈グナイゼナウ〉の重装備に圧倒されて撃砕されたのである。[*35] しかしこの敗北をたちまち埋め合せたのが海軍本部のとった措置であった。すなわち本部の指令で、スターディィ提督は巡洋戦艦〈インフレキシブル〉と〈インヴィンシブル〉の二隻を指揮して、電光石火の早わざで南大西洋へ赴き、別に巡洋戦艦〈オーストラリア〉はフィージー[*36]からフォン・シュペー提督の背後をねらって襲いかかった。十二月八日、フォークランド諸島[*37]でこの巧みな奇襲にとらえられて、シュペーはドイツの海軍力を外洋に発揮し得る最後の手段である自分の艦とともに海に沈んだ。

このとき以後、英国と連合諸国の海上連絡は確保され、貿易、物資補給、兵員輸送が安全なものとなった。しかし海洋ルートには必ず陸の終着地点が必要であるために、Uボートの発達により、この

＊34——巡洋艦〈エムデン〉の活躍については、『海の勇者』(E・ホイト著、フジ出版社刊)に詳しい。

＊35——シュペー提督に率いられたドイツ《東洋艦隊》の戦闘記録は、『潰滅』(E・ホイト著、フジ出版社刊)に詳しい。装甲巡洋艦というのは、第一次大戦以前の艦種の分け方であって、開戦前、ふつう巡洋艦は装甲がほどこされていなかったが、『戦艦』の補助として戦闘に従事できるように装甲をほどこし、一万トン以上、二〇センチ砲以上の主砲を備えた装甲巡洋艦が造られた。なお捜索、偵察任務に当たるふつうの巡洋艦は、一万トン以下、主砲も一五センチ以下だった。また第二次大戦期、『ヴェルサイユ条約』の制限下に建造されたドイツの『装甲艦』は、排水量一万トン以下ながら戦艦なみの装甲に二八センチ砲六門、二六ノットの高速を誇るもので『ポケット戦艦』と呼ばれた。

＊36——南太平洋の英領諸島。

＊37——南米南端の東側にある英領諸島。

マキシミリアン・フォン・
シュペー

シュペーの旗艦シャルンホルスト

英国艦インヴィンシブル

安全がスターディの勝利の直後に想像されたほど確かなものではないことが次第にはっきりしてきた。

海戦は早くも一九一五年に決定的な性格の変化をみせはじめた。第一段階では、英国は海上からの邪魔ものをとり除くことと、海上ルートの安全を維持することにかかり切っていたために、ドイツに対する経済的武器として、制海権の行使に意を注ぐことがあまりできなかった。どのみち英国は、一九〇九年の『ロンドン宣言』[*38]で具体化された封鎖に関する規約によって海軍力を拘束されていた。戦争が始まったとき英国政府ははなはだ無分別にも、この宣言を海洋業務の基本として承認することを公表したものである。自分からはめたこの足かせを解くのには、ドイツ側の行動が助けになった。

一九一四年十一月二日、ドイツ巡洋戦艦部隊は英国海軍の防衛範囲を偵察するために、ノーフォーク海岸に攻撃を仕掛けた。続いて二回目は十二月十六日、ヨークシャー海岸のスカーブラ、ホイトビー、ハートルプールなどを砲撃した。ドイツ側はそのつど無事退去したが、一月二十四日、三回目の攻撃を試みたときに、ビーティ指揮下の英国巡洋戦艦部隊はドッガー・バンク[*39]の沖合でドイツ艦隊を捕え、〈ブリュッヘル〉を撃沈、〈デルフリンガー〉と〈ザイドリッツ〉を大破した。この一撃は充分な成果ではなかったが、ドイツ側はこれで消耗作戦の無益なことを悟り、ドイツ艦隊[*40]司令長官インゲノールは罷免され、ポールがその後任となった。ポールは参謀総長ファルケンハインにUボートによる攻撃を進言し、勝利を収めるまで無制限にこれを続けるべきであるとすすめた。

その結果二月十八日、ドイツはブリテン諸島をとりまく水域を交戦圏に指定し、この水域におけるいっさいの船舶は、敵側中立側を問わず、見つけ次第撃沈すると宣言した。これが英国に、『ロンドン宣言』を緩和する口実を与えた。英国は報復措置として、ドイツ向けに物資を輸送していると思われる船舶のすべてを阻止し、検分のためにこれを英国の港に曳航する権利を宣言した。この封鎖強化は中立国、とりわけアメリカに深刻な脅威を与えたが、ドイツが一九一五年五月七日、客船〈ルシタニア〉[*41]号を魚雷で撃沈したことが、英米間の緊張をやわらげるきっかけをつくった。アメリカ人若干名を含む一一〇〇名を遭難水死させたこの残虐行為は、世界中の人々の良心に衝撃を与え、ベルギーの荒廃以上にアメリカの世論に訴えた。この一件とそれに続くいくつかの事例が、アメリカの戦争介

＊38——一九〇八年十二月四日〜〇九年二月二十六日、主要海軍国一〇ヵ国がロンドンに会し、海戦が行なわれた場合の中立国艦船の権益を中心に討議された決議事項。七一項目からなり、主として海上封鎖、戦時禁制品の輸送制限、非中立的活動その他について討議されたが、その眼目とするところは、中立国の貿易活動の保護にあった。大戦勃発と同時に、アメリカは同宣言履行を主張し、ドイツもこれに同調した。英国は禁制品輸送に関し例外を認めることで賛成したが、一九一六年七月、交戦権を優先させることを強調してこれを破棄した。

＊39——イングランドとデンマークのユトランド半島との中間にある北海中央部の浅海、大砂州。深さ一〇〜三五メートルで、たら、にしんの良漁場。——地図第14参照。

＊40——第一次大戦当時のドイツ《大海艦隊》は、アルフレート・ティルピッツ提督によって育まれた。「ドイツの将来は海上にあり」と豪語するヴィルヘルム二世（カイザー）によって海軍長官に任命されたティルピッツは、沿岸防御に頼る伝統的なプロイセン流の考え方を廃し、最強の海軍国英国に匹敵する強力な艦隊建造に取り組んだ。この大仕事を一手に引き受けたのが、かの有名な『クルップ社』であった。一方、この遠大な計画に驚いた英国は、建艦競争を続けるとともに『日英同盟』『三国協商』を締結してドイツに対抗した。当時は《巨艦時代》。ドイツは戦艦〈カイザー〉、装甲巡洋艦〈シャルンホルスト〉〈グナイゼナウ〉〈ラインラント〉〈ケーニヒ〉、軽巡〈エムデン〉等のほか海の尖兵Uボートを擁して通商破壊戦を展開していった。ユトランド沖海戦、フォークランド諸島沖海戦、ドッガーバンク海戦等、数々の激戦を戦い抜き、敗戦とともにスカパ・フローに抑留されたドイツ《大海艦隊》は、ロイター提督の命により「降伏より自沈」を選んだ。——そして第二次大戦、ドイツ海軍はふたたび再建されるのである。

＊41——『海の女王』と謳われた英国の巨船〈ルシタニア〉が、ドイツのUボートに撃沈され、一九五九名の乗員・乗客中、一一九八名の犠牲を出したこの事件は、『海戦／海難』（H・ボールドウィン著、フジ出版社刊）に詳しい。犠牲者の中に一二四名のアメリカ人が含まれていたことが、当時はまだ中立を保っていたウィルソン大統領をして二年後に参戦に踏み切らせることになった。

入への道をひらいたのであるが、実際の介入はこの惨劇の直後に予想されたよりも遅くなった。

英国がいち早く制海権を手中にしたことのひとつの成果は、ドイツの海外植民地をほとんど抵抗を受けず、兵員の損失もなしに一掃する機会を得たということである。これらの植民地を奪取したことは、連合国側に、戦局不利となった場合の取引の材料を与えたという点で価値があった。八月末、ニュージーランド軍の遠征隊がサモア[*42]を分捕り、九月にはオーストラリア軍の遠征隊がニューギニアを占領した。オーストラリア海軍もまた、太平洋諸島におけるドイツの重要な無線電信局をいくつか奪取した。日本は英国側に立って参戦し、小艦隊と一個師団を中国沿岸に送って青島《チンタオ》のドイツ軍要塞を攻囲した。日本軍最初の上陸は九月二日に行なわれ、二十三日には英国の分遣隊が到着したが、防衛施設は近代的で、陸の接近経路は狭く、実際の包囲攻撃は十月三十一日まで開始できなかった。七日間の砲撃に続いて日本軍の突撃がなされ、ドイツ軍守備隊は多少の抵抗をみせたあと降伏した。

アフリカではトーゴランドは八月に占領されたが、カメルーン地方の赤道森林が手ごわい障害物となったため、ドイツ部隊が平定したのは英仏連合軍による長期の、あまり金のかからない作戦のあと、一九一六年の初頭になってからであった。南アフリカの首相ボウタ将軍は、以前は英国に敵対していたが、いまは英国側について部隊を編成し、ドイツ領南西アフリカを征服した。ほぼこれと同時期にボウタは、ボーア人の不平分子が起こした反乱[*43]を平定し、英国の大義名分のためにいっそう大きな貢献をした。このボーア人の反乱は一九一六年のアイルランドの復活節における蜂起を除けば、苦しい戦争の四年間に大英帝国の領域内に発生した唯一の反乱であった。

ドイツ植民地の中では最大で、生活程度もいちばん高いドイツ領東アフリカだけがまだ残っていたが、これはその厳しい自然条件と、ドイツ軍司令官フォン・レットウ＝フォルベック将軍の手腕によって、一九一七年末まで完全には征服されなかった。十一月に英領東アフリカの軍を支援するために

パウル・エミール・フォン・レットウ＝フォルベック

遠征隊が派遣されたが、タンガで撃退された。ドイツ軍司令官レットウ＝フォルベックは部隊の兵員不足を補うために、その地域のハチをうまく利用して戦闘を行なって、インド軍大隊を恐慌状態に陥れた。英国政府はもっと大きな問題にかかり切っていたために、このスズメバチの巣を処理するための時間も兵力も一九一五年後半まで生み出せなかったのである。

　一九一五年はもうひとつの新しい戦争形態が出現した年であり、これが軍隊同士の戦争からすでに国民対国民の戦争に移行しているという新しい現実を、人々に思い知らせる一助となった。一月以降〈ツェッペリン〉[*44]の空襲が英国沿岸に開始され、一九一六年夏にこれがピークに達して、それ以後飛行機による空襲にとって代わられた。空から軍事目標と民間目標を識別することの困難さが新しい事態の展開を早めたのであるが、これは弁解で始まり、生存のための戦いである以上兵士の肉体ばかりでなく、敵国民の意志も標的とならざるを得ないという露骨な表現で終わった。一九一五年から一六年にかけての〈ツェッペリン〉の空襲は、方角を誤ったために物質

＊42――ドイツ領南太平洋の群島。

＊43――ボーア人はブール人ともいう。南アフリカに住むオランダ系民族。十七世紀に移住しケープ植民地を建国するが、一八一四年、英国領となるやそれに反発して東北方に大移動、オレンジ自由国、トランスヴァール共和国の二国を建国する。その後世界最大のダイヤモンド鉱山、金鉱脈が発見され、英国はふたたび両国に合併をせまった。ボーア人は反抗に立ち上がったが、一八九九年～一九〇二年の『南アフリカ戦争』（ボーア戦争）により、国力を挙げて侵攻する英国軍の前に民族絶滅の危機に瀕したボーア人は、ついに降伏した。以後英国は、ボーア人懐柔策に切り替え、一九一〇年南アフリカ連邦の成立を認めた。ボーア人の民族主義は白人優先主義となり、世界にも例の少ない有色人種差別政策（アパルトヘイト）がとられることになった。

ツェッペリン飛行船

的被害はほとんど与えず、死傷者も二〇〇人に満たなかったが、混乱をひき起こす効果を挙げ、ために「軍需品の正常な生産高の約六分の一が、生産されずに終わった」と見積もられている。

この世界大戦が最初に与えた一般の目に映った心理的徴候は、計り知れない〝安心感のため息〟であった。そのときまでヨーロッパの各国民はそれほど長い緊張を強いられてきたというわけであろうか。今日の戦争にうみ疲れた精神をもってしては、当時の緊張感と不安――真の平和でなくまた戦争でもない、長い和平の年月の希望と恐怖の緊張や抑圧――を理解することはできない。それは毎日の繰り返しの単調さと平凡さに対する精神の反乱として、また過去の戦争の記憶が薄れ、人間における原始的〝狩猟〟本能の露呈と復活が促されている時期の、心理的周期の完結として解釈できるであろう。

この〈熱狂〉の第一段階の次には〈激昂〉の段階が訪れた。そして戦争の本来の残忍性に輪をかけたのは、〝武器を取る国民〟のなかに高まる一種の〝暴徒性〟

である。英国の軍隊はもともと職業《プロフェッショナル》的性格をもっていたために、こういうものに染まる度合いは弱かったが、ドイツの軍隊は本来〝市民〟を基盤にしていたから、戦争についての参謀幕僚筋の冷血な論理どおりに、この暴徒性がひろまっていった。秋の到来とともに第三の段階が、とりわけ戦闘員のあいだに顕著になった。これは寛容の精神の一時的な高揚であって、クリスマス祝祭日に行なわれた友愛的な親交によって象徴されていたが、これも戦争の緊張が身にせまり、生存のための闘いの真相が双方の戦闘員の胸にこたえるにつれて、色あせていった。

＊44――ドイツの飛行船の発達は、世間の嘲笑を受けながら私財を投げ打って研究に取り組んだ退役将軍、フェルディナント・フォン・ツェッペリン伯爵によった。一九〇〇年七月、第一号〈LZ‐1〉の飛行に成功してから、政府の無理解、資金不足、数度の事故にもめげず、改良に改良を続けるツェッペリンの努力は、フーゴー・エッケナー博士に引き継がれ、またその軍事的可能性をようやく認識したカイザーもテコ入れを約す。第一次大戦が勃発すると、すべてのドイツの飛行船は、陸・海軍に分属されロンドン空襲に活躍した。終戦までに建造された軍用飛行船の数は一〇三隻、だが生き残ったのはわずかに五隻であった。そして第二次世界大戦、ドイツ飛行船の技術は、〈LZ‐127〉〈グラーフ・ツェッペリン〉〈ヒンデンブルク〉号を生み、ナチスドイツの国力示威に使用されたのである。

1　実在しなかったが、形勢を変えた〝マルヌ川の戦い〟

　およそマルヌ川の戦いほど論争を呼び、短期間におびただしい文献を生み、一般の興味と伝説を呼び起こしたものは、他に例がない。ともあれこの一九一四年九月の危機は、ドイツ軍側の戦争計画の倒壊を招き、ひいては歴史の流れを変えたのである。ドイツがこの戦闘に敗れたときに、この戦争にも敗れたのだということが真実であるなら（確かにある程度真実であるが）、われこそはその勝利の殊勲者と自称するものが多いのも当然である。

　一番最初に生まれた伝説は、フォッシュがドイツ軍主力をサン・ゴン沼沢地へ追い込んで勝ったというものであるが、今日でもなお、戦闘の実態と時間的経過をまったく無視し、この説がフランス以外の国の高名な歴史家たちによって流布されている。

　しかし水中に投じた小石のように、この説の波紋がひろまりつつあったときにも、フランスでは栄誉を総司令官ジョッフルに帰すべきか、それともジョッフルの前の上官であり、当時は部下であったガリエニ（《パリ防衛軍》司令官）に帰すべきかについて、消息通の間に激しい論議が交わされていたのである。ガリエニはクルックが自分の第一軍をパリの前面で内側へ旋回させたときに露呈したその側面をめがけ、パリから一撃を加えたのであった。

　ある流派の人々は、ジョッフルがこの逆襲を思いついたと主張し、やがて事実の重みに負けてやや譲歩し、ガリエニがまず好機を見抜いたことがジョッフルにその好機をつかむ決断への衝動を与えたのだと説いた。別の人々は、ジョッフルがソンム川の線で逆襲を展開しようとした最初の試みに失敗したあと、早期に新しい試みをやろうという考えをまったく捨てており、したがってガリエニの熱烈な決意と説得がなかったならば、退却は続けられたであろうということを論じた。現在は冷静な判断が可能であって、ジョッフルにはその決定を採用するという重い責任がかかっていたことを認められるなら信じられる証拠が示しているように、ガリエニの霊感がこの一撃の行なわれるべき場所と緊急性をふたつながら指示したのであった。さらにそのうえ、ガリエニがこの一撃を早めたことで、見通しを台無しにしたというジョッフルの代弁者たちの言い分も、証拠によってくつがえされている。なぜならばわれわれは、もしそれが二十四時間遅れたとしたなら、ドイツ側はガリエニの妨害を受けることなしに、防戦のための再配備を完了できたであろうということを知っているからである。

ドイツ側でも、退却命令が誤りであったかどうかについて、また第一軍のクルックか、第二軍のビューロウか、または総司令部の特使ヘンチュ大佐かがこの宿命的な決断に責任があったかどうかについて、似たような論争がしきりに行なわれている。

このような多角的な論争は、少なくともマルヌ川が物理的勝利というよりも、むしろ心理的勝利であったことを示すのに役立っている。歴史上の不滅の勝利の多くもまた、現実の戦闘は二義的な影響にすぎず、心理的なものが一義的であった。なぜなら戦争のもっとも深奥にある真実は、戦闘の成り行きは、兵士の肉体によってでなく敵味方の司令官の心のなかで決せられるというのが通則だからである。最良の歴史とは指揮官たちの思考と感情の記録であり、それらを浮き彫りにするために事件をたんなる背景として描いたものである。けれどもこれとは反対の錯覚が、戦闘の詳細をびっしり書き込み、動員数の統計的な算定によって勝利の原因を査定する典型的な軍事史によって養われている。

マルヌ川の戦いは心理的要因の占める部分の多い事態であったために、当時の個々の司令官の考え方は存分に分析されている。しかしこの場合でさえ、〝戦闘の複合性〟から、考え方の分析を肉体の衝突の発生した場所に限定しようとする傾向がある。ためにある種の示唆に富む証拠が、論評を免れてしまうことになる。その証拠とは、たとえば次のような人を驚かすような問いの形をとるかもしれない。すなわち、勝利は主として英国の鉄道の赤帽氏が興奮して抱いた空想と、オステンデへ派遣された一旅団が原因であったのか？　あるいは少なくともこれらのつつましいご仁たちが、ガリエニとともに勝利の主因であったのか？

この思わせぶりな言い方も、ドイツ軍司令官たちの精神的雰囲気をよく知るにつけて、見かけほど奇想天外なものではなくなるのである。この危機以前からその最中にかけて、彼らは絶えず不安そうに右後方をふり返って、ベルギーと北フランスにおける伸び切った自軍の補給路に対する、連合軍の攻撃を気づかっていた。連合軍にとって不幸なことに、こういう敵の不安に具体的な根拠を与える材料が乏しかった。ベルギー沿岸に英国遠征軍の上陸を求める遅すぎた訴えは、ウィルソンが、この遠征軍を補助隊としてフランス軍左翼に結びつけることを誓約していたため、すでに意味がなくなっていた。しかしベルギー野戦軍はアントウェルペンでドイツ軍の監視下にあったとはいえ、少なくともこの監視のためにドイツ兵力を大きく分離させる役を果たし、なおそのうえ、ドイツ軍の神経を慢性的にいら立たせる原因をなしていた。

チャーチルの才気あふれる頭脳もまた活躍していた。手持ちの兵力に余裕はなかったが、彼はアストン准将指揮の海兵旅団をオステンデへ急派し、その存在を世間に派手にひけらかすことを命じた。同旅団は八月二十七日に上陸して、三十一日まで滞在した。

さて〝山の向う側〟へ眼を転じよう。九月五日、フランス軍部隊がクルックの軍を攻撃すべく前進していたとき、ドイツ軍総司令部通信課長ヘンチュ大佐がクルック軍に到着して、次のような不吉で絶望的な警告を伝えた。「悪い知らせです。第六、第七軍は行く手をふさがれ、第四、第五軍は手強い抵抗にあっています……。英国軍はぞくぞくとベルギー海岸に上陸中です。同じくベルギー海岸にロシア遠征軍が到来したとの報告もあります。退却は避けがたいものになりつつあります」。別の情報源からわかっていることは、このときの海兵隊三〇〇〇名が、ドイツ軍総司令部の臆測では四万名にふくれあがっていたし、ロシアの遠征軍は八万名ということになっていた。

　こういうわけでドイツの右翼軍は、自軍の後尾が深刻な脅威を受けていることと、総司令部がどのみち退却を考慮中であるということを信じ込まされながら、みずからの試練に直面したのである。少なくともこういう情報は戦闘の緊張の続くあいだ、知らずしらずに兵士たちの気力を殺《そ》いだに違いない。第一軍司令部はベルギー関係のニュースに疑いを抱くようになったものの、総司令部自体も退却を本気で考え始めたのである。こうして「後退を望む動きが始まった場合には」第一軍司令部を統轄する全権をゆだねられることになったヘンチュ大佐が九月六日にふたたび訪れたとき、実際に後退が始まったばかりか、同時にベルギーから別の不安を生むニュースが伝えられた。それは九月六日のベルギー軍のアントウェルペン出撃の知らせであった。この出撃はじきに終わったが、危機にあっては、恐ろしいニュースとして計り知れない心理的影響を与えたのである。ドイツ軍の退却ははずみがつき、範囲をひろげた。戦争の風向きはこれによって変わった。

　歴史はチャーチルのすぐれた霊感と、アストン准将の率いた少人数の〝みせびらかし用海兵隊〟を正しく評価しなければならない。しかしどこで始まってどうひろまったのか一向に見当のつかない、あの驚くべき〝ロシア軍〟の神話も同じように役立ったのである。たしかにチャーチルがロシア遠征軍をこんなふうに導入することを、提案したことはわかっている。この提案が洩れて流れているうちに事実のように誇張されたのでもあろうか。しかし従来の通説では、この伝説の根源はある鉄道の赤帽氏がゲール語[*45]を話す乗客を乗せた夜行軍用列車の通過を奇異に感じて、あれこれ想像をたくましくしたことにあるとされている。だとするなら、ホワイト・ホール[*46]にある「知られざる赤帽」の影像はいささか行き過ぎだと言わなければならない。

この外面的な要因をわれわれの考察の周辺に置きながら、実際の戦闘圏に生じた出来事を順を追ってたどることにしよう。ジョッフルの作戦がもとでフランス第五軍と英国軍が陥ってしまった国境地帯のわなから、この両軍が退却によって脱出したことが、因果関係の直接の連鎖の発端をなしている。国境方面で戦闘中のドイツ軍司令部から、最初に粉飾された報告が来て、ドイツ軍総司令部は決定的な勝利の印象をもった。モルトケはまさにこの幻想のもとに、八月二十五日、陽気な気分でロシア戦線に不必要な四個師団を急派したものだが、これは放棄された要塞を包囲するという愚行に七個師団をさいたために、ただでさえ弱体化していたドイツ軍の右翼の戦闘力を、さらに減殺する結果となった。そのあと、獲得した捕虜の数が比較的少ないことから、モルトケの心に疑いが生じて、事態をもっと冷静に判断する気になった。いまはカイザーの安易な楽観論がモルトケをいらいらさせるのだった。「陛下はもう万歳を叫びたいような気分でいるが、私はそれにつくづく嫌気がさす」。モルトケの新たな悲観論と、部下の軍司令官らがまたあらためて抱いた楽観論とが組み合わさって、作戦にもう一度手直しが加えられたが、これがわざわいの種をはらんでいたのである。

ドイツ軍の最右翼、すなわち外側面のクルックの第一軍が英国軍のあとを追っていたとき――しかも極度に接近していたために、〝外廓の〟英国第二軍団（スミス゠ドリエン）は踏みとどまって交戦せざるを得なかったが――クルック軍の内側に隣接していたビューロウ軍は、ランルザックの第五軍を激しく追っていた。八月二十六日に英国軍左翼が大打撃を受けてル・カトーから南へ後退したとき、クルックはすでに南西方向へふたたび転換していた。この方向転換はひとつには英国軍の退却経路を誤算したこと、つまり英国軍がイギリス海峡の港へ退却しつつあると考えたためであったとしても、これはクルックの広範な旋回掃討という最初の役割にかなったものでもあった。そしてこの転換は、クルックがアミアン＝ペロンヌ地方――そこでは新編成のフランス第六軍の最初の一部が、アルザスから〝振替え〟られたあげく、ちょうど列車から降りていたところであった――へさし向けられたことによって、早い時期に攻勢に戻ろうとするジョッフルの意図を狂わせる効果があった。それは第六軍をパリ防衛陣まで急いで後退することを余儀なくさせたからである。

しかしクルック軍は南西方向へ展開するかしないかで、ふたたび内側へ旋回せざるを得なくなった。それは英国軍に対する圧力を除くために、ジョッフルがランルザックに退却をやめて、追ってくるドイツ軍に反撃するように指令したからであった。ビューロウはこの脅威にふるえあがり、クルックに援助を求めた。八月二十九日のランルザックの攻撃は、ビューロウが実際にこの援助を必要とする前に停止されたが、にもかかわらずビューロウはクルックに内側旋回を要請した。それはランルザックの後退を遮断するためだった。クルックはこの要請に応ずる前にモルトケに問い合わせた。ところがこの問合せが舞い込んだときはたまたまモルトケがあわてている最中だった。それはフランス軍がモルトケの包囲をうまくすり抜けていくことが大きな原因だったが、もっと直接的には自軍の第二軍（ビューロウ）と第三軍（ハウゼン）の間に、すき間ができてしまったためであった。このすき間は、第三軍がもうひとつの側面隣接軍の第四軍を助けるために、すでに南西から南へと方向転換したために生じたものだった。そこでモルトケはクルックの方向転換に同意した。これは当然、パリの向う側をぐるりと広く旋回しようとする初めの意図を捨てることであった。そうなれば旋回するドイツ軍の

＊45――主としてスコットランド高地のゲール人の話す言葉。

＊46――ロンドン官庁街。

側面はパリのこちら側を通過し、パリ防衛陣の正面を横切っていくことになるはずであった。安全のために自軍の前面をこのように収縮させたことによって、モルトケは最初の広範な旋回掃討作戦計画に含まれていた広い展望を犠牲にしたのである。そして危険を少なくした代りに、自軍を致命的な敵の反撃にさらすことになったのである。

九月二日夜、モルトケは右翼の司令官らに、作戦変更の確認と新作戦予告の指令を次のように伝えた。「フランス軍をパリから南東方向へ撃退すること。第一軍は梯団をなして第二軍のあとに続き、以後第二軍の側面掩護にあたること」[*47]。しかし第一軍は丸一日の行程分だけ第二軍の先へ出ていた。したがってもしクルックがこの指令の後半を実行に移そうとすると、前半をおろそかにしないわけにはいかなかった。そこで彼は前進を続けることに決め、かたわら側面掩護部隊として、不完全な予備軍団と兵力の減った騎兵師団を分遣した。パリからの危険を彼がいかに見くびっていたかは、この側面掩護部隊にまったく飛行機を配備しなかったこと、および西方への飛行偵察の指令を全然出さなかったことをみてもあきらかである。

一方、モルトケは戦況推移に落胆していたが、九月四日、最初の作戦を捨てる決断を下した。その代りにフランス軍中央と右翼を狭く包囲することを決めた。自軍の中央（第四、第五軍）を南東へ進め、左翼（第六、第七軍）を南西へ進め、ツールとエピナルの間の要塞化した障壁を突破させ、ヴェルダンの両側からこの現状のはさみ打ちを閉じる手はずであった。他方自軍の右翼（第一、第二軍）を外側へ転じ、西に向かわせて、フランス軍がパリ近郊から試みるであろういっさいの反撃を寄せつけない構えであった。モルトケの指令は、クルックが南下の競争ではビューロウの先に立ち、すでにマルヌ川を渡っていたことを無視し続けていた。なぜなら、この指令はクルックに対し「パリの東側に面してとどまること」[*48]を命じたばかりでなく、ビューロウがマルヌ川とセーヌ川の中間で向きを西に変え横隊になる間、マルヌ川の北にとどまることをも命じたからである。したがってクルックがこの指令を実行するには、ビューロウが追い着き追い越すまで停止しなければならなかったばかりか、後方へ一種のとんぼ返りを打たなければならなかった。こういう曲芸は軍の釣合いを多少とも狂わせるものである。しかも、モルトケがかねて警戒していたフランス軍の反撃が、モルトケ自身の新作戦が奏効しないうちに、すでに始まっていた。そのうえ五日にクルックは、決定的勝利の要因となる機会を奪われるのを嫌って、「西へ向きを変えるのはゆっくりやってもいいのだ」と言って、南のセーヌ川へ向かっての前進を続けた。さし当たって彼は、三個旅団と数個の騎兵隊から成る弱体な独立部隊に、引き続き自軍の側面掩護に当たらせておいた。翌朝、この部隊はパリから出撃したフランス第六軍に叩かれた。

この間にもフランス軍と英国軍の退却は続けられていた。八月三十日、ジョッフルは――彼が退却命令を出して首都を放棄したのをみて驚いた政府から圧力をかけられ、その圧力に屈し――モーヌーリの第六軍をパリ防衛軍の補強のために分遣した。ところが同軍はもともとジョッフルが側面への反撃用にと編成したものだったから、これを分遣したことは、反撃をとりやめたことを意味している。おまけに同日作成された覚え書によると、代りにジョッフルはドイツ軍中央部への反撃に望みを託し、「われわれが以前に北東方向に向かって、ムーズ川から出撃しつつ試みた分断……をやり遂げることを希望して」いた。九月一日、ジョッフルは連合軍の後退を、セーヌ川、オーブ川、オルネン川のそれぞれ南の線まで続けるように指令した。その結果、連合軍部隊をパリからはるか南東方向へ遠ざけ

＊47――第3章＊5参照。
＊48――つまり西に向くこと。

ることになったし、また早期の反撃を期している総司令官というものはおそらく、自軍と敵軍の間に川という障害を設けることはしないはずである。実際、翌日の数名の軍司令官宛のメモには、この戦線を「整備強化」することがジョッフルの意図であり、この戦線から即時の反撃でなく最終的反撃に出ることが、彼の作戦であることが付記されていた。同日、英国陸軍大臣を介して、ジョン・フレンチ卿がマルヌ川で抗戦してはどうかと提言してきたのに答えて、ジョッフルは次のように言った。

「わが方の全兵力を投入し、マルヌ川で全面的戦闘を展開するということは、私には考えられません。しかし、パリの防衛に英国軍の協力を仰ぐことは、有利な結果を生む唯一の可能な道だと思われます」

陸軍大臣に対しても、ガリエニに対しても、ジョッフルはこれと同じ判断を伝えた。熱烈な弁護論者が、ジョッフルの心の奥に反撃の考えが潜んでいたと主張する場合には、歴史家もこれに同意できる。しかしこのような証拠がちゃんと揃っている以上、ジョッフルがマルヌ川で戦闘を交える意図があったとか、均衡状態を劇的に破るような反撃を計画していたとかいう伝説は、けし飛んでしまうはずである。

ジョッフルの返答の決定的な調子を、いっそう意義深いものに感じさせるのは、九月一日、ランルザック軍の一参謀将校が、戦死したあるドイツ将校の紙入れの中にドイツ軍の方向転換の指令を発見し、翌朝、さっそくジョッフルの司令部へ送ったという事実である。そして三日の午前中に、クルックの前進中の縦隊が南東へ方向転換したことが、英国軍の飛行士らに発見され報告された。午後にはその飛行士らは、同縦隊がマルヌ川を渡りつつあることを付け加えたし、夕刻にはモーヌーリが、パリとサンリスを結ぶ線の西側にはドイツ軍部隊は残っていないと報告した。これらがすべてジョッフルに伝えられたのに、彼の作戦にはそれが何の痕跡もとどめていなかった。ただ二日の夜に、彼はなおいっそう南方へ退却することを決めただけであった！

しかし新任の《パリ防衛軍》司令官ガリエニは、三日に入手した断片的情報にさえすぐに反応した。ガリエニはモーヌーリに命じ、四日夜明けとともに飛行機および騎兵による偵察を強化するよう伝えた。こうして早期に得られた報告から、ドイツ軍が、パリ防衛陣の前面にその側面をさらけ出しながら斜めに移動しつつあることを見てとったガリエニは、同じくすばやい行動に出た。午前九時、彼はモーヌーリ軍に命じドイツ軍の側面を撃つべく、東への移動の準備をさせた。次に彼はジョッフルに電話して自分の予備的措置を報告し、反撃を認可して欲しいと迫った。*49

ガリエニの激烈な迫力に満ちた主張は、このおっとりとした野戦軍総司令官に対しある印象を与えたが、ただそれだけのことであった。ジョッフルが思いをめぐらしている間に、時間を節約するためガリエニは自動車を飛ばしてムランへおもむき、新しい事態を英国軍に説明して、成ろうことなら英国軍の協力を得たいと思った。不幸にしてジョン・フレンチ卿は司令部にいなかった。その参謀長であるアーチボールド・マリも、はじめは姿を見せなかった。なんとも奇妙な空気であった。ガリエニの側では、英国軍参謀らが不安げで士気あがらず、あまつさえ、もし英国がフランス軍の状態を知っていたら戦争に加わらなかったろう、とはばからず公言するのを耳にした。また英国軍参謀たちの方は、ガリエニという名の、薄汚い格好をして眼鏡を掛け、ボサボサの口ひげを生やし、ボタンつきの

*49——この認可が必要だったのは、たんに連携活動の確保のためばかりでなく、先にジョッフルが新陸軍大臣に対し、ガリエニを自分に従属させるように説得していたからであった。

黒いブーツをはき、黄色いすね当てをした、およそ〝軍人らしからぬ軍事の天才〟のうちにひそむ美質を見抜くような気分にはとてもなれずにいた。だから鋭いユーモアの感覚をもったある著名な軍人が、「およそ英国軍の将校は、こんな道化師と口をきいているところを人に見られたくなかったのだろう」と言ったのは、けだし当然だろう。

ガリエニはマリに対し、ドイツ軍が右側面をさらけ出すというこの好機をとらえるのが肝心であることを指摘し、《パリ防衛軍》はこのドイツ軍側面に対してすでに行動を起こしていることを告げ、英国軍も退却をやめて明日わが軍とともに攻撃に加わるべきであると迫った。しかしマリは、「われわれの見解に話が及ぶと……非常な嫌悪を」顕わにし、総司令官が不在の席では何もできない、と言い張った。ジョン・フレンチ卿の帰りをむなしく三時間も待ったあげく、ガリエニはのちほど電話をするからという約束だけを得て、午後五時に帰らなければならなかった。この約束は慰めにもならなかった。なぜなら英国軍が翌日も退却を続けることを示唆したものであったから。この英国軍の決定は、じつはその朝、ジョッフルが書き送って寄こした次のような手紙によって確認されていたのであった。「目下の状況では私の意図は、先に貴下にお伝えする光栄に浴した作戦の実施を続けることであり、ただ全兵力を結集して、選ばれた戦線で戦うことだけであります」。クルックの方向転換の報告がある程度の印象を与えたことは、それに次ぐ一節の中に見えている。「ドイツ軍が南々東へのいまの移動を継続する場合には……貴下はおそらく、貴軍の行動がマルヌ川とセーヌ川の中間の、オーブ川右岸にもっとも効果的に作用することに同意せられるでしょう」。手紙のはじめの部分での断固とした信念の表明に対する、このような何げない修正は、英国軍にガリエニの大胆な提案に同調する気をそそらせるほどのものではなかった。徐々にではあるが、しかしあまりにもスローテンポで変わっていくジョッフルの緩慢な心の動きと、ガリエニのすばやい〝洞察〟および即時の反応の間には劇的な対照がある。

　ガリエニの午前中のメッセージを受けたあと、ジョッフルは多少は心を動かされ、フラーンシェ・デスプレイ宛[*50]に、午後十二時四十五分発信の次の電報を送っていた。「貴軍が、成功の見込みをもって《攻撃》を仕掛けられる状態にありと考えるかどうか、私に一報せられたい」。この問合せには決定的な好機を感づいているふうもないし、戦闘を督促している様子も見えない。これがフラーンシェ・デスプレイのもとに届いたときに、フレンチの参謀の一人ヘンリー・ウィルソンもその場に居合わせた。そこで討論の末にデスプレイは、「明後日以前に戦闘を開始することはできない」ことと、第五軍は明日も退却を続け、六日には攻撃に転ずるであろうという回答を書いた。さらに自筆でもっとがっかりさせるような但し書きを付け加えた。「この軍事行動が成功するために必要な条件は、①第六軍が六日の午前中にウルク川左岸に進出し、密接かつ無条件に協力すること。同軍は明日ウルク川に到着しなければならない。……さもないと英国軍は全然動こうとしないであろう。②私の部隊は六日には戦えるが、状況は明るくない。予備師団はいずれも頼りにならない」

　試験的な問合せにこのような有望ならざる答えが返ってきたとあって、ジョッフルのような人間の心情はどうであったろうか。ためらいをつのらせるばかりだった。先任顧問のベルトロが退却の継続と、最初の作戦の維持を熱心に支持していたのであるから、このためらいは自然なことであった。そのあと午後早く、ドイツ軍のマルヌ渡河前進という不吉な報告が入った。ジョッフル自身の回顧録によれば、「ベルトロに作戦の練り直しをさせるには、これだけで充分だった」。なるほどこの回顧録では、ジョッフルはたんに決定を延ばし続けただけだと言い立てているが、しかしベルトロの作戦に合

＊50——ランルザックのあとを引き継ぎ第五軍の司令官となっていた人物。

うように工夫した新しい指示を発したことも認めている。もっと重大なことは、この決定とは司令部[*51]を三〇マイル以上南へ移すことを取り決めたものであった。次に、ジョッフルが早い夕食をとっていたとき、フラーンシェ・デスプレイのメッセージが届いた。

因果関係の次の連鎖の輪がカチリととめられる。このカチリは通話をつなぐための電話のスイッチの音に他ならない。それはガリエニの〝洞察〟が好機をとらえたのだとすれば、「マルヌ川の戦いを勝利に導いたのは、一本の電話」だった、とガリエニも言っているとおりだからである。パリの司令部へ戻ったとき、ガリエニは自分の反撃案に同意を示したジョッフルのメッセージが遅まきながら届いているのを知った。ただしジョッフルは、その反撃をマルヌ川の南へ加えて欲しいと言っていた。そんな場所でやったのでは、せっかく敵の側面と後尾に対する一撃によって得られる大きな効果が失われてしまうのである。

そこでガリエニは電話器をとりあげ、ジョッフルを呼び出して、激しい精力的な議論のあげく、左翼軍による総反撃の一部として、ついにジョッフルから《パリ防衛軍》がマルヌ川北方を叩く許可を取りつけた。ジョッフルは英国軍の協力を得ようと約束した。すぐにガリエニは補充のすんだモーヌーリの部隊に命令を出した（午後八時三十分）。数時間おくれて、九月六日の攻撃のための命令がジョッフルから下された。すでに時刻は五日の攻撃には遅すぎたし、六日の攻撃すら、その効果は疑問だった。この遅延は広範囲にわたる結果をもたらしたが、必ずしも悪い結果ばかりではなかった。

五日、モーヌーリ軍が東方の敵を目当てに前進していた間に、英国軍とフラーンシェ・デスプレイ軍は最初の指令どおり南へ退却しながら、敵からも、またお互い同士からも離れつつあった。しかしガリエニからみると、この両軍の間の開きは危険をはらんでいた。両軍が翌日になって向きを変えたときは、相当な距離を引き返さなければならなかった。この道のりを戻るときは、状況が切迫しているわりには歩みは遅かった。英国軍がこんなふうに〝姿を消した〟ために勇気づけられたクルックは、完全な不意打ちをくらっていた状態から立ち直り、英国軍が姿を消した戦区から自軍主力の半分を引き戻して、苦境に立っていた側面護衛軍を補充した。この護衛軍はドイツ軍後尾に対するモーヌーリ軍の威嚇的前進をくい止めるために死力を尽くしたのである。この新勢力の到来が七日になって、モーヌーリの前進を阻止し始めた。そこでガリエニは、モーヌーリ軍を強化するために、集められるだけの予備軍をかり集めて送り出した。[52]

ここであの有名な、多分に伝説化された〝パリのタクシー〟の逸話が生まれたのである。パリの近くで、新たに一個師団がちょうど汽車から降りているところだった。しかしそれは戦線からは四〇マイル後方だった。戦線へ行進していくとすれば手遅れになるだろうし、鉄道の輸送能力は半個師団分しかなかった。その日の午後、警察は街々のタクシーを停止させ、場合によっては乗客を追い出しなどして、六〇〇台を狩り集め、ガニュイの郊外へ送って兵員を詰め込んだ。ガリエニはこの現場を視察に訪れて、ありがたがったりおもしろがったりしながら、「やあ、これは少なくともまともじゃない！」と叫んだ。この未来の機動部隊の先駆者らはさすがパリのタクシーらしいスピードで、夜通し村々を疾走し、あっけにとられた住民の目の前をよぎり、三〇〇〇名ずつ運ぶ二往復をやってのけた。残念ながらこれらのタクシーが、秩序よりもスピードを重んずる伝統を守ったために、行ったり来たりしている間に部隊編成をすっかり混乱させてしまい、八日の朝には、師団の攻撃開始前の貴重な数

＊51——野戦軍司令部。
＊52——第二軍団および第四軍団。

時間を乗員のより分けに費やすことになった。

ドイツ軍に対する圧力は、その後部側面に加えられたためよけいに効果的だった。何日も前から派兵を依頼して、ようやく少しずつ到着しつつあった二個軍団の増員を、ガリエニがもっと早期に手に入れていたならば、マルヌ川南方のドイツの兵力は遮断されていたかもしれず、この戦闘は戦略的に決定的であったと同じように、戦術的にも決定的となったかもしれない。実際の状況をみても、ドイツ軍に与えた脅威は深刻なものがあった。六日午後十時、クルックは自軍の残りの二個軍団を呼び返したために、自軍と隣りのビューロウ軍の間に三〇マイルにわたるすき間をつくってしまった。数個の猟兵大隊をともなった弱体な騎兵二個軍団がこのすき間を埋めるために残された。しかもクルックはこの手薄の牽制部隊を単一指揮系統のもとにおくことができなかった。その結果は致命的だった。モーヌーリ軍を押しとどめ押し返すことはできたが、南方戦線にあいたすき間はビューロウ軍の側面を敵にさらすことになった。ビューロウは七日にはまだフラーンシェ・デスプレイの遅い進撃に出会っていなかったが、自軍の露呈した部分が気になったために、右翼をプチ・モラン川の北岸へ撤退させた。そして英国軍がこのすき間の中央部に侵入しつつあるという報告が、ドイツ軍退却の合図となったのである。退却は九月九日に始まった。九月五日中、英国軍が退却を続行したことが、圧倒的勝利のチャンスをつぶしてしまったのは事実だが、その同じ退却が、いまのこの〝勝利〟を可能にしたということは、まことに運命の皮肉というほかはない。

けれども別の戦線の状況も考えてみなければならない。他方面戦区でのドイツ軍の攻撃がくじかれていなかったならば、ジョッフルの勝利は不可能であり、むしろ敗北の可能性すらあったからである。東方すなわちロレーヌ地方におけるドイツ軍左翼の攻撃が挫折したのは、ドイツ軍自身がその原因であった。フランス軍をフランスの要塞線まで押し戻した結果、ドイツ軍としては事実上それを突破することができなくなってしまったからである。しかもいくつも発生した〝マルヌ川の事故〟のひとつが、ドイツ軍撃退に大きな役割を演じた。それは、デュバイユ軍[53]とド・カステルノー軍[54]がモラーンジエ＝サールブールの戦いに敗れて、急ぎ退却を終えたときに、その隊形は内側にたるみを生じていた。このまったく偶然にできあがった凹面の部分に、ドイツ軍主力の攻撃が開始され、これがひたひたと押してくるうちに、フランス軍が前々からドイツ軍を誘い込むために用意しておいたあの〝シャルムのすき間《トルエ・ド・シャルム》〟そのものへ、はまり込む形になった。

そこでフランス軍はドイツ軍両側面に、効果的な反撃を加えるチャンスをつかんだ。ためにドイツ軍は、一時的に前進の勢いを殺がれ、八月二十七日、ついにその前進は停止させられた。フランス軍はこの間にひと息ついて、足場を固め、ジョッフルは兵力の一部を右翼から危険な左翼へ、無事に転送することができた。この兵力転送の報に刺激されて、モルトケは九月五日に新しい作戦を思いついた。バイエルン皇太子で第六軍司令官のルプレヒトの反対を押し切り、フランス軍要塞の障壁に対しまたも無益な攻撃をかける気になった。この新攻撃は、シャルムのすき間に対し側面の防壁をなしているナンシーのグラン・クローネ高地に、真っ向から行なわれた。カイザーは手勢の《白衣胸甲騎兵》[55]を従え、出番を待つ役者よろしくナンシーへの勝利の入場のために到着した。しかしモルトケは準備不足の攻撃を次々と試みては、フランス砲兵隊の強力無比な砲火を浴びて失敗したため、九月

＊53――第一軍。
＊54――第二軍。
＊55――主にフランスで発達した胸当よろいをつけた重騎兵。

モーリス・サレイユ

八日、この攻撃と人命の無益な損失を中止するよう命じた。そもそもルプレヒトは最初から勝ち目はないと判断していたのだったが、砲術の大家バウアー少佐が自軍の超重曲射砲がこれより先、守備兵のいなくなったベルギー要塞相手に発揮したとおりの威力をまたみせてやる、と自信たっぷりに説得したために、ついその気になったのであった。しかも奇妙なことに、ルプレヒトはこの攻撃をあきらめることを大いに渋った。一九一四年から一八年当時の軍の指導者たちの判断とは、ことほどさように楽天的だったのである。

ヴェルダンの西方にあったドイツ軍中央部*56は、ちょうどモルトケの修正後の作戦におけるやっとこの役目を果たせなかった右翼と同じく、その使命達成にはほど遠かった。ヴェルダンではフランス第三軍司令官としてリュフェイの代りにサレイユが任命されていたが、その最初に受けた指令は退却続行のみならず、ヴェルダン放棄を命じたものであった。しかしサレイユは違った考えをもっていて、できる限りヴェルダンのかなめを固守しつつ、西方の第四軍との接触を失うまいと決心した。これは独自の考えが成功した例であって、こうやって敵の第五軍（ドイツ皇太子指揮）の南東方向への前進に対して歯止めをくれたことが、モルトケの作戦をくつがえす決め手となったのである。サレイユの部隊の頑強な抵抗と、それにも増してその砲兵隊のものすごい砲火が、皇太子の前進を阻止したばかりか、これを麻痺させてしまった。しかも遅まきながら、夜襲によりこの行詰りを打開しようとした九日の試みも、ドイツ軍が味方に発砲するという自殺的失敗となって終わった。しかしサレイユは増援部隊を要請したが得られなかった。増援部隊が来れば、たんなる抵抗をヴェルダンから西方のドイツ軍側面に対する有力な反撃に転換することができないでもなかった。それというのもヴェルダンを守り抜いたことによって、彼は袋の一方の端をつかんでいたことになり、もう一方の端にいるモーヌーリと協力して、その間にいるドイツ軍を袋のなかへ押し込んでしまったからである。

ドイツ第三軍（ハウゼン）は、ドイツ軍中央部と左翼をつなぐ環をなしていた。そして必要に応じてどちらかを助けるという不特定の任務を当てがわれていた。こういう役をふられたのは、同部隊がザクセン人から成っていてプロイセン人がこれを見くびる傾向があったこととといくぶん関係があろう。結局、同部隊は事実上分裂し、その左翼は第四軍（アルブレヒト）を助けて、フランス第四軍（ド・ラングル・ド・キャリイ）に対する攻撃に加わったが、全戦闘のうちおそらくもっとも激烈な交戦のあげく、この攻撃はフランス軍砲兵隊によって粉砕されてしまった。その右翼のほうはビューロウ（ドイツ第二軍）の左翼に合流して、フォッシュの第九軍を相手に戦った。フォッシュはド・ラングル・ド・キャリイの部隊から単純に抽出して新たに編成したフランス軍中央部の、第九軍の指揮を引き継いでいた。

マルヌ川のもろもろの伝説のうちで、フォッシュの役割をめぐってふくらんでいったものが、いちばん大風呂敷でいちばん中身が乏しい。第一の、いまでも広く信じられている説は、フォッシュが反撃を加えプロイセン軍部隊を「サン・ゴンの沼沢地へ」投げ込んだことによって、全戦闘の成り行きを決したというものである。けれども事実は、ドイツ軍は勝敗がはるか西の方で決まってしまったあとで、干渉を受けずに自分から立ち去ったのであった。第二のもっと控え目な説は、フォッシュがドイツ軍のフランス軍中央部突破を防いだことが、勝利を可能にしたのだとしている。これも正確ではない。なぜなら、ドイツ軍はその個所を突破しようと試みてはいなかったからである。ビューロウは

＊56――第五、第四軍。

ただ自分の横隊を西に向けるために旋回させるという、新しい防衛的任務を実行していただけである。そしてこの旋回の途中で彼の左翼が、自然にフォッシュ軍の前面に衝突したまでである。

もっと矛盾したことには、フォッシュみずからは攻撃命令を繰り返し発しながらも、実際には自分の部隊に終始防衛戦に従事させたため、戦いは不必要に絶望的なものになった。

九月六日午前一時半、フォッシュはジョッフルの有名な全体〝回れ右〟の指令を受け取った。他の部隊とは異なって、フォッシュは自分の判断で同じことをやろうとしていた矢先だった。つまり彼はサン・ゴン沼沢地の南の出口を固守することによって、フラーンシェ・デスプレイの攻撃の側面を掩護するつもりだった。しかしいまはそれをやめ、沼地の北への攻勢のために自軍の大半を結集し、弱体の第十一軍団を沼地の東の広い、無防備な地帯の守備に当たらせた。彼の部隊は苦しい退却のために疲労し、人員も激減していた。ために北の攻勢も長続きせず、じりじりしりぞいているうちに、沼沢地の南の出口をしっかり守ることもできなくなってしまった。そこでフォッシュは沼地対岸に自軍主力をかかえ込んでいた。しかしドイツ軍はせまい土手道づたいにしか沼地を渡れなかったので、一歩横へそれた形となった。もっと早くそうすればよかったのだが。七日、沼地東部へのドイツ軍の攻撃は、フランス軍砲兵隊の砲火にくじかれた。この砲火を回避する唯一の策として、夜明け前の薄明を利して銃剣による肉薄戦が試みられた。この肉薄戦はフォッシュの右翼を奇襲したため、右翼はたちまち退散した。しかしドイツ軍が幸いにも急追撃をかけてこなかったため、フランス軍の虎の子の大砲はあまり奪われなかった。それでも事態は重大であった。フォッシュは援軍を求めた。これにこたえてフラーンシェ・デスプレイは、フォッシュの左翼を支えるべく一個軍団を貸し、ジョッフルも右翼にできかかっていたすき間を埋めるために、別に一個軍団を送った。九日、フォッシュの右翼に対するドイツの連続攻撃が一段と進展して、しかも大した抵抗にも遭わなかったのに、やがて午後二時少し前、いまとなっては悪名高いビューロウの総退却命令が出されて、攻撃は中止された。そしてドイツ軍は妨害も受けず気づかれもしないで撤退した。これより先、フォッシュは緊急事態に応ずるため自軍の無傷の左翼から、第四十二師団を抽出して右翼へ回した。しかしそれが到着して発砲を始めたときにはすでに夕暮れとなって敵が消え去ったあとだった。これは、ドイツ軍突破作戦の側面に対して第四十二師団が決定的反撃を加えた、という流布されている伝説とは違っている。またビューロウが旋回を行なう際に自軍の側面をさらけ出したのに、フォッシュには正面に対する反撃しか頭になかったことも付け加えておかねばならない。この戦闘全体に対してフォッシュが及ぼした主要な、そしてきわめて重大な影響は、主要攻撃の掩護に力を貸したことではなく、反対に主要攻撃の足を引っ張ったことである。[*57]

以上のように前線の様子を眺めたあとで、次に西部戦線における決定的な側面へふたたび戻るとしよう。そしてドイツ軍前線の背後にある各部隊の野戦司令部に眼を向け、ドイツ軍の退去の時期に最高潮に達した意見の衝突と動揺を吟味するとしよう。総司令部は八月三十日、コブレンツからルクセンブルクに移動していた。そして各部隊との連絡は無電が主で、ときおり自動車を飛ばして来る参謀将校の情報が従であった。自動車ないしはオートバイによる定期便は設定されておらず、また無電連絡は暗号の作成と解読に時間を要したばかりでなく、パリのエッフェル塔からの妨害電波に悩まされた。軍司令官らは一八七〇年の伝統[*58]に忠実であって、統率権を失うまいと用心していたため、情報は

＊57――下巻巻末資料『マルヌ会戦ニオケルフォッシュ将軍ノ統帥』を参照。
＊58――第1章＊3参照。

勝利を誇張して報告するとき以外は遅れがちで、報告回数も少なかった。九月七日から九日へかけてこの戦闘の危機の間、前線から多少とも価値のある報告はひとつとして到来しなかったため、モルトケは、十二日になってもまだクルックの部隊がどこでどうなっているのかをつかめなかった。おそらく知らなくてもどうということはなかったろう。というのは、当時陸軍大臣としてルクセンブルクにいたファルケンハインは、五日の日記にこう書いているのである。「確かなことがひとつだけある。わが軍の参謀幕僚がまったく度を失っていることだ。シュリーフェンの手記もいまから先は役に立たないし、だからモルトケの才知もお手上げなのだ」

おまけにモルトケは、すでに敗北の覚悟を決めていた。これを裏書きしているのは、ルクセンブルクでの憂鬱《ゆううつ》を物語る次のような事実である。九月八日、ヘンチュ中佐がモルトケの密使としてヴェルダン西方の五つの軍司令部を順に訪れた際、彼は「万一、後退作戦が開始されたならば」その退却を相互調整する全権を与えられていたのであった。彼は第五、第四、第三軍の司令部において勝利の確信に欠けているのを感じたが、実際にはまだどこも退却を始めていなかった。歴訪の途中、ヘンチュ中佐は、八日の夜を第二軍司令官ビューロウとともに過ごしたが、そのとき士気の低下がきわめて濃厚に感じられたので、翌朝別れる際に少なくとも一点については確信をいだいた。それは退却命令が出されるのは時間の問題だという点であった。そして九日午前九時ごろ、ビューロウのもとに、空からの観測として、敵の六個縦隊[*59]がマルヌ川に接近しており、したがって例のすき間に入りつつあることが報告された。午前十一時までに、ビューロウは自軍の退却を午後一時に開始するという命令を発し、クルックに行動の指示を与えた。

ヘンチュ中佐が道路上の封鎖や混乱状態に阻まれて、クルックの司令部に到着したときはすでに正午に近かった。ヘンチュの証言によれば、彼はそのときすでに退去命令が発せられていたことを知ったので、それに付け加えて、退去の方向を北東と指定しただけだという。しかしクルックの参謀長クールの確言によれば、この退去命令はある部下の間違いであって、クールとしては英国軍がすでにほぼ背後に回っていることを考慮に入れ、左翼をぐるりと後向きになるよう命じただけであった。クールはさらに、ヘンチュ中佐はビューロウの立場を考慮に入れてこの自分に退却命令を与えたのであると述べている。ヘンチュはすでにこの世にないから、この言葉を論駁することはできない。しかし退却が午後二時に始まったという事実、また背後の道路から障害物が取り払われてあったという事実、および参謀長クールも軍司令官クルックもわざわざ文書による命令を求めることをしていないという事実は、この両名が逃げることのみに熱心だったことを証明し、ヘンチュ説を支持するのに役立っている。実際、クールは英国軍とフラーンシェ・デスプレイの突破作戦が切迫していたことが退却を避け難いものにしたことを認めている。そして英国軍の侵入によって、クルックの部隊は北への退却を余儀なくされ、ためにすき間はあいたままに放置された。

マルヌ川の幾多の珍事のうちもっとも奇妙なものは、ナポレオンの戦闘の完全な定石を、偶然にも再現したことである。この定型はナポレオンが数回にわたって演じてみせたもので、キャモン将軍その他の学徒は、これがナポレオンの気持のなかに常時存在していたと信じている。その特徴は敵の正面をつかまえながら、その左右どちらかの側面に対して戦術行動を起こすものであって、その戦術的行動はもともと決戦の意図はなく、決定的な一撃のための好機を生み出すねらいをもったものである。仕掛けられ包囲の危険を感ずると、敵の戦闘隊形はこれを回避するために長く伸び、弱い接合部分が

＊59――騎兵隊。英国軍のもの五個、フランス軍のもの一個。

生じる。そこに決定的打撃が加えられるというわけである。マルヌ川でガリエニがこの伸びを誘い出し、英国軍がその接合部を刺し貫いた。その型は完全に実行されたが、それでいてまったく意図的なものではなかった。

したがって今はっきりいえることは、五日の英国軍の退却継続と、六日、七日ののろのろ前進が、ナポレオンだったら計画的にやったであろう尻込みを、意図せずに演じ、戦略的に計り知れない成果を生み出したということである。もし英国の決定的な襲撃が敵にもっと早く気づかれていたら、接合点はクルックの最後の二個軍団の移動によって弱体化することは、まずなかったであろう。――そうでなくてさえこの移動は、八日早朝までビューロウが遅らせたのである。そしてこの二個軍団がモーヌーリ軍をめがけてまだ前進中だったのに、モーヌーリ軍が早くも攻撃を中止してしまったという事実は、もともと彼には決戦を勝ち取る力がなかったことを充分に証拠立てている。

しかし八日、九日、十日と続いた前進の緩慢さは、ナポレオンの定型の否定であった。そしてまたドイツ軍の退却を大敗北に転換させるチャンスを失うことでもあった。そしてさらにこのことが、ひいては四年の長期にわたる塹壕戦に導いたのである。それは、ひとつには川また川の連続が障害をなしたことにもよる。しかしもっと大きな原因は〝やる気〟がなかったことと、指揮の誤りにあった。ジョン・フレンチ卿はこの戦いの前途をあまり楽観しておらず、ましてフランス軍の努力には信頼をおかなかったようである。ためにアクセルを踏むよりもブレーキをかけたし、また自軍の騎兵の大半を追跡の先鋒とする代りに、自軍の右側面または後尾に配し、隣接フランス軍とのつなぎの環としておいたのである。[†6] 実際に騎兵は、十一日になってようやく本気で追跡に乗り出したのである。フラーンシェ・デスプレイの前進はもっと用心深くて、右翼はフォッシュの第九軍に組み込まれ、中央部はビューロウ軍の撤退しつつある側翼を追跡したが追いつくことができず、一方、左翼は完全に妨害なしの経路をどんどん進むことを怠っていた。

けれども遅延のもっと深い原因は、前進のときにとられた戦術的方法にあった。整列隊形を保つという古い考えが、当時はおろか、一九一八年になってもまだ支配的だったため、一個軍団ないし一個師団が阻止されると、その隣接部隊も停止する傾向があった。こういうわけで、一時的抵抗にあっている側面を無視して、前進の勢いを継続してさらに先へと急ぐ好機が、幾度も見逃された。そして英国軍とフランス軍が好機を逃したために、一九一八年になってドイツ軍が自然の理にかなった方法を採用する側となった。自然界のどんな急流も細流もこの理法によって抵抗を最小限にとどめ、障害物をうまく回避して先へと流れ、そのあいだにも後方への渦巻きがいまや孤立した障害物を流し去るのである。

またおそらく、もしもこの勝利の殊勲者が初期の段階で支配力を失っていなかったなら、この勝利は戦争を短期に終わらせる方向へもっと決定的な役割を演じていたかもしれない。ガリエニの攻撃を

†原注6——六日の平均前進距離は一一マイル、七日のそれは八マイル足らず、八日は一〇マイル、九日は七マイルであった。『公刊戦史』は、この状況下では「これ以上期待することは無理であった」と述べている。だがこの見解は、戦いに加わった多数の将校の証言とくいちがっている。チャトリス将軍は七日の事態を、日記に次のようにメモしている。「実際のところ、私自身の部隊では兵員の士気は旺盛であったのに、前進はばかばかしいほどのろかった……。いちばんひどいのは騎兵隊であった。彼らのなかには、歩兵の真後ろについて歩いていたものさえある」。彼はまたヘイグが「師団司令部を次々と訪れて、前進をせき立てた」とも言っている。しかし師団日誌には反対のことが書いてある。真相は九日にヘイグがマルヌ川を渡ったあとで、自軍飛行機が「敵影なし」と報ずるまで、数時間の停止を命じたということなのである。ヘイグはフレンチによってふたたび停止させられた。ゴフ将軍によれば、この前進の緩慢さは、「総司令部が各軍団、師団の指揮官に対し、敵に決定的打撃を加えるべき絶好のチャンスが到来したことを、いっさい説明しようとしなかった」事実に帰因している。

すでに制限していた総司令官ジョッフルは、その後いち早くガリエニから第一線での力をふるう権限を奪い去ったのである。望むらくは、敵の弱点につけ込むことでも、ジョッフルがこれと同じくらい機敏であって欲しかった！　九月十一日、ジョッフルはガリエニに対して、自分がふたたびモーヌーリ軍を直接指揮する所存だと伝え、ガリエニをパリの囲みの中へ戻したものである。ガリエニは、勝利の果実がみすみすこのおっとりした上官の手からすべり抜けていくのを見守りながら、悶々の情やるかたなかった。この戦闘のあいだ、終始ガリエニの心を支配していた考えは、予備軍をすべて北へ——つまり敵の後尾へ——向けることであって、ジョッフルによって数回この意図をくじかれても、変わらなかった。その考えはガリエニの退場とともに、進撃路正面を向いたものとなり、ドイツ軍に再編成のための息抜きのときを与え、エーヌ川沿いの戦線で堅固に抵抗する下地を作らせてしまった。そのとき、つまり九月十七日になるまで、ジョッフルの頭には、ドイツ軍の側面背後で策動させるための新しい部隊を鉄道によって狩り集めるという着想が思い浮かばなかった。その結果、いわゆる〝延翼競争〟において、フランス軍は塹壕戦線が北海へとのびていくまで、いつも「人数不足で、二十四時間分の遅れをとった軍団」となっていた。

しかしドイツ軍総司令部の混乱と不決断の一時的状態を、うまく利用できなかったのはジョッフルだけではなかった。英国の『公刊戦史』の著者エドモンズ将軍の冷静な判定は次のとおりである。「英国国防義勇軍一四個師団、騎兵一四個旅団と、まだ英国にいた第六師団とがイギリス海峡の港から上陸して、ドイツ軍補給路と後方を襲っていたならば、戦術上決定的な成果が得られ、戦争は終わったかもしれない」

そういう援軍がなくても、エーヌ川に到達したときには好機は残されていたのに、それが見過ごされてしまった。『公刊戦史』にあるとおり、十三日の午前中ほど「突破作戦」の予想が明るく見えたことはなかった。ドイツ側の不注意と連合軍側の各方面の若手指揮官らの主導権によって、渡河は両側面とも成功していた。そして「ヘイグ将軍に提供されたいっさいの情報から察すると、マルヌ川の戦闘以来ドイツ第一軍と第二軍の間にあいたすき間はふさがれていなかった……」。しかし「上級司令部がこの状況を正しく評価し得なかった」ため、この競争に負けたのである。十三日、「各師団ともかなり用心深い、のろのろした前進を行ない」、そして「フランス軍総司令部の指示のなかには、時間の重要性については何のヒントもなかった」。

「九月十三日の宵までに、事態は完全に変わっていた。ドイツの援軍がすでに到着したことがわかっており、強力な抵抗が十四日に予想された。しかし総司令部は〝各部隊は追跡を継続すること〟という決り文句を繰り返すだけだった」

「作戦もなく、目標もなく、協力のための準備もないまま、各師団は戦いにのめり込んでいった」。この失敗によって、流動的状態は凍りつき、行詰りが訪れた。

東に向かうフランス軍はもっと大きなチャンスを見逃してしまった。それはエーヌ川に到達したとき、コノーの騎兵軍団と一群の予備師団はドイツ軍戦線にあいた一〇マイルのすき間に向き合うことになり、渡河したあとで騎兵は北東一三マイルのシソンヌまで進んだ。しかし遮断される「危険を考慮して、橋まで戻るよう命令が出された」。この名誉にもならない用心深さのために、西部戦線の騎兵はその後二度とめぐまれなかった絶好の突破口を失ってしまったのである。なぜならばシソンヌまで行けば、コノーの騎兵軍団はドイツ第二軍の押し返された側面の北一五マイル、ドイツ第三軍布陣の背後四〇マイルのところまで迫ったことになるのであった。

「この部隊は敵の補給線を越えて東へ移動しさえすれば、少なくとも驚きと混乱をひき起こすことができた」

かりにフランスにもうひとりのナポレオンが存在したならば、行詰りの塹壕戦などがあったろうか、という問いはよく出される。一九一四年当時のまだ真価を認められていない近代兵器の防御力と、扱いにくい大集団とが戦争の流動性と決着性に疑問を投げかけたとはいっても、ガリエニの演じた幕間劇がこれに対してまた問題を提起した。その理由は、一九一四年から一八年の西部戦線で証明されたように、ガリエニは「ナポレオン的な洞察」の一例を示すことができたばかりでなく、その直感、機動の大胆さ、決断の速さなどにおいて、他の英、独、仏の指揮官たちときわ立った対照をなしていたため、職人芸が名人芸を滅ぼす前に、つまり塹壕戦に落ち込む前に、機動によって戦いを決することができたということを暗示しているからである。

この仮説は、ガリエニの影響力がもっとも拘束された戦況のもとで発揮されたという事実によって、いっそう真実味を帯びてくる。要塞の指揮統率は、厳密に防御的役割を決めた規則や制限でがんじがらめになっており、場合によっては要塞守備隊長に野戦部隊への援助を拒否する権限を与え、要塞防御という直接の責任を越えた領域に気持を動かすことをいましめているのである。そこで野戦軍司令官が全面的攻城作戦の張本人となり[*60]、また反対に要塞の司令官が、この大戦のうちもっとも決定的な機動作戦を考え実行したというのは、運命の皮肉であった。しかし戦争とは〝ジョーカー〟がものをいうゲームであり、ジョッフルが切札を引っ込めたときに、ガリエニが〝ジョーカー〟を出したのである。のちにガリエニは半ば冗談めかして、半ば無念そうに次のように言っている。「マルヌ川の戦いというものはなかった。ジョッフルの指示はセーヌ川への退却と、ヴェルダンおよびナンシーの撤兵を命じたが、第三軍のサレイユはこれに従わなかった。そしてヴェルダンを救った。第二軍のカステルノーはグラン・クローネ高地を守り続けてナンシーを救った。私は攻撃に出た。私が前進している間にはるか後方へ引き退っていた総司令官が、いまとなってこのすべてを指揮し、予想し、準備したのは自分だと言い張っても……誰が信じるものか！」

なかでももっとも真実味のあるのは、彼の最初の言葉、「マルヌ川の戦いというものはなかった」である。

一八七〇年の、セダンの〝戦い〟というものもやはりなかった。大モルトケを相手にしてのマクマホン[*61]の愚挙に匹敵し、むしろそれをしのぐのが影を相手にした小モルトケの愚挙であった。

＊60——つまりジョッフルが優柔不断であったために、結局長期の塹壕戦を招来してしまったことをさす。
＊61——仏将軍、大統領。クリミア戦争に活躍、普仏戦争に敗れる。

2 伝説の戦場――タンネンベルク

マルヌ川の場合と同じく、有名なタンネンベルクのドイツ軍大勝利の話も、伝説的過失の記念碑である。なぜなら実際のところこの記念碑は、泥の台座の上に伝説で上塗りした木製の像が立っているにすぎないからである。

ヒンデンブルク（左）とルーデンドルフ（右）

伝説のうちでも最初の、そしてもっとも有名なものは、ある老将軍[62]にまつわる次のようなロマンチックな物語である。この将軍は隠退生活の間の趣味として、未来のロシアの侵略に備えて巨大なわなを工夫し、あちこちの道路を踏査し、ロシアの軍隊を呑み込むはずの泊地の底を探り、実際に戦争になったら、敵を一網打尽にする夢を実現させようとして余念がなかった、というのである。次の伝説は、ヒンデンブルクの姿の背後にルーデンドルフの影があったように、老将軍の行くところつねについてまわった話だが、それはルーデンドルフが東プロイセンへの途次、これから名目上の主人[63]を迎えるために汽車に乗っていたとき、思いついて口述したといわれる第二の〝カンネー[64]〟を目的とした名案についてであった。しかし残念ながら、歴史はこのふたつの伝説を打ち消さなければならない。

　なぜなら、もともとひとつの連邦国民であるドイツ人は、自分たちのガリエニを、若い参謀将校の頭脳と、軍団の老司令官の気迫との結合点のなかに見出したからである[*65]。そしてこの二人はまた、ロシア軍の指導者たちがモルトケ的失敗とジョッフル的失敗をふたつながら犯したために、大いに助けられたのである。実際のところ近代ロシアの軍事史は、東プロイセンへの侵略の短い記録に要約される。

　このへまな作戦遂行に大いに責任のある当の人間は、またあの一九一四年八月の悲惨な、それもロシアの軍備が整う以前に敢行された侵攻にも責任があった。この人物は一九一三年まで参謀総長であったジリンスキー将軍である。彼はフランスとの間に軍事協定を結び、これによってロシアは動員開始から十五日目に八〇万の兵員を戦場に送ることを誓約させられた。この協定がロシアの煩雑な軍事機構に負担をかけ、それが動き出したときには多くの欠陥や、局地的不首尾を生じた。この協定はま

＊62――ヒンデンブルクをさす。

＊63――ヒンデンブルクのこと。本文一八六ページ参照。

＊64――イタリア南東部の都市。第二ポエニ戦争時の紀元前二一六年、アルプス山脈を越えてイタリアに侵入したハンニバルを将とするカルタゴ軍とローマ軍とのCannaeにおける激戦で、劣勢なカルタゴ軍が優勢な敵軍を包囲撃破した戦いとして名高い。ローマ軍の戦死七～八万に対し、ハンニバル側では六〇〇〇余名と伝えられる。

＊65――《パリ防衛軍》司令官ジョセフ＝シモン・ガリエニ将軍は、フランス軍きっての名将、軍人の鑑とされていた。ドイツでは、その理想的な軍人像を〝ガリエニ〟という単一人物にではなくして、老司令官ヒンデンブルクと若きルーデンドルフの〝結合点〟に得たとの意。なお、ヒンデンブルクは死去するまでドイツ軍の象徴的存在であって、実力をふるったのは、その参謀長であるルーデンドルフであり、さらには下級参謀将校たるホフマンであった。

たロシア軍の総司令部にも負担を与え、参謀本部員が動揺状態のままで決断を下す羽目に追い込んだ。しかもこの協定は右の約束だけに終わらなかった。新しい作戦では、オーストリア軍に対する主要攻撃と並行して、ドイツ軍に対する攻勢も計画されていたからである。

この作戦計画が、立案に従事しなかった人間、しかも陸軍大臣スホムリーノフ将軍によって口出しを阻まれていた人間によって実施されたことにより、作戦の欠陥は増えるばかりとなった。スホムリーノフは自分で指揮権を握ることさえ考えていた。しかしこのようにわれこそは総司令官とうぬぼれていたのは、彼ばかりではなく、彼のライバルであるツァーリも同様であった。ツァーリは戦争が勃発したときに自分が総指揮をとると申し入れ、閣僚たちをびっくりさせた。彼らの説得に屈してツァーリは、少なくとも軍人として教育を受けたニコライ皇子を不利な立場に追いやった。そのひとり、ヤヌーシュケヴィッチは宮廷付きの将軍で、第一線の兵士には不人気であった。いま一人のダニロフは有能だが守旧派の軍人で、こういった人物が実際にロシア戦略を指揮したのである。

ニコライ皇子

そもそもの八月の最初から、皇子はロシア外務省経由でフランス軍からひっきりなしにせがまれて、フランス軍に対するドイツ軍の圧迫を軽減するために何かを、しかもすぐにやってくれるように言われていた。このために、東プロイセンに対するロシア軍の侵入は、約束の時間より遅れはしたが、まだ準備不足のうちに始められたのである。

東プロイセンは細長い舌状の土地で、ニェマン川を越えてロシアの心臓部に向き、北はバルト海に、南はロシア領ポーランドに接していた。この陸側の国境地帯にロシア二個軍が集結していた。レン

サムソーノフ

ネンカンプ麾下の第一軍、すなわちウィルナ軍と、サムソーノフ麾下の第二軍、すなわちワルシャワ軍とである。そしてこの二個軍が、ジリンスキーの指揮の下に《北西正面軍》をなしていた。ジリンスキーの作戦はドイツ防衛軍を引き寄せておきながら、レンネンカンプを東プロイセンの東端部へ向けて前進させ、二日ののちにサムソーノフが南部国境を越えて、ドイツ軍後尾をまたぎ越して、これをヴィスワ川から遮断するというのであった。この作戦自体は間違ってはいなかったが、実施方法を誤った。この作戦の潜在的な価値は、ドイツ軍総司令部が脅威を感じたときにみせた驚き——むしろ、あたふたと取り乱した様子——によって、よく証明されていた。しかし拙劣な指揮方法と、軍事上の準備不足を別にしても、この作戦には不利な自然条件がふたつあった。そのひとつは、この二個軍がマズール湖沼地帯という五〇マイルにおよぶ湖水地域によって隔てられており、これがまた西方のケーニヒスベルクの要塞地帯と合わせて、レンネンカンプの前進隊形を幅わずか四〇マイルの地域に押し込めてしまったことである。もうひとつは、もともとロシア側が国境地帯をドイツ軍の侵入に対する障害物とすべく、鉄道も道路もろくに設けずに荒地として放置したことが、今や裏目に出て、南からのロシア軍の侵入に不利な条件として作用することになったのである。

八月十七日、レンネンカンプは歩兵六・五個師団と騎兵五個師団をもって東部国境を突破した。こうした二重攻撃に備える問題は、長い間ドイツ軍の研究課題であって、シュリーフェンの解決策はこの地域の障害物、とくにマズール湖沼地帯を利用して、最初に領内に侵入してきたロシア軍を全力をあげてしたたか叩き、次に別のロシア軍に向かうというものであった。しかし東プロイセンの第八軍司令官プリットヴィッツは、予測される危険を冒すことを恐れる点で、上官のモルトケに似ていた。

彼はサムソーノフ軍を遅延させるために自然の障害物のほかに、後備隊と守備隊の兵員を補助として援用することを好まなかったし、そのうえ第二十軍団（ショルツ）の二個師団を南部戦線に残しておいた。彼の第八軍の残りの七個師団と騎兵一個師団は結集し、レンネンカンプ軍に対した。ところがこの侵入軍の位置を誤認したことから、これに対して正面攻撃を仕掛ける結果となり、迅速な勝利を収めるうえでいっそう不利な条件を自分で負ってしまった。

この攻撃が敢行されたのは、八月二十日、グムビンネン付近においてだった。ドイツ軍の中央に位置した第十七軍団（マッケンゼン）は、もっとも直接的な攻撃を仕掛けねばならない立場にあったため、手痛い反撃をくらって、これが少なくとも心理的には両翼の軍団の攻撃を相殺してしまった。そんな好機にもかかわらず、レンネンカンプは包囲から自軍中央部を救うために、退却命令を出そうとしていた。だが、翌朝、それに先んじてドイツ軍の方がさきに退却しつつあるのに気がついた。

グムビンネンの戦闘当日、サムソーノフは国境に到着していたが、ジリンスキーにあまりせかされたため、部隊は疲労と空腹に参っていた。兵員輸送は不備で、補給は混乱していた。彼の手兵は八個師団と騎兵三個師団であったが、別に二個師団が到来しつつあった。

サムソーノフの出現が第二十軍団によって、プリットヴィッツに報告された。その兵力は過大にでなく、むしろ過小評価されていた。第二十軍団は平静を保っていたが、プリットヴィッツはこの知らせで戦意を喪失した。その晩、彼の参謀二人、グリューネルト将軍とマックス・ホフマン中佐が、無気味なほど南部国境に近いナイデンブルクの第八軍司令部の執務室の外で立ち話をしていたとき、プリットヴィッツが現われ、二人を自分の執務室に呼び入れた。そこには参謀長で、家柄のいいわりには無能なヴァルダーゼー伯爵もいた。プリットヴィッツは心痛の色をあらわにしながら言った。「諸君は南部戦線からのこの新しいニュースをお聞きのことと思う。わが部隊は戦闘を中止し、ヴィスワ川の背後に退却しつつある」

後輩の二人の参謀は異議を唱え、まずグムビンネン攻撃を敢行すべきであり、そのための時間は充分にあるし、またいずれにしても、戦わずして急いで退去すれば、ヴィスワ川のすぐ近くにいるサムソーノフにドイツ軍主力を分断する勝機を与えてやることになるだろうと説き立てた。しかしプリットヴィッツは簡潔に、決定権は諸君にでなく自分にあるのだと、にべもなく言って立ち去った。二人は参謀長ヴァルダーゼーを相手に議論を続け、ついにより大胆な処置をとるようにこれを説き伏せた。このとき決められたことは、時間と場所をかせぐためにサムソーノフの左翼すなわち西側面に対して攻撃を仕掛けること、そのために、三個師団をグムビンネン方面から鉄道で移送し、第二十軍団の補強に当て、またそこに残されている兵力[*66]を徒歩で西方へ退却させることであった。こうしてタンネンベルクの機動作戦のお膳立ができ上がったのである。

やがてプリットヴィッツも部屋に戻ってきて、この方針に賛成し、もうヴィスワ川背後に退却することは口にしなかった。翌日彼は、自軍が安全にレンネンカンプの戦線から脱したことと、サムソーノフ軍がほとんど停止してしまったことを報告され、上機嫌になった。しかし二十二日、軍司令部が北のミュールハウゼンへ移動したとき、特別仕立ての列車が新任の司令官と新任の参謀長、フォン・ヒンデンブルク将軍とルーデンドルフ将軍を乗せ、進行中であることを一通の電報が伝えた。それは一発の砲弾が炸裂したにも等しい衝撃だった。三十分後に、プリットヴィッツとヴァルダーゼーに免職を伝える電報が遅ればせに到着した。

びっくりした参謀がこの劇的な主役交替のいきさつをつきとめたのは、のちになってからであった。

＊66——予備第一軍団と第十七軍団。

アウグスト・フォン・マッケンゼン

真相はこうであった。二十日の議論の最中に、プリットヴィッツは執務室を抜け出して、第十七軍団長マッケンゼンと補給担当部とに電話し、自分はヴィスワ川の背後へ後退しようとしているとの意志を伝えた。さらに当時ライン川沿いのコブレンツにあった総司令部にも電話し、モルトケに対して自分は増援部隊さえ受けられれば、なんとかヴィスワ川の線だけは守ることができるであろうと伝えた。神経的に参ってしまったあげくのこんな愚挙にさらに輪をかけるように、彼は部屋に戻ったとき、参謀たちにこの電話のことを伝えることを忘れてしまった。そのために、参謀がモルトケにプリットヴィッツのその後の作戦変更を知らせることもできなくしてしまった。そしてモルトケは、まだ弱気と悲観主義に落ち込む以前の状態にあったので、部下の失態を罰するのは驚くほどすばやかった。

彼はすぐに決断力のある人物をさがし、リエージュの敗北から勝利をもぎとったばかりのルーデンドルフを見出した。そのあとから思いついて、ルーデンドルフの名目上の上官を選定した。ルーデンドルフは二十二日に呼び出しを受け、コブレンツに到着すると、東プロイセンの戦局の説明を受けた。そこで自分の最初の命令をあわれなプリットヴィッツの各軍団の指揮官たちに直接与えて、新しく〝指揮〟をとるべく汽車に乗り、ハノーヴァー駅で自分の〝上級司令官〟たるヒンデンブルクと合流したという次第だったのである。

ここでしばらく楽しくもこっけいなドイツ軍指揮系統の一場面をよく見てみよう。参謀将校がまず先に選ばれて、一人だけで相談にあずかり、その間、名目上の頭目はハノーヴァー駅の「遺失物預り所」で受取り人もなく待っている。例の参謀将校は自分の命令を電話で伝えたあとで、赴任の途上、自分の〝軍用こおり〟を取りに寄るというわけである。しかしいちばんのお笑い草は、この作戦計画がもっと下級の参謀将校であるホフマンによってあらかじめ仕組まれ、必要な手も打たれてあったという点である。このホフマンはルーデンドルフの下にとどまって、作戦部の主任をつとめることになった人物である。[*67]

そのうえ、この作戦計画を仕組んだ大胆不敵さは、ホフマンのそれまでの経験に負うところが大きかった。そもそも人を見る眼のあったシュリーフェンが、衆目のみるところ単なる小才のきいた怠け者にすぎなかった、この腕白で聡明な若い大尉を選出し、日露戦争時、日本軍側の観戦武官として派遣したのである。ホフマンはその際ロシア軍について多くのことを学んだが、なかでもレンネンカンプとサムソーノフの二将軍が奉天駅のプラットフォームで、つかみ合いをしたという話は示唆に富んでいた。そこで彼は、レンネンカンプはサムソーノフを助けるためにグムビンネンから急いで出ていくことはすまいと判断した。若き日のホフマンはまた、満洲でロシア軍の信じられないほどの軽率さを見知っていて、この体験から、一九一四年八月、傍受したロシア軍の無電命令が暗号を用いていなかったために、上官たちがこれを自軍をあざむくニセ電文だと決めつけたのに反し、彼は本物だと解釈した。[*68]

＊67――ドイツ軍の指揮系統振りを、英語的ユーモアで皮肉っている。わかり易く説明すると、……「普通の場合とは逆に、まず参謀長（ルーデンドルフ）が選ばれて単独で相談にあずかる。そして作戦計画ができあがるまで名目上の頭目（ヒンデンブルク）は、ハノーファー駅の『遺失物預り所』（ヒンデンブルクの老齢への皮肉）で、その到着をむなしく待っている。参謀長は、あらかじめ作戦命令を電話で前線指揮官たちにへ伝えてから、赴任の途中で、その頭目と落ち合い、汽車に同乗するという手はずである。ところがさらにこっけいなのは、この参謀長の伝えた命令は、何のことはない、彼より下級であるホフマンの手になっているのである。……」

＊68――下巻巻末資料『一九一四年八月レンネンカンプノ第一軍ハ何故ニサムソーノフノ第二軍ヲ援助セザリシヤ』参照。

逆説めくが、ホフマンの作戦の実施と、ルーデンドルフによるその発展――のちにルーデンドルフの名を世界にひろめることになった作戦――は、ルーデンドルフの最初の命令によって妨害されてしまった。それはプリットヴィッツの指揮系統をたち切るために、ルーデンドルフがコブレンツから第八軍麾下の各軍団に対し電話で、自分が着任するまではそれぞれ独自に行動することを命じたことからきている。レンネンカンプの戦線に面した予備第一軍団と第十七軍団は、この命令を楯にして、西方への退却中に一日だけ休息をとった。もうひとつの遅れは、第八軍司令部の全員が新任司令官たちを出迎えるために、マリエンブルクへ戻らなければならなかったことである。

二十三日に到着した司令官のルーデンドルフは、すでに進行中の作戦行動が自分の作成中の計画に合致していることを知って驚き喜び、ホフマンの作戦の正当性をあらためて認識した。翌日、レンネンカンプが追跡してこないことがはっきりしたので、ルーデンドルフは作戦計画をさらに拡大し、第一予備軍団（ベロウ）の撤退を速めさせ、サムソーノフの右側面を叩くことにした。次に二十五日に傍受した無電メッセージからレンネンカンプの行動の遅いことを読みとって、彼は第十七軍団（マッケンゼン）も使えると考え、レンネンカンプを監視して目隠しの役目を果たす騎兵だけを残しておけばよいと考え始めた。こうすればサムソーノフ軍の片側だけでなく両側面をしたたかに叩き、決定的な両翼包囲[*69]を完成することもできるはずであった。いまやこうしてでき上がった作戦にとって不幸なことには、行進をむりやり急がせても、一日分の休息で失った時間は取り戻せなかったということである。

その間にもサムソーノフは、ジリンスキーからの矢のような命令電報にせき立てられ、よろめきながら進撃していた。ジリンスキーはドイツ軍がプリットヴィッツの考えていたとおりのこと、つまりヴィスワ川に向かって退却しつつあるとの飛躍した結論を下していた。そしてジリンスキーはドイツ軍を遮断するためにサムソーノフのしりを叩くだけで、レンネンカンプを急がせることを怠ったばかりでなく、ケーニヒスベルク包囲などを命じて、自軍のエネルギーを分散させてしまったのである。その間にもサムソーノフの部隊はほぼ六〇マイルに及ぶ横隊に展開していて、右翼と中央と左翼はひろく間隔をおいていた。機動性によってそれらが相互に連絡しておれば、このひろがりはかえって利点となったかもしれない。だが、動きのにぶい部隊と道路の貧弱さのために危険な展開となっていた。サムソーノフが前進の途次さらに西方へ進出しようとしたことが、位置の狂いを招き、ひいては自滅を招いたのである。

ショルツの第二十軍団は徐々にしりぞきつつあった。そしてロシア軍の中央[*70]が、アレンシュタイン（オルシチン）とオステローデを結ぶ線へ向かって前進する前に、西方へ旋回後退していた。それ以上後退した場合の負担と影響の両方を恐れたルーデンドルフは、フランソワの第一軍団に対し、二十六日に攻撃を敢行して、ウズダウ付近のロシア軍左翼[*71]を突破するように命じた。フランソワは自分の部隊の一部、野砲の四分の三、全重砲、弾薬補給隊等が未到着であると抗弁して、正面攻撃をかける代りにロシア軍側面に回りたいと主張した。ルーデンドルフは即座にこの異議をしりぞけた。彼の時間感覚は、おそらく戦術上の現実感覚よりも大きかったのであろう。しかしフランソワは、グムビンネンにおけるマッケンゼンの経験を繰り返すつもりはなかったから、ルーデンドルフの命令を忠実に

＊69——敵の正面および両側面に対する包囲作戦のこと。
＊70——第十三および第十五軍団。
＊71——第一軍団と騎兵二個師団。

実行しないで、ロシア軍に対して緩慢な攻撃しか仕掛けず、へんぴな尾根ひとつを奪取することで甘んじてしまった。またショルツの第二十軍団への危険は、サムソーノフの疲労し切った部隊の動きののろさのために回避された。たとえば、ロシアのある軍団は一面深い砂だらけの道のりを十二日間に一五〇マイル以上も行進したのであった。

しかし二十六日に、ずっと離れたもう一方の側面で激戦が展開された。ロシア第二軍右翼[*72]は、ほかの部隊とは二日分の行進距離だけ離れていたが、ラウテルン付近で、東方から戻る途中のドイツ二個軍[*73]と遭遇した。ロシア第二軍右翼は混乱して押し戻されたが、ベロウとマッケンゼンの攻撃は調整がうまくできていなかったうえに、南方の部隊も行進の無理がたたって疲れていたために、迅速な追撃には移れなかった。そこでロシア軍右翼はバラバラになりながらも、なんとか無事に退却することができた。しかしある師団の一部はベッサウ湖を背にして包囲され、恐慌状態に陥り、水死者を出した。この小さな出来事から、ヒンデンブルクがサムソーノフ軍を湖沼地帯へ追い込んで、数千名を惨死させたという伝説が生まれたのである。

この戦闘の真の危機は、二十七日に訪れた。いまやたっぷりと砲弾をかかえたフランソワが、その朝、ウズダウ付近のロシア軍左翼の陣地に激しい砲撃を始めたからである。ロシアの部隊は、空腹をかかえているところへ高性能弾をくらったためにこらえ切れず、ドイツ軍歩兵の到来も待たずに敗走を始めた。フランソワはナイデンブルクめざして追撃に移り、ロシア軍中央部後尾の突破を命じた。だが、フランソワ軍団の外側面への反撃が加えられたために、ソルダウ方向へ南旋回せざるを得なくなった。だが二十八日夜明け、フランソワは打撃を受けたロシア軍左翼があわてふためきソルダウから国境を越えて退却したことを知ると、もう一度軍団を東のナイデンブルクへと転じた。

二十七日に生じた時間の損失は、ロシア軍がこうしてすっかり深みにはまり込み、破滅にひんしてしまったことで埋合せがついた。その前夜、サムソーノフは自軍右翼が打撃を受け、左翼がおびやかされていることを知りながら、中央部隊に対してふたたび北方へ出撃することを命じたのであった。彼が不当に楽観的であったという非難は当たらないから、この場合ふたつの説明が可能である。ひとつは、彼が任務を遂行するさいにジリンスキーから受けた命令にあまりにも忠実でありすぎたということ、さもなければ宿命のライバル、レンネンカンプが前進しているときに、退却する気にはなれなかったということである。サムソーノフが中央軍を北方へ進撃させたことによって、ドイツ軍はこの敵を撃退する手間がはぶけたといってよい。第二十軍団のショルツは、かねてルーデンドルフから、フランソワの第一軍団に合流して攻撃するよう命ぜられていたからである。そこでロシア中央軍はショルツの正面に数回痛打をくらわせたが、それとても自軍にいっそうの疲労を招くという代価つきであった。この痛打が一時ルーデンドルフの神経をまいらせて、彼はフランソワに対して援軍を送り返すように、また援軍を除いた軍団兵力で北東のラーナへ進撃して、ロシア軍中央部のすぐ後方を衝くように指令した。深い森林地帯を横切っていくこの経路をとれば、フランソワはロシア軍の退却進路をさえぎる時間も好機も失いかねなかったであろう。幸いにも彼はふたたびこの命令を無視して、ナイデンブルクの方向へ前進を続けた。正午をすぎてまもなく、ルーデンドルフはロシア軍にこれ以上の反撃を続ける意志がなく、むしろ退却の気配をみせているのに気づいた。そこで彼はフランソワに新たな命令を発し、ナイデンブルクをめざすのみでなくそこを通過して、東のウィレンブルクへ進むよう指示した。フランソワの部隊は二十九日夜までに、ナイデンブルクからウィレンブルクまでの道

＊72――第六軍団と騎兵師団。
＊73――予備第一軍団、第十七軍団。

ドイツ77㎜野砲

捕虜となったロシア兵

路を制圧し、その要所要所に塹壕つきの哨所を設営して、ロシア軍の退却をさえぎるバリケードとした。ロシア軍はいまや続々と後退を始め、フランソワが避けた森林の迷路のなかへまぎれこみ、抜けられなくなっていった。後尾は封じられ、道路には兵隊があふれ、ロシア軍中央[*74]は空腹と疲労にさいなまれる烏合の衆となり果てて、ぐるりの銃火に弱々しく抵抗しながら、ついに何千名という集団ごと捕虜となってしまった。

この悲劇の頂点をなす舞台を演じたのがサムソーノフだった。彼はこの戦闘を指揮するため二十七日、ナイデンブルクから進発したが、結局退却して来る兵隊の大渦に巻き込まれてしまった。なすところなく引き返すと、彼は二十八日にふたたび南へ馬を走らせたが、森の奥で道に迷ってしまった。暗がりのなかで彼はわき道へと姿を消していった。一発の銃声が響くまで彼の参謀たちは指揮官の姿の見えないことに気づかなかった。悲劇の軍司令官は生きてこのいまわしい悲劇に堪えるよりは、みずからの生命を断つ方を選んだのである。

しかし彼が死んだときには、その災いは彼の絶望ほどぬきさしならないものでも、確実なものでもなかった。もしロシア軍中央部が脱出のための攻撃が可能だと認識してさえいたなら、あるいは成功したかもしれない。なぜならば、フランソワの築いたバリケードは弱体で、外からの脅威にさらされていたからである。その脅威の源は、アルタマーノフのロシア第一軍団で、同軍団はウズダウで敗れ国境の外へ退却したあと、補強されて救援のためにとって返したところであった。二十九日、偵察機による報告がフランソワに警告したが、彼は〝封鎖〟をとくことを頑強に拒んだ。とはいえ割けるだけの兵力をナイデンブルクへ急派し、そこで前進するロシア軍を阻止しようとした。だが、結局この

＊74――第十三、第十五軍団および第二十三軍団の半数。

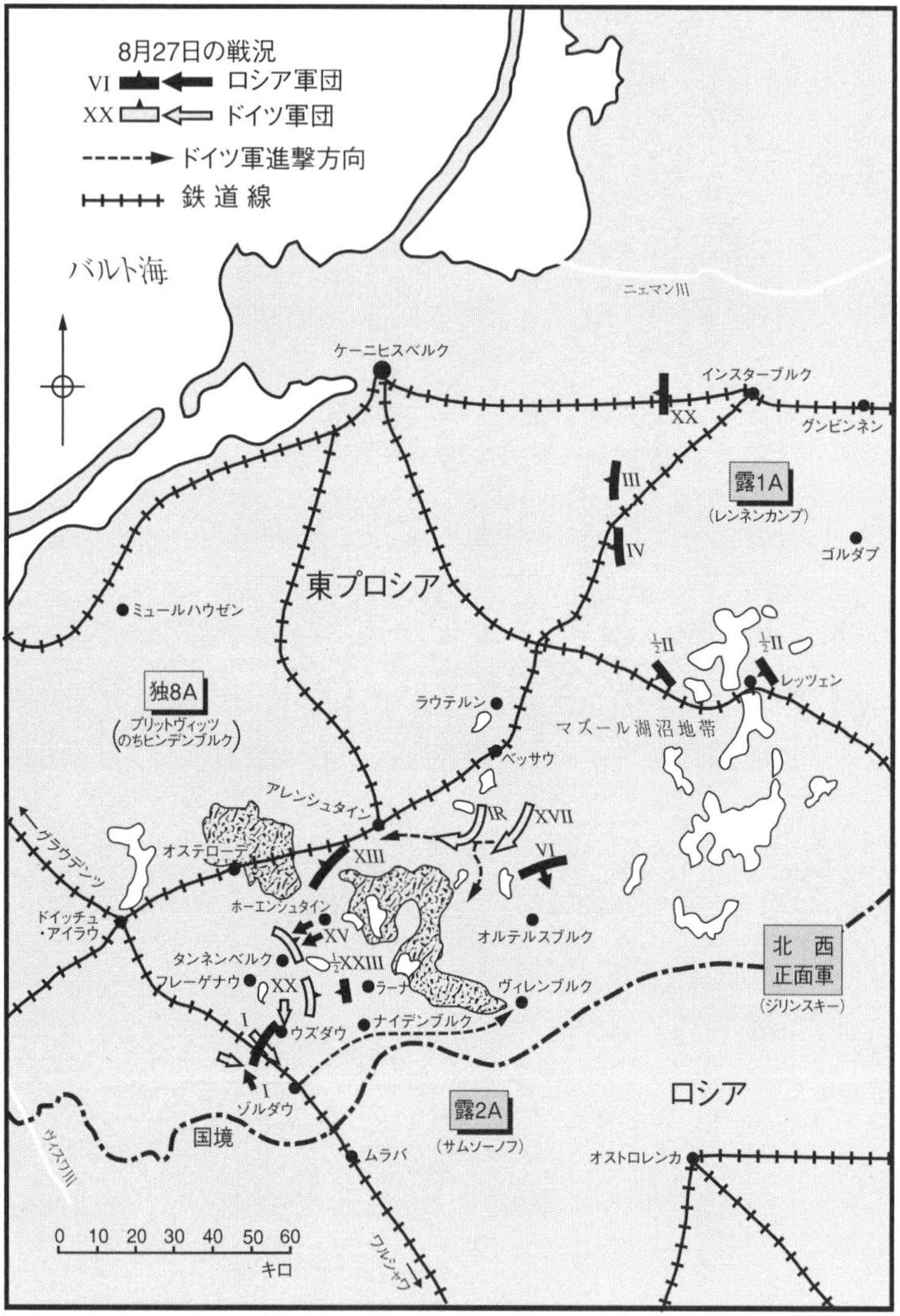

ドイツ第８軍：第１軍団長フランソワ、第17軍団長マッケンゼン、第20軍団長ショルツ、予備第１軍団長オットー・フォン・ベロウ。
司令官プリットヴィッツ将軍は８月22日罷免、新任司令官にヒンデンブルク、その参謀長にはリエージュ要塞陥落で功績のあったルーデンドルフが就任。

3　タンネンベルク会戦　1914年8月

町は三十日に奪われた。しかしルーデンドルフはすでに増援隊を派遣しつつあり、またアルタマーノフはせっかくの有利な立場を貫こうとしないで、三十一日、ふたたび南へ退却した。

けれどもフランソワのドイツ第一軍団が弱かったことと、サムソーノフ軍の一部が逃げてしまったことの理由は、マッケンゼンとベロウ[*75]が東からフランソワに合流することができなかったところにある。こういうわけでこのバリケードは、思いのほか強固でも完全でもなかった。マッケンゼンとベロウの共同作戦のまずさと、上層部からのはっきりした指導の欠如のために、両軍団はロシア軍右翼の追撃をやめ、北のアレンシュタインへと転じた。その行進のやり方も敵の後方をとりまいて網を織りなす〝ハンニバル様式〟でなく、「砲声に合わせて」行進するみごとなドイツ様式であった。ルーデンドルフはレンネンカンプの前進に対する恐怖と、サムソーノフ軍を根絶したいという願望につき動かされて、矛盾した命令を出し続けたが、これはマッケンゼンとベロウの部隊が陥った混乱を整理する役には立たなかった。その結果ルーデンドルフはいっそう危険な目にあいながら、得たものはわずかであった。つまりこの戦いの決着をつけるのにもたついて、南東部にすき間を残したために、そこを通ってロシア第十三軍団の一部が実際に逃げだし、成り行き次第では大部分が逃げたかもしれなかった。しかし、マッケンゼンはみずからの発意でそのすき間を閉じるために、ふたたび南へ軍団を転じて、ロシア軍を恐慌状態に陥れ、出口を封じた。

ともあれこうしてロシア軍の九万二〇〇〇名が捕虜となり、二・五個軍団が全滅し、とくにサムソーノフの残りの半個軍団は深刻な打撃をこうむり士気は喪失してしまった。ドイツ軍は確かに敵の愚行のために勝利を得た。とりわけ暗号を用いない電文がときどき舞いこんで、これが戦いの見通しを

＊75――第十七軍団と予備第一軍団。

作戦計画を練るルーデンドルフ(左)とホフマン(右)

つけるのに役立った。だが、こうしたいわば〃光の要素〃を考慮に入れるならば、その反面荒地のもつ〃盲目性〃と地理的障害をも、当然考慮に入れなければならない。タンネンベルクの勝利は戦史の上で独特なものであるだけに、立派な業績ではある。しかしルーデンドルフは勝利の設計者ではなかったし、ましてヒンデンブルクもそうではなかった。たとえプリットヴィッツとルーデンドルフのそれぞれに功があり、ルーデンドルフには細部において多少の創意があったとしても、ホフマンにこそ主たる立案者の栄誉が帰せられるべきである。ルーデンドルフは勝利の直接の貢献者ですらなかったのだ。この点ではフランソワの役割がもっとも大きかった。ルーデンドルフの手柄も、彼がコブレンツからかけた電話が、サムソーノフ軍に対する完全包囲をしそこなうきっかけとなったことによって、相殺されなければならない。タンネンベルクの戦いは、世間で言いはやされているような慎重な作戦にもとづく第二の〃カンネーの戦い[*76]〃ではなかった。その目標はロシアの侵入軍を撃破することにあって、ロシア軍を包囲することにはなかった。だから両翼包囲はあとからの思いつきであって、これはたまたまレンネンカンプがいつまでも消極的でいたために、実現の可能性が生じたものである。この勝利に与えられた名前そのものと同じように、いっさいがあとからの思いつきであった。ルーデンドルフは二十八日の追撃命令の冒頭に、「フレーゲナウ」*77と書き込んだが、ホフマンは、それよりも目の前にある町の名であるタンネンベルクを用いたほうが、ドイツ年代記の汚点をぬぐい去るのにふさわしかろうと提案した。なにぶんにもこの地で、一四一〇年、チュートン*78族の騎士たちが歴史的な敗走を余儀なくされたのである。

＊76――第4章＊64参照。

＊77――タンネンベルク南西にある町の名。

＊78――Teuton　ゲルマン民族（German）の一派で、エルベ川北部に住んだ。現在のドイツ人、オランダ人、スカンジナビア人など北欧人にあたる。「歴史的な敗走」とは一四一〇年、東方のカトリック化を推進していたドイツ騎士修道会が、タンネンベルクでポーランド王に敗戦を喫した事件をさしている。

一九一四年、東部戦線

緒戦期の東部戦線では、ロシア軍の進撃を牽制するだけにとどめておき、その間に英仏軍を一挙に叩きのめす……推敲を重ねて立案されたドイツ軍の作戦は、あくまでもロシア軍の動員の遅延を前提としたものであった。しかしその期待に反してロシア軍の集結は迅速に進行し、劣勢のドイツ軍を追って東プロイセンを席巻していった。西部戦線はまだ席巻されていない。ドイツ軍に二正面作戦を強いる、大きな誤算であった。

この危機を救ったのが、後に国民的偶像として祭り上げられることとなったヒンデンブルクとその参謀長ルーデンドルフによるタンネンベルク会戦であった。

八月二二日、急遽東プロイセン防衛軍兼第八軍司令官に任命されたヒンデンブルクは、大胆な戦略によってロシア第二軍を包囲撃滅するという大戦果をあげた。しかし、カンネーの戦いにも匹敵するといわれたこの勝利も、ガリシア戦区のオーストリア軍敗退で減殺されてしまった。カルパチア山脈方面にオーストリア軍を追いつめたロシア軍はさらにシュレージエン侵入をねらって大軍を集結した。ロシア軍の〝蒸気ローラー〟の轟きは、西方の連合軍に大きな期待を抱かせるものであった。ここで、ドイツ東部戦線のすべてはヒンデンブルクの指揮下におかれ、西部戦線から戦力を移送して必死の反撃に出た。数次のポーランド会戦、ロズ会戦を経たのち、同盟軍はロシア軍をワルシャワ前面にまで撃退していった。

その頃西方においては、マルヌ会戦以後に生じた〝延翼競争〟により、戦線はスイス国境から北海沿岸にまでも延長されていた。

3　軍隊を操りそこねた男――レンベルク会戦

ヨーロッパ広しといえどもオーストリア＝ハンガリー軍の参謀総長コンラート・フォン・ヘッツェンドルフほど、戦争のために懸命に働いた男はいなかった。熱意において彼をしのぐものもまたいなかった。たまたま軍のすべての指導者のうち、緒戦期の衝突で彼がいちばん徹底的に打ちのめされる運命とはなったが、おそらく彼こそもっとも有能な戦略家であったろう。モルトケ、ジョッフル、ニコライ皇子はみな良心的だが平凡な軍人であって、それぞれ気質の違いはいちじるしくても、やることは同じであった。いずれも動作がのろく、判断もにぶかった。が、それに反してコンラートは、柔軟性あふれる戦略と大胆な行動を身につけていた。その戦略には芸術家の精神と軽業師のしなやかさをあわせもっていた。彼の思想は十九世紀の戦争概念の壁による制約を受けてはいたが、そのなかでも最高のレベルに達したものである。もちろんひどい欠陥もあわせもっている。それは近代戦において物質的要素の演じる重要な役割を評価できなかったことである。戦術的現実に対する感覚に欠けるために、むしろ戦略的妙技を披露しようとしたのであるが、その手段としての彼の軍隊は本質的にそういうものに向いてはいなかった。手段たる軍隊が重みに堪えかねて当初の目標から曲がると、彼はいっそう強く押しつけるのみだったから、ついに軍隊は壊滅してしまったのである。オーストリア軍は列強の陸軍のうちで、いちばん旧式の装備をもった軍隊であった。野砲は数が少なく、射程も短かったし、ライフル銃の約三分の二は二十五年も前の旧式のものだった。ことに予備軍の装備は貧弱で、カルパチア山脈の峠を守る各部隊には九月になっても単発銃を支給しなければならなかった。また軍隊の輸送機関が貧弱だったために、農業用荷車をとりそろえて補ったが、これはやっかいなしろもので、道路をふさいでしまうのであった。しかし強力な活動を妨げるこれらの障害にもかかわらず、オーストリア＝ハンガリー軍の訓練はひたすら攻撃面に向けられていた。戦術的な不可能事にこのように熱中するという態度は、コンラート・フォン・ヘッツェンドルフの指導によるものと思われる。コンラートは軍隊訓練用の操典を編集した人物でもある。

コンラートの作戦の戦術的手段がもろいものであったとするなら、その戦略的基盤の方は空疎であった。オーストリアとドイツの顎の間に深く入りこんでいるポーランド突出部は、地図でみるときわめて魅力的な餌であるため、素人戦略家はそれを噛みちぎる着想に食指が動くものである。コンラートもこの作戦に魅せられて分別を失った。彼は戦略上の超セダン[*79]を構想し、自軍をガリシアから北上させ、東プロイセンから南下して来るドイツ軍と共同して、ロシアの大軍をポーランドの荒地に遮断することを考えた。しかしこの計画は、二頭同盟《ダブル・ヘッド・アライアンス》によって行なわれる二正面戦争という現実問題を調整することが容易ではなかった。

ドイツは早くからフランスに最初の努力を集中することに決めていた。一九〇九年のある会合において、モルトケはコンラートに、フランスとの戦局は六週間以内にけりを付け、そのあとでロシア戦線に切り換えてオーストリア軍を援助したいと語った。ドイツ側のこの決定を考慮して、コンラートとしては援軍がくるまで守勢に徹する決意をするのが賢明であったかもしれない。そうすれば地理的条件からいっても、ロシア軍の緩慢さからいっても、彼は有利に時間をかせげたであろう。カルパチア山脈から北へ流れる河川は、敵の進撃を遅滞させる障害となったであろうし、ロシア軍の集結ののろさは早期の危険をくい止めたであろう。しかしコンラートは時間をかせぐためにさえ、ひとつの行動様式しか思いつかなかった。それは攻勢である。そしてこの固定観念ゆえに、ロシアの長ったらしい動員の経過が彼には自説の裏付けと思われたのである。早く攻撃すれば、敵の戦力はそれだけ少ないはずだった。計算によればロシア軍は動員の二十日目（八月十八日）には、オーストリア戦線に三一個師団を備えるであろうが、それが三十日目には五二個師団にふえるはずであった。コンラートは二十日目の時点までなら、ロシア軍と同じ兵力を動かせるが、三十日目までとなると三個師団から四個師団分劣勢に立たねばならぬと判断した。この計算が、即時攻勢を決意させた。しかし一九一四年型の、彼のような軍事楽天家以外の軍人なら誰しも、およそたんなる力の均衡、それもこのように疑わしい内容の力の均衡をもって、決定的攻勢となるはずの一撃を開始するための絶好の条件とは見なさなかったであろう。

しかしコンラートはまた、東プロイセンにあるドイツ軍が攻勢に出るであろうという、一九〇九年のモルトケのあいまいな約束を頼りにしていたのである。ドイツ軍の攻勢の方向も言明されておらず、その意図すら消滅してしまっていたのに、コンラートはそれが実現するであろうと思い続けていた。かりにドイツ側がコンラートの誤りを悟らせることができなかった点に責任があるとするなら――誤りを悟らせるどころかモルトケは、「皮鞭を握ったやから*80を、プリピャチ川の沼地へ追い込んで、溺死させてやりたまえ」などと、腕白小僧をけしかけるようにしきりとあおったのである――、コンラートのほうは手並みを誇示する機会をあきらめるよりは、みずからをあざむいて自軍の実力を

＊79――Sedan　フランス北東部、ベルギー国境に近いムーズ川岸の都市、十五世紀以来新教の中心地で、羅紗工業により隆盛となった。十七世紀中ば、フランス領となるも、一八七〇年『普仏戦争』では戦闘の中心となり、ナポレオン三世は同市でドイツ軍に降伏した。第一次大戦後、メス、ヴェルダンを結ぶ《マジノ線》として強化されたが、第二次大戦時、ふたたびドイツ軍の侵入第一目標とされた。――第４章＊14参照。

＊80――ロシア人のこと。皮鞭はむかしロシアの刑具として用いられた。

正確に認識すまいと一生懸命だったことは否定できない。彼は第一、第四軍の精鋭をガリシアの布陣の左翼に集結させて北上攻撃に備え、第三軍を東側面の掩護に当たらせた。そして第二軍がセルビア戦線での〝回遊〟[*81]を終えてガリシア戦線に到着すると、この第三軍に合流させる手はずをととのえていた。ロシア軍としてはなまじポーランド突出部に集結して遮断されてしまうよりは、コンラート軍の東側面へ攻撃をかける可能性のあることを、コンラートも予測していた。その場合の対策としては、自軍を敵に直面させるべく右旋回させ、レンベルクを通る布陣を考えていた。しかし彼の希望からいえばこれは好ましくなかった。というより、むしろ進んでこの可能性に目をつぶった。しかも頼りにしていた情報機関に欠陥があったため、事態を軽視することは簡単だった。コンラートは一〇万以上の騎兵をもっていたが、飛行機はわずかに四二機、そのうち使いものになるのは数機にすぎなかった。

オーストリア軍の進撃に「先立って、騎兵の大集団が」八月十五日に送り出され、幅二五〇マイルの戦線を検分するために、斥候が行なわれた。二、三日もしない内に「あまり多数の馬が鞍傷を起こしたために、丸々数個師団が行動不能となった」。敵の圏内に入れたのはごくわずかで、敵は牽制用の騎兵を出していなかったために、オーストリア軍騎兵はロシア軍歩兵とじかにぶつかって、多数の死傷者を出した。オーストリアの『公刊戦史』は、「この遠来の騎兵偵察隊の戦果は、死傷者の損害をつぐなうに足りぬものだった」と公平に述べている。

しかしコンラートの集めたわずかな情報は、ロシア軍が作戦どおりに――つまり彼の作戦どおりに――集結しつつあるというもので、それだけで満足だった。そこで二十日、北のポーランド領を深くえぐれという運命的な命令が出された。闇のなかをまさぐりながら、オーストリア歩兵はルブリンに向けて進撃し、一方、コンラートは誤った確信をいだいて、「わが右側面に対して東からロシア軍の接近する気配はない」という信念を披瀝《ひれき》した。

彼の見込み違いはたちまち手痛い結果を招くことになった。ロシアの二個軍がこの側面をめざして前進中だったからである。コンラートはやみくもにはまり込んだこのわなから、まだ逃れるゆとりのある間にこの事態に気づきはしたけれども、ドイツ軍とくらべると、敵の無電命令傍受の可能性を発見したのが遅かったようである。

これにくらべれば、ロシア軍側の作戦のほうが単純ながら機敏であった。ふたつの本質的に異なった代案が用意されていたが、元になる計画はそのどちらにも適合するようになっていた。少なくともワルシャワおよびヴィスワ川以西のポーランド突出部からは、すべて撤兵されることになっていた。ロシア軍は二群に分けられ、ひとつは北西戦線で東プロイセンに面して集結し、もう一方は南西戦線で東ガリシアに対峙して集結していた。南西戦線での兵力は三個軍からなり*82、さらに外側面を守る一個軍*83が配されていた。もしドイツ軍がロシアを主要な相手として結集する場合には、《G作戦》*84が採用されることになっていた。これによればロシア軍は、ブレスト＝リトフスクをよぎって北から南へわたる線に後退し、必要とあらばもっとしりぞいて、シベリアとトルキスタンからの軍隊の到着を待って、強力な反撃に転ずる手順になっていた。もしドイツ軍が主力をフランスへ向け、東部戦線をおろそかにする場合には、代案として《A作戦》*85が採用されることになっていた。これによれば南西戦

*81――各地を転戦すること。
*82――第四、第五、第三軍。
*83――第八軍。
*84――ゲルマニアをさす。
*85――オーストリアをさす。

線に配した軍を北西方面からの軍によって補強し、オーストリア軍に攻撃をかけることになっており、北西方面の残りの部隊は東プロイセンへ侵入する予定だった。

正統派の兵法からいえば、このように遠く隔たった二地点で、末ひろがりの方向へ二重の攻撃を試みるこの《A作戦》は、賢明なものとはいえず、普通なら頭から没にされるものである。この作戦の妥当性は東プロイセン軍の弱体性と、フランスに対するドイツ軍の力をわきへそらす必要性――事実が証明したが――が根拠になっていた。さらにこの作戦は主要攻撃の側面を防護し、主要攻撃が成功した場合その戦線を短縮させ、最終的に主力部隊をシュレージエン地方へ進軍させるための下地をつくることがねらいであった。これらが有力な根拠だった。おまけに交通路線が不備で、ガリシア方面でもっと多くの部隊を有効に使おうとしても、困難であった。この作戦の欠点は全体の計画よりも、北部の攻勢のやり方とその手段の粗悪さにあった。不幸なことにこうした欠点は、フランス軍がロシア軍総司令部に行動を早めるよう圧力をかけたために、いっそう拡大されてしまった。

ニコライ皇子は、自軍の両側面の敵を無視して直接シュレージエンに進撃するようにとのフランス側の示唆を受け入れなかったが、ともかく同盟国に対する忠誠を示すために、そういう手がすぐ打てるようにと、新たな二個軍を中央に集め始めた。また彼は当面の処置を急ぎ実行に移すために、ロシア軍の機構が安全に堪えていける限度以上にこれを酷使した。その有害な結果が《タンネンベルク》を終点とする東プロイセンにもっとも強く現われたとするなら、一番早く現われたのがガリシア方面だったのである。

この方面でロシア軍はオーストリア軍と同様、敵の作戦の想像図を描いていたが、それは実際の戦局の展開とは正反対のものであった。そしてオーストリア軍と同様、青写真を訂正するための情報を入手する手段をもち合わせていなかった。《南西正面軍》を指揮するイワーノフは、敵が東へ移動し

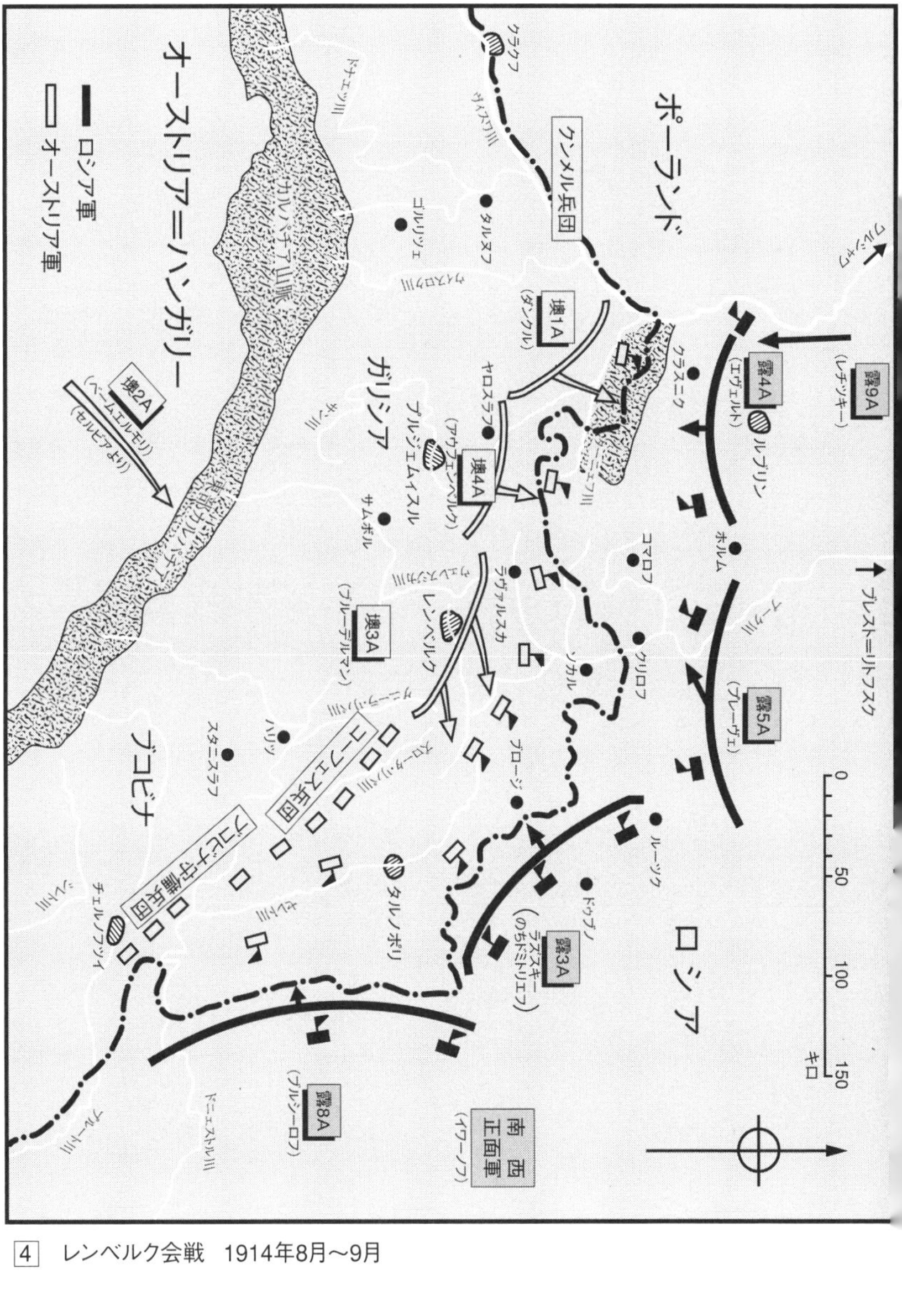

4　レンベルク会戦　1914年8月～9月

つつあるものと想像し、したがって西へ前進しつつある自軍の精鋭、第三、第八軍にぶつかるであろうし、そうなると自軍の第四、第五軍が北から南下して敵の後尾に交叉するであろうと考えた。まことに楽しい想像である。これは着想の段階で不正確であったにもかかわらず、あやうく実現するところであった。ただし主客転倒した形で。*86

しかしながら緒戦は不吉なものであった。西端に位置していた第四軍は、イワーノフの意志に反し、ニコライ皇子の圧力のため動員の完了前に南下を開始した。この準備不足の状態で二十三日には、北上するオーストリア第一軍とぶつかった。両軍とも不意を衝かれた形だったが、このクラスニクの戦闘では、オーストリア側が兵力で優位に立っていたために、ダンクル将軍はロシア軍の側面を反転させ、押し返すことができた。

この敗走の報はイワーノフにとって、不快なショックであった。しかし最初の想像図に依然として執着していたために、オーストリア軍の一撃はたんなる側面掩護部隊によるものとあっさり判断してしまった。そこでこの大胆なオーストリア軍の侵入に対抗して、その側面と後尾めがけて西方へプレーヴェの第五軍を旋回させ、この侵入軍を遮断するよう指示した。またもや想像図面上でのことだったが……。

この旋回はロシア軍にとって不幸なことに、北上するオーストリア第四軍（アウフェンベルク）に、自軍の側面をさらけ出してしまった。衝突は二十六日に起こった。このコマロフの戦闘において、ロシア軍は敵と正面から相対するには南へ旋回しなければならなかったのに、軍司令官プレーヴェが西への旋回に固執したため、困難はより大きかった。この二重のミスによりロシア第五軍は、とくに両側面がひどくゆがめられ、二十八日宵までには、アウフェンベルクのオーストリア第四軍によって包囲されそうな深刻な危機に見舞われた。このとき、もしこのオーストリア騎兵がみずからの不注意が招いた恐慌状態に陥らなかったら、ロシア第五軍はもっと早くに壊滅していたかもしれない。とにかくアウフェンベルク軍の前進は一時停滞した。この包囲網の口をしめるのが少し遅れたことが、致命的な結果を招いた。

ロシア軍主力が進軍する〝灰色の波〟は、いまやレンベルクへ向かって押し寄せていたが、その至近距離にアウフェンベルクの補給と後退線があった。ロシア軍はもともと行動が緩慢なうえに臆病とも思えるほど用心していたためその前進が遅れがちであったことから、参謀総長コンラートは危険が迫っていることを少しも知らずにいた。また彼自身の性格もこの事態悪化にひと役買っていた。はじめの北上進撃の成功にすっかり気をよくした彼は、レンベルク付近にある弱体な第三軍から三個師団を引き抜いて、アウフェンベルクの第四軍の補強にまわした。それと同時に彼は、第三軍の残余部隊をレンベルクから東へ進め、多分小兵力と思われるロシア軍を撃つべきであるという提案に同意した。セルビアのダニューブ川から北上して来る第二軍はその担当戦区である南方のスタニスラフへ、そのとき到着しはじめていた。

オーストリア第三軍は二十六日、準備不足でバラバラのままあたふたとズロータ・リパ川へ向け性急な前進を始めた。ところがその相手は数の上で五対二の優勢を誇るロシア軍縦隊の先頭部分だった。オーストリア軍は混乱のうちにグニーラ・リパ川までしりぞいた。その夜は戦場から二五マイル後方にあるレンベルクですら、あわてふためいて逃亡する兵隊でいっぱいになった。翌朝コンラートは、打ちのめされた第三軍にレンベルクへ後退するよう命じ、アウフェンベルクに伝言して、先の三個師

＊86――実際には、オーストリア軍主力は北上して来たので、ロシア軍の主攻撃を担当したのは第三、第八軍だったことをさす。

団を返すよう求めた。だが北進を予定していた二個軍を停止させようと決心したとき、コンラートはロシア軍が前進をつづけていないとの報告を受けた。そこで考えを変え、先に出した命令も撤回した。イワーノフは依然として、オーストリア軍の大集団が正面から来るものとばかり信じ、四十八時間の休止をとることに決め、その間に縦隊の伸びを縮めて、グニーラ・リパ川の戦闘に備えて展開するつもりであった。もし彼がそのまま突進していたなら、動揺したオーストリア軍を〝紙の衝立〟でも突き破るように簡単に突破できたであろう。ニコライ皇子はこの休止のことを聞き、レンベルクへの前進を即刻再開すべしと命令を送った。

　遠く離れた最高指揮官がいくら命令しても、実際に兵員を掌握して事を行なうのはその部下たる前線指揮官である。ロシア軍の攻撃は三十日まで盛り上がらなかった。三十日になっても決定的な推進力になったのは、レンベルクに面したラズスキーの第三軍ではなく、その左翼にあったブルシーロフの第八軍であった。彼は夜の間に自軍の大半を北へ回り込ませ、そこから自分の右翼軍団をもってオーストリア戦線の一戦区めがけて激しい一撃を加えたのであった。その戦区の崩壊が全戦線退潮の端緒となった。戦線後方の道路は、オーストリア軍の逃亡者や大砲や車両でごった返した。オーストリアの『公刊戦史』が公平に書いているとおり、「コサックが来るぞ！」という叫び声を聞いただけで、恐慌《パニック》状態が生じることがしばしばだった。しかしコサックは、恐怖にかられたオーストリア軍兵士が予測するほど早くは来なかった。彼らは、ここでもまた敵に戦力回復のときを与えてしまったのである。コサックは敵の逃亡者たちがまる一日とかからずに逃げおおせた一八マイルを、ほぼ三日もかかってやってきた。しかしこののろい接近がまた新たな恐慌をひき起こし、オーストリア軍戦線に大きなすき間を生じさせた。ために九月二日も遅くなって、コンラートはレンベルクを放棄せざるをえなくなった。しかし、またもや敵が彼に思いも寄らぬ時間的余裕を与えてくれた。

コサックの騎兵隊

彼はそのかけがえのない時を、逃げ道を用意するためではなく、もっと深く突っ込んで逆襲するのに利用し、すべてを北方における勝利に賭けた。北方では三十日までに、アウフェンベルク（オーストリア第四軍）の両翼がプレーヴェ（ロシア第五軍）の両側面へ回り込むことに成功し、他方ダンクルの右翼はこのロシアの二個軍の間に楔を打ち込みつつあった。早期の勝利を確信したアウフェンベルクはそのために二日間の猶予を求めた。前線指揮官がそれを求めるのはいとも簡単だったが、コンラートはそんなに簡単にこれに応じはしなかった。なにぶん彼は全軍の責任を負う身であり、北方諸部隊の交通路線と敵のラズスキーおよびルシーロフの部隊を隔てる距離は一三マイル、それを混乱した大群衆が埋めているという驚くべき事態に当面しなければならなかったのである。ところが、こんな厳しい状況にもかかわらず、コンラートはアウフェンベルクの願いをいれて、余分の師団を手元に置くことを許した。

二人の敵に囲まれた左利きの剣士のように、コンラートは右側を枝編み細工の弱い楯で守りながら、正面の敵を刺すべく力いっぱい腕をのばそうとしていた。その意気たるやまことに壮とすべきで、もしそれが自己欺瞞によって生じたものでないことがはっきりするならば、無限の賞賛に値するであろう。

そのうえ、群衆同士が戦う近代戦にあっては、最高指揮官の意志がいかに強くても、部下の兵士たちの意志を支配することはできない。彼の意志が彼らの気持と合致しない限り、彼の意志は力をもたない。次に記すこの一件は、コンラートの作戦と部下の能力との開きが明白となった例である。

三十日夜、脅威にさらされたロシア第五軍司令官プレーヴェは、窮地を脱しようとして撤退命令を出した。しかしこの命令も、運命がこの用心深い人間に恵みを垂れてくれなかったら、何の役にも立たなかったと思われる。翌朝、このはさみ打ちの顎は開かれたのである。オーストリア軍はヨーゼフ大公が右側、ペーテル大公が左側の顎を担当していたが、偵察中のただ一機のオーストリア軍機が、少数のロシア騎兵をヨーゼフ軍後尾めがけて進軍する一個師団と誤認したため、ヨーゼフは自軍の大部分を後尾護衛のために引き返させた。他方左翼ではオーストリア軍騎兵が、やはり正体不明の同様の脅威を報じていたので、ペーテルは自分の全軍を引き返させて後尾の防衛に当たらせた。こうしてロシア軍は安全に撤収して、戦場を空っぽにした。翌朝、アウフェンベルクは急迫を命じたが時すでに遅かった。そこにコンラートから別の命令がとどいた。

この新たな別命は不安よりも希望から下されたものであった。プレーヴェの部隊を包囲できなかったことは失敗だったが、コンラートからみれば、この部隊はすでに敗残兵も同然であった。公平を期するためにいえば、彼は直属上官に媚びて味方の手柄を大げさに言いたがる部下の提供した拡大鏡によってしか、敵情を見ることができなかったのである。

プレーヴェの部隊を完全に抹殺しおおせたものと信じて、コンラートは新たにもっと大規模な包囲展開図を構想した。これによれば、アウフェンベルクは向きを変えて南下して、ゆっくり進んでくるラズスキーとブルシーロフの部隊に遭遇し、一方、新たに到着したオーストリア第二軍は南からその別側面を打ち、その後尾を包囲することになっていた。これはすぐれた着想であって、大胆さの点ではナポレオンに並ぶものであった。不幸にしてこのコンラートの構想は、現実の敵の状況と符合せず、また敵側の作戦変更に災いされた。これより先にロシア《南西正面軍》総司令官イワーノフは、プレーヴェ軍を追ってくる敵の側面と後尾を襲うために、ラズスキーの第三軍に北へ転じるように命令し、ブルシーロフの第八軍もこれにならっていた。これがコンラートの作戦に与えた影響は、この移動によってラズスキーが、南下してくるオーストリア第四軍に対して側面を向ける代りに正面を向ける隊形になったことである。そのうえこの移動は、アウフェンベルクがいままでの敵と新たな敵の間で機動する余地をせばめたのである。これとてもコンラートの手勢であるオーストリア軍が、迅速果敢な機動に適していたなら問題はなかったであろう。しかし実際はオーストリア軍がこれにいちじるしく不向きであったために、コンラートの構想はまったく机上の空論に終わったのである。

さらに、新たな危険が発生しつつあった。コンラートの最左翼に対抗する部隊がいまはふたつとなってしまった。それはロシアの新編成第九軍が、第四軍を助けるためにヴィスワ川戦区へ派遣されたからである。第四軍がダンクル軍を釘付けにしておく間に、第九軍はその側面を通過してオーストリア軍後尾へ回る予定だった。そうなるとオーストリア軍全体が退路を遮断されることになりかねなかった。かくしてコンラートが、イワーノフ軍の一部を〝死の抱擁〟に招こうとしている間に、イワーノフはわきへのいてコンラートの左翼を回り、後方から襲おうとしていたのである。

このふたつの作戦の衝突が、このような大規模な部隊の戦いにしては空前絶後のアクロバットを演じさせたが、そのどちらの部隊もそれにはまったく不向きであった。

アウフェンベルクは当然くるりと向き直って南へ進み、ヨーゼフ大公の師団を後衛として残した。

すると敗れたはずのプレーヴェ軍も向きをかえて、あとを追ってきた。九月六日、自軍がラズスキー軍の側面を打つものとばかり考えていたアウフェンベルクは、ラヴァルスカにおいて反対にラズスキーが自軍の側面を攻撃してくるのに気づいた。アウフェンベルクにとって幸いなことに、ラズスキーも同じように驚いたために時間的に余裕が生じ、正面に向き合うことができた。コンラートのはさみ打ちの一方の勢力ははるか南へ離れていたために、役には立たなかった。このオーストリア第二軍はまだ未熟であまり戦闘に馴れていず、移動のために疲れてもいた。この部隊は砲兵隊の掩護なしに散発的攻撃を繰り返し、夜間には混乱状態となりながら、まもなく前進を阻まれた。

この混乱がやっと収まったときには、オーストリア第二、第三、第四軍は一線に並んで東に面していた。ひとつだけはっきりした新しい事実は、ロシアの諸部隊が北に寄っていたということである。このことからコンラートは、自軍の状態にはおかまいなしに、また新たな攻撃計画を思いついた。九月八日夜、アウフェンベルクは自軍に向き合うロシア軍を引き止める役を負わされた。一方、別の二個軍は定められた防衛地点を離れて、ロシア軍の布陣を押し戻すために北へ旋回した。しかし九日の戦いは幻滅に終わった。ブルシーロフもやはり攻勢に出る決意を固めていたために、両陣営は正面からぶつかった。オーストリア軍の状況は、せっかくの数の優勢を割引きしてしまった。戦闘は行詰りを生じ、両陣営とも相手側の戦力を過大に評価する結果になった。

コンラートはなお信念を曲げずに、その夜自軍に対して「レンベルク戦線の敵に集中攻撃を」かけるよう新たに命令した。翌朝彼は、自分が姿を現わせば激励になるであろうと考えて、前線に出た。当然のことながら、五〇マイルに及ぶ布陣の一地点に——あるいはむしろその背後に——彼が出ても、目立った効果はまったくなかった。彼は第二軍のヴェルエリモリに緊急指令を出し、「絶え間なしに、強力に、損害をかえりみずに攻撃せよ」と伝えた。第二軍司令官はこの命令を麾下部隊に伝える価値はないと判断した。この種の命令は大戦中にあらゆる方面から無数に出されることになったが、それを命じる司令官にとってもただおまじないの効果しかないと思われるほどだった。語句をもっと切りつめたほうが効き目があったかもしれない。そういう命令を受けた側が何らかの反応を示すことはめったになかったし、まして敵側には少しも影響を与えなかった。

コンラートは戦術的に不可能なことをしつこく試みたために、自軍を窮地に追いやってしまって、運命の神が命綱を投げない限りそこを脱出させることは難しくなった。あわれみ深い神がその綱を投げてくれた。ただしそれは綱ではなくて一通の電報だった。

コンラートの命令を受けた軍勢が混乱のうちにもレンベルク付近のロシア軍に体当りをくらわせながら、いよいよ窮地に追い込まれていったときに、その後方に敵の黒い大集団がのっそりと現われた。北方の戦線では、北から二倍の兵力で進撃してくるロシアの第四、第九軍を制止しようと、ダンクル軍が孤軍奮闘していた。九日、ダンクルはもはや敵を防ぎ切れず、サン川後方へ退却せざるをえないとコンラートに訴えた。なお悪いことにダンクル軍の内側面とラズスキー軍のそれとの間に、三〇マイルの間隔しかなく、しかも、このすき間へコンラートの予期しなかったプレーヴェ軍と騎兵の一個軍団が、気づかれないうちに侵入していた。

しかし折よくロシア軍側の指令が、コンラート救出にひと役買った。十一日早朝、オーストリア軍は例によって暗号を用いないロシア側の無電命令を傍受した。これによって、プレーヴェ軍左翼がその日の夕刻までに、ラヴァルスカのかなり後方の地点に到達する予定であることが明らかになった。それでもかすかな望みを抱きながらコンラートは、自軍の別の側面での奇跡を期待して二、三時間待ち、その間にヨーゼフ大公の生き残りの師団に対して、侵入してきた敵を追い返すように命令した。アウフェンベルクはこの命令を伝達する価値なしと判断した。午後になっても、奇跡の報はどこからもこなかったので、コンラートはついに各部隊の任を解いて、すみやかにサン川の背後に退却するよう指令した。

摩訶不思議な歴史の偶然がここでも起こった。ほとんど時を同じくして、モルトケはマルヌの敗戦を不可避とあきらめ、自軍右翼の余儀ない撤収を、フランス戦線におけるドイツ軍の総退却に改めるよう命令を出した。

けれどもオーストリア軍の退却はそれほど絶望的なものではなかったのに、はるかに長時間を要し、また困難なものとなった。オーストリアの『公刊大戦史』の感動的な言葉を引用すると、「昼となく夜となく輸送用の車両の長い列のあとから、歩兵がうなだれ、しかし気力を失わずに行進し、砲兵隊は車軸まで道のぬかるみにのめり込み……騎兵隊は〝黙示録の騎士たち[*87]〟のように濡れて混乱しながら進んでいた。その存在は何百頭もの乗り替え馬の膿みただれた鞍ずれの激しい臭気のために、遠くからそれと気づかれた」。

幸いにもぬかるみは、ただでさえ緩慢なロシア軍の進撃にブレーキの作用をした。そしてロシア軍の発する無電命令をたびたび傍受して、オーストリア軍は退路の妨害をうまく避けることができた。しかしアウフェンベルクの第四軍ははるか南へ下って、第三軍の退却の波のなかにまじり合うまでは、妨害を避けることができなかった。八月にコンラートが確信をもって送り出したオーストリア軍兵力のうち、サン川へ退避できたのはその三分の二以下であった。しかし彼らはそこにも長くはとどまれなかった。それがすでに戦闘には向かなくなった集団であることがはっきりしていたから、九月十六日、最初のロシア軍が接近したとき、コンラートは八〇マイル西方のドナエツ川までふたたび退却を命じた。そしてプルジェムィスルの大要塞とその守備隊は、追手に対する障害として残しておいた。コンラートがレンベルク付近での最後の不毛な攻撃をやめてさえいたら、彼自身にもまた祖国にも、余分な苦汁を呑ませずにすんだことはほぼ間違いない。それは、所詮バラ色の夢に駆り立てられてしまったことであった。

この夢は、戦後彼が回想録に次のように記したとき、また将軍の頭のなかによみがえったに違いない。「オーストリア＝ハンガリー軍諸部隊は敗れてはいなかった。戦闘が継続していたら敗北に終わったかもしれない状況を避けるために、諸部隊を撤収させる必要があった。こうしてそれらを救出したのだ！」。なるほど全滅は避けられたが、大損害は免れなかった。兵員九〇万のうち約三五万を失い、生存者はガリシア地方を放棄して一五〇マイルも後退した。しかし最終的結果は、直接的損害よりもっとひどかった。コンラートは諸部隊を手品師のように操って、壊してしまったのである。彼はその破片を集めてドイツというのりでくっつけることはできたが、それはしっかりした輪でくくられはしなかった。

＊87――The Apocalypse　新約聖書巻末の一番、ヨハネ黙示録。小アジアで迫害されているキリスト教徒を慰藉、激励し、キリストの再来、神の国の到来と地上の王国の滅亡とを叙述。最後の章では騎士と戦って壊滅するサタンと、天国における聖徒たちの支配が描かれている。

4　現実の戦いと夢の戦い――《第一次イープル戦》

開戦以来九ヵ月たらずで、イープルの戦闘は二度行なわれた。しかも《第一次イープル戦》はふたつの戦闘から成っていた。この第一次イープル戦の発端と経過は、イープルと海との間を流れるイゼール川沿いに、時を同じくして行なわれた戦闘と密接に関連している。しかしこれもまた二重の性格を帯びたものであった。イープル前面の浅い塹壕を守る連合軍が実際に戦った戦闘と、イープルの背後の司令部において連合軍側の総司令官二人が交じえたもうひとつの戦闘があった。後者が頭の中で仮想敵を攻撃したのに反して、前者は冷厳な現実に対して自分たちを守るためのものであった。第一線と背後の見方とがこれほどひどくくい違った例は、めったにあるものではない。

イープルでの衝突は、必ずしも行き詰まったエーヌ川の戦いのあとの側面迂回の試みの継続ではないにしても、時間的にはそのあとに位置するものである。相変わらずジョッフルとフォッシュがひたすらフランスにおけるドイツ軍布陣西側面に注意を傾け、これを出し抜くための次の手に思いをこらしていたときに、ドイツ軍参謀総長ファルケンハインのほうはフランダース地方に注意をそらして、もっと広い作戦行動――海岸線全域に及ぶほど広い作戦行動――を思い描いていた。ロレーヌにおける東側面から配置替えされた部隊より成る新編成のドイツ第六軍は、ジョッフルの次の短い弧状の進撃を迎え撃つことになっていた。その間に別の新部隊が、連合軍側面の背後のベルギー海岸を掃討して南下してくるはずだった。これは第四軍であって、アントウェルペン陥落によって浮いた部隊と、新編成の四個軍団とから成っており、これらの軍団内では二五パーセントの訓練ずみ予備役兵を核に

エドムンド・アレンビー

して、これに血気さかんな若い志願兵の一群がまぜ合わされていた。

アントウェルペンの放棄とそこから生ずるであろう結果はフォッシュ[*88]の予想にはなかった。十月十日、彼は青写真を次のように描いていた。「私は左翼（第十軍）をリール付近からスヘルデ川沿いのトゥールネ、あるいはオルチースまで前進させ、英国軍を……トゥールネからクールトレーへと布陣させることを提案する……。こうすればフランス、英国、ベルギーの各派遣部隊はすべてスヘルデ川かリス川左岸に集結されるであろう。そうなればしめたものだ」

もしこの提案が実現していたら、連合軍は東方へ移動し、その間に新しいドイツ勢がその背後を南方へ進軍することになったであろう。

十三日、フォッシュはジョン・フレンチ卿の意向について、ジョッフルに「元帥はなんとしてもブリュッセル進撃を望んでいます。私も引き止めることはしますまい」と書いている。連合軍にとって幸いなことに、アルベール国王が海岸を放棄して内陸へ進撃することを賢明にも渋ったために、フレンチとフォッシュの移動をくい止めることができた。その後のドイツ軍の行動はアルベールが正しかったことを実証した。

英国第二軍団は、旋回掃討の役目を果たすために前進をはじめたとき、フランス軍左翼が退却しつつあることを知った。十八日までにはこの第二軍団自身も、まだリールにさえ着かないうちに停止させられる羽目となった。第三軍団およびその左翼にやってきたアレンビーの騎兵軍団も、同じく停止

＊88――北方軍集団総司令官。

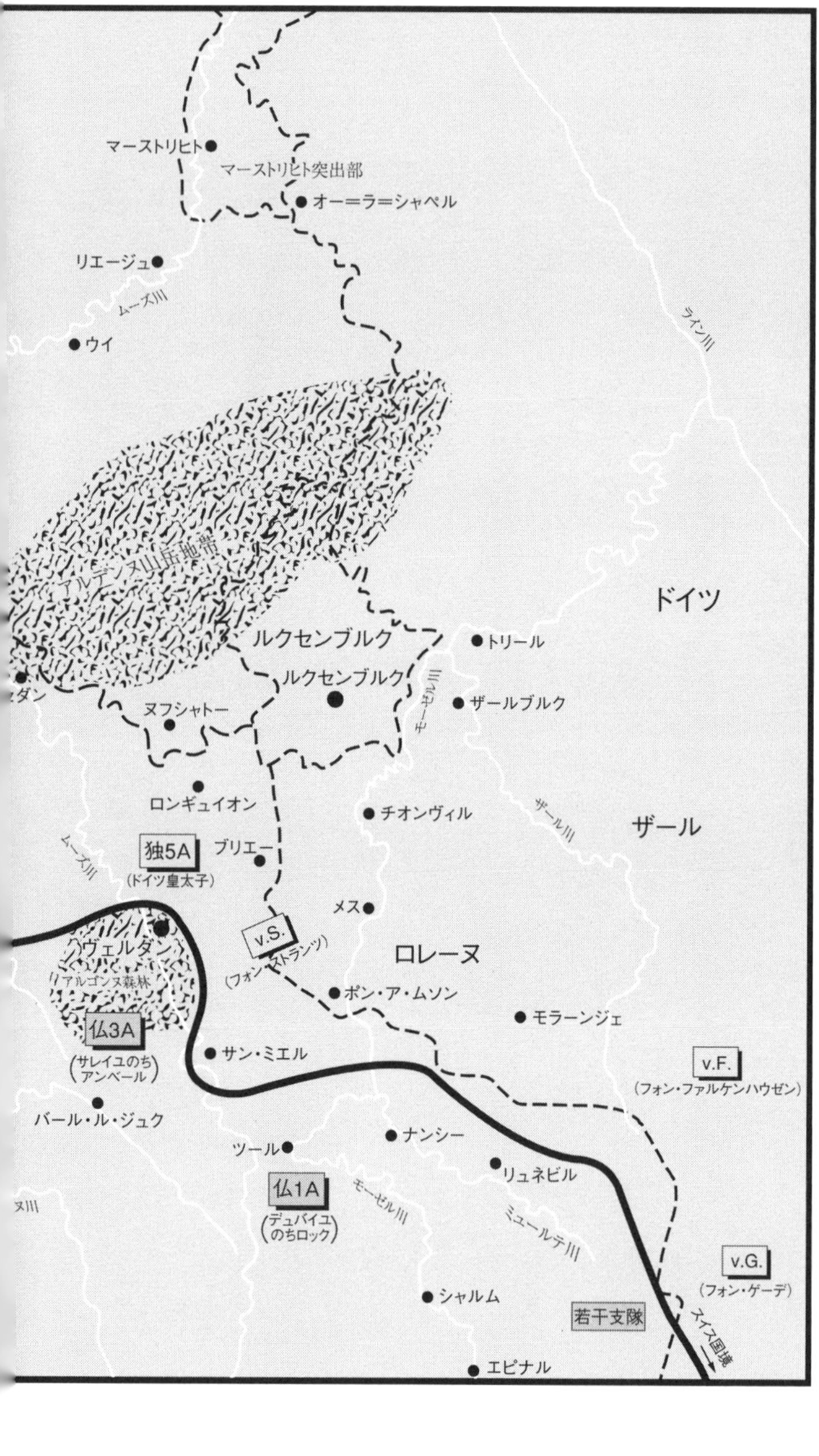
マーストリヒト
マーストリヒト突出部
オー＝ラ＝シャペル
リエージュ
ムーズ川
ウイ
ライン川
アルデンヌ山岳地帯
ドイツ
ルクセンブルク
トリール
ルクセンブルク
ヌフシャトー
ザールブルク
モーゼル川
ロンギュイオン
チオンヴィル
ザール川
ザール
ムーズ川
独5A
(ドイツ皇太子)
ブリエー
メス
v.S.
(フォン・ストランツ)
ヴェルダン
アルゴンヌ森林
ロレーヌ
ポン・ア・ムソン
モラーンジェ
仏3A
(サレイユのち
アンベール)
サン・ミエル
v.F.
(フォン・ファルケンハウゼン)
バール・ル・ジュク
ナンシー
ツール
リュネビル
仏1A
(デュバイユ
のちロック)
モーゼル川
ミュールテ川
v.G.
(フォン・ゲーデ)
シャルム
若干支隊
スイス国境
エピナル

5 西武戦線の概況 1914年末〜15年初

させられ、二十日になるとドイツ軍の攻勢に対して抵抗を始めざるを得なくなった。同日、それに先立って、海に近いイゼール川の線でドイツ軍の猛攻撃が始まっていた。

弱体のベルギー六個師団がフランス海兵隊のロナルク提督の旅団によって補強されて、このときまで海岸からイープルまでの戦線をほぼ占拠していた。しかしちょうどおりよく、ド・ミトリの騎兵軍団に掩護されたフランス国防義勇軍二個師団が、この布陣の右半分をディスクモイデまで引き継ぎ、ロナルク旅団を補強し、イープルにおけるローリンソンの第七軍師団と手をつないだ。

このベルギー戦区への攻撃を行なったのは、アントウェルペンからきたベゼラーの三個師団であった。最後の瞬間まで隠されていたこの三個師団によって、ディスクモイデ＝イープル戦区へと集中攻撃をかけようとしていた。

この切迫した危機に直面して、フォッシュはなお東方への攻撃を実現させようと懸命だった。そこで彼のいちばんの心配は、英国遠征軍総司令官の戦意のほどが把握できないことだったようである。ジョン・フレンチ卿はフランス軍の左側面に布陣すれば、八月にモンスで経験したような危険にまたさらされるのではないかと恐れて、長いことためらったあげくやっとフランダースへ兵力を移したところだった。いったんこの挙に踏み切ってしまうとフレンチは、フォッシュの如才ないあしらいも手伝って、たちまち楽観的な考えになった。ところが自分の第二軍団がはじめてリールへ向けて進軍したとき、抵抗を受けるとたちまち不安になって、遠征軍全員をかくまうためにブーローニュに塹壕をめぐらした大駐留地を設営したいなどと言い出した。

風見鶏のように心変わりしやすいフレンチは、十九日にはフォッシュの楽観的な激励を受けて、またもやくるりとくちばしが回っていた。その日は東方のメニンをめざすローリンソンの進撃の企てが失敗に終わったけれども、フレンチはヘイグの軍団に対して、「ブルージュを奪取すべく」北東に進撃することを命じて、「メニン＝オステンデ戦線の敵兵力は約一個師団で、それ以上ではないと見積もられている」と述べた。部下の情報将校たちは、敵兵力を三・五個師団と見積もっていたが、これすらも過小評価であった。「おやじさんは自分の信じたいことだけを信じたのだ」と、将校のひとりがあとになって語っている。フォッシュの巧みな〝暗示〟が当座はフレンチの胸を支配していたのである。さらに二日の間フレンチは、攻撃を行ないつつあるという信念をもち続けていたが、実際は彼の部隊は踏みとどまるのがやっとであった。

攻勢の夢は所詮幻想だったのだ。なぜならそれは、ドイツ軍のイープル攻撃が開始されたことと、またそれと時を同じくして英国軍布陣の南の部分に対してドイツの攻撃が再開されたことと両立しないからである。英国軍はいたるところで守勢に立たされ、いくつかの地域では後退を余儀なくされた。しかしフレンチは自軍左翼がまだ敵の無防備の側面を発見できると考えたためであろうが、その夜重ねてヘイグに対し攻撃命令を出した。そこで二十一日、ヘイグ軍団はローリンソンの部隊の側面を通過前進しようとしたがたちまち阻止され、次にはその左翼が脅威にさらされることになった。各隊はその場に穴を掘ってもぐり込んだ。ところがその左翼のほうが向きを変え後退していたため、いまや不滅の語り草となったイープル突出部ができあがったのである。

その同日、ジョッフルがフレンチに会いにフランダースを訪れ、その地域のフランス軍部隊は第九軍団の急派によって増強されつつあると語った。しかし風見鶏はまたもとの方向へ向きを変えつつあった。この英国遠征軍総司令官はフランス軍増援部隊が到着するまでは、もっと大規模な命令を出すつもりはなく、ただ「敵に対する行動は現在保持している戦線上で明日も継続されるであろう」とだけ語った。これは守勢を口当りのいい言葉で認めたことを意味する！　フォッシュはそれでも攻勢の意志を捨てなかった。敵の兵力はもう誤認のしようもなかったが、彼はいまやデュルバルの第八軍の前身となりつつあった自分の部隊に対して、ルーレル、トゥールー、ギステルの三つの広く拡散した方向へ、二十三日に総攻撃を仕掛けるよう命じた。と同時にベルギー軍と英国軍に参加を求め、とくに英国軍にはふたたび東へ回るように依頼した。もしそれを実行していたなら、英国軍は側面を無防備のままにさらけ出すことになっただろうが、幸いにも敵は英国軍にそれを試みる時間を与えなかった。

フォッシュの要請が英国軍総司令部に到着したのは、フランス軍の攻撃開始予定時刻のわずか二、三時間前であった。そのうえ事態を紛糾させたのは、英国軍に別の方向への攻撃を求めているデュルバルからの要請が到来したことと、そのデュルバルが自軍右翼に対し、英国軍戦線を貫き通す一線上を前進するよう指示したことだった。『公刊戦史』は控え目に、このような申し入れは「まじめに受け入れることのできないものだった」と述べている。この申し入れを聞いたヘイグは、総司令部に電報を打ち、「状況に関し何らかの誤解があるに違いない。一致した行動をとる時間はないし、混乱は必至である」と伝えた。しかし彼の心配は不要であった。先導役のフランス軍部隊は午後まで現われなかった。そして敵の砲火がその部隊の前進の企てをたちまちのうちにくじいてしまった。しかし防衛布陣にとってはその到来は歓迎すべき増援となって、イープルから海岸までの両陣営の兵力はこれによってほぼ等しいものとなった。

翌二十四日、フランス第九軍団は「前進を継続するよう」命じられた。フォッシュは軍団長デュボアに直接電報を打ち、「第九軍団の全部隊は列車から降りた」と知らせたが、これは予想であって事実ではなかった。「この全部隊を、きょうただちに任務につけるよう、またこの活動に新しい刺激を与えるよう配慮せられたし．決断と行動のときである」。その結果は、このフォッシュ説を幾分裏書きすることになった。つまりデュボアの兵員は最終的に阻止されるまでには、半マイル以上前進していたが、防戦一方の英国軍は多少退却を余儀なくされたからである。しかしドイツ軍側の記録が示しているとおり、受けた損害の比率の点では防戦のほうが有利だったし、また、二十四日夜までにその新編成のドイツ軍団は、戦意をにぶらされてしまったのである。

力を使い尽くしたことを感じたドイツ第四軍司令官は、イゼール川戦区に対する攻撃続行に望みを託した。「その方面では、すぐにも決着がつきそうに思われた」ためである。もしここで勝てば、ダンケルクとカレーへの途がひらけるはずだった。二十二日夜、闇にまぎれてドイツ軍は、テルヴィーテ付近でイゼール川の対岸に足場を築いた。これを取り除こうとする連合軍の反撃は失敗に終わり、ベルギー予備軍はすべて第一線に投入し尽くされ、またこれにもっとも適していたはずのフランス第四十二師団は、不運にもニューポール付近の沿岸回廊地帯で不毛の攻勢に従事していた。二十四日までにドイツ軍が、このせっかくの足場をさらにひろげようとイゼール川の向うに歩兵二・五個師団を送り込んできたため、ベルギー軍中央部隊はその圧力に屈しそうになった。幸いにもこの中央軍は、ディスクモイデ＝ニューポール鉄道の堤の上にどうにか再結集し、そこへ配置替えされた第四十二師団の到来が間に合って、抵抗は強化された。またロナルクの海兵隊は、ディスクモイデの枢要地点に対する連続攻撃に、立派に対抗した。

しかし戦況は依然として深刻だった。翌日、アルベール国王は、ニューポールの水門を開いてイゼール川から鉄道の堤までの全域に大洪水を起こし、敵への障害にしようという試みを認可した。この準備には時間が必要だった。しかし幸いに鉄道の堤の布陣は、たいした圧迫も受けずに二十八日夜の満潮時まで保持されたため、ベルギー工兵隊はニューポールの水門一基を開き、海水の導入に成功した。浸水は緩慢ではあったが、洪水は毎日確実に勢いを増し、ついに「ドイツ人にとっては辺り一面が自分たちとともに、沈没してしまったように見えた」。絶望のあまり攻撃を再開したドイツ軍は、堤の防衛陣をラムスカペレで突破した。しかし洪水の高まりが連合軍救援の役を果たし、ドイツ軍は退路を遮断されるのを恐れてその夜のうちにイゼールを渡って退却を始めた。

　イゼール川の危機は、より大きなイープルの危機の序曲であった。後者もまた連合軍が攻勢に出ようとする新しい試みのあとに訪れ、そして以後の連合軍の防衛努力を弱めるものとなった。

　最初のイープルの危機が去るか去らぬうちに、フォッシュはふたたび攻勢に出た。もっとも彼の心積りでは、攻撃を中断したことはなかったのである。彼がまたもやフレンチに自分の確信を吹き込んだことは、フレンチが英国陸相キッチナーに打った「敵は強力に奥の手を出しつつあり」という電報で明らかである。二十四日夜、フレンチはふたたび電報を打ち、戦闘は「事実上勝利」に終わったと示唆している。

　しかし二十五日の連合軍の攻勢も、新しく有刺鉄線の張られたドイツの防衛陣に対して、ほとんどみるべき戦果を挙げなかった。二十六日、デュボアとヘイグの軍団は攻撃を続けたが、二、三百ヤード前進できただけだった。逆にローリンソンの兵士たち[*89]が守っていた突出部南の鋭角部は、ドイツ軍の攻撃によってへこまされ、しばらくは鋭い凹角状に変形されてしまった。運よく攻撃側はこの勝ちに乗ずることをしなかった。彼らはより大きな一撃を準備しつつ、それを包み隠していたのである。

　ファベック麾下の新しいドイツ一個軍が編成されつつあったが、それはイープル突出部の南側、第四軍と第六軍の間に楔を打つためであった。この兵力は砲兵隊によって充分強化された六個師団から成っていた。二十九日にこれが戦闘に参加すれば、ドイツ軍は数の上で二対一の優勢に立つはずだった。これを予見していたわけではないが、皮肉にもフレンチは、キッチナーに打電し、自軍は「強力な持続的攻撃を行なう力はまったくない」と伝えたばかりであった。

　デュボアの第九軍団が三番目の師団によって増強されたにもかかわらず、さらに二日の間、連合軍の攻勢は効果ないまま続けられた。強力な布陣に向き合って、しかもろくに弾薬を補給されないとなると、賢明にも司令官らは後方から届く命令を水で割って薄めてしまった。そして二十八日夜、またもや攻勢を命令してきたが、前線各部隊は嵐の接近に感づいた。嵐は翌朝五時半、英国軍前線から始まった。だが、塹壕を飛び出してわが身を標的としてさらけ出すのは、今度はドイツ軍の番だった。ライフル銃で一分間に〝一五発速射〟の訓練を受けた英国軍歩兵が、このとき腕だめしの機会を与えられ、鉛弾の雨を敵にくらわせ、その激しさは機関銃の不足を忘れさせるほどだった。ドイツ側は、相手が「大量の機関銃」を備えているものと考えて、次のように言明した。「やぶというやぶ、また生垣やくずれた壁から、薄い煙が立ちのぼり、その向うで機関銃がたて続けに発射されていることを物語っていた」。かくして一日が終わったとき、英国軍戦線はただ一個所――ゲルーヴェルト交差路――を除いては無傷だった。しかし三個師団すべてを掌握していたヘイグも、いまや手つかずの予備をまったく残していなかった。

その日のうちにフォッシュからまた新しく妙薬を注入してもらうため、フレンチはカッセルへおもむいた。フォッシュはフレンチに対し、自分の部隊がイープルと海岸の間へ「前進したこと」に満足を感じているが、「その各部隊のやることについては、関係外である」ことを認めた。フレンチは帰るとすぐ、英国軍の前進継続を指令した！　彼はまたキッチナーに電報を打って、「戦果をさらに押し進めることができるなら、決定的勝利につながるであろう」と述べた。ヘイグはもっと綿密な観察にもとづく現実認識の立場から、自軍兵士に対し塹壕にひそんでいるよう命じ、自分が翌朝の状況をみとどけるまでは、「攻勢再開についての命令」は延期する旨を付け加えた。

＊89――第七師団。

同じころドイツ軍総司令部は「ドイツ勝利の日の命令」を出しつつあった。いわく、「突破作戦は決定的重要性をもつものとなろう。われわれは勝利を収め、数百年来の紛争に終止符を打ち、戦争を終わらせ、呪うべき敵に決定的打撃を与えねばならないし、またそれを望む。われわれは英国人、インド人、カナダ人、モロッコ人、および強力な攻撃をかければ大量に降伏させられるであろう無能弱体なその他の敵と、これをもって手を切りたいと望む」。

このドイツ側の攻撃はザンドヴールデ嶺とメッシーネ山嶺を目標としていた。それは突出部の南のかなめを突破してケメル高地に到達するというねらいからであった。こうなると主な圧力が第七師団、およびヘイグ軍団を第三軍団と連結する細い鎖をなしている、騎兵三個師団にかかってきた。騎兵の布陣に危険な断絶部が生じた。しかし経験を積んだ攻撃軍側は、先に無謀な勇気をふるって撃退されてしまった志願兵のようなまねはしなかった。そしてこのドイツ軍が戦果をさらに押し進めようと無茶をやらなかったことが、ヘイグとアレンビーの騎兵軍団にこのすき間を埋めることを可能にさせた。ヘイグはまたデュボアに窮状を訴えた。デュボアは寛大にも自分の少ない予備軍を、イープル南方の布陣強化のために送ってくれた。なるほど北方で空想上の攻撃を支援するよりも、そこへ派遣されたほうが彼らは役に立つ。

後方カッセルの丘にいたフォッシュは、何が起こったかほとんど知らなかった。「午後も遅くなって、一連の事件の最初の報告」が届けられたが、彼の言葉にもあるとおり、「その充分な意味を推し測ることは私にはできなかった」。午後十時ごろ、参謀のひとりが戻って伝えたところによると、「英国軍騎兵部隊の戦線には確かにすき間が生じており、それを兵員不足のために埋めかねている。もしこの断絶部がすぐにふさがれないと、イープルへの道路が無防備となるだろう」。フォッシュはすぐにサントメールの英国軍総司令部へ電話し、詳細な情報を求めたが、返事は「これ以上はっきりしたことは何もわからない」であった。そこで深夜十二時少し前、フォッシュみずからサントメールへ出向いた。失意のフレンチを激励し、物理的にすき間を埋めるため、フォッシュはもしフレンチが抵抗を続けるなら、フランス軍戦区に到着を予定されている第三十二師団のうち、八個大隊をフレンチに送りつけることを約束した。フォッシュがカッセルに戻ったのは、午前二時ごろだった。彼は地図を指さし幕僚たちに自分の処置を要約して言った。「そことここを封印してきた。それからホレベーケでは英国軍が突破され、ドイツ野郎が通り抜けていったが、ここも封印した」。二、三時間後の夜明けごろ、最大の危機が訪れた。アレンビーの騎兵隊のへこんだ布陣をねらって、一対五の勝算でドイツ軍の猛烈な攻撃がふたたび開始された。しかしこの布陣はいまや英国軍歩兵二、三個大隊とデュボアの時宜にかなった援軍を得て強化されていた。彼らは、頑強に抵抗し、日没とともに攻撃はついに停止された。フォッシュが約束した援軍のうち、かろうじて半分が間に合うように到着し、夕刻に布陣の一部と交替した。

　戦闘の危機は北方のゲルーヴェルトのイープル＝メニン街道に訪れた。イープルを見渡せる低い丘陵の突出部に位置するゲルーヴェルトは、英国軍の手中に残された最後の橋頭堡で、そこから敵の布陣がずっと見渡せた。敵からの圧力が増すにつれ、第一師団の戦線はゆがんでいき、正午直前、ゲルーヴェルトは陥落した。この報を聞いて、師団長ローマックスは、第二師団のモンローと共有している司令部へ馬で戻り、「私の布陣は破られた」と言葉少なに語った。三十分後、二人が参謀たちと会議を開いていた部屋に砲弾が落下した。ローマックスの他数名が致命傷を負った。その場にいたもので無傷だったのはたった一人だった。一時的に統制のとれない事態となった。

　その間にヘイグは、ホワイト・シャトーの軍団司令部を出て馬に乗り、メニン街道を「査閲のときのように一部の参謀たちをあとに従え、ゆるいだく足で」進んでいった。この彼の姿が街道をとぼとぼと歩く落伍兵や負傷兵の眼にはたのもしいものに映ったかもしれないが、彼の眼に入る兵士の姿と、次第に近くへ落下する敵砲弾は、深刻な戦況をまざまざと教えるのだった。司令部に戻るやいなや、布陣が破られたという決定的な知らせが入った。驚いたヘイグは自分の部隊に、イープルをかろうじて守備圏内とする後方の布陣まで退るよう命じ、いまこの場所が守り抜けないなら、その布陣をこそ死守せよと命じた。しかし彼は知らなかったが、目前の危険はすでに去っていたのである。

ドイツ軍がゲルーヴェルトを占領してまもなく、第一サウス・ウェールズ辺境防衛軍の残存兵が反撃に出て、側面の陣地を奪回していたのである。しかし、明らかにここは、適切な増援軍の到来を待ってはじめて維持することが可能な場所であった。そこで第一（近衛）旅団を指揮するフィッツクラレンス准将は手持ちの半端な部隊を二、三送り込み、急ぎ戻って師団長を捜した。ローマックスのとっておきの予備部隊はすでに使い果たしていたが、その前に彼はモンローと計って、まさかの場合は援軍として第二師団の予備部隊を使って、北から敵の側面を襲わせることに決めていたのであった。そしてその朝早く一個大隊[*90]がローマックスの指揮下におかれていた。こうしてローマックスは致命傷を負うわずか三十分前に、フィッツクラレンスにこの事態を救う手段を教えることができたのである。フィッツクラレンスはすぐに地図と戦場とをよく見くらべ、第二ウスターシャ部隊指揮官ハンキー少佐に命令を伝えた。フィッツクラレンスの参謀将校ソーン大尉が案内役としてその軍につきそった。この反撃は、成功のあとでくつろいでいたドイツ軍の不意を衝いたため、ドイツ軍は再集結のいとまもなしに、ゲルーヴェルトから追い出されてしまった。ドイツ軍砲兵隊はすばやく対応して有効な砲撃を加えはしたものの、歩兵のほうはその好機をものにすることができなかった。数のうえで優勢であり、訓練と団結力を誇っていた彼らは、手薄な連合軍防衛陣に侵入することはできたが、いったん中にはいって混乱状態に見舞われると、局面を打開するための創意工夫を生み出すことができず、あまりにも機械的な訓練を受けてきたことが裏目に出てしまった。これは彼らの受けた戦前の訓練のシステムと精神に、深刻な反省を促す事態だった。

けれども敵側のこの最初の成功は、当然、防衛戦線の背後にあるものに強い印象を与えた。そもそも、戦線の背後ではおそらく印象のほうが事実よりも早く伝わり、その影響はいっそう決定的である場合が多い。午後二時ごろ、ジョン・フレンチ卿みずからホワイト・シャトーを訪れた。暗い空気を吹き飛ばすような明るいニュースはまだ入ってこなかった。そしてフレンチはこの重大な戦況についての報告を受けるまでもなく、雰囲気からすでにそれと察していた。ヘイグ自身も、あのモンスからの退却が行なわれたランドレシーヌの夜を思わせるような気分だった。予備軍はすべて使い尽くされていたし、フレンチにも手持ちはなかった。フレンチは不安に青ざめながらフォッシュから援助を得るため、徒歩で出かけた。あとで車をつかまえるつもりだった。ヘイグも馬で先導する予定でしたくをしていた。ちょうどそのとき、ライス准将が「七面鳥のように真っ赤な顔をして、豚のように汗をかき、馬を飛ばして戻ってきて、ゲルーヴェルトの奪回が成って布陣がふたたび整えられた」ことを知らせた。チャトリス[*91]はこう付け加えている。「それはまるでわれわれ全員が死刑の宣告を受けていたときに、まったく意外な無罪放免を言い渡されたようなものだった」。ヘイグだけは何の反応も示さず、口ひげをひねりながら、「またいつもの誤報でないといいが」とつぶやいた。ライスが何度請け合ってもヘイグはなお信じない様子だった。それでも副官をフレンチのところへやって、報告させた。

＊90――第二ウスターシャ部隊。

＊91――ヘイグの軍事秘書。

副官はフレンチが車に乗ろうとしたところをつかまえた。この知らせがどこまで説得的に伝達されたか、そしてフレンチがどこまでその意義を理解したかは明らかではない。とにかく、フレンチはカッセルへの道を首がもぎれるほどのスピードで飛ばした。しかし車がヴラメルティンゲを通過しようとして速度を落としたとき、ひとりの参謀将校がフレンチを認め、フォッシュはこの地の町役場でデュルバル（フランス第八軍）および第九軍団長デュボアと会議中であると伝えた。フレンチはフォッシュに会いにそこへおもむいた。そして援助を懇請すると同時に、いまの状況とヘイグ軍団のおかれている立場とを悲観的に報告した。現実は確かに暗かったが、そのときの印象としてはもっと暗く見えたのであろう。それはフォッシュもフレンチも長い間、つとめて戦況を明るく見ようとしてきたからである。当然フレンチは、ヘイグの撤退命令のことをフォッシュに話した。これまた当然、フォッシュのほうはいかなる部分的撤退も災厄に等しいと見なした。彼はおよそ撤退というものに激しく反対していた。「勝手に退却などしようものなら、大風に舞うわら屑のように一掃されてしまう」と彼は叫んだ。要するにフォッシュは、ドイツ軍が攻撃のあとで図に乗りすぎ、ひと休みする気になっていることが想像できなかったのである。

フォッシュの語るところでは、フレンチの答えは、もし疲れ切った自分の部隊に戦闘継続が求められるならば、「私としては出かけていって第一軍団とともに殺されるほかすべはない」というものだった。通訳の段階でこの芝居がかった口調がいっそう誇張されたことは考えられる。フォッシュが「いまは死ぬことではなく、勝つことを語るときです」と答えたかどうかは別として、はっきりしていることは、彼がいつもの療法を持ち出したことである。「私は右にも左にも攻撃を仕掛けますよ」。そしてこう約束した。夜明けに第三十二師団の六個大隊――深夜に約束したときよりも実際には二個大隊少ない――を第一軍団の右側面で、またデュボア軍団の一部をその左側面で反撃させる、と。

それからフォッシュは腰を下ろし、次の短信をしたためた。「決して退却しないこと、これがもっとも肝要である。そしてこの目的のため、いかなる所であれその場に塹壕を掘ってもぐり込むことである。しかし貴下が後方に陣地を設けることは妨げない。それは当然ゾンネベーケにおいてわが第九軍団と合流すべきものである。しかし相当数の兵員集団によって行なわれる後方への移動は、敵の進出を招き、後退する部隊に混乱を招くだけである。これは絶対に回避しなければならない……」。彼はこの書簡をフレンチに渡してこう言った。「よろしいか、もし私があなたの立場ならば、ヘイグに送りたいと思う命令がこれなのです」

フォッシュの考え方がフレンチに影響を与えたことについては、疑問の余地がない。それはフレンチがフォッシュのメモとともに、いまヘイグに送ろうとしている次のような短信のなかにもみえている。「貴下が現在占めている地域を確保することが、重要である。これは私から言うまでもない。兵員に可能な限り、貴下がそれをやることはわかっているのだから。私は総司令部に着き次第、より以上の援助ができるかどうか確かめてみよう。私のこれからの役割が何であるかを、フォッシュと最終的に話し合って決めるつもりだ」

しかしその時点の戦況に対し、フォッシュが実際に及ぼした影響については残念ながら記録が残っていない。フォッシュとフレンチが話し合う以前に、第二ウスターシャ部隊の反撃がフォッシュの影響力を不要にしていた。そしてこの両名の短信がヘイグに届くより前に、ヘイグは新たな抵抗の陣を布いていた。彼は戦術上の安全のため、ゲルーヴェルトのすぐうしろの線まで退くことによって、第一師団の戦線をまっすぐにし、他方第二師団は現在の布陣にとどめることにした。こうして敵の圧力がすでに消滅してしまったのであるから、フォッシュの言葉は既成事実を確認したにすぎなくなった。

われわれはフォッシュにその言を吐かせた気魄を賞揚するのにやぶさかではないが、しかしこの名高い短信を実質的にもまた歴史的にも、決定的なものとみなすわけにはいかない。

それ以後十日間、ヘイグの布陣は右側のフランス軍の後退に応じ、右翼を五日に少々後退させたことを除けば、変化も動揺もしなかった。

十一月一日、その南部の要衝に対するドイツ軍主力の攻撃が突出部の側面において再開された。今度はドイツ軍は午前一時の闇にまぎれて攻撃を試み、メッシーネ山嶺の占領を果たした。アレンビーの布陣の内側へのゆがみは、深さ一マイル以上に達した。しかし夜明け後まもなく、フランス第三十二師団の到着によって緊張は緩和されたが、この師団が反撃に出ても失地を回復することはできなかった。ヘイグ軍団の左側面でのフランス軍の〝攻撃〟もはかばかしい進展をみなかったが、それが姿を見せたということは同じように敵側の気勢をそぎ、攻撃強行の意図をくじく働きをした。

フォッシュはこう書いている。「戦闘継続中。だが小康状態にあると思われる。部隊は続々到着しつつある。二、三日すればわれわれは全力で攻撃を再開できるだろう」

二日、メッシーネのゆがみを取り戻そうとするフランス軍の攻撃は、ドイツ軍に機先を制せられ、フランス軍の後退を招いた。そしてその間にウィッチーテが奪われ、ゆがみはかえっていくらか深くなった。しかしこの急場を救うため、フランス第三十九師団の大部分とコノーの騎兵軍団の半分が南方から到着し、また第四十三師団がちょうど列車を降りているところだった。いまやフランス軍はアレンビーの布陣の大半を引き継ぎ、それ以後はイープル突出部とメッシーネの凹入部とで形成された戦線の三分の二を確保し、ヘイグ指揮下の疲弊した混合部隊には中央部戦区の保守が委ねられた。もっとも損害が大きかったのは第七師団で、その歩兵は当初の一万二三〇〇名から二四〇〇名へと五分の一以下に激減してしまった。

以後二、三日、フォッシュは攻撃を続行したが戦況は変わらなかった。十一月一日、二日の攻撃はその大胆さで敵の前進の意欲をくじいたが、以後は停滞した戦線に多少とも変化を生じさせるためには、精神的効果すらなかった。ドイツ軍総司令部はあちこちの布陣から兵員を狩り集め、攻撃再開に必要な追加六個師団をひねり出すまでじっと待機していたのである。その攻撃は目標点をコンパスで締めるように、内側へ持続的に締め上げていくことになっていた。まず最初にメッシーネのゆがみを押す試みをやめ、ドイツ軍総司令部は攻撃目標を突出部のふたつのかなめにおくことにした。

その間にもフォッシュとデュルバルは、効果のない局地的攻撃を向う見ずに繰り返すのみで、敵の思うつぼにはまっていった。この不毛な攻撃の結果は、十一月六日、南側の要衝における危険な後退となって現われた。これはドイツ軍の新しい圧力──つまりは最後の一撃の前ぶれでもあったが──を受けて敢行された。サン・エロアにおいてドイツ軍の灰色の潮流が、イープルに二マイル足らずのところまで迫り、突出部の先端を守っていた英国軍後方を包み込んだ。ヘイグは上官に、遮断されるのを避けるにはイープルを通過する線まで後退しなければならないと訴えた。けれどもフォッシュはヘイグに伝令兵をやって、貴下は明日の攻撃で失地を回復するだろうと保証した。七日午前九時三十分、ヘイグはフランス軍の布陣が建て直されたという伝言を送った。しかし実際にはなんの行動もなされていなかった。ヘイグの部下たちはくたくたになり、命令に応ずる気力もなかった。そして最終的にせき立てられて攻撃に移ったときも、当然失敗し、突出部側面にぶち込まれた恐ろしい楔を取り除くことはできなかった。

八日、ヘイグはフレンチとつれ立ってカッセルのフォッシュに会いに行った。フォッシュは相変わらず自信満々だった。しかし、二人の将軍の、もっとまっすぐで安全な線へ後退したいという願いが許されなかったのは、フォッシュに自信があったからではなく、むしろ不決断からだった。そこでへイグとしては満足も得られず、連合軍を窮地に見捨てるわけにもいかず、ただできるだけもちこたえ、〝空白埋めのパテ〟として兵員をあちらのすき間からこちらのすき間へと移動させるだけで足れりとしなければならなかった。次の二日間は幸い英国軍戦区は、まやかしのものではあっても一応平穏を保っていた。しかしフランス側はそうはいかなかった。

十一月十日、敵は突出部の北のディスクモイデまで激しく攻撃してきたからである。幸いこの一撃は受け流された。フランス軍は、イゼール運河という自然の抵抗線を利用した。その左翼が同運河を渡って退却したからである。この攻撃による重大な結果は、フランス軍総司令部に、イープル北側のフランス軍布陣こそ敵の最終攻撃の目標に選ばれているということを確信させたことである。そこでこの地点へ、先に弱体化した南側の要衝の犠牲のもとに、少数ではあっても割けるだけの予備部隊を配した。

しかし北のかなめへのこの一撃は、ドイツ側の意図としては、ゲルーヴェルトと南のかなめ[*92]に対する一撃と同時に行なう予定だった。そして後者の一撃のためにプレッテンベルク指揮の新軍団——プロイセン近衛兵一個師団と精鋭一個師団とから成る——が育成されていた。プレッテンベルクが準備不足だったため、左手の一撃は延期されたのである。

十一月の濃い霧の立ちこめる十一日、かつてないほど激烈な砲撃のあと、この左手の攻撃が開始された。しかし次の二地点を除くすべての地点で撃退された。その地点のひとつは事実上のかなめの部分で、そこへは、のちに有名になった〝六〇高地〟まで楔が打ち込まれた。同高地を守るフランス軍部隊は南北両側のフランス軍団、英国軍団に助けを求めたが、どちらも予備軍を割くことはできなかった。しかし「いつもやる気の」デュボアはまたもや手持ちの唯一の予備軍を送り、これに助けられて、この布陣は取り戻されたのである。もうひとつの地点はメニン街道のすぐ北にあたる英国軍の布陣で、ここへは敵はより深く浸透していた。ここでは歴史の奇妙な偶然で、ドイツ第一近衛旅団が英国の第一（近衛）旅団の弱い戦線に侵入していた。もっとも後者の旅団には近衛兵一個大隊の生存者だけが残っていたのであるが。しかしプロイセン近衛兵は森林に迷い込み、せっかくの勝ちいくさを完全なものにすることができず、側面に反撃をくらって追い返された。この戦いでは第五十二軽歩兵隊が、その昔、一八一五年六月、ワーテルローでナポレオンの親衛隊の最終攻撃を撃退したときと同じように、指導的役割を演じた。

この十一日の一撃は十月三十一日の攻撃よりも激しかったが、事態はそれほど緊迫したものではなかった。おそらく後方にいた司令官たちに与えた印象が、十月三十一日のものよりも薄かったせいであろう。そしてこの十一月十一日の――この日付は予言的な意味を含んでいる――一撃が失敗に終わって、イープルの危機は完全に過ぎ去った。確かにドイツ軍総司令部では、敗北を認める前に数度の強力な攻撃をかけたい気持はあったであろう。しかしその命令の実行を要求される兵士たちは、もはや全力を傾けることはできなかったし、見込みのないことを懸命にやる気にもなれなかった。こういうわけで、その後の一週間は主としてデュボア軍団に対する散発的な攻撃は続けられたが、それは所詮は去りゆく嵐の名残りの驟《しゅう》雨にすぎなかった。ヘイグが長いこと要求し続け、フォッシュが「不可能」の一語で拒み続けてきた第一軍団の救出が、いまや実行に移されたのである。そしてフランス軍がしばらくは突出部全域を引き継いだ。

《第一次イープル戦》は本質的には〝兵士の戦い〟であり、大型のインカーマン[*93]であった。エドモン

＊92――南はコミン運河まで。
＊93――第４章＊18参照。

ズ将軍は忘れがたい文章のなかで、事態を次のように要約している。「大英帝国の存亡を分けた最前線――それを、疲労し、やつれ、ひげも伸び放題の、風呂にも入れない、泥のこびりついた、多くはボロ屑同然の兵士たちが支えていたのである」。この一文の唯一の不正確な点は、単純平明な事実をひとつ落としている点である。大英帝国は、海外遠征軍が本当に船のところまで撃退されても、また敵がイギリス海峡の港を占領してしまってもなお、存続する力を失うことがなかったということである。そしてこの場合、かりに遠征軍がイープルで敗北し、ドイツ軍がすぐそのあとを追ってきたとしても、壊滅的打撃を加える力があったかどうか大いに疑問としなければならない。その後の年月の戦争経過に照らしてみて、イープルを貫流する運河に沿った、一直線の強力な布陣にまで後退したいというヘイグの願いがかなえられなかったことは、じつに残念であった。そこまで後退していたなら、戦費の節約と容易な防衛が可能となったであろう。そうなれば、そもそも攻勢をとることの不可能な地域であるフランダースにおいて、のちに攻勢の試みがなされたことも事前に防げたであろうから、付随的利益もあったかもしれない。

《第一次イープル戦》では、この不可能性をフォッシュ、フレンチ、デュルバルらが察知しそこなったため、確かに危険が増大した。この点にこの戦いに及ぼした彼らのもっとも実質的な影響があった。なぜなら戦闘の実際の指揮は、ヘイグとデュボアの手に委ねられていたからである。この二人にも予備軍の不足のために、ただでさえ手薄な戦線の一部から許容限度いっぱいの兵力を割いて、切れ切れに裂けた部分を埋め合わせることしかできなかった。多分この防衛戦における指揮統率力の最大の誉れは、一度ならず明白な危険を冒して自分の予備軍を提供したデュボアに与えられるべきであろう。

フォッシュが不屈の意志力と、それに劣らぬ道理に従おうとしない頑固さによって、この戦闘に精神的な影響を及ぼしたことは疑う余地がない。その意志力はひるむことがなかった。これを実際の戦況の動きと切り離してみるとき、われわれはかぎりなくそれを賞賛する気になれる。彼の身近に接したものは誰しもその意志の強さに感銘を受けた。しかし第一線兵士たちとはどこに心の触れ合いがあったのか局外者にはわからない。戦闘中の司令官たちが彼に接触したときは、それは喜びよりもいら立ちの原因になったようである。フォッシュの意志が他人の意志を強固にするのに確実に役立った場面は、前線背後、つまり北方軍集団総司令部においてであった。ベルギー軍総司令部にそれが大きな影響を与えたとする説は、とくに、アルベール国王の場合は多少割引いて考えなければならないだろうが、それをまったく無視することもまた誤りである。ジョン・フレンチ卿に対する影響力は歴然としたものであったが、それを測る尺度は、この戦闘に対するジョン・フレンチ卿の影響と同じく、ごく小さなものとなることは是非もない。

ドイツ軍の意図はくじかれ、また軍集団総司令部の混迷にもかかわらず、イープルは前線部隊の力で救われた。ドイツ軍の猛攻からイープルを守ったのは、もっとも厳密な意味での前線部隊の兵士であって、彼らの防衛陣は厚みのない横長の布陣であった。その薄さは員数の乏しさを物語ると同時に兵士の精神力に対する最高の賛辞でもある。その昔の薄く赤い線《シン・レッド・ライン》といえども、イープルの布陣ほど浅くはなかったし、これほど厳しい試練にさらされもしなかった。昔の布陣がわずか数時間しかもちこたえなかったのに対して、今度の浅いカーキ色の布陣は数週間続いた圧力に抵抗したのである。[*94]《第一次イープル戦》はほぼ全面的に英国軍の戦闘だった、と記述される場合がきわめて多いが、これは軍事史の編者たちがややもすれば犯しがちな愛国心ゆえの歴史の歪曲である。寛容の心と真実に

＊94——フランス軍と英国軍の布陣をさす。銃砲の発達で、射程距離が伸びたため、各国軍兵士の軍服は、より目立つことの少ない迷彩色が要求されてきた。英国ではボーア戦争のあとカーキ色を採用し、ドイツでは紺青を灰緑色に変えた。しかしフランス軍だけは、一八三〇年当時の青い上着に赤いズボンを制服としていた。

対する謙虚さを欠いた編者たちは、フランス軍が演じた偉大な役割をぼかしてしまっている。ちょうど一世紀前のワーテルローを記述するときに、プロイセン軍の重大な役割をぼかしたのと同じである。ゆがみを訂正することは、英国軍の名誉をそこなうことにはならない。軍の価値は量になく質にある。英国の戦史において《第一次イープル戦》ほど、戦闘力の質の高さとその価値をはっきり証明した戦いは他に例がない。これは防衛戦の基調に、タイムリーな逆襲をまじえるという英国軍の伝統に沿った戦いであった。戦前に彼らの受けた、大陸式の攻撃を主とする訓練には直接的には合致しないものであったが、彼らの生来の本能にはしっくりなじんだものであって、戦いの試練の場ではハイカラな独りよがりの教義よりも、本能がものをいうのである。そして大陸の徴兵による軍隊にくらべ、彼らの訓練期間の長さが、技術の根本のところを培って、これがどんな形の行動にもものをいったのである。とりわけ、それは攻撃よりも防衛戦に際して応用範囲と効果の大きいライフル射撃の腕前にはっきりあらわれていた。英国軍歩兵は一分間〝十五発速射〟を可能にするほど高い能力をもっていたため、ドイツ軍は大量の機関銃が英国軍にあるものとばかり思っていたが、じつはフランスに来た各大隊は、それぞれ二挺の機関銃しか装備せず、それとてもイープル戦の前までに失ってしまった大隊が多かった。このような兵器操縦の巧みさが敵の心に植えつけた迷いは、北方軍集団総司令部の迷いをぬぐい去り、そのことがひいては決定的な一要因となった。実際それが兵器を操る兵士の士気と組み合わさった場合には、唯一無二の決定要因となるのである。

兵員一同に忍耐力を吹き込んだ不屈の精神は、どんなに賞賛してもしきれないほどである。これはある意味ではまことに有意義な産物であった。敵もまた勇気に欠けていたわけではなく、その訓練の激しさも同等であり、むしろ戦術的有効性からみれば、敵の訓練は激しすぎたといえる。しかし小ぶりな英国陸軍は、他に類のない団結心を有していた。これには兵役や伝統の諸条件と同じく、その弱小さそのものが役に立ったのである。英国軍側からみた《第一次イープル戦》は兵士の戦いであったばかりでなく、よそもの相手の〝家族の戦い〟でもあった。家族的精神がその基調をなしており、これが一見奇跡ともみえる事態を解くカギであった。部隊が分断され、連隊がバラバラの断片と化してしまったときも、この精神によってその断片がなおくっつき合っていたのである。彼らはその目的を達した。イープルの戦いは古い正規軍の価値を最高に立証しながらも、それをいけにえとして葬り去ったのである。戦いが終わったあと、その精神の記念を除いて生き残ったものはほとんどなかった。

第5章　行詰り ― 1915年

THE DEADLOCK / 1915

1 『作戦』の誕生――ダーダネルズ海峡

2 水泡に帰した努力――ガリポリ上陸（1915年4月25日）

3 イープルのガスの霧――1915年4月22日

4 望まぬ戦闘――ロース（1915年9月15日）

一九一四年も押し詰まったころ、西部戦線が膠着したことが、程度の差こそあれ各国政府、交戦各国の参謀たちによって認識され、その打開策が求められていた。反応の仕方は、それぞれの当局者の考え方や性格に応じさまざまだった。ドイツ側諸国では参謀総長ファルケンハインの意見が決定的であったが、彼を批判する人々や彼自身の説明による印象は、彼の意見も指示もそのねらいが必ずしもはっきりしないということであった。

マルヌ川の敗北のあとで任命された彼は、相も変わらず西部戦線で黒白を決しようとするシュリーフェンの作戦に固執していた。しかし彼は、肝心な右翼に兵力を集めるために左翼の弱体化も辞さないとするシュリーフェンの方法はとらなかった。

この年秋のイープル攻撃には、主として未経験の部隊が投入され、戦争経験を積んだ部隊はエーヌ川とアルザスのヴォージュ山岳地帯との間に、なすところなく待機していた。野戦鉄道課長グレーナー大佐は、思い切って六個軍団を右翼へ移送する具体的計画をファルケンハインに提出したが、拒否された。イープルの英国軍が崩壊寸前までいったことを思い出せば、ドイツ軍総司令部がまたしても連合軍を救ったといわざるを得ない。この大事な時期に、ルーデンドルフもまた、ロズ付近のロシア軍側面に打ち込んだ楔状攻撃を決定的なものにするために増援を求めていたが、ファルケンハインはイープルの敗戦が、必至の段階から現実の段階へ移ってしまうまで、ぐずぐずしていて好機を逃してしまった。

西部戦線における塹壕障壁を打破するための新しい攻撃を、しぶしぶ思いとどまったファルケンハインは、それに代わる目標を見出しかねていたようである。彼は、この戦争が究極的にはフランス戦線で勝敗が決せられなければならないと考えていたため、ロシア軍との一大決戦を敢行する可能性およびその効果に疑問を抱いていた。こういうわけで、東方こそ近い将来に作戦行動を起こす必要のある戦線であることを知ってはいながら、彼はオーストリア＝ハンガリー戦線の戦況の切迫から、救援を出さざるを得なくなるまで、増援部隊を派遣するのを控えていた。そうなってからも予備兵力を出し渋って、せいぜい戦線を維持するだけの兵員にとどめ、間に合ううちに決定的勝利を得るために必要な員数を動員することはしなかった。

けれども、いまや長期戦は避けられないことを察知し、これからの消耗戦に備えてドイツの資源の開発にとりかかったことは、彼の手柄である。戦場に塹壕を構築する技術は、他の国のどの軍隊よりもすぐれていた。軍用鉄道は予備軍の移送の必要から拡張されていたし、武器弾薬とその製造用原料の補給問題は、きわめて精力的、総合的に取り組まれたため、一九一五年春以降、供給は充分に行なわれるようになっていた。ところが英国軍はこの時期になってようやく長期戦にまつわる問題の所在に気がつき始めたのである。ここにこそ、のちの英国による経済封鎖にドイツがよく堪える力を発揮した秘密の根源である、資源の経済的組織化と効果的活用の基礎があった。戦争の経済的側面の科学的理解については、ドイツ産業界の指導者ヴァルター・ラーテナウ博士に負うところも大きかった。

ドイツはまた戦争の心理的局面でも先駆者だった。早くも一九一四年秋にアジアにおける英国の威信と、英国領内の回教徒の忠誠心を失墜させるために、ドイツの出先機関は宣伝工作を開始した。ドイツの宣伝活動の欠点である粗雑さも、欧米諸国を相手にしたときと違って、発展途上諸国相手の場合

エンヴェル・パシャ

はさほど目立たなかった。

これと同じ時期にドイツ外交は、トルコの参戦[*1]という大きな成果をかちとった。もっともこれは、戦前からの東進政策が軍事上の出来事と結びついたことに理由があったのだが。一九〇九年以来トルコは、青年トルコ党の支配下にあった。この党は英国との友好親善を希求するこれまでの伝統を嫌悪していた。ドイツのほうは中近東のドイツ化——〝バグダッド鉄道〟はその象徴であった——の夢を追って、トルコのこの新しい支配層に主導的影響力を巧みに発揮する機会をうかがっていた。彼らの指導者であり、陸軍大臣のエンヴェル・パシャ（エンヴェル・ベイ）がかつてベルリン大使館付武官だったことから、トルコ陸軍にはドイツ軍の教官が入っており、したがってドイツと青年トルコ党指導者層の間に共同軍事行動に関して決定的な理解が成立していた。これは、ロシアからの危険に対する必要な安全保障という共通のきずなによってさらに促進された。〈ゲーベン〉と〈ブレスラウ〉[*2]の到着によって、トルコ駐在ドイツ大使ヴァンゲンハイムの発言力が強化された。ついに十月二十九日、

＊1——十三世紀から十六世紀にわたり東南ヨーロッパ、中近東、北アフリカにおいてその隆盛を誇ったオスマントルコ帝国は、第一次大戦勃発時より過去百年、すでに国力も衰え〝ヨーロッパの病人〟と称される存在だった。十九世紀後半、軍部内の反スルタン王制派は、国家主義的革命団体『青年トルコ党』を結成、一九〇八年、スルタンを追放し、弟のメフィット五世を擁立して新政権を樹立し国家再建に取り組んだ。トルコに野望を抱いていた三国協商国（英、仏、露）側にとっては好ましくない新政権だったが、新興帝国主義国家ドイツは、ベルリンとバグダッドを鉄道で結び、トルコの擁護者たらんとした。トルコがドイツ側に立って参戦するのは必然だった。——敗戦後の一九二二年十一月、ムスタファ・ケマル・パシャ（アタチュルク）により共和制がしかれた。

＊2——新巡洋戦艦と軽巡洋艦。

トルコ軍はオデッサにおいてロシアを相手に、またシナイでは英国を相手とする決定的戦争行為に踏み切った。

ファルケンハインは「トルコ参戦の決定的重要性」を、まずロシアへの軍需品補給経路に対する妨害、次に英国とロシアの軍事力の分散という二点から強調している。ドイツの指導のもとにトルコは早くも十二月半ばにカフカスにあるロシア軍に攻撃をかけたが、エンヴェルの野心的すぎる作戦はサリカミッシュの戦闘で惨敗を喫してしまった。トルコは次の冒険として、英国の東方への動脈であるスエズ運河遮断を試みたが、同じく失敗に帰した。武力侵入に対してシナイ砂漠が自然の防御地帯として立ちはだかり、横断を試みた二個分遣隊も、イズマイリアとタッサムであっさり撃退され、ほうほうの態で逃げ出す始末だった。しかしこの二個部隊の攻勢は、戦術的には失敗だったとしても、ロシア軍と英国軍の大兵力をひきつけておいたという点で、ドイツ軍にとって大きな戦略的価値があった。

トルコが中欧諸国側に加わった代りに、イタリアは旧〝三国同盟〟との結びつきを破棄し、協商国側に加わった。五月二十四日、イタリアは宿敵オーストリアに対し宣戦を布告したが、ドイツとは公然と外交を断絶するのを避けた。トリエステとトレンチノ在住の同胞をオーストリアの支配から救出することがイタリアの主な目的だったが、そのほかに祖国の歴史的伝統、ローマ帝国時代の栄光を再確認したいという願いもあった。けれども軍事的には、イタリアの参戦が全戦局面に早急な、あるいは広範な影響を及ぼすことはなかった。というのはイタリア軍が直ちに攻撃を敢行する用意を整えておらず、また進撃しようとしてもオーストリア国境の山岳地帯が大きな障壁をなしていたからである。

協商国側では塹壕戦の行詰り状態が、いろいろ異なった反応を生み出していた。獲得した地域を守り抜きたいという願いがドイツ側の戦略を左右していたとするなら、失地回復の願いがフランス側を支配していた。なるほど敵の主要戦力が待機している西部戦線に、フランス側が心理的、物質的に持てる力を集中させることは、軍事的原則からいえばもっともだったが、戦線停滞を打破する決め手がない限り、いたずらに墓穴を掘るにも等しかった。アルトワやエーヌ川やシャンパーニュやウワーヴル川における冬季攻勢は、相手が塹壕戦にたけたドイツ軍である以上、ジョッフルの〝ちょっかい作戦〟もバランスシートのうえで消耗を誘うにすぎないことを、高い代価を払ったあげくに証明しただけだった。またフランス軍は、新たな決め手になるような着想というものに欠けていた。

英国軍側の悩みはむしろ着想がありすぎること、あるいはむしろ着想を選り分け実現させる決断に欠けている点にあった。しかしこの欠陥の主な原因は、専門家が意見をはっきり具申しなかったことにあり、彼らはエキスパートとしての指導性を発揮するよりも、黙って反対していることが多かった。

塹壕戦の行詰りに対する英国軍側の打開策は、戦術的なものと戦略的なもののふたつに大別された。

戦術的打開策とは、ドイツ軍の機関銃に充分対抗して塹壕線を突破できるような兵器を造り、障壁を切り開くことであって、これさえ可能なら、〝攻撃〟に対する〝防衛〟（塹壕）の新たな優勢によってくつがえされた戦術的バランスを回復することになる。こうした明瞭な目的のための兵器を造ろうという着想は、一九一四年十月、スウィントン大佐がまず抱き、当時の海軍大臣ウィンストン・チャーチルがこれをはぐくみ、保守的な反対派に阻まれながらも数ヵ月間の実験を重ね、ついに一九一六年の《戦車》という形に成熟した。

もう一方の戦略的打開策は、塹壕障壁を回避することであった。これを唱えた人々——〝西部〟派に対して〝東部〟派として知られるようになった——は、敵とその同盟軍をひとつの全体としてみるべきであると力説し、現代の諸々の分野における科学技術等の発達により、軍事面での距離感覚や機動力の概念が変わってきたために、主戦場以外の戦区へ一撃を加えることが、昔の戦いにおける主戦

ジョン・フィッシャー

線側面へ一撃を加えるに等しい効果があると主張した。さらにまたかかる作戦は英国の伝統的〝水陸両面作戦〟にも合致し、いままでなおざりにしてきた海軍力の利点を発揮することも可能になろう、というわけであった。一九一四年十月、軍令部長の重職に返り咲いたフィッシャー卿は、ドイツ沿岸への上陸計画を力説した。一九一五年一月、陸軍大臣キッチナー卿はトルコの東方連絡用の主要路線を断つために、アレクサンドレッタ湾（トルコ南部、イスケンデルン）上陸計画を示唆した。ヒンデンブルクとエンヴェルが戦後語ったところによれば、これが実現していたらトルコは半分以上動けなくなったであろうということである。しかしそれ以上の効果は期待できなかったと思われる。時間的にはこれよりも先に、チャーチルの戦略的洞察力と周囲の情勢とから、似たような計画が生み出されていた。

それは『ダーダネルズ遠征計画』であった。現在は同計画をめぐって論議が沸騰している時期であって、チャーチルの戦略的洞察力云々《うんぬん》に関しては、専門家のあいだに異議を唱える向きもあるであろう。これに対して他ならぬファルケンハインが、次のような決定的な答えを出している。「もし地中海と黒海を結ぶ海峡地帯が、協商国側の通行を一時的にも許すようなことがあれば、戦争の見通しはいちじるしく悲観的なものになるであろう。せっかく孤立状態に追い込んでいるロシアを解放することになるだろうし、……これはかの敵に軍事上の成功以上に安全な保証を与えたことになり、……そうなれば早晩このロシアという老大国の力を殺ぐ仕事が、……おのずからわれわれに課せられてくる」。計画は誤りではなかったが、実施方法に間違いがあった。かりに、英国軍が、究極的には大量の兵力を用いているにもかかわらず、それを小出しに投入するという愚策をとらずに、最初から相当量の兵力を用いていたとするなら、トルコ側の記述からも、英国軍に勝利の栄冠が輝いたであろうことは明らかである。

この好機を逸した小出しの武力投入の原因は、ジョッフルとフランス軍参謀本部がジョン・フレンチ卿とともにそれ以外の戦術に反対したことにあった。ジョッフルは、マルヌ会戦の結末や、イープルでのドイツ軍の敗北や、野心的ではあったがまったくの無効に終わった彼自身の十二月攻勢などの苦い経験にもかかわらず、依然としてフランス戦線において早期に決定的勝利を収めるだけの力があると確信していた。彼の作戦は、塹壕をめぐらしたドイツ軍前線の形成する大突出部に対し、アルトワとシャンパーニュから集中攻撃をかけ、そのあとでロレーヌのドイツ軍後方に大攻勢を敢行することであった。この構想は一九一八年のフォッシュのそれと同様のものだったが、周囲の状況と実施方法とは根本的に異なっていた。記録の類を読んでみると、フランス軍総司令官ジョッフル、北方軍集団総司令官フォッシュ、それに英国遠征軍総司令官フレンチというこの三人のコンビ以上に、理性に目をつぶり自説を押し通そうとした楽観主義者の組み合せの例はほかにないという印象を受ける。もっともフレンチの考え方はつねに激しく動揺してはいたが、英国政府のほうは対照的に、塹壕戦線は正面攻撃をもってしては突破できないと考え、こういう無駄な努力に新たな部隊を浪費することに強く反対すると同時に、ロシア軍壊滅の危険に対して関心を強めていた。こうした見解はチャーチル、ロイド・ジョージ、キッチナーに共通したもので、キッチナーは一九一五年一月二日、ジョン・フレンチ卿宛に次のように書いている。「フランスにおけるドイツ軍の布陣は攻め落とすことも、また完全に包囲することもできない一個の要塞とみなしてもいいでしょう。したがってこれを包囲軍によって抑えつけておいて、その間に別の方面で作戦を進めることができるでしょう」

ロイド・ジョージは英国軍の大半をバルカン諸国へ移し、セルビアを救援するとともに、同盟国の

1915年10月のロイド・ジョージ(左)とチャーチル(右)

後方で攻撃を展開するようにと提案した。一月一日付の覚え書のなかで彼は、サロニカ（ギリシア、テッサロニキ）、またはダルマチア沿岸を作戦基地にするよう提案している。奇しくも同じ日にガリエニは、フランス政府に対してサロニカへの上陸を提議した。同地を基地として、ギリシア、ブルガリアに協商国側へ加盟したい気を起こさせるような強力な部隊をもって、コンスタンチノープルへ進撃するというねらいからであった。コンスタンチノープルを陥落させたあと、ルーマニア軍とともにダニューブ川をさかのぼり、オーストリア＝ハンガリー領へ侵入するという計画だった。フラーンシェ・デスプレイも同様の見解を表明した。しかし楽天的な西部戦線の司令官たちは突破作戦の早期成功を信じ、それ以外の戦略に対しては輸送と補給が困難であり、ドイツ軍が危急の際に軍隊の配置を変えることが容易であると主張して、強力に反対した。[†1] その主張にはなるほど説得力はあったが、戦史上の経験、すなわち「もっとも遠い回り路が、もっとも近道となる場合がしばしばである」ことと、地形上の障害を認めるほうが、堅固に構えて攻撃を待っている敵に直接攻撃をかけるよりも、望ましいことがいつも立証されているという事実を無視するきらいがあった。

〃西部〃派の意見が勝ちを占め、バルカン作戦は封じられてしまった。しかしバルカン戦区の不安が消し去れずにいたおりもおり、水増しではあれ、この中近東計画を新たに復活させるような事態がもちあがった。

ダーダネルズ海峡

一九一五年一月二日、英国陸軍大臣キッチナーはロシア軍総司令官ニコライ皇子から、カフカスのロシア軍に対するトルコ軍の圧迫を緩和するため牽制してくれるようにとの要請を受けた。キッチナーは兵員を提供することはできないと考え、ダーダネルズ海峡に対する海軍の示威行動を提案した。海軍大臣チャーチルは、このことのもっと大きな戦略的経済的影響を考慮に入れ、海峡強行突破作戦に変えることを提議した。チャーチルの海軍顧問たちはあまり乗り気ではなかったが、あえて異議は唱えなかった。そこで一通の指令が打電された。これに答えてカーデン提督が、トルコ軍要塞を確実に撃破することと機雷敷設海面の掃海計画を提示した。主として老朽艦から成る海軍部隊がフランスの援助のもとに結成され、三月十八日、艦砲射撃ののち、海峡に侵入した。しかし浮遊機雷のために数隻が沈没し、攻撃は中止された。

そのとき、トルコ軍要塞では砲弾が尽きかけていたことを考えれば、機雷の障害も克服できたかもしれない。このことから、もしすぐに侵攻を再開したら成功していたかもしれないという点が論争の

†原注1――対照的に、ドイツ軍は参謀本部の審議書のなかで、連合軍としてはバルカン諸国に鉄道で派兵するよりも、海路を利用するほうがはるかに容易であると指摘していた！　実際のところ、フランスからサロニカへの海上輸送には平均一週間、英国からの場合は約十二日間を要したが、ドイツ軍は一個軍団をフランス戦線からロシア戦線へ移動するのにさえ、九日を必要とした。かなりの兵力をバルカンへ送り込むには、一ヵ月以上要するはずであった。もし充分な船団を利用できれば、連合軍は海路によったほうがずっと早く兵員を送ることができたであろう。

ジョン・ド・ロベック

的になっている。しかし新任の艦隊司令長官ド・ロベック提督は、陸軍の援助が期待できない限りこの侵攻には反対を唱えた。すでに一ヵ月前に軍事会議は合同攻撃を決定しており、イアン・ハミルトン卿指揮のもとに陸軍部隊派遣が始まっていた。しかし当局は成り行きまかせにこの新計画を採用したこともあって、必要な兵員をなかなか投入せず、いざ兵員を送った段階でも、その人数が不揃いで、輸送の途次、アレクサンドリアにおいてこれを再編成するため、数週間の遅滞を招いてしまった。もっともひどいのは、この手違いのために、難攻不落の海岸を落とすのにぜひ必要な奇襲攻撃のチャンスを逸したことであった。二月の準備砲撃の段階では、海峡のトルコ軍はわずか二個師団しかいなかったが、海軍の本格的攻撃が始まるときには四個師に増え、イアン・ハミルトンが実際に上陸を企てたときには六個師団になっていた。これに対してハミルトンのほうは英国軍四個師団と、フランス軍一個師団しか有せず、もともと防衛力が攻撃力よりも優勢だったところへ、さらに地形上の困難さが加わり、敵側に事実上大きく差をつけられることになった。ハミルトンは兵員の劣勢と、艦隊の通過を助けるという自分の使命のために、バルカン本土やアジア沿岸への上陸を避け、ガリポリ（ゲリボル）半島への上陸を選ばざるを得なかった。しかしその岩だらけの海岸線の上陸適地は限られていた。

四月二十五日、彼は同半島のヘレス岬に近い南端に上陸し、またオーストラリアとニュージーランド軍部隊（アンザック《A.N.Z.A.C.》軍団）は、エーゲ海を約一五マイル北上してガバ・テペの近くに上陸し、フランス軍は牽制として、アジア沿岸のクム・カレに一時的に上陸した。トルコ軍が、敵上陸にまだ半信半疑なのを利して、英国軍はいくつかの海岸に有刺鉄線を張り、機銃掃射によって拠点を設けることができた。しかし奇襲戦法の一時的な優利は失われ、補給面での困難さが問題になってきた。一方トルコ軍は見通しのきく高地を確保し、予備軍を導入することができた。侵入軍はかろうじて不安定な足場をふたつ維持していたが、拡大することはできず、西部戦線同様、塹壕戦の停滞状況が始まった。前進することはできなかったし、面子《メンツ》にかけても退くこともできなかった。

ついに七月になって英国政府は、半島駐屯の七個師を補強するために五個師を派遣することを決めた。これが到着するまでには、トルコ軍兵力も一五個師に増強されていた。イアン・ハミルトンは半島の中央部を分断し、海峡のもっとも狭い部分を見渡せる高地を確保するために、二重攻撃――ガバ・テペからの攻撃補強と、スヴラ湾への新たな上陸――を決意した。彼はトルコ軍総司令部をあざむき、八月六日、奇襲に成功したが、第一回目の攻撃には失敗し、第二回目は兵員の未熟さと現地指揮官たちの怠惰としくじりのため、せっかくの好機を逃してしまった。トルコ軍側では予備軍が到着するまでの三十六時間というもの、わずか一・五個大隊が通路を阻んでいたのである。イアン・ハミルトンがかねて求めていた生きのよい新任指揮官たちが派遣されたのは、好機が去ったのちであった。英国軍はふたたびもろい足場にしがみつく運命となり、秋の雨季の訪れとともに苦しみは増すばかりだった。英国政府は信念がぐらつきだして撤収を考え始めたが、派遣軍の戦意を失わせるのを気づかって決定を遅らせていた。しかし意見を求められたイアン・ハミルトンは作戦継続を主張して、まだ自信はあると意見具申したが、解任されてしまい、後任のチャールズ・モンロー卿は直ちに撤収を宣言した。

これは即時決定の珍しい例だった。いずれも海岸より奥へは行かなかったが、モンローが午前中にアンザック軍団戦区、スヴラ湾、ヘレス岬を歴訪している間、部下の参謀長は艦内にこもって、撤収を進言する意見書をしたためていた。チャーチルが、「彼は来て、見て、降伏した」と言ったのも無

突撃するアンザック兵

ガリポリ作戦後、内閣戦争委員を解任された頃のチャーチル（中央）

理はない。最初キッチナーは、この撤収を認可しようとせず、自分の眼で調べるために急いで現地に出向いた。政府側は彼が出かけるのを見て大いに安心した。それは本人の不在を利して解任の処置をとろうとしたからである。連立内閣の閣僚たちはガリポリ撤収については意見が合わなかったが、キッチナーの秘密主義とその行政手腕に対する不満の点ではほぼ一致していた。保守党の指導者ボナー・ロウはこの二点について強硬な意見を述べたが、首相はボナー・ロウの辞任も恐れたが、キッチナーの解任が世論の反撃を誘うことをより恐れたため、ボナー・ロウの撤収要求をいれると同時に、チャーチルを内閣戦争委員会からしめ出すことによってその場をとりつくろった。したがって、撤収はキッチナーがガリポリに到着する前にほぼ決まっていたのである。本国での新たな世論の高まりがキッチナーの考え方に影響を与えたことは疑う余地がなく、彼はふたたびアレクサンドレッタ付近への上陸を提議し、戦争委員会がこれを否決したあと、しぶしぶ方針を変えて撤収に同意した。

最後の段階でこれをくつがえそうとしたのは、奇妙なことに海軍側だった。それは三月以来、海軍の侵攻を促すような言動には受け身に抵抗してきたド・ロベックが、このたびウィームズ提督によって解任されたからである。このウィームズ提督は撤収に反対であるばかりか、キーズ准将の立案した作戦計画にもとづいて、「海峡を奪取し、これを無期限に支配すること」を進言している人物だった。この提案は遅きにすぎた。本国における反対の声があまりに強くなったこともあって命令に屈し、十二月十八日夜、スヴラ湾とアンザック軍団戦区から、一月八日夜にはヘレス戦区からの部隊撤退が実施された。この無血撤収はすぐれた組織と共同作業の一例であり、また近代戦においてはこのような行動が以前よりもはるかに容易に行なえるようになったことの証拠でもあった。皮肉ついでにもうひとついえば、この巧みな撤収には何の力も貸していないのに、モンローとその参謀長が高級勲章を拝領することになった。こうして健全で見通しはよかったが、英国史上にもあまり類のない遂行上のミスの連続に災いされた作戦に、幕がおろされたのである。

ドイツ側の戦役

英国軍がロシアへの裏口をこじあけようと躍起になっていたとき、ドイツ側諸国はロシア軍を痛撃していた。当時のロシア軍はダーダネルズ海峡という錠前つき入口を通じ、外国から武器弾薬が供給されない限り、有効な抵抗はできない状態にあった。この事実とその及ぼす影響をロシアの最大の敵は鋭く見抜いていた。一九一五年秋、ヒンデンブルクの参謀将校ホフマンはロシアに対するドイツ軍攻撃の成否は、「ダーダネルズ海峡を固く閉ざし」続けることができるかどうかにかかっていると力説した。なぜならば、「ロシア人が小麦を輸出し、戦争用物資を輸入する方法がないことを知れば、ロシア国内は次第に崩壊するであろうから」。

すでに東部戦線における一九一四年の会戦は、ドイツ軍はロシア軍を相手にしても勝利を博せるが、オーストリア軍とロシア軍が同一勢力で出会った場合は、ロシア軍の方に分があるということを教えていた。ファルケンハインは、しぶしぶドイツ軍をオーストリア軍強化のための援軍として派遣し、それがために東部戦線では、はっきりした作戦計画の一端としてではなしに、ずるずると攻勢に出る羽目になった。ルーデンドルフはあらかじめ目標をしっかりと見据え、はじめからロシアを破るために全力をあげるべきであると、絶えず主張し続けていた。ルーデンドルフの戦略は大決戦をめざす決然としたものだったが、ファルケンハインのほうは消耗戦を意図した便宜主義的なもので、前者が政治的要素を軽んじていたのに対し、後者はこれを重視しすぎるきらいがあった。

この二人の意地の張合いのなかに、それ以後のドイツ軍戦略——大いに効果的ではあったが、決定的ではなかった——を解明する手掛りがある。この意地の張合いには添え物として、電報の〝無礼な〟利用法や、カイザーを主演の人形として陰で絶えず繰っていたことなどが含まれていた。ファルケンハインは、後継者となる可能性のある者をいつも根絶やしにしようとして、ヒンデンブルクから敵を有効に撃つ力をはぎとっていたが、これに対抗してルーデンドルフはヒンデンブルクに気合いを入れて、あわやファルケンハインを辞任にまで追い込む勢いであった。ホフマンがこうした陰謀術策を目の当りにして、日記に次のように記したのも無理ではなかった。「権勢をふるう人々を間近に眺め、彼らの互いの不和や野心の葛藤をみていると、敵側の英、仏、露軍内部では、もっと事態は悪いに違いないとの楽観論を、いつも心にとめておかなければならぬと痛感する。さもないと神経的に参ってしまう恐れがある」。ホフマンの直感は正しかった。「権力の座をめざしての争いは、人々の性格をすべてゆがめるようである。名誉を保つことのできる唯一の人間は、恒産をもった人間である。そのような人間は陰謀をたくらんだり、争ったりする必要がない。幸運にめぐまれながら、陰謀をたくらんでも仕方がないからである」

一九一五年のロシア軍の作戦はそれまでの経験をある程度生かしたもので、筋の通った思考に立脚していたが、手段に事欠き、人手も不足だった。ニコライ皇子は自軍両側面を完全に固めてから、シュレージエンへの攻撃を再開しようと考えた。一月から四月にかけての厳冬の悪条件のもとに、ポーランド突出部の南側面に配されたロシア軍は、カルパチア山脈とハンガリー平原への入口を手に入れようと骨折っていた。ドイツ軍によって補強されたオーストリア軍はこの努力をはね返し、敵側にそのわずかな戦果には不釣り合いなほどの損害を与えた。けれども長いこと攻囲されていたプルジェムィスル要塞は、一二万の兵員とともに三月二十二日、ついにロシア軍の手中に落ちた。北部ポーランドでは、ロシア軍は東プロイセンめざして北進する用意を整えていたが、これはロシア本国の国境に向け東方へ新たに攻撃を開始したルーデンドルフに機先を制されてしまった。この攻撃は二月七日、雪に埋もれた道路や凍った沼地を越えて開始された。そしてマズール湖沼地帯に近いアウグスツォフの森で、ロシア軍四個師団を包囲して捕虜にするという戦果を挙げた。これによって西方からのロシア軍の攻撃の危険が除かれたのである。

しかし以上の動きは、一九一五年の真のドラマの〝開幕の合図〟にすぎなかった。だがその前に、西部戦線での出来事を少し眺める必要がある。ひとつには未来への指針として、またひとつには東部戦線へ波及したことがらのために重要性を有しているからである。

ガリポリではトルコ軍塹壕の障壁を迂回する進撃路が求められており、また英国で新たな切札を見出す実験が繰り返されていた間に、フランス軍総司令部はもっと正統的な解決策を模索していた。二月と三月中に、フランス軍はシャンパーニュのドイツ軍防衛陣にわずか五〇〇ヤード侵入するのに五万人の兵員を失った。だがジョッフルは報告書のなかで、この攻勢は、「にもかかわらず多大の成果を収めた」と主張した。四月にフランス軍は、アルゴンヌ森林のはずれのサン・ミエル突出部に対する、完全な失敗に終わった攻撃で、六万四〇〇〇名を犠牲にした。これより小規模ながらもっと意義があったのは、三月十日、フランダースのヌーヴ・シャペルにおける英国軍の攻撃である。〝実験〟としての意義を別にすれば、これはなにぶんにも物量の乏しい小さな戦区での孤立した企てであったから、みずから墓穴を掘るにも等しかった。インド軍団およびカナダ第一師団の海外駐屯兵から成る新しい正規の数個師団がフランスに到着したことにより、英国軍兵力は一三個師と騎兵五個師およびある程度の選抜義勇軍大隊という規模にふくれ上がった。この増員によってフレンチは、自軍を二個軍に分け、戦線の幅を徐々にひろげていくことができるようになった。しかしジョッフルはフレンチに対し、十一月からイープル突出部を支配しているフランス軍を救援してくれるよう説得して、フレンチが意図していた攻撃を、その救援を条件にして認める態度をとった。ジョン・フレンチ卿はふたつの使途に当てるだけの兵員をもっていないことを考え、独力で攻撃を実施する肚を決めた。これを決めたもうひとつの動機は、英国軍は「職責を果たして」いないというフランス軍側の絶え間のない批判に、フレンチが業を煮やしたことにあった。

けれどもヘイグの第一軍が担当した攻撃の意図は、独創的で綿密なものであった。二〇〇〇ヤードにわたる正面に対して三十五分間集中砲撃を加えたあと、砲兵隊がさらに射程をのばして砲火の弾幕を張り、破壊された塹壕に敵の援軍が到達するのを妨害し、その間にすばやく英国軍歩兵がこれを突破するというものだった。

ヘイグ軍の奇襲は完全に成功し、前面陣地のほとんどを奪取した。だが、いざ第二段階になって正面が拡張されたとき、砲兵隊の準備射撃が不充分であることがわかった。さらに情報不足のため、二個軍団の両指揮官が互いに相手の出方をうかがっていたために長い空白が生じ、そのおかげでドイツ軍は五時間たっぷりを新たな抵抗のための兵力編成に当てることができた。そのあとで、手遅れでありまた誤りでもあったが、ヘイグは「損失をかえりみずに」攻撃を強行するよう命じた。そして損失だけが唯一の成果となってしまった。背後の事情としては、攻撃範囲の狭かったことが、防衛側にその裂け目をふさぐ仕事を容易にしたこともあるが、これは武器弾薬の全般的不足ゆえのやむを得ない欠陥だった。

英国軍が、この新しい戦争にどれほど多量の武器弾薬が必要とされるかに気づいたのは、ドイツ軍よりも遅かった。そのうえ、〝熟練労働希釈[*3]〟に関する労働組合規定によって課せられたハンディキ

＊3――trade-union rules on the dilution of skilled labour　熟練度を薄める、の原意から、熟練労働者保護の施策が必然的に雇用の門戸をせばめることになり、労働者の数に不足をきたしたために仕事がはかどらず、納期に間に合わなかったことをさす。

ャップがわざわいし、武器弾薬の引渡しは契約よりもはるかに遅れた。これを改めるには長い交渉が必要だったが、一九一五年春、砲弾の不足が公然の秘密となってしまい、ついに『タイムズ』紙の従軍記者レピングトン大佐が、ジョン・フレンチ卿と合議のうえでその窮状を国民に訴えたため、世論が沸騰するに至った。ノースクリフ卿は労働者側の非難攻撃をものともせず、自分の新聞をあげてそのためのキャンペーンを張った。この努力が実を結んで軍需省の設置が決まり、ロイド・ジョージが担当大臣となり原料の供給と製造の両面で調整および推進に当たることになった。この新聞キャンペーンは、砲弾不足だけでなく重砲不足の問題があることと、不足を招致した主な事情をいくらか見落としているとしても、その社会的な効果は計り知れないものがあった。他の方法ではこれほど国民を目ざめさせ、障害を一掃させる結果にはならなかったであろう。砲弾のほかにも、塹壕戦用の武器いっさいがドイツ軍のそれよりも粗末で劣悪であったことが、このような根本的再編成の機を熟させたのである。また英国の新編成国民軍の初陣の日が迫っていたため、事態は急を要した。この仕事は着手こそ遅れたが、強力に徹底的に遂行された。しかしなにぶんにも即席だったから、これまでの怠慢の後始末をつけるのには時間がかかった。労働面での困難のほかに、主として軍部側で、絶えず需要を内輪に見積もり新兵器を見くびる近視眼的傾向があったことが直接の障害となった。

重要なことは、すでに一九〇八年当時、陸軍省財務局長が、ドイツ陸軍では多数の機関銃を使用していると報告された公式オブザーバーの言葉に感銘し、造兵局長宛に「もし委員会の軍部側委員が陸軍のために機関銃をもっと備えたいと望まれるならば、少なくとも陸軍省財務局長としては反対はいたしません」と書いた。これに対する返信には、一個大隊に二挺の機関銃で充分であるとあった。そしてこの比率を陸軍省は頑固にも守り通した。一九〇九年、小銃隊学校が六挺に増やして欲しいとせき立てたが、聞きいれられなかった。

機関銃が戦場で主導権を握ったことがはっきりしてきたときもなお、フランスにおける英国遠征軍総司令部は一個大隊に二挺という戦前の配分を変えようとしなかった。ヘイグのような司令官でさえも、機関銃を〝過大評価されている兵器〟だと言って、その割合で「充分すぎるくらいだ」とした。キッチナーさえ、「四挺が限度でそれ以上はぜいたくである」と断言した。だが、ついに軍需省が機関銃派の救援に腰を上げ、大胆にも支給の尺度を一六挺にまで引き上げた。またストークス砲という軽速射臼砲が、お役所仕事の障壁を越え塹壕戦用の優れた兵器として広く流布されることになったのも、ロイド・ジョージの尽力によった。そしてのちに陸軍省が、生まれたての戦車を幾度も手もとにかかえ込んでその息の根を止めてしまいそうになったとき、これを救い出したのは軍需省であった。

　にもかかわらず、軍需品不足の究極の責任は英国民およびその代表たる議員にあった。戦争になる前に新しい大英帝国防衛委員会が大いに準備工作をしてはいたけれども、戦争の危機に直面しての国会と国民の〝物惜しみ〟と消極的態度によって、同委員会の努力に厳しい制限が付されていた。迫りくる脅威を前にして、準備態勢はのろのろと整えられた。すべての失敗のうち、もっとも根本的だったのは、国の産業資源を戦時に備えて転換拡大するための組織化を怠ったことである。戦闘力の増強は、仮想敵国に対する脅威をはらむために戦争の危険を増大させるけれど、産業動員の促進は相手を刺激せず、それでいて戦争となった場合、戦争遂行のためのより重要な原動力となるのである。

　こうした戦争前の怠慢に対する非難こそ、一九一四年八月四日に宣戦布告した政府にとっては、陸軍の予算増大や徴兵制導入案などが不首尾に終わったことに対する非難よりもはるかに深刻だったはずである。政府は、宣戦を布告するに当たって、政治的道徳的結果を意識してはいても、兵器の不足のために国民の成年男子の生命を大量に失わせる結果になることは、予期していなかったようである。このような状態のときに、一国の政府が戦争を決意することと、政権を保持しつづけることがどこまで正当化されるかは、道徳上の問題である。政府にとっての唯一の口実は、国民一般が兵器の必要などに無関心なのが通例だということにある。そして不幸なことに、世論を出し抜こうとする民主国政府が、実際面でどんな困難にぶつかるかは経験上わかっていることである。かかる意味から、究極の責任は英国民に負わされる。戦争のさなかに、改善も再組織も行なわなかった軍事的保守主義さえ、もとをたどれば平時における将校の訓練と、選抜に対する国民の関心の欠如のせいだとすることもできよう。一九一四年から一九一八年の事態に照らしてみれば、全国民が〝若者殺し〟の汚名を負わされているのである。

開戦後にいくら全力疾走をしても、戦前の怠慢による遅れは取り戻せず、そのために幾多の生命がむなしく消えていった。ソンム攻勢でさえ弾薬の補給が足りなかったために妨害され、それでなくても不足している大量の補給弾薬が、手抜きの信管のために無駄になってしまった。一九一六年の終りになってやっと武器弾薬の補給がある量に達し、それ以後も増産が続けられて、やっと英国軍指揮官らの戦略に負わされていた物量面での不利を一掃したのである。

ヌーヴ・シャペルの戦闘経過は、より不運だった。この小規模な〝実験〟がきわどいところで成功を逸したことと、まだ進展する余地があったことは明らかだった。しかし協商国側司令部はその本当の教訓――それは時間の不足を密度の濃さで補おうとすべく短時間の砲撃によって、奇襲を達成させるということである――を見落とした。そして攻撃目標の戦区が充分広くないと、防御側の砲兵隊が突破口を制圧したり、またはその予備軍がこれをふさいだりするという事実を、協商国側司令部は充分に理解することができなかった。むしろ同司令部は砲火の量だけに成功のカギがあるという表面的な結論を引き出した。一九一七年になってようやく、彼らはヌーヴ・シャペルにおけるヘイグの戦術にたちかえった。むしろ、この教訓を五月にロシア軍相手に活用して得をしたのはドイツ軍であった。

しかしその前に、西部戦線は軍事的失敗の借り勘定を増やす運命にあった。まず第一に、塹壕戦の行詰りを打開する新しい決め手を見つけながらも、それを利用しそこなったのはドイツ軍であった。その決め手は毒ガスの導入だったが、のちの英国軍による戦車の導入とは違って、対抗策が比較的容易だったことから、一度失った好機は二度と戻らなかった。一九一四年十月二十七日、ヌーヴ・シャペル戦区においてドイツ軍は、小粒弾のほかに鼻と眼の刺激剤を含む三〇〇〇個の榴散弾を撃ち込んだ。これは戦場における初実験であったが、効果はきわめて低かった。ために、戦後にドイツ軍がこのことを公表するまでは、まったく気づかれなかった。その次は一九一五年一月三十一日、ポーランドでの局地的攻撃でドイツ軍が改良された催涙ガス弾を用いようとしたが、この実験は酷寒という悪条件のために効果なしに終わった。次の試みは、致死性ガスを円筒から噴出させるものだった。円筒を用いたのは、軍当局が発明家のハーバーに薬莢《やっきょう》製造用の施設を提供することができなかったためである。この初期のつまずきから、ドイツ軍総司令部はこのガスの価値にあまり信をおかなくなり、その結果、四月二十二日、イープルでフランス軍塹壕陣地に対して毒ガスが使用されたとき、せっかく開かれた広い突破口を突入していくだけの予備軍が手もとになかった。見馴れぬ緑色の蒸気、苦しんで逃げまどう兵士の大群、一兵も守り手のいない四マイルにわたる空白地帯――これがそのときの状況だった。しかし突破口の側面のカナダ軍による抵抗と、英国軍とインド軍の援軍が、ドイツ予備軍の不在につけ込んで急場を救ったのである。

最初に使用された塩素ガスが残忍なものであったことは否定できないが、砲弾や銃剣も同じように残忍であることが常だったし、のちに改良されたガスが登場したときは、経験的にも統計的にも現代兵器のうちでこれがもっとも残忍性の薄いものであるとされるようになった。しかし何分にも当時では新奇なものであったために、既存の兵種の悪用には寛大でも新機軸のものには点のからい世間から、残虐なものというレッテルを張られてしまった。こうしてドイツは道徳的非難をこうむったが、こうした非難は新奇な兵器をそれに見合うだけの利益なしに使用する際には必ずつきまとうものである。

協商国側が、真に賢明であったならば、軍需品の補給が増えて新しい英国軍が用意を整えるまで待機策がとられたであろうが、ジョッフルは失地回復の願いとロシアへの圧迫を軽減する義務感、そして根拠のない楽観主義から、時期尚早の攻勢をかけた。ドイツ軍の損害を過大視し、防衛戦におけるドイツ軍の力と技量を見くびって、散漫な攻撃が個々に開始されたのである。主なものはフォッシュ指揮の北方軍集団によるレンスとアラス間の攻撃で、塹壕障壁に効果的な突破口を設けそこなった初期の苦い経験がまたも繰り返された。この攻撃は五月九日、デュルバルのフランス第八軍[*4]によって四マイルに及ぶ正面に対して開始されたが、たちまち大量の死者を出して阻止された。わずかにペタン軍団の戦線だけは細心の準備のおかげで、二マイル奥にまで突破することができた。しかしその侵入の間口は狭かったし、予備軍が遅れてしかも弱体だったためにこの空白部は埋められてしまった。フォッシュはへこたれずにむなしい攻撃を繰り返した。しかし、多大の損害と引き換えに二、三エーカーを得たのみだった。その間にヘイグの英国第一軍は、フランス軍の大規模な攻撃と時を同じくして、オーベル山脈をめがけて攻撃していた。その作戦はヌーヴ・シャペルの南と北の四マイルを隔てた二点において侵入し——この二地点の正面を合計すれば二・二五マイルの幅になった——この二面浸透の利点をきわめてから、一点に集結するというものだった。しかしドイツ軍もまたヌーヴ・シャペルでの経験をうまく活用し、防衛陣を強化していた。そこでこの攻撃はドイツ軍の豊富な機関銃と、英国軍の不充分な砲弾のためにたちまち衰えてしまった。五月十五日、ジョッフルにせき立てられて、ヌーヴ・シャペル南方のフェステュベール戦区で攻撃が再開され、五月二十七日まで小刻みに続行された。レンスとアラス間のフランス軍の大規模な攻勢は、六月十八日まで継続されたが、この時点でフランス軍は一〇万二五〇〇名を失っており、これは防衛軍側損害のほぼ二倍だった。

そのうえこうした攻撃は、結果的には、疑り深いドイツ軍参謀総長ファルケンハインにすら自軍の西部布陣の強力さと、英仏軍の真の脅威がまだ遠いに違いないものと信じ込ませた。戦術的にはとくに限定していなかったが、その戦略目的は最初はただオーストリア戦線におけるロシア軍の圧力を軽くすることと、同時にロシア軍の攻撃力を殺ぐことに限られていた。オーストリア軍参謀総長コンラートはこのための最良の方法として、ロシア軍の中央部を突破する計画を進言し、ファルケンハインはこれを受け入れた。この計画では、前進のための障害がいちばん少なく、侵入軍の両側面をよく保護する場所として、ヴィスワ川上流とカルパチア山脈の間のゴルリツェ＝タルヌフ戦区が選ばれた。

この突破作戦はマッケンゼンに委ねられたが、その参謀長兼指南役が戦後にドイツ陸軍を再建することになったゼークトだった。マッケンゼン部隊は新編成のドイツ第十一軍で、これは西部からの八個師団とオーストリア＝ハンガリー第四軍から成っていた。イープルでのガス攻撃と東プロイセンからの騎兵隊の攻撃が開始されたのは、わずかロシア軍六個師が守っていた戦線に対し、一四個師と一〇〇〇門の砲がドナエツ川に集結したのを隠すためでもあった。相対した両軍の間には、二マイルにわたる広い地帯が介在していて、ここには「住民がなお農地に住みつき、家畜はのんびり草をはんでいた」。だが、ドイツ軍は機密の洩れることを恐れ、これらの住民をよそに移住させた。

マッケンゼン部隊は四月の最後の週にこの地に到達し、両側面にそれぞれオーストリア軍部隊が配備されている中間の戦区を引き継いだ。一八マイルにわたる担当攻撃範囲において、マッケンゼンは四五ヤードおきに野砲一門を、一三二ヤードおきに重砲一門を配した。その後の装備水準からみると、

＊4――一八個師団から成る。

これは大装備とはいえなかったにしても、ロシア軍が設営した陣地へ突入するには充分なものであった。より大きな問題は、ロシア予備軍が到着し正式に布陣するより前に、その後方陣地までをも突破できるような前進速度を維持することであった。この必要に応ずるためにゼークトは「参謀はみなこの前進を停止することなく続行するよう努力しなければならぬ」と指令を出した。軍団と師団に対しては、「なまじこれらに下命してその行動を制限すると、前進続行の可能性を阻むことになる」として、特定の前進日程は与えないことにした。「戦線のある部分における迅速な前進は、抵抗の激しいほかの個所の戦況を緩和するであろう。……縦深配備は一個所での成功を隣接戦線へ拡大させるはずである」。変化のある前進と予備軍の柔軟な投入法とを組み合せたこの考え方は、地域的な失敗を挽回せんとする意味よりも、戦果を拡大しようとするという構想に立った、一九一八年のあの有名な〝浸透〟戦術の先駆けをなすものであった。ドイツ軍をさらに有利にしたのは、イワーノフ[*5]が、攻撃がさし迫っているという報告を信じようともせず、予備軍を正しい位置に配備しないうちに攻撃を受けたということである。

　五月一日夜間に、突撃隊が陣地中間の無人地帯を越えて前進し、敵の前線近くに塹壕を掘った。四時間にわたる集中砲撃でロシア軍の塹壕陣地を平定したあと、二日午前十時、攻撃が開始された。歩兵がほこりと煙のなかを突き進んだ。「あちこちから、灰色の毛皮の帽子をかぶりボタンも掛けていない灰土色の大外套をひらめかせたロシア軍兵士たちが、武器も持たずに飛び出して、逃げ去った。たちまち一兵の姿も見えなくなった。羊の群れのような大混乱を呈して彼らは逃走した」。奇襲は完全に奏功し、そのあとの展開はすばやく行なわれた。ロシア軍はウィスロク川で勇敢に抵抗はしたが、カルパチア山脈沿いの全布陣は席巻され、ついに五月十四日、ドイツ＝オーストリア軍は発進地点から約八〇マイル進んでサン川に到達した。サン川のヤロスラフが強襲されたときは、ロシア軍の敗走は惨事にまで拡大しそうであったが、ドイツ軍の進撃の勢いは一時的に衰え、また肝心の予備軍も存在しなかった。イタリアの対オーストリア宣戦布告により、戦局にひとつの新たな変化をもたらす要因が生まれたが、ファルケンハインは、オーストリア軍総司令部をやっとのことで説き伏せ、軍隊をロシア戦線から移動させないことと、山岳地帯という障壁で守られているイタリアとの国境では、ひたすら守勢を貫くことを納得させた。ファルケンハインは、ガリシア戦線に深入りしすぎていまさら引き返せなくなったことと、フランス戦線からもっと部隊を抽出してくることによってのみ、改めてフランスへ部隊を送還するという自分の目的がかなえられる希望がもてるのだと悟った。なぜなら、それはロシア軍の攻撃力が弱められ、オーストリアへの脅威が除かれてはじめて可能となるはずだからであった。これらの援軍の補強を得て、マッケンゼンはオーストリア軍と力をあわせふたたび攻撃を敢行し、六月三日、プルジェムィスルを再度陥落させた。そして六月二十二日、レンベルクを手に入れ、これによってロシア戦線をまっぷたつに分断した。

しかしファルケンハインもコンラートも、こういう結果は予想もしていなかった。だから、この長途の前進の間に、補給を維持する施策を何ら講じていなかった。急場しのぎの便法では、準備不足の補いにはならなかった。その結果戦線に停滞が生じ、敵はおびただしい損害をこうむりながらも、壊滅を免れて退却した。

ロシア軍は兵員の供給源が豊富だったために、四〇万人の捕虜を出しても、すぐにその埋合せをつけた。そこでファルケンハインは、オーストリアがはたして本当に軍隊を移動させないかどうか不安

＊5――ロシア南西正面軍総司令官。正面軍とは、〈軍集団〉と同じく〈軍〉の上位に位置する高級司令部のことで、作戦指揮のみを担当した。なお第二次大戦時には、作戦指揮だけでなく、後方補給機関その他作戦行動に必要なすべての機関を備え、文字通り〝軍の集団〟をさすようになった。

を抱いたため、ゼークトの主張に屈して攻勢を続行することにした。だがそれでも目的を限定し、フランス戦線の状況にも気を配ることを忘れなかった。しかしマッケンゼンは進撃方向を東から北へ転じ、ロシア軍主力のいるブーク川とヴィスワ川の中間の広い回廊地帯をめざした。これに応じて、ヒンデンブルクは、東プロイセンからナレフ川を渡ってブーク川へと南東方向に進撃するよう命令を受けた。ルーデンドルフはこの作戦はあまりに正面きったものでありすぎるし、なるほどロシア軍は両側面から圧迫されるだろうが、退路を遮断できないことを考慮し、この作戦には積極的になれなかった。この春、ルーデンドルフはコフノからウィルナ、ミンスクに及ぶ広い機動包囲作戦をふたたび主張し、コンラートも同じ見解をとった。ファルケンハインは、これには余分な兵員も必要とするし、かかわり合いも深くなることを恐れ、これに反対した。そして七月二日、カイザーもファルケンハインの説を支持した。しかし結果はルーデンドルフの予期したとおりに運んだ。ニコライ皇子はドイツ軍のはさみ打ちにあう前に、ワルシャワ突出部から軍隊を脱出させた。しかしファルケンハインはこの事態を、ルーデンドルフがこの攻撃に全力を注がなかったからだとみなした。議論は激しいものとなった。ヒンデンブルクはファルケンハインに対してばかりでなく、軍事閣議を主宰するカイザーにも手紙を書き送り、自分の東部軍集団総司令官の肩書が〝辛辣な皮肉〟になってしまったと言い切った。[*6] ファルケンハインはこの言葉を冷ややかに受け流し、ヒンデンブルク麾下部隊をひとつはぎとって別に新しい軍集団を設置し、ヒンデンブルクの地位を格下げしてしまった。

ポーランドは八月中旬までに七五万の捕虜を出して占領された。そこでファルケンハインは、東部戦線での大規模な作戦を一時ひかえることにした。ブルガリアの戦争参加が準備されていたので、彼はセルビアに対するオーストリア、ブルガリアの共同攻撃を支援したいと考えた。そして何よりも、九月に予期されるフランス軍の攻勢に備え、部隊を送還したいと念願していた。しかしまた、失った機会を取り戻すためにも、個人的な敵対者をなだめるためにも、ロシア軍をいためつける企てにもう一度だけ同意せざるを得なくなった。ルーデンドルフは遅まきながら、自前の兵力でウィルナ作戦を実施する許可を与えられ、またコンラートはルーツクから東へ進撃する計画をたて、ゴルリツェの成功を再現して、プリピャチ沼沢地南にあるロシア軍を遮断することを試みた。

ルーデンドルフの作戦は九月九日に開始され、ベロウのニェマン軍とアイヒホルンの第十軍とで二本のつのを形成し、これによってロシア軍前線を突破し、一方は東のドヴィンスクへ、他方は南東のウィルナへと進んだ。ロシア軍はさまざまな方角へ追い返され、二本のつのの間を進んでいたドイツ騎兵隊は、ウィルナをはるかに越えて、ミンスク鉄道に迫った。しかしこのドイツ軍は戦力不足であったために、ロシア軍としては結集してこの孤立した脅威に立ち向かうことは容易だった。ルーデンドルフはロシア軍の強化された抵抗と補給不足に見舞われ、作戦を中止せざるを得なくなった。こうした戦局の推移の最大の問題点は、ウィルナ機動作戦の着手がここまで遅れてしまった間に、ロシア軍のほとんどの部隊が網の外へ逃れ出る余裕をもってしまったということである。

オーストリア軍の攻勢は九月二十六日になってようやく展開されたが、惨めな失敗に終わってしまった。がむしゃらなコンラートはもう一度やろうと頑張ったが、オーストリア軍は、十月半ばまでに二三万の犠牲を出し、しかも戦局にはさしたる影響を与えることもできなかった。結局、ロシア軍は手ひどい痛手をこうむったが壊滅は免れた。そして、これより後、二度とドイツ軍に対する直接的な脅威とはなり得なかったが、一九一八年までの二年間、西部戦線にドイツ軍が総力を結集するのを遅らせることができたのである。用心深いファルケンハインの慎重な戦略は、長期的にみれば運任せの

＊6——肩書ばかりの司令官で、少しも実権がともなわない、という不満を表わしたもの。

まったくいい加減なものであり、それがドイツの破滅を招来するもととなった。

ドイツ軍が計画的に作り出し、次いで遮断しようと試みた突出部から、ロシア軍は命からがら脱出し逃げ去った。ロシア軍の退却は十月までに、バルト海に臨むリガから、ルーマニア国境のチェルノフツイにのびる直線上で終止符が打たれた。しかし、ロシア軍はこの休止状態に達するまでに壊滅的な代価を支払わされており、しかも一九一四年にロシアが西側連合諸国のために支払った犠牲に対し、これらの諸国はほとんどそれを償う労をとらなかったのである。

九月二十五日の英仏軍による西部戦線での攻勢は、それ以前の攻勢と同様、効果なしに終わったからである。主要攻撃はシャンパーニュのフランス軍が担当し、これにレンスの向う側のアルトワにおける英仏連合軍の攻撃も敢行されたが、第一の失敗は、両戦区の距離が開きすぎていて、時々刻々の戦況に応じた連携活動ができなかったことである。だが、より大きな失策は、司令部が調和しがたいふたつの要因を無理に調和させようとしたことにある。つまりドイツ軍最前線の突破をねらいながら、その前に長い砲撃を行なったために奇襲のチャンスを失ってしまったことである。ジョッフルのこの作戦における当初の意図はこの両戦区で突破を敢行してから、英仏軍の前線全域で総攻撃を開始し、「ドイツ軍をムーズ川の向うへ退却させ、あわよくば戦争を終結させる」ことであった。例によって何とも楽観的な話ではある！　シャンパーニュでも、アルトワでも、英仏軍はドイツ軍前哨陣地にやすやすと浸透したが、その後につづくべき予備軍の投入に遅れをとったために、ドイツ予備軍はその狭い浸透口をいとも簡単に埋めてしまうことができた。わずかの地理的収穫も、高い代償を償うものとはならなかった。連合軍側の損害は二四万二〇〇〇名、ドイツ軍のそれは一四万一〇〇〇名であった。そして英仏軍側がいかに経験を積んでいるといっても、防衛戦の戦術にかけてはドイツ軍もひけをとらなかったのである。しかしこの攻勢における英国軍の参加に関しては、新編成の軍隊が投入されたという点で注目に価する。ロースにおいてこれらの英国軍各部隊は、実戦を「はじめて体験した」。未熟だったために効果はさほどでもなかった。だが、英国軍がここで見せた勇気と馬力は、一朝有事の際には、ヨーロッパ大陸諸国の長い伝統を誇るその軍機構に匹敵するだけの団結力をすぐにでも発揮できる力が英国にあることを、如実に示したものであった。

ただこの力を生かす指揮ができなかったので、ジョン・フレンチ卿は総司令官の地位をダグラス・ヘイグに奪われた。ロシア側でもすでに九月、総司令官はニコライ皇子から、名目上は〝道徳上〟のシンボルであるツァーリに、しかし実際は新参謀総長アレクセイェフ将軍に替えられていた。[†2] 同時にフレンチの参謀長ウィリアム・ロバートソン――フレンチはヘンリー・ウィルソンからの影響を強く受けていたために、このロバートソンを長いこと軽視していた――は帰国し、大英帝国参謀総長になった。これは英国の全般的戦略にもっと強力な指示を与えるためであって、それが西部戦線偏重につながることにもなった。いささか奇妙なことに、ヘイグは自分の参謀長としてこれまでフランス戦線の軍務についたことのない親友キッゲルを選んだ。

†原注2――ロシアでもっとも実績あるブルシーロフ将軍（第八軍のち南西正面軍総司令官）は、アレクセイェフを、「立派な戦略家であるが、その主たる欠点は不決断と、道徳的勇気の欠如であった」と評している。「もし彼が真の総司令官のもとで参謀総長であったなら、非難の余地がなかったであろうと私は思う。しかしツァーリのような人物を長にいただいたために、本来総司令官が決意すべきことを代わって決断し、総司令官の弱点を補強しなければならなかった。アレクセイェフはそれには適当な人物ではなかった」。トロツキーはもっと軽蔑をこめて、アレクセイェフを「白髪頭の凡人で、ひたすら耐え忍んでくたびれてしまった陸軍最古参の大番頭」であると書いている。

イタリアの最初の戦い

一九一五年の連合国側の貸借対照表に関する限り、イタリアの軍事的貢献度はふたつの困難によって割引きされた。ひとつは準備不足であり、いま一点はその国境が攻勢に出るのに不向きだし、防衛面でも有利ではないという戦略上の悪条件を負わされていることであった。ヴェネチア地方のイタリア国境部分はオーストリア領に対峙した突出部であり、北はオーストリアのチロルに、南はアドリア海に接している。アドリア海に面して比較的低い地勢がイゾンツォ川[*7]までのびているが、その果ての国境には北西に大きくカーブしたジューリ・アルプスとカルニケ・アルプスがそびえている。東へ進撃しようとすれば、オーストリア軍がチロルから南下してその背後に襲いかかる危険性を考慮しなければならなかった。

こういう困難はあっても、東方の戦区は、北方のアルプスへ攻め登るよりも成功の可能性が——オーストリアの心臓部をおびやかすことも含めて——大きいように思われた。イタリアが参戦の準備を進めていたとき、総司令官の職にあったカドルナ将軍は、この東方攻勢、北方守勢の考えを基本に作戦を練っていた。チロルからのしかかってくる脅威は、ロシアとセルビアが同時にオーストリア軍に圧力を加えることで緩和されるという期待があった。しかしイタリアの宣戦布告の前夜にこの希望は薄れ、ロシア軍部隊はマッケンゼンの攻撃を受けて後退し、セルビア軍は連合軍側が要請したにもかかわらず示威行動すら展開できなかった。こうして圧力が解かれたために、オーストリア軍はセルビア戦線から五個師団をイゾンツォ川へ急派した。これにはドイツの新編成三個師団が増援されていた。ガリシアからさらに三個師団が派遣された。それでもなお合計約一三個師団にすぎず、これが、数的には二倍以上の優勢を保っているイタリア軍と対決することになったのである。

北方に最適の掩護陣地を確保するために、イタリア軍はチロル方向へいくぶん前進することに成功した。しかし国境突出部の北東隅、つまりカルニケ・アルプスのタルヴィス進出の企ては、敵に機先を制されてしまった。この局地的な失敗がのちの一九一七年に、不幸な結果を生むことになった。それはこの地がオーストリア軍のタリアメント峡谷出撃のための申し分のない出口となったからである。

他方、第二、第三軍からなるイタリア軍主力の進撃は五月の終りに始まっていたが、合計二四個師団のうちわずか七個師団しか準備が完了していなかった。悪天候が困難を倍加し、イゾンツォ川は洪水をおこし、最初の進撃はたちまち阻まれてしまった。イゾンツォ戦線は御多分に洩れず塹壕戦の形式をとることになった。しかしいまやイタリア軍の動員は完了し、カドルナはあえて攻撃を仕掛けた。六月二十三日に始まったイゾンツォ川の最初の戦闘は七月七日まで続いたが、これといった成果はなかった。十日間の休止ののちにまた一連の攻撃が行なわれたが、これも似たりよったりで、このとき以後、戦闘は塹壕戦に特有の発作的小競り合いに終始することとなった。この間、カドルナは秋の本格的な新攻勢の準備を着々と整えていた。それが十月に開始されたときは、兵員数では二対一の優勢を保っていたが、砲兵隊は弱体だった。この欠陥と守備軍たるオーストリア側の経験の豊富さとがあいまって、新攻勢は前と同じく不毛なものになってしまった。それでも頑固に続行されたために、十二月にこの攻勢が敗北した時点での六ヵ月間の戦いのイタリア側の損害は約二八万名、守備軍側のほぼ二倍に達した。しかも敵側はロシア軍を相手にしたときにはあまり見せたことのなかった激しい戦意を、イタリア戦線で示したのである。

＊7――イタリアとユーゴスラヴィア国境にある川。

セルビア征服

裏面に大きな変化をはらみながらも、ロシアとフランス両戦線にふたたび膠着状態が訪れていた。だが、一九一五年後半になり、別の地域で流動的な軍事行動が生じ、これが大戦全般に予期せぬ影響を与えることとなった。

英仏軍をはじめとする連合諸国の戦略におけるもっともいちじるしい盲点のひとつは、オーストリア＝ドイツの同盟国側にとって、セルビアがいちばんデリケートな地域におけるいら立ちの原因になっており、したがって彼らを攪乱するための好材料であることを見落とした点である。不安定なオーストリアの後部側面に対するこの無言の脅威は、敵同盟国側の兵士とその作戦全体に対する貴重な攪乱材料のはずであった。これはセルビアにある連合軍側が、主戦場に集結して有効な成果を挙げるためには、どうしても必要な行動だった。地理的条件からいっても、セルビアはオーストリアの政治的かつ軍事的弱体部分における〝潰瘍〟ともなりかねぬ存在だったのである。この〝攪乱作用〟を持続させるためには、援助の量よりも質が問題だった。大規模な連合国側軍隊を急派すること（これは進撃路が改善されるまで実現の見込みはなかった）よりも、技術部隊と物資を供給することが肝心だった。セルビア軍自体は戦闘部隊として申し分なく、もともとその地形に向いていた。したがって彼らが求めたものは効果的に戦う手段であって、これを与えることは、英国の新しい徴募部隊を送り込むことよりはるかに緊急で、経済的な措置であった。にもかかわらず連合軍側は、これを怠ったことによって敵ドイツ＝オーストリア軍側がこの潰瘍を手術して取り除くのを許してしまったのである。こうした見通しの悪さが、連合国側にとってより大きな禍根となったのである。

オーストリアはイタリア軍をイゾンツォ川に釘付けにする力があることを立証した。そして夏季攻勢を受けながらもロシアの危険が薄れ始めると、オーストリア軍総司令部は、セルビアを徹底的に叩きつぶしたい気になってきた。一九一四年八月、九月、および十一月にオーストリアはセルビア侵入を企て、あっけなく撃退されている。こういう軍事的挫折感に耐えるということは、大国、それもスラヴ系住民を多く抱えた大国にとって、絶対に許されぬことだったのである。こんないら立ちが、たまたまドイツとトルコを鉄道で結びたいと考えていたファルケンハインの願いと一致した。この夏の間中、敵協商国側はブルガリアの支持を取り付けようと努力していた。取引を進めているうちに、協商国側は軍事的失敗を犯して心理的な負い目を負わされた。また物質的な失点としては、一九一三年、セルビアがブルガリアから奪ったマケドニアを寸土といえども手放したがらないという事情があった。オーストリアとしては、敵側のものである地域をくれてやることには何ら反対ではなかったから、ブルガリアはオーストリアの言うことをきいた。こうして味方を加えたことがセルビアに対して決断を下す機会を早め、八月にファルケンハインはロシア戦線からガルヴィッツの軍隊を抽出し、オーストリア第三軍を強化することに決めた。このほかにもブルガリアの二個軍を使うことができた。作戦指揮のためにマッケンゼンとゼークトが派遣された。セルビアはこの新しい脅威に対して、小規模な自国兵力のほかには、条約によるギリシア軍の援助の保証と、協商国側の約束があるばかりだった。前者は親協商国派のギリシア首相ヴェニゼロスの失脚によってはかなく消え去り、後者は例によって手遅れとなった。

一九一五年十月六日、ドイツ＝オーストリア軍はダニューブ川を渡って南へ進撃、その右翼はドリナ川を越えて側面攻撃の態勢をとった。これを阻もうとするセルビア軍の頑強な抵抗と峻険な山岳地帯という天然の障害が進撃の前に立ちはだかった。だが、英仏軍の増援隊が到着するより前に、ブルガリア軍が西方へ兵を進め、セルビア軍主力の後方をよぎってセルビア南部に侵入した。これがセルビア軍とサロニカから北上してきた連合軍の間に深い楔を打ち込み、北部における抵抗を弱体化させることになった。セルビア軍は布陣の両端を弓なりにたわめられ、二重包囲の危険にさらされたし、また南への退路を遮断されてしまったために、アルバニア山岳地帯を抜けて西へ退却するしか手がなかった。この真冬の退却という困苦を耐え抜いた勇士たちはコルフ島（ギリシア、ケルキラ島）へ移され、装備と編成も新たに、一九一六年春、サロニカにおける協商国側の傘下に加えられた。セルビアの征服は、領土の占拠は成っても、その軍事力の征服にはならなかった。だが、ともかくもオーストリア軍は南部国境における危険から解放され、またドイツ軍は北海からチグリス川に至る広大なユーラシア大陸中央部ベルト地帯における自由通行と支配権とを得た。協商国側にとってこの戦役は軍事的〝汚水溜め〟を掘ったようなもので、以後三年間せっかくの軍事資源がここに流し込まれ、むなしく遊ばされることになったのである。しかし究極的にはこの汚水溜めはやがて溢れ出し、中欧諸国同盟の支柱のひとつを流し去ることになるのである。

サロニカ遠征

十月初め、協商側各国政府はセルビアの危険に愕然とし、英仏軍数個師団をガリポリからサロニカへ急派した。サロニカは鉄道でユスキュプ（ユーゴスラヴィア、スコピエ）に至る唯一のセルビア援助の経路であった。サレイユ将軍指揮下の救援部隊前衛はバルダル川をさかのぼって、セルビア国境を越えたが、ブルガリア軍の打ち込んだ楔がその地区にあるべきセルビア軍を一掃してしまっていることを知り、ブルガリア軍の追撃を受けながら、やむなくサロニカへと引き退った。英国軍の参謀本部は軍事的見地から強くサロニカ撤収を説いたが、連合軍は政治的理由で残留することになった。すでにダーダネルズでの失敗が連合軍の威信をそこなっていた。そしてバルカン諸国においてはドイツの不敗を信じたがために、ブルガリアは参戦する気になり、ギリシアはセルビアとの条約を破棄する気になったのである。このうえサロニカを撤収することにでもなれば威信がさらに失墜するのは目に見えていた。逆にここをなんとか保持すれば、連合国側はギリシアに対するドイツの影響力を阻止することができ、またルーマニアが期待どおりにこちら側に立って参戦した場合、それを助ける絶好の作戦基地を持つことになるはずだった。この目的のためにサロニカ守備軍はイタリア、ロシアからの派遣部隊、英国、フランスの新編成師団によって増強され、再編成されたセルビア軍も導入された。けれども一九一六年十一月、モナスティルを手に入れたことと、翌一七年四月、不毛の攻撃に出たことを除けば、協商国側部隊は一九一八年秋まではこれといった防衛面での努力を払わなかった。乏しい戦果しか挙げられなかったのは、ひとつには山脈から成るこの地域の地勢がバルカン諸国への接近には天然の障害となっていたことと、連合各国政府がサロニカを〝厄介な荷物〟と考えていたこと、さらには指揮官サレイユの人柄が原因していた。彼は政治的陰謀家との風評があり、またその実績もあったので、この種の混成部隊が「力相応の仕事をする」ためには不可欠の要素である信頼と協力を獲得することができなかったのである。一方ドイツ軍側では、この地帯をブルガリア軍の護衛のもとに守勢のままにおくことで満足しており、その間に自軍をよそへ投入するために着々と撤収していた。ドイツ軍はいささか皮肉を込めて、サロニカをドイツ最大の捕虜収容所と呼んだ。事実、五〇万の連合軍がここに閉じ込められていたのだから、この嘲笑はある程度当たっていた。少なくとも一九一八年までは。

メソポタミア

一九一五年にできた〝汚水溜め〟はサロニカに限らなかった。メソポタミアもまた軍事的中心地からその戦力が流出していく地域となった。しかもこれには純粋に政治的理由からその口実が設けられた。この場合は、ダーダネルズやサロニカの場合と違って、別に窮地に陥った連合軍を助けるためという名目もなく、またダーダネルズ遠征のような一敵国の心臓部をめざすためという弁解も成り立たなかった。なるほどメソポタミアを占領すれば英国の威信を高め、トルコを悩ますかもしれなかったが、トルコの抵抗力がそのために怪しくなるということはなかったはずである。動機は健全であったが、その展開は英国の戦争遂行機構に内在する欠陥からくる〝成り行き任せ〟の一例であった。

ペルシア湾に近い油田は英国の石油供給源としてきわめて重要なもので、ためにトルコとの戦いが切迫したとき、一個師団に当たるインド兵が、防衛のために急派された。この任務を有効に果たすために、ペルシア湾の奥のバスラ州を占領し、油田へのルートを確保する必要があった。

一九一四年十一月二十一日、バスラは陥落した。しかしトルコの増援部隊が続々と送り込まれてきたため、インド政府はもう一個師団を派遣せざるを得なくなった。翌一五年春のトルコ軍の攻撃は撃退され、英国軍司令官ニクソン将軍は、足場を拡大していっそうの安全を計ることが賢明だと判断した。タウンゼンドの師団はチグリス川をアマラまでさかのぼり、小規模ながらもめざましい勝利を収め、また別の師団はユーフラテス川をナジリヤまで攻めのぼった。南部メソポタミアは沖積期の大平原で道路も鉄道もなく、このふたつの大河だけが交通・連絡の手段だった。そこでアマラとナジリヤを手中に収めれば、油田を守ることが可能だったのである。けれどもニクソンとインド政府はこの成功に気をよくして、クート＝アル＝イマラまで前進することに決めた。この作戦は英国軍をさらに一八〇マイルも奥地へと引き込んだが、それにはある程度の軍事的正当性があった。それはチグリス川から分かれたシャット・アル・ハイ川は、クートにおいてユーフラテス川と連結しており、この連結部を通ってトルコ予備軍が一方の川から他方の川へ移動することもあり得たからである。

タウンゼンドは八月に進軍を開始し、クートの近くでトルコ軍を撃ち破り、騎兵隊にバグダッドへの途中にあるアジジヤまで追撃させた。これまでの数々の失敗に対する心理的な償いを追い求めていた本国政府は、興奮に湧き返り、エクソンはタウンゼンドをバグダッドまで進撃させる許可を得た。しかしクテシフォンにおける不本意な戦闘のあと、トルコ軍兵力がいよいよ優勢を占めるにつれ、タウンゼンドはクートまでの後退を余儀なくされた。ここで孤立無援のまま彼は、新数個師団がメソポタミアに到着するまでとどまるように命じられた。クートは一九一五年十二月八日、トルコ軍によって包囲され、救援軍はチグリス川両岸一帯を埋めたトルコ軍布陣に空しい攻撃を繰り返した。状況は悪化し、通信連絡はさらに悪く、指揮系統は欠陥に満ちていたため、一九一六年四月二十九日、クート守備隊は降伏せざるを得なくなった。タウンゼンドを冒険に追いやったこの戦略はきわめて不健全なものだったが、圧倒的に優勢な敵に対して彼の小部隊が挙げた戦果はそのために余計きわ立った。装備の不足、通信連絡の不完全さ、敵地の奥深くでのまったくの孤立状態などにめげず、同部隊は戦史に輝かしい一ページを書き加えた。これらのハンディキャップを、四対一という数の優勢と、完備した補給体制をもって最終的にバグダッドを占領したときにくらべてみると、タウンゼンドと部下たちがトルコ軍に苦しめられたときの恐ろしい思いが、よく理解できるのである。

一九一五年〝銃後の戦い〟

〝軍隊の〟戦いから〝国民の〟戦いへと移行したことを示すきわだった指標のひとつは、おそらく一九一五年五月、英国の挙国一致内閣の成立であろう。議会政治の生みの親でありながら、由緒ある政党制度を廃して戦争指導を国全体の自的とすることに踏み切ったことは、英国の伝統が未曾有の激変に見舞われている証拠であった。自由党出身のアスキス首相は留任したが、閣内には保守党的色合いが濃厚になっていた。しかし、ロイド・ジョージがそのダイナミックな人柄で人望を集め、真の主導権がその手中に移ろうとしていた。チャーチルはその洞察力でイギリス海峡の諸港の脅威を回避し、戦況行詰り打開のための切札を提示した人物であったが、遠征軍の組織者であったホールデインと同じく、その提案は棚上げの憂目にあった。

関係各国はすべて広範な政治的変革に見舞われたが、これは一般大衆が洗脳されてきたことの現れでもあった。

初期の熱狂は消え去り、代わってここでも動かぬ決意がみなぎってきた。英国人にとってこれは生得のものであったが、一般にフランス人気質として皮相に考えられているものとは、大変違ったものであった。

経済的窮乏はどの国でもまだ本格的なものではなく、財政調達力も予想をはるかに上回っていた。そして経済封鎖もUボート作戦も、お互いの食糧補給を深刻におびやかすに至ってはいなかった。ドイツでは食糧不足が実感されはじめてはいたが、国民は勝利への手応えを敵側よりも確信し、戦意を高揚することができた。しかし一九一六年になると、ドイツの前年度の農産物の作柄が四〇年来の凶作だったため、窮乏感が強まってきた。幸いにもドイツ人特有の忍耐力によってこの危機は緩和され、また英国軍による経済封鎖も東部戦線で小麦生産国を安く手に入れたために、[*8] その効果は半減されてしまった。皮肉なことに、連合国側がルーマニアに参戦を呼びかけたことが、結局ドイツにこうした救命ブイ[*9]を投げ与えることになってしまったのである。それまでは、ファルケンハインが西部戦線で再度攻勢に出たことによって、ドイツ人の戦意は〝血と涙の池〟に溺れかけていたのである。

＊8――ルーマニアの大部分を占領したことをさす。

＊9――ルーマニアの小麦、石油を入手したこと。

1 《作戦》の誕生——ダーダネルズ海峡

〝ひとりの巨人と三隻の船〟と凌辱の恐怖が、[*10] トルコをして古き昔からの同盟国たる英国との戦いに踏み切らせた主な要因であった。その〝巨人〟とは一九一二年まで十五年間、ドイツ大使としてコンスタンチノープルに駐在していた男爵フォン・ビーバーシュタイン元帥である。〝力〟だけを崇拝し、唯一の行動綱領としている民族、また力あるものに対してのみ〝騎士道精神〟を示すトルコ人にとっては、フォン・ビーバーシュタインの巨大な体軀、傷跡のある顔、人を踏みつけにする荒々しい態度などは興隆するドイツの生きたシンボルと映ったのである。おそらくこういった印象は、もっと成熟した、静かな力をひめた英国人がひとりでも現われれば打破することができたであろう。これにはキッチナーがうってつけで、彼は奇妙なことにトルコ大使になりたい願いをむなしく抱いていたようである。実際にこの肝心な時期におけるトルコ駐在英国大使は、必要な威信にも力にも欠けた人物であって、肝心な数週間のあいだ休暇をとって不在だったのである。

〝船〟というのは新しいドイツ巡洋戦艦〈ゲーベン〉と、英国で建造された戦艦〈スルタン・オスマン〉と〈レシャディエー〉であった。ドイツの威信を高め、英国の影響力——つまり英国海軍使節団の影響力——の唯一の残存基地を弱体化するための巧妙な手として、〈ゲーベン〉は一九一四年初頭、コンスタンチノープルへ派遣され、ゴールデン・ホーンへの入口付近に錨を降ろした。やがて七月下旬、戦雲急を告げる事態に至って、いつもダーダネルズへのロシアの野望におびえていたトルコの恐怖は頂点に達した。これはトルコ自身の領土拡張の野望と複雑にからみあい、いっこうに衰えなかった。ドイツとロシアの戦闘開始を確信し、英国の介入の見通しも予測できず、加えて親独派のエンヴェル・パシャにそそのかされたトルコの総理大臣（タラート・ベイ）は、ドイツの申し入れに応じ、七月二十七日、ドイツ大使にロシアを敵とする秘密同盟締結を要請した。翌日この要請は承諾され、八月二日、これに関する条約が調印されたが、トルコ政府閣僚の多くはこれをあずかり知らなかった。翌日、最初の機雷がダーダネルズ海峡に敷設された。そしてエンヴェルはすでに自分の発意で軍を動員していた。けれども、英国参戦の報はこの新条約を紙風船のように破裂させてしまうほどのショックを与えた。事実、それ以後の二、三日というものはトルコ政府部内で論議が沸騰し、ためにもうひとつの〝観測気球〟が打ち上げられることになった。それは、驚くべきことに、ロシアに対する同盟締結の申し入れであった。それはとりもなおさず、ロシアに西側連合諸国から軍需品を導入するための経路獲得の見込みがあることを教えるものだったが、とにかくこの申し入れは南下を目ざすロシアの野心にはそぐわないものであった。ロシアは領土合併の夢を犠牲にして孤立のほうを選び、この申し入れに関しては、連合国側に報告さえしなかった。

しかしトルコの態度の反転と、そのロシアに対するよりも英国の力に対する強い恐怖は長続きしなかった。トルコ政府のその自信回復を大いに助けたのは、あるいら立ちであった。バルカン戦争の傷手のなおいえぬトルコは、初めての近代的戦艦二隻の到着を待ち望んでおり、国民からの募金によってこの建造費を賄ったために、その熱意と自負とは国民的願望ともいえるものであった。ところが八月三日、英国政府はトルコに対してこの二隻の戦艦を接収する旨を伝えてきた。この通告はトルコの全国民を憤激させた。小銭を寄付したものはみな裏切りに遭ったような強い侮辱感を覚えた。この民

＊10——凌辱の恐怖とは、後出のロシア、あるいは英国による領土侵害の恐れをさす。

衆の怨嗟の声が頂点に達したとき、八月十日、軽巡洋艦〈ブレスラウ〉を従えた弩級艦[*11]〈ゲーベン〉が、シチリア島の近くで英国艦隊の目の前を通り抜け、ダーダネルズ海峡の入口に姿を現わしたのである。

ドイツ軍事使節団の一将校フォン・クレス陸軍中佐が、この知らせをトルコの陸軍大臣エンヴェル・パシャにもたらし、海峡の要塞では軍艦の入港を許していいかどうか指示を待っている旨を伝えた。深刻な会談がなされた。

エンヴェル――「ここでは決められません。まず総理と相談しなければ」。クレス――「しかしわれわれはすぐにも打電しなければならないのです」。一瞬の心の動揺。次に――「要塞への軍艦の入港を許可させます」。さらにクレスの狡猾な問い――「もし英国軍艦がわがドイツ軍艦を追って海峡に入ろうとしたら、発砲してよろしいか」。「この件は内閣の決定をまたねばなりません」。「閣下、われわれは即座に明確な指示を与えずに、部下をこのような状況にほうっておくことはできません。敵艦に発砲してよろしいのですか」。ふたたび沈黙。「よろしい」。――この重大なやりとりのドイツ側の目撃者カンネンギーサー将軍は、「われわれはダーダネルズ海峡の前で、鉄の格子がガチャンと降りる音を聞いた」と言っている。

しかし、トルコはまだ戦争の準備もできていなかったし、参戦に同意してもいなかった。トルコ政府の閣僚たちは、この二隻のドイツ軍艦はトルコが買い取ったのだという虚言を弄した。国際法は踏みにじられ、英国の抗議はいれられず、トルコ人の面子はりっぱに立った。だが、英国としても対トルコ戦を回避したい理由はいくらでもあった。

これに続く数週間、これ見よがしの挑発を受けながらも英国はじっとがまんしていた。そこでトルコ軍はすきに乗じて戦争準備を着々と整え、大胆にふるまうようになっていった。ドイツ軍艦の乗組員は引きとめられ、ドイツ提督がトルコ海軍の司令官に任ぜられた。そして英国海軍使節団は指揮系統からはずされ、次いで退去を命ぜられた。英国の艦船は拘留され、無電装置は撤去された。ドイツ陸海軍の兵士がコンスタンチノープルに乗り込み、海峡は閉鎖された。一方、弁舌さわやかに自信たっぷりなトルコ政府の大臣たちは、英国軍の〝悠長さ〟にすっかり気をよくしていた。しかし英国軍のそういう自制心は、この何百万という回教徒の臣民をかかえる国に、弱みがあることを強く意識していたことからきていたのである。けれども英国海軍本部が、元トルコ駐在海軍使節団の団長リムパス提督をダーダネルズの英国小艦隊の司令官に任命する意向を、トルコ軍の怒りを買うことを恐れて取り下げるに至っては、妥協もこれにきわまって愚行に堕したというほかはない！　そして妥協の必要がなくなってしまったとき、その代りに〝場違い〟な騎士道精神が登場し、トルコ軍とダーダネルズ海峡を詳しく知っているある人物の登用を妨げたのである。

エジプト国境における一連の攻撃が英国を戦争に駆り立てることができなかったときには、さすがのドイツ軍も気をもみはじめた。そこでドイツ提督は、エンヴェルの黙認のもとにトルコ艦隊を率いて黒海に侵入し、英国の同盟国であるロシアのオデッサ、その他の港を砲撃した。戦後にダバーノン卿が関係者から聴取して記録したこの挑発の一部始終は、よくその間の事情を伝えている。挑発行動の公式の認可は、提督宛の封書の形でドイツ大使館に届けられた。ある役人が自分の発意で万一の場合を考えてこれを開封し、その写しだけを提督に送達した。コンスタンチノープルに最初に届いた報告は、〈ゲーベン〉が撃沈されたというものであった。そこで例の認可も艦とともに沈んだものと考えたトルコの総理大臣は、ロシアの抗議に対し、そのような指令を出した覚えはないととりつくろっ

＊11──第２章＊19参照。

た返事をした。するとドイツ大使は総理に使いを出して、「貴下が〈ゲーベン〉とともに沈んだと考え、その存在を否定された指令は、安全な場所……ドイツ大使館にあります……。トルコ政府は、どうかロシア攻撃の指令を出した事実を否定するのをおやめ下さい」と言ってきた。こうしていくさを恐れていた総理大臣もわきへ押しやられ、〝三国協商〟に対する戦いを避けようとするトルコの口実を、ドイツが巧妙に崩してしまうのを、手をこまねいて見守るばかりであった。これが十月下旬のことだった。

英国にとってもロシアにとっても、いまが戦争を始める絶好の機会であった。ダーダネルズ海峡の守備陣は老朽化しているうえに、不完全であった。トルコのふたつしかない軍需工場はコンスタンチノープルに近い海岸沿いにあり、軍艦でそこまで侵入すればいとも簡単に破壊できた。この好機を逸したのは英国側の信じられないほどのいい加減さと、ロシア側のひどい近視眼が災いしたためだった。

十一月三日、英国艦隊はダーダネルズ海峡外側の諸要塞に対し、短時間の砲撃を行なった。これはドイツ軍当局に、トルコの防衛態勢の無気力さを克服する努力をふるい起こさせたこと以外には、何の役にも立たなかった。ところがトルコ側は、またもや無気力の沼に沈み込んでしまった。そこで六週間後に英国の一潜水艦がその惰眠をさまし、機雷の下をかいくぐって、海峡の最狭部付近で一隻の船を撃沈した。この功によりその艦長は『ヴィクトリア勲章』を授けられた。しかしこれらの警告の効果は大げさに伝わりすぎている。トルコの無気力さは英国の愚行と同じく、ほとんど底無しであった。ようやく、翌一五年二月の終りになって、トルコ軍は一個師団以上の軍をガリポリ半島に配備し、三月になってやっと海峡防衛陣の増強が完成に近づいた。こうした弱気は、ひとつには海峡通過を妨げようとしてもエネルギーの浪費であって、本気で通過しようとするものは防ぎようがないという気持からきていたようである。ドイツ側、トルコ側を問わず、トルコの戦力を知り抜いている少数の専門家が、海軍だけによる攻撃をも阻止する力を保持していないと考えていたとすれば、まして陸海協同の攻撃に対しては自信のあるはずがなかった。現にトルコ軍参謀本部史は率直にこう記している。「二月二十五日までは、半島のどの地点からでも上陸に成功する見込みがあった。また陸軍部隊による海峡の占拠も、比較的容易であったと思われる」

ある時点では、協商国側は予備軍に手をつけなくとも必要な兵員は調達できたはずだった。それは八月半ばに、ギリシアのヴェニゼロス首相が、自国の軍隊全部を正式にまた無制限に協商国側の自由に委ねたからである。ところが、この好意を英国は受けいれなかった。それは主として、トルコが一九一二年当時の敵国のうちでことにギリシアを目の仇にしていたために、ギリシアの部隊派遣を望みながらも、英国外相エドワード・グレイ卿が、そのためにトルコの反感を買うのを避けたことによる。しかし希望はじきに薄れはじめた。そして八月の終わらぬうちに、ロシアがギリシアに対して、ダーダネルズ奪取を援助するための遠征部隊を送るよう依頼した。ギリシア国王コンスタンチンは同意した。ただし条件として、背後から刺される危険をなくすため、ブルガリアの中立を保証することを求めた。ギリシアの作戦は徹底的なもので、六万名を半島の先端付近に上陸させ、海峡を守備する要塞を背後から襲い、他方三万名をブレア付近に上陸させて地峡部を襲ってこれを確保させるというねらいであった。しかしトルコが参戦する以前に、コンスタンチン国王は気の進まなかった同意を撤回していた。ブルガリアがすでにドイツ側に加担したものと信じたためである。

英国内でダーダネルズ海峡を制圧することの重要性を終始認識していた唯一の指導者は、チャーチルであった。八月以降、チャーチルは陸軍省――この数年間この問題に対してお座なりの再検討さえ怠っていた役所である――の関心を高めようと、再三説得を試みていた。トルコ参戦から三週間後に、チャーチルは新しい戦争審議会の第一回会議にふたたびそれを持ち出した。だが、人々の眼は依然としてフランス戦線のみに集中しており、陸相キッチナーからも支持が得られなかった。トルコ軍はまたも休息期間を与えられた。しかし十二月中に西部戦線の見通しがはっきりしないことが多くの英国軍人とフランス軍の少数の人々に認識され、それと同時に当然、新編成部隊の数の増大が、その用途をどうするかの問題をひき起こした。このふたつの要因が重なって、雰囲気を明るくしないまでも活気づけることになり、新しい戦略着手の方法について、各方面からいろいろな提案がなされた。

もっとも決定的で実行可能な提案は、十二月二十九日付の新聞に載った戦争審議会幹事モーリス・ハンキー中佐の一文であった。中佐はフランスにおける戦局の行詰りを強調し、鉄条網と塹壕を強行突破できるような新しい装甲装備の開発を説くとともに、ドイツ軍を破るにはその同盟国、ことにトルコを叩くことがもっとも近道であると提案した。ハンキーはできることならギリシアとブルガリアの協力を得て、最初の新設三個軍団をコンスタンチノープル攻撃に使用することを提唱した。その目的はたんにトルコを打倒してバルカン諸国の重量を、協商国側の秤に移すことだけではなく、ロシアとの連絡路を開くことでもあった。その他の利点としては小麦の価格を下げて、三五万トンの船積み分を放出することがあげられていた。この論法は大きな戦略を念頭においていることをしのばせたが、その他の軍人たち、とりわけ最高級軍人らの視野は戦術の観点にのみしぼられた狭いものだった。

もちろんジョン・フレンチ卿は、フランスにおける自分の管轄範囲外での仕事にはいっさい反対であったが、たまたまこの時期に、ニコライ皇子からカフカスにおけるロシア軍の窮状を救うために、英国軍に何らかの示威行動をとってもらいたいという訴えが届いた。皮肉なことに、この訴えが受け取られる以前に危機はほとんど過ぎ去っていた。もっと皮肉なことに、そもそもこの危機は主要戦線から部隊を割くことにニコライ自身が反対したのが原因であった。

キッチナーはこの訴えに答え、ダーダネルズ海峡が示威行動にはうってつけの場所であるとし、また「それと同時に報告を少し誇張して、コンスタンチノープルが脅威にさらされているとしてはどうか」と示唆した。軍令部長フィッシャーもこれに調子を合わせ、示威行動よりも大規模な海陸協同攻撃を勧め、それとともに古い軍艦を「ダーダネルズ海峡を襲う」ために使うことを提案した。そしていかにも彼らしく予言的に、「だが大ナポレオンが言ったとおり、『敏速に――しからずんば失敗』」と結んだ。チャーチルは、大規模な攻撃のために陸軍部隊をそろえることがいかに望み薄であるかを知ってはいたが、海軍の可能性については期待を寄せていた。一月三日も遅くなって、彼はフィッシャーの同意のもとに、現地のカーデン提督に次の電報を打った。「海峡を軍艦だけで襲撃することが、実行可能な作戦だと貴下は考えますか」。カーデンからの返信、「私はダーダネルズ海峡は突破不可能と考えます。しかし多数の軍艦による大規模な作戦行動によれば、襲撃することは可能かもしれません」。

カーデンの詳細な作戦が、一月十三日の戦争審議会に提出された。最終決定が、ある運命的な雰囲気のなかで下されることになった。戦略が政策の下僕とならずに、逆に主人となっていた、それも盲目で残忍な主人に。政策を要望する声が各方面から起こった。なにぶんにもロシアは〃本調子〃をださないうちにつまずいていたし、セルビアは倒壊を免れない有様だった。ブルガリアがドイツのさしのべた手をとろうと身を乗り出せば乗り出すほど、ギリシアとルーマニアは尻込みしたし、イタリアはどっちつかずの〃洞《ほら》ヶ峠〃を決め込んでいた。軍隊が役に立つ唯一の戦線はフランスであったが、そこには弾薬がなかった。なぜならば、他の戦場なら充分だったはずの弾薬量でも、フランス戦線の塹壕障壁に対しては、弾痕ひとつつけることもできなかったからである。にもかかわらずジョン・フレンチによって代表されるような戦略が、政策の要求を邪魔していた。しかも陸相キッチナーはフレンチを理屈抜きで忠実に支持していたから、内閣の他の閣僚たちは素人の悲しさで、とやかく言っても結局は説得されて手も足も出ない絶望に落ち込むのであった。そこで彼らはわらをもつかむ思いで、無駄骨折りとはわかっていながら専門家の意見に従った。そしてこのときの閣議決定を記した次の文章は、まさに思考の混乱をそのまま表わしている。「二月に海軍は遠征を行なう準備をすること。コンスタンチノープルを戦略目標としてガリポリ半島を砲撃し、占領すべし」。軍艦に陸地の一部を〝占領〟させるというこの指示は、こっけいなほど素朴なものである。

数日後にチャーチルはニコライ皇子に、黒海への入口ボスポラス海峡（カラデニズ海峡）に対する陸と海からの同時攻撃に協力して欲しいと提議して、自己の作戦の補強を企てた。戦略的にはこの提案は最良のものだったが、ロシアの戦略家たちはそこに含まれる政治的な要素を気にしすぎたために、この提案はお流れになってしまった！　彼らはコンスタンチノープルを手に入れたいと強く望みながらも、そのために連合国側と協力する気にはなれなかった。ロシア政策の基本は、コンスタンチノープルとダーダネルズ海峡をふたつとも併合することだった。サゾーノフ外相はこの要求を連合国側にとってもっと口当りのいいものにするために、ロシアが海峡を制圧する返礼として、コンスタンチノープルの国際化をほのめかしたが、軍部側の圧力にあってこの部分的譲歩を引っ込めた。このように、軍国主義ロシアが自国の目標に対して連合国側が何らかの手を打つことをねたみと疑惑の眼で眺め、援助をさし控えたのは驚くには当たらない。サゾーノフすらこう記している。「英仏軍側がガリポリ遠征を最終的に決めたとき……私は海峡とコンスタンチノープルが、ロシア軍によってでなく、英仏軍によって占領されるかもしれないと考えて、はなはだ不愉快だった。……私はその知らせが自分に非常な苦痛を与えたことを、彼らの眼から隠すのに骨を折った」。ロシアは自国の気管の異物を除く助けをしているものにさえ、手助けしようとはしなかった。自国の野心を吐き出すくらいなら、むしろ窒息死のほうを選びたくて、結局そのとおりになってしまった。判定は自殺とならざるを得なかったのである。

英国でも新たに紛糾が持ち上がった。チャーチルがこの作戦はあまりに規模が小さすぎるといって反対し、フィッシャーは逆にこの作戦は拡大されすぎて、自分のバルト海作戦計画を妨害する懸念があるといって反対した。この見解の相違から、海軍本部の政務と軍務をそれぞれ代表するこの二人の争いが大きくなり、次回の戦争審議会の席上フィッシャーは辞意を表明した。が、キッチナーが間にはいってフィッシャーをわきへ呼び、この会議での全体の意向に従うように説得した。こうして妥協の産物である折衷案が承認された。アスピヌル＝オグランダー将軍が『公刊戦史』のなかで下している次の結論がいちばん当たっている。西部戦線の作戦行動は小銭のもうけを当てにして多額の金を張ったギャンブルであり、それに反して東部では「多額の金をもうける見込みがあまりないのに、小銭が賭けられることになった」。

海軍の攻撃は二月十九日、外側要塞に対する砲撃によって始められたが、奇しくもこの日は一八〇七年、ダックワース提督[*12]がこの海峡の通過に成功した記念日に当たっていた。以後、五日間は悪天候に阻まれたが、二十五日に砲撃が再開され、要塞は攻略されてトルコ軍はしりぞいた。翌日、艦隊は第二段階として、中間防衛陣地の粉砕に取りかかったが、海峡入口の内側にあったために標的としてはとらえにくく、砲撃はむずかしかった。戦果は期待外れだったが、好機をとらえて破壊工作隊が半島の先端に上陸し、無人となった外側要塞の大砲を破壊した。こうして二月二十六日の時点では少数ながらも海兵隊が自由に動きまわったこの場所で、それから二ヵ月後に何千もの兵が斃れることになったのは、歴史上の皮肉といわなければならない。翌日、さらに多くの兵士が上陸し、また三月三日

＊12――英国海軍提督。一七四八～一八一七。

にも上陸が敢行されたが、四日には多少の抵抗を受けたので、上陸部隊はふたたび船に戻った。

その間にも砲撃は続けられたが、ひとつには悪天候のためもあって、攻撃はかなり散漫なものとなった。トロール船が最初の機雷敷設面を二、三度軽くさらった程度で、攻撃目標を測定し修正するための航空機がなかったことが大きなハンディキャップとなった。そしてカーデン提督は飛行機の増援を得るまでは何もできないから、機雷敷設水域の掃海に専念するほかはないと報告した。

しかし数週間が空費され、海軍本部はカーデンの慎重さが任務の重要性と緊急性に似つかわしくないという印象を持たざるを得なかった。そこで三月十一日、一通の電報がカーデン宛に打たれて決定的な行動を促し、その結果重大な損害が生じても責任を問うことはないから安心するようにと伝えた。カーデンはただちに艦隊総攻撃の準備を整え、機雷撤去もついでに行なうことにした。そしてこの攻撃の基本原則は、機雷が敷設されていない、または撤去された水域にのみ戦艦を導入して砲撃させることだった。この時点でカーデンは病いに倒れ、副司令官のド・ロベック提督があとを継いだ。

攻撃は三月十八日に始まり、抵抗は受けなかったが不注意のために阻止されてしまった。それはあらかじめ英駆逐艦の警戒の眼をかすめて、トルコの小汽船が主な機雷敷設面のはるか外側に新しい機雷線を設けていたためだが、その機雷は連合国側艦隊が初期の砲撃のころに布陣していたエレン・キューイ湾の海岸線に並行して敷設されていた。艦隊は、この新しい機雷線にまったく気づかずにそこを通りすぎたうえで要塞を砲撃したのである。午後一時四十五分までに要塞はほぼ沈黙させられ、艦隊側にはこれといった損害はなかった。そこで掃海艇が主要機雷敷設面に送り込まれて、掃海を始めた。その間先駆をつとめたフランス戦艦小隊は一時的に撤収した。この小艦隊がエレン・キューイ湾を退去しつつあったとき、一大爆音がとどろいて〈ブヴェ〉がもうもうたる黒煙を吹き上げ、二分足らずのうちに船体が傾き、乗員のほとんど全員とともに沈没した。しかし救援の戦艦隊はいっそう近距離から攻撃を続行し、要塞側は一時的に活気づいて砲座が瓦礫に埋まり電話線が切断されても、砲火は一段と激しく炸裂した。ところが午後四時ごろ〈インフレキシブル〉と〈イレジスティブル〉がふいに、ほとんど同時に急傾斜した。原因がわからなかったために、心理的影響は大きかった。

新しい機雷線にはだれも気がつかず、原因についての報告には、機雷群が網から解かれて潮に乗って漂流したためというものから、どこか秘密の海岸から魚雷が発射されたためというものまで、いろいろであった。未知に対する恐怖におののき、ド・ロベック提督は総退却の命令を下した。ところが退却の最中にも、〈イレジスティブル〉救援におもむいた〈オーシャン〉が同じ機雷線にふれて、二艦もろとも夜のうちに浸水沈没した。英国艦隊全体を通じてこのときの死傷者はわずか六一名であったが、物的損害は大きく、一八隻の連合国側戦艦のうち三隻が沈没し、三隻が大破した。しかしもっと大きな損害は、海軍当局が敵側の情勢を見抜く気力も想像力も失ってしまったことだった。実際は敵側はもっと士気を失っていて、しかもそれにはそれだけの理由があってのことだった。弾薬は半分以上使い果たし、もう機雷の予備はなく、砲術士の多くは意気消沈しており、トルコ側、ドイツ側とも、将校の間には攻撃が再開されたら撃退できる見込みはほとんどないという意見がひろまっていたのであった。

けれども予想に反して攻撃は再開されなかった。戦闘が停止されたときド・ロベックは再開の意志を充分もっていたし、海軍本部にしても同様で、だからこそ本部は、ド・ロベックに損失を埋めるために戦艦五隻を送る意向を伝え、「要塞を補修させないこと、あるいは作戦行動の停滞によって敵を勇気づけないことが肝要」であると付け加えた。しかし二十三日、ド・ロベックは電報で作戦を変えたことを伝え、これを受けて海軍本部も意見を変えてしまった。ただチャーチルだけがこれに抵抗したが、結局専門家の見解に屈せざるを得なかった。ド・ロベックの新しい考え方は、艦隊は陸軍の援助なしに任務を全うすることはできないから、その援助の用意ができるまでは、いかなる努力も延期しなければならないというものであった。そしてこの意見は、海軍側が事実上いっさいの攻勢の負担を陸軍に負わせて、陸軍が海軍の新たな支援攻撃なしに無駄な攻撃を繰り返して消耗するあいだ、待機しながら見守っているという意味にも通じた。おそらくその根底にあったのは、トーテミズム（物神崇拝）からきていると思われる軍人気質、つまり人命よりも物を大切にする感傷的傾向で、これは平時における物の不足と、物の浪費に対して罰金を課する習慣などによって助長されたものである。水兵の艦に対する尊敬の念は、砲兵隊員の砲を愛惜する気持、砲を失う不名誉よりはむしろ死を選ぶ気持と同じであるが、その感情は当時ダーダネルズ海峡に回されていた老朽艦に対しても同じであった。艦も砲弾と同じく役立つように使い果たすべき武器なのだ、という常識的立場がどうしてもとれないのであった。また海軍側のこのような決定を側面から大いに助けた事情は、いまやこの負担を喜んで引き受けようとしている陸軍がひかえていることであった。

たまたま海軍の攻撃準備と時を同じくして、英国政府の考えはそれとは別個に陸上攻撃の方になびいていた。これはダーダネルズ海峡の問題についての広い視野からでなく、新編成部隊をフランス以外のどこで使ったらいいかという狭い視野に立脚したものであった。委員会の答申は、サロニカを推した。それはセルビアを直接援助するためと、ダニューブ川上流の中欧諸国の背中にとどめの一撃を加えるためでもあった。この意見は二月九日の戦争審議会の席上で可決された。そのうえブルガリアがドイツと借款協定を結んだという知らせと、ギリシアにセルビアへの援助を奨励したい願いとがいっそうこの気運を促した。そして前にはダーダネルズ海峡作戦に派遣する軍隊は見当たらないと宣言していたキッチナーが、こんどはフランス軍一個師団と連合してサロニカへ正規第二十九師団を送ると表明した。しかし二個師団の移送だけではギリシアの不安を鎮めるにはもちろん不足であった。ギリシアはルーマニアを説得して参戦させない限り、申し入れを受け入れそうになかった。ところがルーマニアはロシアのこうむった災難を見て尻ごみしていた。

しかし第二十九師団が使用できるという事実は、キッチナーの秘密主義と権勢によっても内閣の眼から隠しておけなくなった。またキッチナーも、いまやそれを隠そうとはしなかった。その結果二月十六日に戦争審議会は、「ダーダネルズ海峡への海軍攻撃を支援する必要があれば、すべての兵力が利用されなければならない」という考えに立って、この師団を「エジプトからの部隊とともに、できるだけ早く」エーゲ海の中央にあるムドロス港へ急派することを決定した。けれども奇襲を成功させ、海陸連合作戦の妙味を発揮させるために海軍の攻撃を延期すべきだという提案はどこからも出されなかった。陸軍部隊はただ海軍が獲得したものを守っているだけということになった。

しかし英国第二十九師団はたちまち〝東部〟派と〝西部〟派[*13]の綱引きの綱となり、〝西〟側の端ではフランス駐在の英国遠征軍総司令部ばかりでなく、フランス軍総司令官ジョッフルも綱引きに加わっていた。ジョッフルの洞察は自分の領域がおびやかされる場合にだけ、いつも鋭敏だった。そして彼は新編成第二十九師団が西部でなく東部へ送られるようになれば、他の新陸軍師団の行先もわかったものではないという不安を感じたのである。陸相キッチナーはフレンチに対しては強く出ることができたが、フランス軍に対してはそれができなかった。キッチナーのフランスに対する忠誠心は、〝東部〟に対する愛着よりも古く本能的なものであったのと同じく、それがいまは東部戦線に対する彼の信念よりもさらに強いものであることが立証された。わずか三日ののちに開かれた戦争審議会において、キッチナーは一座を見回し、第二十九師団は派遣するわけにいかないと言明した。その代り

＊13――本文二四七参照。

に未熟なオーストラリア＝ニュージーランド部隊とエジプトからの二個師を送ることを提議した。そしてキッチナーはチャーチルの背後にある海軍本部に対しても、第二十九師団は行かせないと通告して、その輸送に必要な乗物の徴発を中断させた。

その同じ日に海軍の攻撃は開始され、砲声は中近東全域にこだました。外側要塞が陥落したという知らせが届いたとき、トルコ政府は小アジアの奥地へ逃げる準備をした。ドイツ軍は連合国側艦隊がコンスタンチノープル沖に出現することを予期したばかりでなく、結局はその出現がエンヴェルに対する反乱ののろしとなり、トルコは平和条約に調印するであろうと考えた。なぜならば、いずれにしてもトルコは、唯一の軍需品の供給源であるコンスタンチノープルを放棄すれば、戦争を続行することができなくなるはずだったからである。イタリアとギリシアは戦争への傾斜を強めていたが、ブルガリアは逆に戦争から遠のいていた。三月一日、ギリシア首相ヴェニゼロスは三個師団をガリポリ半島に上陸させることを申し出た。しかしこのときロシアが運命的に介入して、アテネ政府に対して「いかなる状況においても、われわれはギリシア兵力が英仏軍のコンスタンチノープル攻撃に参加することを許すことはできない」と通告してきた。

これらの好意的なこだまのうちの中立的な意味合いのものだけがロンドンの戦争審議会に伝達されたが、それでも信じている者を勇気づけ、疑う者をやりこめるのに充分だった。この海軍の攻撃は試験的なもので、見込みがないとなれば中止するという当初の考えは、いまや影の薄いものとなり、必要とあれば陸上の兵力とともにこの攻撃を続行しなければならないということに、ひとりを除いて全員が賛成した。この賛成しなかったひとりとはかのロイド・ジョージであった。彼は、そもそも陸軍が「海軍のために火中のクリ」を拾わなければならないことに反対したのである。奇妙なことにロイド・ジョージだけが、前回失敗に終わった同じやり方で、もう一度攻撃を繰り返すのは許されないことだから、別の方向に努力を転換したほうがいいという歴史の教訓を口にしたのである。ロイド・ジョージのもっともな反対論がすぐに効果をあげなかったのは、トルコ軍がこの有利な事態を活用するのに怠惰だったことによる。

これと対照的にキッチナーは、「海峡を奪取する方針に踏み切った以上、この計画を中止することなど考えられない」と力説した。にもかかわらず第二十九師団をさし向ける決心をしたのは、ようやく三月十日になってからであり、もっと悪いことに、この遠征軍の司令官を任命したのは十二日になってからだった。しかしフランス軍は、ジョッフルが野戦部隊を割いて送ることを拒みはしたが、国内から一個師団分をかき集めて早くも三日に兵員移送を始めていた。ロンドンの陸軍省ではまだ準備にも取りかかっていなかった。そのためにイアン・ハミルトンが十三日に出発するときになっても、実務畑の部下がひとりもそろわなかった。おまけにハミルトンが集めた情報資料たるや、一九一二年版『トルコ陸軍必携』とダーダネルズ海峡要塞に関する戦前の報告書と不正確な地図などであった！この不備を補うために、部下がコンスタンチノープルの案内書を探して本屋を歩き回っていた。

この休止期間中のひとつの迅速な処置としては、イアン・ハミルトンのダーダネルズ海峡到着がある。特別仕立ての列車と快速巡洋艦の組み合せによって、彼は平時に《オリエント急行》を利用した場合よりも早い旅をして、三月十七日、出撃前夜の艦隊に到着した。彼がまず気づいたことは、ムドロス港には桟橋も避難所もないし、そのうえ水も不足していたから、エーゲ海のリムノス島は基地として不向きだということであった。次に気がついたことは、そこに着いていた部隊が輸送船にでたらめに詰めこまれていたために、敵の無防備な海岸に上陸する前に、いったん下船して編成替えをしなければならないということであった。そこで第一着手として彼は、十八日に基地をエジプトのアレクサンドリアに変更し、輸送船をすべてそちらへ向けるという不運なスタートを切らねばならなかった。

最初の船積みが無計画なでたらめなものだったために、歩兵大隊と最前線用の運搬車両が別々にされ、荷馬車と馬、大砲と弾薬、砲弾と信管すら別々にされていた。第二十九師団のある歩兵大隊のごときは、四隻の船に分乗させられていた。アレクサンドリアのような充分な桟橋と兵舎を備えた場所であっても、荷降しと再積載には手間がかかり、事務官らが遅まきながら到着しても、仕事ははかどらなかった。

三月二十二日、海軍攻撃のあとアレクサンドリアに飛ぶ前に、イアン・ハミルトンは主な部下とともに会議の席でド・ロベック提督に会った。「われわれが着席するやいなやド・ロベックは、貴下の全部隊の助力がなければやり抜くことができないことをはっきり知りました、とわれわれに語った」。陸軍側は海軍の決定に対してとやかく言うことはできなかったし、またその意志もなかったから、陸軍は論議を抜きにしてこの任務に従った。イアン・ハミルトンは提督に対して礼儀正しく、要塞への攻撃によって「組織的に前進」すべきであると進言し、またチャーチルも同様の進言をしたが、海軍本部でもダーダネルズでも、提督たちは受身の抵抗をするという固い決意を変えなかった。その結果、以後英国艦隊は、いみじくもチャーチルが名づけた〝否〟一点張りの原則——〝越えがたい心の障壁〟にほかならないが——に徹することになった。ガリポリ上陸作戦は、戦略上の混乱を父とし海軍の拒否権を母として生み出された。おまけに支離滅裂な軍隊式産婆術で傷ものにされたうえで。この混乱のなかから、ただひとつの明晰な声がひびいていた。それは三月十六日、戦争審議会幹事モーリス・ハンキーがアスキス首相のために記したメモのなかにあった。ハンキーは次のように強調している。「陸海連合作戦は、あらゆる軍事行動のうちもっとも慎重な準備を必要とする。英国史上でも、この種の攻撃は準備が適切でなかった場合は、みな失敗している。成功したものはほとんどが事前の準備が慎重だったことによる。この件の場合は、これらの準備が徹底的に検討されたうえでなされたと自分たちを安心させることが、戦争審議会の仕事だったようである」。ハンキーは奇襲の機会はすでに失われていたために、この任務はいっそう厳しいものになっていると指摘する。そこで彼は、戦争審議会として海軍および陸軍当局を詰問すべき具体的な材料をたくさん取り上げ、こう結んでいる。「これらの詳細が……上陸挙行前に充分検討されない限り……大きな災いが生ずるかもしれない」。歴史家は、ハンキーこそ英国政府の熟達した相談役としては、戦略の基本問題を熟考した唯一の人物であると考えるかもしれない。なぜならばキッチナーの博識ぶりを疑わなかった首相が、何かの計画が練られたかどうか試しにきいてみると、キッチナーは「それは現地の司令官たちの任務であるべきです」と答え、いっさいの論議を締め出してしまったからである。そもそも、この作戦にかかわる広い局面――兵員、砲、弾薬などの直接間接の必要――について、配慮がなされていなかった。その結果、遠征隊はいつもそれらの少量をつなぎとして急場をしのいでいた有様で、最終的に送られた総量からいえば、それだけのものが初めから与えられていれば、充分勝ちいくさとなるはずのものであった。

2 水泡に帰した努力——ガリポリ上陸（一九一五年四月二十五日）

事を始める前にいろいろな愚行にわずらわされたが、それでもこのダーダネルズ海峡への遅まきの地上攻撃が開始されたとき、成功の見込みはあったろうか。歴史の判定は〝イエス〟と出ている。英国軍が失った好機は、トルコ軍の不手際によって少なくとも部分的に取り戻されたのである。

海軍の攻撃開始によってひき起こされた恐慌状態と、ダーダネルズ海峡の通過は阻止できないという感情は、トルコ軍に新しい軍事措置をとらせたが、これはドイツ軍事使節団長リーマン・フォン・ザンダースによれば、「高地のそびえ立つガリポリ半島の外側沿岸の守備陣地を撤廃し、さらにダーダネルズ海峡入口のアジア側沿岸の守備陣地を撤廃することであったが、これ以上弱腰の防衛措置はなかった」。これが実行に移されなかったのは、リーマン・フォン・ザンダースの抗議——もっとも、陸軍大臣エンヴェルはそれにには不同意だと答えた——のたまものだったかもしれないが、もっと大きな原因はただのものぐさにあったようである。

リーマン・フォン・ザンダース

三月十八日の攻撃の失敗のあと、海軍が沈黙していたことは、陸上攻撃が準備されている証拠であると推測され、それは当たっていた。しかもこれを裏書きするような情報が地中海のさまざまな港、とりわけアレクサンドリアとポート・サイドから続々と寄せられていた。このことは、アレクサンドリアとカイロで公式の閲兵式が行なわれていたことからも、また少なくともイアン・ハミルトンの参謀のうちのひとりが、本国からの普通郵便で《コンスタンチノープル野戦部隊》と宛名を記した公式書簡を受けとっていたことなどからもうかがわれ、驚くには当たらなかった。秘密の守れる見込みも、また部隊をエジプトに上陸させる必要もなくなっていた。

そこで三月二十五日、エンヴェルはダーダネルズ防衛のために独立部隊を編成して、リーマン・フォン・ザンダースの指揮下におくことにした。リーマンは急いで調査したあと、部下のハンス・カンネンギーサーに、「英国軍がせめて八日間手出しをしないでいてくれればなあ」と口走った。英国軍は四週間手出しをしなかった。このひと月の猶予は「必要欠くべからざる手配をととのえ、ニコライ大佐指揮の第三師団をコンスタンチノープルから呼び寄せるのにうってつけの期間だった」とリーマンは記している。この師団の到着によって彼の兵力は六個師団となり、英国海軍攻撃開始前のガリポリ駐在兵力の六倍となった。

しかし各師団は「沿岸警備隊として」散らばっていたから、リーマンはこれを結集することを第一着手とした。効果的に結集するためには、敵の上陸地点を予測する必要があった。アジア側沿岸は敵にとって活動しやすく、味方の後方をおびやかすことが容易であったから、リーマンはこれを最大の危険地域と考えて、ベシカ湾付近に二個師団[*14]を配して要塞布陣を守らせた。ヨーロッパ側では、リーマンは半島の喉元にあるブレア付近への上陸をもっとも恐れた。そのあたりではサロス湾の水域とマルマラ海とを隔てているのは、幅三マイル半の細長い陸地だけだった。ここに敵が上陸すれば、半島の防衛軍はトラキアとコンスタンチノープルから遮断されることになる。もっとも防衛軍の士気があがっていさえすれば、海峡の最狭部を経由するアジア側からの補給によって食いつなぐことはできたが、

＊14——第三、第十一。

これはあくまでひとつの可能性にすぎなかった。そこでリーマン・フォン・ザンダースはブレア付近にさらに二個師[*15]を配備した。危険度のもっと低い地点が他にふたつあった。ひとつは半島の腰の部分にあたる六マイルに及ぶガバ・テペ付近で、ここから最狭部のマイドスまでは広い谷が続いていた。もうひとつは南端のヘレス岬付近で、この当りのアチ・ババ山へのゆるい登り坂は英国艦隊の砲火にさらされる危険があった。リーマン・フォン・ザンダースは半島の南部一帯を警備するのに一個師団[*16]を配し、残されたムスタファ・ケマル（ケマル・パシャ）中佐指揮の一個師団[*17]を、全体の予備軍として腰の部分に配備した。防衛計画は機動性の確保ということを前提としていたから、リーマンは道路の拡充整備に全力を挙げた。万端の準備が最高の効果を発揮するためにも、また英国軍の海上機動性を相殺するためにも、これは絶対に必要な措置であった。

リーマン・フォン・ザンダースの準備は、イアン・ハミルトンの作戦の正当性をもっともよく立証している。この作戦のいちばん肝心な点は、英国軍の兵力も小さいし、その任務も小規模だという点であった。トルコ軍の八万四〇〇〇名に対して、英国軍はわずかに五個師七万五〇〇〇名。その任務は大きな戦略的成果をめざして独自の戦闘を始めることではなく、艦隊のために海峡最狭部通過の路を開くことであった。キッチナーの与えた指示も素っ気ないものであって、アジア側への前進を、説明もなしに「強く否認し」、艦隊の掩護射撃も最初の上陸完了と同時に打ち切る旨を伝えた。サロス湾は戦略上もっとも弱い地点であることは明白であった。しかしリーマン・フォン・ザンダース自身も指摘しているとおり、海峡の防衛陣を「直接に砲撃によって痛めつけることはできなかった」。そのうえブレア付近の海岸は防衛準備が強化されていることははっきりしていたし、かといって湾の西側に上陸すればブルガリア国境に近すぎて不気味であるうえに、地形が困難で前進が危ぶまれた。どっちにしても小兵力ではトラキアの本土から側面と後方を攻撃される恐れがあり、そうなると二匹の悪魔と深い海にはさまれる危険があった。

これらの条件と自分のハンディキャップを考慮に入れて、イアン・ハミルトンは半島の南半分に二重攻撃をかけることに決めた。一方では第二十九師団を半島爪先部の四個所の海岸に上陸させ、アチ・ババを奪取させ、その間フランス軍師団を支援に待機させ、また敵の注意をそらす陽動作戦として一個連隊をアジア側のクム・カレに上陸させることにした。他方ではオーストラリア＝ニュージーランド軍団――その頭文字をつなげた《アンザック》（A.N.Z.A.C.）という言葉が辞書と歴史に書き加えられることになったが――の二個師団をガバ・テペの北方に上陸させ、その間英国海軍分遣隊にブレア付近で陽動作戦を行なわせることにした。

この爪先部への上陸は安全をまず念頭に置いて決めたもののようであるが、奇襲の効果ももくろまれていた。奇襲を成功させるためにいろいろな方法が考え出された。アンウィン海軍中佐は地理上トロヤに近いことからヒントを得て、名高い木馬の故智にならって〝海馬〟を仕立てる妙案を思いついた。石炭船〈リヴァー・クライド〉をV海岸に乗り上げさせて、船腹にあけた大穴から部隊を吐き出させるというものであった。イアン・ハミルトン自身も別に一計を案じた。これはケベックにおけるウルフの戦略[*18]に類似したものだが、海岸を北上した地点にある、一見到達不可能と思われ、防衛も不

＊15――第五、第七。
＊16――第九。
＊17――第十九。
＊18――一七五九年、フランス領カナダのケベックを占領した英国軍の将軍、ジェイムズ・ウルフの大胆な奇襲戦法をさす。

充分とみられるところに二個大隊から成る分遣隊を上陸させて、南方の海岸を守るトルコ軍の背後をおびやかすというものであった。この地点はY海岸と名づけられた。そのうえフランス軍輸送船はベシカ湾に部隊を上陸させるふりをすることになった。イアン・ハミルトンは、また局地的奇襲を成功させ、損害を軽くするために、艦砲の掩護を思い切ってまで夜間の上陸を主張した。しかし第二十九師団長ハンター＝ウェストンは混乱を避けるために、昼間の上陸を望んだ。海軍も潮流の不向きを理由に、この見解を支持した。《アンザック》軍団長ハードウッドは、上陸のために明白な危険以外の困難は恐れないという賢明な方針を立てたが、自軍の上陸が混乱のために結果において損害をこうむっても――それは闇夜のために初めの方向を見失ったためというよりも、訓練不足によるものであったが――、第二十九師団はそのために結果として重大な損害を免れることとなったのである。

四月二十日までに冒険の準備は整って、各部隊はムドロスで輸送船に集結した。天候が決定的要素であったがこれがもっとも不安定で、数週間ほとんど切れ目なしに悪かった。二十三日にようやく持ち直して、計画着手の段取りとなった。この計画全体は始動開始から三十六時間を必要として、目ざまし時計のようにその時点にセットされていたからである。

二十四日夕刻、英国海軍分遣隊の輸送船一一隻がサロス湾めざして出航し、護衛の軍艦は夜明けにブレアの布陣に対して緩慢な砲撃を開始した。夕方近くに兵員を満載した舟艇群がこれみよがしに海上に散らばり、海岸めざして漕ぎ始めたが、闇に包まれるとたちまち母船に戻っていった。夜の間にB・C・フレイバーグ海軍少佐は、一舟艇から海に飛び込んで二マイル泳いで海岸に火炎信号を連ねた。この離れわざとその効果は、戦争においてものをいうのは複数の人間でなく勇敢な一人であり、一人がよく千人に匹敵する働きをするということをみごとに立証したものである。

ガバ・テペ上陸の掩護部隊の一五〇〇名は、三隻の戦艦によって沖合五マイルの指定集結地に運ば

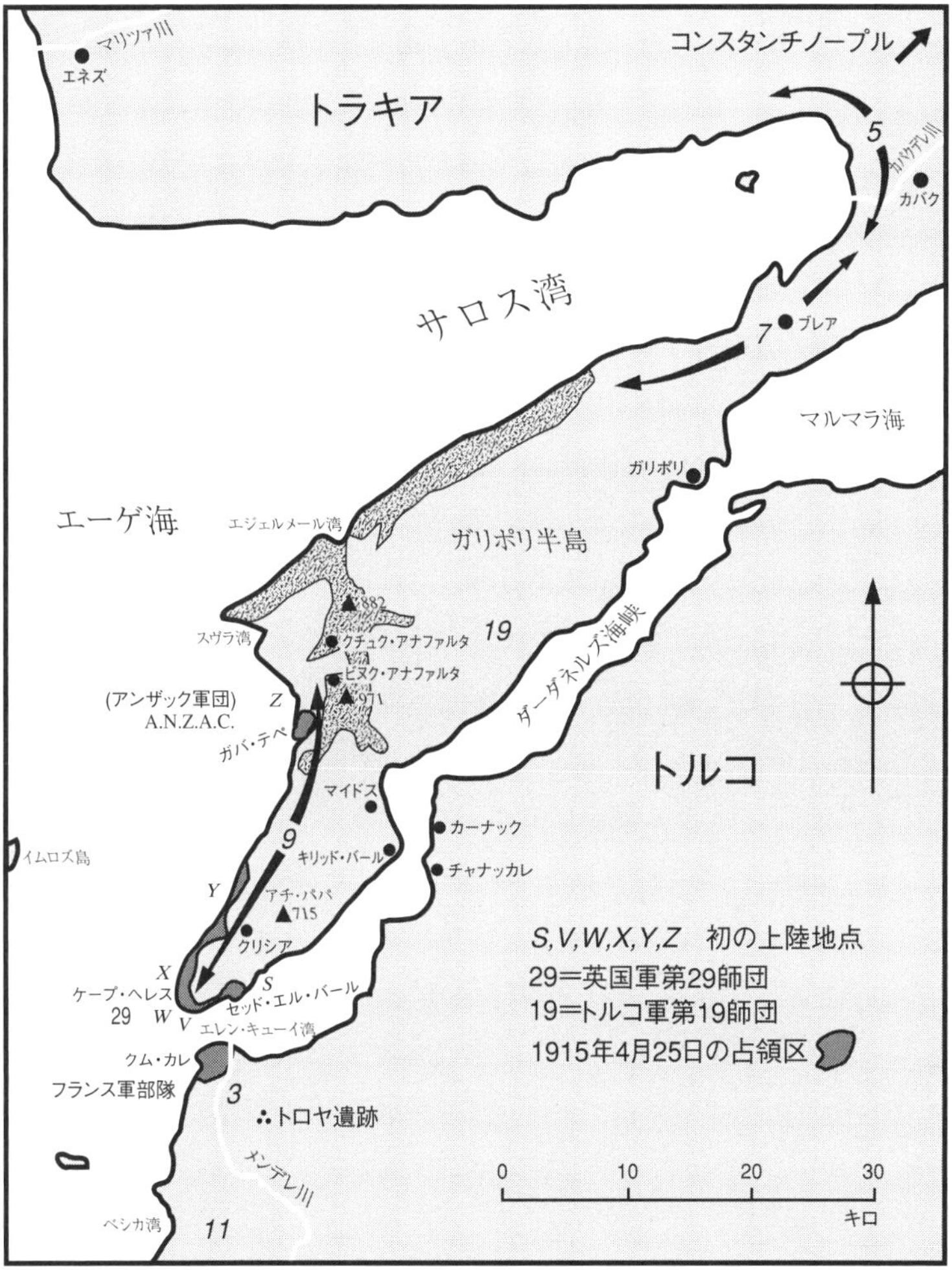

6　ガリポリ上陸　1915年4月

れて、ちょうど月の沈みかける午前一時半に舟艇に分乗した。それから戦艦に引かれ、あとには残りの掩護部隊を乗せた駆逐艦七隻を従え、岸までの距離半ばまで黙々と進んだ。ここから一二隻の〝引き舟〟は解き放たれ、各々が哨戒艇を先行させてさらに接近を続けた。しかし暗闇と早い潮流にわざわいされて、引き舟は目標地点の一マイル北にあたる海岸に着いた。このあたりは急な断崖をめぐらして、けわしい切れ目が刻まれ、雑木におおわれて、荒れた海岸であった。午前四時二十五分に夜が明け始め、不意を突かれた駐屯軍の少人数が散漫な乱射をしてくるなかを、四八隻の舟艇が残りの五〇ヤードを漕いで岸に乗り上げた。そこでオーストラリア軍はせきを切ったように陸地へ殺到した。ほとんど一兵も倒されなかったが、部隊区分は乱され、まもなく混乱はもっとひどくなった。次の分遣隊が駆逐艦から降ろされ、少なくとも左翼において大きな損害をこうむったが、一マイル以上内陸へ前進した。一小分隊はさらに深く侵入して、前方と眼下とに輝く海峡を見渡した。

ヘレス岬への上陸は敵兵力には大差はなかったが、もっと困難であった。アチ・ババの南側全域をわずかトルコ軍二個大隊が守備し、上陸予定地五つのうち鉄条網と機関銃で守られたものはふたつだけであった。これはヘレス岬の両側面にあるW海岸とV海岸である。英国掩護軍はヘアの第八十六旅団の四個大隊から成り、これに半個大隊を加えた兵力でV、W、Xの各海岸に上陸することになっていた。S海岸に一個大隊、Y海岸に二個大隊が敵後方をおびやかすために割りふられた。こうして最初に七・五個大隊を、次に主力からの五個大隊を、最後にフランス軍師団を上陸させることになった。午前五時、盛んな艦砲射撃に守られて、引き舟が海岸に向かった。第一の不運は、東側でS海岸をめざしていた引き舟が潮流に妨げられて舟脚が鈍ったことであり、このために主要三海岸に予定していた引き舟を午前六時近くまで押し止める結果になった。しかしX海岸への引き舟は半島の西端を回って、低い断崖の下に無傷で上陸し、予想していなかったトルコ軍はこれを迎え撃つにもわずか一二名の警備兵しかいなかった。だがその東隣りのW海岸では、上陸部隊は巧みに仕掛けてあった〝死のわな〟にはまり込んだ。ここでは舟艇が漕ぎ寄っても一発の砲声もひびかなかったが、いざ浜に乗り上げようとしたときに弾丸がいっせいに舟艇をなで射ちし、ころげ落ちた兵員は海中にひそんでいた鉄条網にからみつかれた。大きな損害を受けながらも彼らはしゃにむに前進し、守備兵を追い散らして断崖を占領した。しかしヘアは雄々しく身をさらしすぎたために負傷し、攻撃の勢いは低下した。

セッド・エル・バールの古い砦のほとりのV海岸への上陸は、もっと不運だった。ここへの侵入軍はゆるい傾斜面をもった競技場――天然の地の利により、トルコ軍が自分たちは周囲の見物席に収まって、殺戮《さつりく》の場を眺められるように改造したもの――へと剣闘士のようになだれ込んだ。引き舟は潮流に妨げられて〈リヴァー・クライド〉に引き揚げられ、これが浜に着いたときに地獄が待っていた。上陸用舟艇のなかでは、オールは焼かれた蛾の羽のようにこぼたれ、舟艇は死傷兵をのせたままあてどなく漂流した。海中に飛び込んだ兵士も多かったが、それらは海水を血で染めて溺れ死んだ。少数のものが海岸にたどりついて、低い土手の下に身をひそめたが、それがその日の前進の限度となった。〈リヴァー・クライド〉から出て、はしけを連ねた橋づたいに岸へたどりつこうと試みた兵士たちも、同じように次々と倒れていった。V海岸とW海岸の間に配備されていたトルコ軍歩兵二個中隊で、英国軍主力の上陸を阻止したのである。

しかしモルト湾のもう一方にあるS海岸は、X海岸と同じく上陸予想外の地点であったために、トルコ軍一個小隊だけが守っていた。ここへの上陸大隊は無事にたどりつき、他の海岸からの前進を待つようにとの事前の指令を言葉どおりに実行した。こうした動きの鈍さを是認したのはハンター＝ウェストンであるが、それはどうやらトルコ軍の兵力を過大に評価したためであるらしい。実際にはこのSとXの両側面海岸に無傷で上陸した二個大隊は、トルコ軍のV、W海岸守備兵力の四倍に達して

ヘレス岬。トルコ軍の砲弾が英国軍の上陸用桟橋に炸裂する

4月25日、〈リヴァー・クライド〉からV海岸への上陸を試みる英国軍

いて、内陸へ前進すればトルコ軍の背後を衝くことができたはずである。

しかもこの優勢はまもなくいっそう強化されたが、敵に対する圧力にはならなかった。午前九時までに第八十七旅団の二個大隊（別の二個大隊は、S、Y南海岸の最初の上陸に投入されていた）が、X海岸に無事到着したが、これはあらかじめ師団の予備に指定されていたために、旅団長は第二十九師団長ハンター＝ウェストンからの指令を待たなければ、塹壕を掘ること以外には使用できないものと思った。その指令がこなかったので、この兵力はX海岸でぶらぶらしていた。

他方ではV海岸への上陸作戦がもう一度失敗して第八十八旅団の旅団長を戦死させたあと、主力の残存二・五個大隊がW海岸に上陸した。『公刊戦史』の穏かな口調をかりれば、「しかし、その朝の輝かしい戦果と対照的に、今や少なくとも二〇〇〇名に達するこの方面の部隊は、一種の無力感に襲われたかのようである。……海岸占領という決定的任務を果たして、第二十九師団は歴史に不滅の足跡を残した。しかしいったんこの任務を果たしてしまうと、小隊長、中隊長、大隊長までがそれぞれの分野で新しい決定的命令を待つばかりで、進んで朝の戦果を拡大しようとも、敵を攻撃し続けようともしなかった」。反対にこれらの指揮官は、「そのときは知らなかったとはいえ数のうえで少なくとも六対一の優勢を保ち、しかもすでに塹壕から追い払ってしまっていた」敵のために、かえって立ちすくまされていたのである。

しかしもっと大きなチャンスが三マイル北上した地点のY海岸で失われた。そこには「二〇〇〇名が支障もなく抵抗にもあわずに上陸した。十一時間のあいだ敵からは何の妨害も受けず、またそのあいだじゅう、この人数だけでもアチ・ババ以南の全トルコ軍兵力に匹敵していた。にもかかわらず二十五日いっぱい、この好条件は利用されなかった。その夜のあいだこれらの部隊は自陣に対する一連の猛攻を勇敢に撃退した。しかし翌朝になるとこの上陸作戦自体がふいに取り止めになり、兵員は敵が総退却を始めたそのおりもおり、ふたたび舟に戻された」。

この好機を知っていた唯一の人物は、海上にあったイアン・ハミルトン自身であったが、彼はすでに上陸作戦の実施を第二十九師団長にまかせており、何の保留もしていなかった。彼が示唆の範囲を越えた口出しをきらったことは当然ともいえるが、現地にいる誰よりも早く南方の頓挫を見抜き、師団長ハンター＝ウェストンに対して、「Y海岸に多少の増援を望まるるや？」と、早くも午前九時二十一分に信号を送っているのである。しかしハンター＝ウェストンの注意は、敵の守りの固い流血の海岸に集中していたために、それ以外の場所に兵力を分散させることを望まなかった。

Y海岸ではそもそも一発の発砲もなく、トルコ兵の影も見えないまま上陸していたが、指揮官のマシューズ大佐は別命を待つ方針をとった。「兵員は……断崖のへりに群がりたむろして」いて、塹壕を掘る気になったのも午後遅くになってからであった。日暮れごろにトルコ軍一個大隊が結集して、英国軍二個大隊に対して一連の反撃を開始した。何回も押し戻されたあげく、午前七時少しあとにトルコ軍は混乱状態で退却した。しかし次には夜襲を仕掛けてきて、これが守備軍側に損害と混乱を与えやがて恐慌状態をひき起こした。母船に対して非常信号が連発され、落伍兵が海岸になだれ込み、負傷兵のために送られた舟艇へと群がり寄った。こうした状態はトルコ軍が撤収したあとも続いた。そしてマシューズは、緊急の増援を訴えたのに応答が得られないままに、不本意ながら落伍兵の手本にならうことにした。午前十一時半までに全部隊がふたたび舟に戻った。数時間後にキーズ准将指揮の海軍分遣隊が上陸し、負傷兵を念入りに捜査したが敵からの発砲はなかった。

しかしマシューズの行動とそれに先立つ怠惰を理由づけるものがあるとすれば、それは上官ハンター＝ウェストンが彼をまったく軽視したことである。二十九時間の上陸中に、「師団司令部からは何の命令もよこされなかった」。将校の派遣もなかったし、こちらからの緊急の訴えにも応答はなかっ

ムスタファ・ケマル

た。そして二十六日の朝早く、イアン・ハミルトンがふたたび介入してフランス軍一個旅団[*19]の提供を申し入れたときにも、ハンター＝ウェストンは敵に面と向かってＷ海岸へ上陸することしか念頭になかった。Ｙ海岸に関する『公刊戦史』の慎重な判定は次のとおりである。「この地点に部隊を投入しようと決意するにあたって、イアン・ハミルトンは全戦局のカギを見出していたもののようである。……四月二十五日の朝、Ｙから大胆に進撃すれば、明らかに南方の各海岸はその午前中に解放され、第二十九師団に決定的勝利をもたらしたに違いない」

《アンザック》軍団側でも大きなチャンスが失われたが、この戦いでは敵側の、当時は無名であったムスタファ・ケマル[*20]の創意にあずかって力があった。奇襲上陸によって午前五時前に四〇〇〇名、午前八時前にさらに四〇〇〇名が、トルコ軍わずか一中隊の守る海岸に上陸していた。南方一マイル以上のところにトルコ軍の別の中隊が、また四マイル内陸に同地区の予備として二個大隊と一砲兵中隊がひかえ、もっと遠くにはムスタファ・ケマルの指揮する第十九師団の八個大隊と三個砲兵中隊が、全体の予備としてひかえていた。彼はある連隊の訓練を視察していたが、そこへ無帽丸腰の一群の憲兵が息せき切って駆けつけて、「来ました、来ました」と叫んだ。「誰が来たんだ」。「イギリス、イギリス」。ケマルはわきへたずねた。「実弾はあるか」。「はい」。「よし、前進だ」。みずから一個中隊を率いて、連隊の残りをあとに従えて走り、チュヌク・バイルの大分水嶺にたどりつき（午前十時ごろ）、

＊19——六個大隊。
＊20——第５章＊１参照。

山頂をうまく越え、敵先遣隊のオーストラリア軍が西側のいっそうけわしい山道を登ってくるのを阻止することができた。そのときまでは八〇〇〇名のオーストラリア軍に対して、トルコ軍は五〇〇名足らずであったが、これ以後着実に増員されて夕刻までに六個大隊（おそらく五〇〇〇名）にふくれ上がった。そして午後四時から一連の反撃が開始され、オーストラリア軍の布陣は押し戻され、分断されたが、どうにか突破はまぬがれた。両陣営とも二〇〇〇名ほどの死傷者を出したが、この打撃はトルコ側にとっていっそうきびしいものだった。しかし未知の国で初めて砲火を浴びたオーストラリアの新兵たちにとっては、敵の少数の砲から発せられる榴散弾の威力は、味方に同じ兵器が無かっただけにいっそう脅威的であった。午後六時までに一万五〇〇〇名が上陸したが、前線は幅が薄く、入り乱れており、海岸には指揮官を失って戻ってきた兵士が群れをなしていた。兵士たちの多くは、おじけづいたからではなく、行く当てがなくなって戻ったのであった。しかしこれをみて、もともと後方にいた指揮官たちはいちだんと恐怖をつのらせ、午前十時に上陸した軍団長バードウッドに当ててきわめて悲観的な報告を届けたために、今度はバードウッドがイアン・ハミルトンに対して次のような報告を送った。「部下の師団長、旅団長の訴えによれば、兵士たちは榴散弾により完全に士気阻喪しつつあると思われます……。明朝も引き続き砲火にさらされることになれば、大敗走となるやも知れません。……舟に戻るのならば、今をおいて他に時はありません」。そこで余裕のある舟艇はすべて浜へ向かうよう指令が出された。

この報告が司令官イアン・ハミルトンの手に渡ったのはまったくの偶然であった。あわてたために肝心の宛名が書かれていない報告書を受け取った上陸指揮官は、旗艦に行くついでがあったので、それをサーズビィ提督に届けた。これを読んだサーズビィは自分が上陸してバードウッドと兵員の引揚げについて話し合おうと決意した。だがちょうどそのとき、イアン・ハミルトンの乗ったヘクィーン・エリザベス〉がヘレス岬から予告なしに到着したので、サーズビィはそちらへこれをもっていった。こうした一連の幸運な偶然によって、バードウッドの深刻な伝言は手遅れにならぬうちにイアン・ハミルトンに届いたのである。

　きわめて困難なひとつの決断を下すにあたって、彼を導いたものは洞察力であったと思われる。他には何の手掛りも気安めもなかったし、それを求める時間もなかった。彼の返答は次のようなあとがきに要約されている。「貴下はすでに困難な任務をやりとげました。このうえはただ身の安全を計るのみです」

　一陣の清風のようにこの決意と確信に満ちた命令は、海岸に立ちこめた陰気な〝流言の霧〟を吹き払った。後衛は撤収を口にするのをやめたし、前線は後衛がそういうことを口にしていたのも知らなかった。夜明けとともに本来の敵のほうにもたるみがきた。ムスタファ・ケマルは反撃を再開するための予備軍をもっていなかったし、少数の砲からの榴散弾も塹壕に戻った部隊に対してはもはや脅威ではなくなった。今度は艦隊からの砲撃、とりわけ〈クィーン・エリザベス〉の一五インチの巨砲によって、士気阻喪したのはトルコ軍のほうであった。

　このとき失われた好機はまだ取り戻すことができたであろうか。歴史は〝イエス〟と答えている。その理由としては、イアン・ハミルトンの最初の作戦計画が敵の司令官に与えた心理的衝撃があげられる。リーマン・フォン・ザンダース（ドイツ軍使節団長）は、第一日目の四月二十五日のことを次のように記している。「早朝、出頭した将校たちの蒼ざめた表情は、敵の上陸はもちろん予想されていたが、このように多様な地点への上陸が彼らに驚きと不安を与えたことを物語っていた」。「われわれはその時点では、敵がどこを決戦の場と定めているのか計りかねた」。この最後の一文は婉曲語法である。というのは、じつはリーマン・フォン・ザンダースは、英国軍がたんに脅しをかけているにすぎない場所を、決戦の場だと考えたからである。彼は落ち着いてはいても、方向感覚を失っていたのである。

彼の第一着手は第七師団に対して、ガリポリの町からブレアへの行進を命ずることであり、次の手は、みずからブレアへ馬を走らせることであった。そして半島のもう一方の端で死闘が行なわれている間、彼はそこにとどまった。この主戦場へ向けて、彼がブレア付近の二個師団から五個大隊を振り向けたのは夕方になってからであり、さらにその残りの兵力を差し向けたのは英国軍上陸から四十八時間以上経過してからであった。

しかしせっかくのチャンスの拡大も、英国軍には役に立たなかった。ひとつには西部戦線の金庫のなかに比較的多数の部隊が保管されているために、新しい部隊が不足していたからである。しかしまたひとつには上陸部隊が努力を怠ったためでもある。イアン・ハミルトンの楽観論は正当なものではあっても、二十六日朝の時点では部下の指揮官たちの共感を得られなかった。行動を起こさなかったのは《アンザック》軍団に限らなかった。ヘレスにいた第二十九師団のハンター＝ウェストンは敵の弱さを考えずに自軍の疲労だけを心配し、フランスの援軍が到着するまでは前進を望まなかった。トルコ軍の猛攻を予期し、その結果を恐れた彼は、「各人は退却するよりも各々の部署で死を選べ」という命令を発した。トルコ軍は攻撃に出るどころか、むしろ後退してクリシア前方の新布陣に立てこもった。それも当然であって、ここでの二十七日までのトルコ軍全兵力はわずか五個大隊にすぎず、しかも死傷者を割引けば実勢力は最初の二個大隊分と大差はなくなっていた。新しい攻撃は二十八日にようやく試みられたが、このときまでには英仏軍は兵力の優勢をほとんど失っており、地理不案内、飲料水の不足、疲労、そのうえに攻撃と右旋回とを組み合わせた任務の複雑さなどの不利に苦しんでいた。わずかな戦果もトルコ軍の反撃によって帳消しにされ、海岸の近くで布陣はゆさぶられ、突破された。この危険をそらせたのは〈クィーン・エリザベス〉からのたった一発の砲弾だった。この砲弾は突入してくるトルコ軍勢のまっただなかに炸裂し、二万四〇〇〇個の榴散弾をまき散らした。砂塵が静まったときには、あたりにトルコ兵は一兵も見当たらなかった。しかし夕刻までには、第二十九師団全員が出発点に戻っていた。その間に《アンザック》軍団は再編成され、前線を固めつつあった。しかしトルコ軍も同じことをやっていたために、結局《アンザック》軍団は間口わずか一マイル半、奥行半マイルの狭いところにとじ込められ、トルコ軍はこの捕われた侵入者たちを〝屋根〟から見下ろすことになった。

　英仏軍側貸借対照表におけるこのような貸方のほとんどゼロの状態は、ここでトルコ側の〝みつぎもの〟によって救われた。「侵入軍を海に押し戻せ」というトルコの陸軍大臣エンヴェルの至上命令を受けて、リーマン・フォン・ザンダースは五月一日、三日の両夜、歩兵による集中攻撃をかけた。だが、これによってフランス軍戦区が一時的に脅威を受けただけで、トルコ軍側犠牲者数千名が、英仏軍戦線の前方に累々と屍《かばね》の山を築いた。

　このトルコ側の失敗は、英国軍の失敗によってたちまち帳消しにされた。《アンザック》軍団から二個旅団、エジプトから国防義勇軍の新編成一個旅団が到来したが、これらを加えてもヘレスにある英仏軍の戦闘兵力は二万五〇〇〇名で、ほぼ二万に近づいたトルコ軍兵力と対抗することになった。しかもその実力のほどは未知数だった。五月六日の連合軍側攻撃には、不利な条件が揃っていた。これは幅わずか三マイルの戦線でのまともな正面攻撃で、敵の陣地の所在がわからないうえに、砲弾は極度に不足し、また砲撃状況を監視通告するための飛行機も不足していた。そこで各旅団に対する午前十一時攻撃開始の命令も、午前四時まで師団長ハンター＝ウェストンのもとから出されなかった。イアン・ハミルトンはふたたび戦闘の指揮権と予備軍の残りの全部を、ハンター＝ウェストンにゆずり渡した。『公刊戦史』の表現によれば、「司令官という高い地位にある彼に残されたものは、責任の重荷だけであった」。

敵の抵抗よりも味方の疲労が攻撃をくじけさせた。緊張と寝不足にやつれた部隊は、進んで敵を殺戮するだけのエネルギーを欠いていたし、トルコ軍の進出してくる陣地を押し返すことさえできなかった。休息の不足を補う最良の方法として、翌朝になってからハンター＝ウェストンは、再攻撃を指令した。これとても弾薬のはなはだしい消耗を誘う以外に効果はなかった。そこで三日目の朝に三度目の攻撃命令が出された。このときはニュージーランドの弱体な四個大隊をトルコ軍九個大隊の守る陣地へ攻撃に派遣したために、損害はきわめて小範囲にとどまった。イアン・ハミルトンは三個旅団がなお残っているのを知ると、みずから介入して、英仏軍全布陣に対し「付け剣、担《にな》え銃、そして午後五時半ちょうどにクリシアへ向けて前進」という命令を発した。これは戦死傷者を多く出しただけに終わった。この三日間で攻撃軍は兵力の三分の一を失ったのである。英仏軍の獲得した小さなふたつの足場は、それ以後必然的に戦況に停滞をきたし、トルコ軍が急場しのぎの防衛陣地を組織的な塹壕網に改築していくにつれて、まったく凍結されてしまった。

ここにいたってイアン・ハミルトンはついに、増援を懇請し、この窮状について政府の理解を求めざるを得なくなった。これまで彼は自軍の劣勢をよく知りながら、キッチナーに対する忠誠を守りたいあまりに、またおそらくこの上官の専横なやり方を知りすぎていたために、しつこくせびることで彼を煩わせたくなかったのである。英国を発つ前にイアン・ハミルトンは、七万五〇〇〇名で充分であろうし、また充分としなければならないことと、この第二十九師団でさえ一時の借り物なのだといううことを聞かされていた。そしてキッチナーがエジプト駐在英国軍司令官マックスウェルに対して、ハミルトンに援軍を送るよう通告した事実がハミルトンの耳には入らなかった。キッチナーはこれを公然と指示したのにマックスウェルが握りつぶしたのである。また弾薬不足という不利が重なったが、ハミルトンがこれを訴えたときの陸軍省の答えは、「前進あるのみ」というものであった。けれどもこの五月六日から八日までの三日間の〝空振り〟攻撃で使用された砲弾は、わずか一万八五〇〇発であったが、ほとんど時を同じくして、西部戦線のヘイグのところではオーベル山脈で一日のうちに八万発を使用しながら、戦果ははるかに乏しく、戦死者数は二倍に達していた。ガリポリでのめざましい手柄は、イアン・ハミルトンが乏しい手勢と武器をもって、勝ちいくさにいま一歩のところまで迫ったことにあると言うこともできよう。

彼の上陸地点の選択についてはよく批判も加えられるが、彼が超自然的洞察力によって敵の心理や気質を知ることができたとしても、よりよい選択がなされたとは思えない。凡庸な指揮官なら当然予期される落し穴となるような方面を避けながら、しかも敵の注意をその方面にそらすことによって彼は、トルコ軍よりも総兵力においては劣勢に立ちながら、実際の各上陸地点では自軍の兵力の絶対の優勢を保持し得たのである。敵司令官はブレアに注意を集中しすぎたために、英国軍が上陸してから四十八時間が経過してもこれを迎え撃つ部隊を充分に補強できずにいた。この事実こそ、イアン・ハミルトンが奇妙にも故国の人々の眼ばかりでなく、敵の眼にも明白な地点と思われたブレアを攻撃すべきであったとするありきたりの批判に対する最適の回答なのである。もうひとつの言わずもがなの批判は、イアン・ハミルトンはあれほどたくさんの地点に兵を分散させずに、一個所の小戦区に攻撃を集中させるべきであったとするものである。これに対する答えはリーマン・フォン・ザンダースの語っている「蒼ざめた表情」にあるばかりでなく、次の三年間の西部戦線におけるこの同じ方法による失敗の経験――しかもはるかに高価な代価を払ってあがなわれた経験――にもあるのである。

おそらく上陸点の代替地としては、守備のもっとも手薄な地点という意味からも、スヴラ湾こそがより少ない損失と、イアン・ハミルトンの選択地と同様の利益をもたらしたであろう。しかし四月の時点では正確な情報が不足していたし、ヘレスに対する艦砲射撃の効果が過信されていた。

もうひとつの筋の通った批判は、英国軍の海上における機動性をもっとうまく活用し、なまじ行動を起こさないうちに阻止されてしまった部隊を転送して、無血上陸地点の補強や新たな上陸地点への配置替えにあてるべきであったとするものである。こうすれば予備軍の不足は、〝配置替え〟による新部隊創設の余力によって多少は補われたかもしれない。実際この考え方は、上陸の前日、一参謀将校アスピノール大尉によって参謀長ブレイスウェイトに進言された。《アンザック》軍団の上陸、あるいはヘレスへの上陸のどちらか、または両方が失敗した場合に備えて、この案を適用すべきであるというのが進言者の主張であった。しかし、この案にも、同様の、あるいはもっと大きな欠点があった。というのは、この案を実施すると、より成果を期待できる上陸地点を見出したとしても、司令官の手元に置いてすぐに派遣できるような〝浮動〟予備軍を残す余地をなくしてしまうことであった。残念ながらこのたびの作戦とその実施はともに、戦争における基本的公理である〝柔軟性〟の欠如に災いされた。そして第一段階における両側上陸の部分的成功は、全体的意図を硬直させ、ついに身動きのとれないものに変えてしまった。

多年にわたって、ダーダネルズ計画の孵化の時期と、そこから誕生した作戦をめぐって論争が行なわれてきた。しかし部隊が上陸したあとで好機が空しく失われたということが、従来はロマンスの光彩にくらまされていたが、近年そのことが明らかにされてみるといかにも無念であるとしか言いようがない。

ガリポリ戦争

一九一四年十月のトルコの参戦は、長期にわたるドイツ外交の大きな成果であった。ドイツは、ビスマルクの時代から三B政策を国策の基幹とし、バルカン＝小アジア＝ペルシア湾に至る中近東地域に、政治的・経済的覇権を確立すべく積極的な外交を展開していた。バグダッド鉄道の敷設計画はその象徴だった。そしてこのベルリン＝ビザンチン（コンスタンチノープル）＝バクダッドを結ぼうとする三B政策は英国の三C政策（ケープタウン＝カイロ＝カルカッタ）、ならびに伝統的に南下をねらうロシアのバルカン・中近東政策との間に激しい摩擦を生じ、これが第一次大戦勃発の重大な根本原因となっていたのである。

「青年トルコ党」の指導するトルコは、大戦前からすでに政治的にも軍事的にもドイツの指導下にあった。だが、ダーダネルズ海峡、スエズ運河を通して兵員、軍需品その他を輸送しなければならない連合軍、とくに英国にとり、トルコの正式参戦は、できるだけ延期させておくのが望ましかった。しかし、一四年八月、会戦当時地中海にあったドイツの巡洋戦艦〈ゲーベン〉〈ブレスラウ〉が、ダーダネルズ海峡に入港して威嚇するに至り、トルコはついに参戦に踏み切った。

中近東における重要な補給路そしてロシアとの連絡路を確保し、バルカン諸国を傘下に収めなければならない――英仏露は十一月上旬、相次いでトルコに宣戦した。こうしてひき起こされたのがガリポリ戦争であった。一五年二月から約ひと月間、英仏連合艦隊はダーダネルズ海峡突破を目ざして猛烈な砲撃を加えた。だが、何らの成果もあげることなく、四月には陸海軍共同作戦により、強引なガリポリ半島上陸が敢行された。浜辺の橋頭堡に取り付き、半島制圧をねらうこと半年、大量の兵力を投入した遠征計画だったが、連合軍は数々の過誤により、一六年一月には約一一万の将兵と一〇隻余の艦船を失って撤退しなければならなかった。

3 イープルのガスの霧——一九一五年四月二十二日

太陽はイープルの向うに沈みつつあった。春の息吹きをふくんだその輝きはこの日の死んだような町と、それを見守る崩れた塹壕布陣にせめてもの生気を与えていた。それからひと月後にはこの町は、月光を浴びる巨大な円形演技場《コロシアム》のような壮大な遺構の不気味さを呈することになった。そして三年後には、あり塚をひっくり返したような廃墟となったのである。しかし一九一五年四月二十二日現在には、住民もいくらか残っていて、そのわびしい町のたたずまいがわずかにかぐわしい春の光にやわらげられていた。

陽が傾いてその香気が薄れるにつれて砲声も鎮まり、あたりには祈禱を待つ敬虔《けいけん》な雰囲気にも似た夕方の静寂が訪れた。しかしその静寂はまやかしであった。オルガンの奏鳴とともに始まる悪魔の呪いの序曲にすぎなかったのである。五時、ものすごい砲声がとどろき渡り、大型砲弾が地響きをたて、イープルとこれまでほとんど無傷だった多くの村落にぶち込まれ、前線付近の人々の鼻孔に、ある恐ろしい芳香が襲いかかった。イープルの北側塹壕付近の人々は、奇妙な黄緑色の霧が亡霊のように二個所から立ちのぼるのを見た。それはひろがってひとつにとけ合い、こちらへ進みながら青白いかすみに変わっていった。そのかすみは英国軍と合流して突出部の左側を支えていたフランス軍の第四十五アルジェリア師団と国防義勇軍第八十七師団の前線上まで流れてきた。まもなく英国軍前線の背後と運河の架橋付近にいた将校たちは、恐怖にかられた人々が奔流のように逃げ帰ってくるのをみてびっくりした。英国軍のすぐ近くにいたアフリカ軍部隊の兵士たちは、逃げながら激しく咳きこんで、

ハーバート・チャールズ・プルマー

喉を指差していた。たちまち馬と荷車の群れがこれにまじり合った。フランス軍はなおも発砲しつづけていたが、午後七時にはそれも突然不気味に鎮まった。

逃亡兵が去ったあとには、前線の幅四マイルにわたって空白が生まれ、そこには死者と塩素ガス中毒による窒息状態の兵士が倒れているばかりだった。フランス軍二個師団はほとんどまったく姿を消していた。ドイツ軍は、ガスの力を借りて突出部の北側面の守備軍を、顎の一方の奥歯をそっくり抜いてしまうように、手際よく片付けてしまったのである。突出部の前方と南側面に残された歯は、空白部に最も近いカナダ軍師団（オルダーソン）、英国第二十八師団（バルフィン）、同第二十七師団（スノウ）で、これらがプルマーの英国第五軍団を形成していた。ドイツ軍はイープルに至るためには四マイル南下すればよく、背後から圧するだけでこれらの歯をゆるゆるにできるのであった。その日の宵、ドイツ軍は二マイルだけ進んで、奇妙にも停止してしまった。カナダ軍前線のむき出しになったへりから、突出部の弦にあたる運河までの四・五マイルの地域には、これまで予備であったフランス軍、カナダ軍の少数が間に合わせに二、三の小部署についているばかりで、しかも各部署の間にはそれぞれ二〇〇〇ヤード、一〇〇〇ヤード、三〇〇〇ヤードの三つの空白地帯があった。しかし五月一日にドイツ軍は、わずか二、三百ヤード前進しただけであった。そして五月下旬、ついに戦闘が止んだときには、唯一の外観上の変化は突出部の鼻先が平たくなっていたことだけであって、これも、主として英国軍が自主的に撤退したためであった。しかし尋常の経験とは反対に、おかしなことに重大な損害をこうむったのは守備側だった。英国軍の損害は五万九〇〇〇名に及び、これは攻撃側のドイツ軍の損害のほぼ二倍であった。

なぜガス攻撃がこれほど完璧な奇襲たり得たのか。なぜドイツ軍はこの奇襲を活用できなかったのか。なぜ英国軍はフランス軍の崩壊によって不意をくらったときに大敗をまぬがれ、そのくせドイツ軍がつけ入ることに失敗したときに、異常な大損害をこうむったのか。この三つが《第二次イープル戦》の決定的問題である。

突出部の南部で捕われ、フランス軍によって収容されていたドイツ軍の捕虜たちが、三月の終りごろに塹壕に貯えられていたガス筒とその発射方法の詳細を語っていた。だが、フランス軍司令官らはこの警告に関して対策を講じなかった。自分たちが救助される日も近かったためであろう。そのくせ奇妙にも三月三十日、遠方のピカルジー地方のフランス第十軍の公報にその詳細が掲載された。

四月十三日には、地域を限定したより完全な警告が発せられた。あるドイツ軍の脱走兵がランゲマルク付近でその戦区を守っていたフランス軍第十一師団に投降して語ったところによれば、「窒息性ガスを円筒に満たして二〇筒をひと組としたものを、前線に四〇メートルおきに配置した」ということであった。「砲兵隊の発射する三発の赤いのろしを合図に、円筒を開放し、順風にのせてガスをフランス軍塹壕に送る……。ドイツ兵はガスから身を守るために各自酸素を浸ませた麻くずひと包みをたずさえる」。その脱走兵は陳述の裏付けとして、この原始的なガスマスクをひとつ提出した。[*21] 大いに驚いたフランス軍第十一師団長フェリー将軍は、右翼の英国軍第二十八師団およびカナダ軍師団に警告を発した。もっと大事なことには、フェリーは軍団長バルフリエと、フランス軍総司令部から訪れた連絡将校にも警告を与えた。

肝心なこの二人の人物の反応はどうであったろうか。バルフリエは、フェリーをものごとを軽々し

＊21――これが二日後に彼の戦線の一部を、また左翼にあったアルジェリア師団が残りを引き継いだ。

初期のガスマスクを付けたドイツ兵

初期型ガスマスクをかぶり射撃する英国兵

く信ずる愚か者だと考え、円筒を破壊するためにドイツ軍塹壕を砲撃し、ガスの危険にさらされた前線の兵員数を減らして欲しいというフェリーの要請を握りつぶした。連絡将校のほうはこの話を作りごととして無視したうえに、フェリーがまず第一に英国軍にじかに警告したこと、第二にジョッフルの原則にそむいて前線守備隊の削減を計ったとして非難した。そしてフランス軍の例の〃めでたいしきたり〃に従って、フェリーはこのあと転任させられたのである。

バルフリエからフランス軍二個師団をもって突出部左翼を引き継ぐことを命ぜられたプッツ将軍は、四月十六日に新たな警告がベルギー第六師団側から寄せられたにもかかわらず、バルフリエと同様にこの話を信じたがらなかった。プッツはこの話をスミス＝ドリエンの英国第二軍からの連絡将校に嘲笑をこめて語ったが、自分の部隊に対しては繰り返す価値もないものと考えたようである。そこでこれらの部隊は窒息に見舞われるまで知らぬが仏でじっと待機していたという次第である。

英国軍だけが対策を講じた。飛行機による偵察が行なわれたが、べつに異常なものは見当たらなかった。そこで英国第五軍団長プルマーは、この警告を「額面どおりのものとして」部下の師団長らに回送した。ガスに対する防護措置は何ひとつ示唆も命令もされなかった。そして二、三日すると警告したという事実さえ忘れられてしまった。おそらくこの一件のあまりに〃非紳士的な〃新奇さが、よけいにそうさせたものであろう。しかし、まず言葉による攻撃から始めるというドイツ軍の習慣になじんでいたならば、英国軍総司令部は、「きのう英国軍はイープル東方で窒息性ガスを含む砲弾、爆弾を使用した」という四月十七日付ドイツ側無電の陰険な意図を読みとることができたかもしれない。

しかしドイツ側に攻撃の意図がないと信じさせたひとつの要因は、ドイツ軍がそのために予備軍を結集しているという気配がなかったことである。とくに用心して気どらせなかったからではなく、そもそも予備軍がなかったからである。そのためにドイツ軍は、この大戦におけるもっとも完全な奇襲を果たす機会を失ったのである。

ドイツ軍総司令部はその敵側と同じように科学に対する理解が浅く、この新兵器をあまり信用していなかった。したがって充分な施設を与えられなかった発明者ハーバーは、ガス発射用には〝砲弾〟の代りに主として〝円筒〟を用いなければならなかった。円筒からのガス放出は風の向きに頼らざるを得ない。フランダースでは西風か西南風がもっとも普通だったから、ドイツ軍としては運を天にまかせるほかはなかった。新兵器の公開を早まって大した効果も得られなかったことは、敵側に報復措置としてガス円筒にとって代るガス弾の充分な製造を正当化する口実を与えてしまった。

新兵器を信用していなかったにしても、それが効果を挙げた場合の対応策をドイツ軍が用意していなかったことは、ほとんど信じられないくらいである。しかし現実にドイツ軍参謀総長ファルケンハインは次の攻撃のための予備兵力を割り当てていなかったし、弾薬追加の要請さえも受け入れなかった。ファルケンハインの意図はただガスをひとつの攻撃の掩護策として、試験的に用いてみたまでで、その攻撃自体がロシアに対する本格的攻撃の目隠しのつもりであった。イープル突出部が抹殺されれば、それだけでも得をしたことになり、それ以上のことは彼の眼中にはなかった。

当初の計画ではこの攻撃は、突出部の南側面に対して第十五軍団によって開始されることになっていた。ガス筒は三月十日までに配備された。しかし風向きが思わしくなく、攻撃は何回も延期され、三月末ごろに代りの攻撃が突出部北側面で準備された。これも四月十五日の予定が、一週間延ばされた。そしてこれは予備第二十六軍団の二個師団と、その右側の予備第二十三軍団の一個師団によって開始された。この主攻撃の補助として予備第二十三軍団の別の一師団が、突出部のかなめであり同時にフランス軍とベルギー軍の接合点でもあるステーンストラートを撃つことになっていた。ガスの掩護のなかったこの補助攻撃はほとんど進展しなかった。予備軍としては一師団だけを活用できたが、これは翌日まで用いられず、しかも無人の空白地帯を前にしている予備第二十六軍団に対してではなく、予備第二十三軍団にこれが配備された。

しかしドイツ軍の失敗の主因が予備兵力の不足にあったとしても、直接の原因は部隊が自軍のガスを恐れたことにあった。兵士たちはきわめて粗悪な防毒マスクを支給されているだけで、しかもそれを着用していないものも多かった。それほど事前の対策は貧弱だったのである。そしてフランス軍塹壕にうめきあえいでいる敵兵たちの間を通り抜けると、彼らは命令の字句だけを守るのに精一杯で、所定の短距離目標地点にたどり着くとすぐに塹壕にもぐり込んでしまった。夕暮れが迫っていたことも災いして、彼らは自軍がどの程度成功したのか、また途上に散在する勇敢そうなカナダ軍兵士の群れが、どの程度弱っているのかも見きわめられなかった。そしてその後の数日間、彼らは砲兵隊の非戦闘員掩護要員としての役割に満足し、少しばかり前進して、大砲とガスとがすでに守備軍をほぼ掃討し終わった地域を占領し、強化しただけであった。好機が眼前にひらけていた最初の時点では、近視眼的とされたこの攻囲戦一辺倒のやり方も、のちには賢明なものとなった。これは一年後の『ヴェルダン戦法』を予示したものだが、いまの戦闘ではフォッシュの指令に従ったため、連合軍はドイツを大いに利する助けをしてしまった。

北方軍集団総司令官フォッシュは当時ジョッフルの代理として、フランダース地方におけるフランス軍を統轄し、フランス軍、英国軍、ベルギー軍の作戦を調整する任務を負わされていた。ドイツ軍による突破の報を受けると、彼は軍団長プッツに運河の線まで後退してその地点を守り抜き、それとともに失地を回復すべく反撃の準備を命じた。しかし、フランス軍は砲兵隊を失っていたから、命令の前半を達成するのがやっとであった。幸いにもベルギー軍がかなめの部分を破ろうとするドイツ軍を阻止した。しかしプッツが反撃に出る意図を英国軍に伝えたため、これを掩護すべくカナダ軍二個

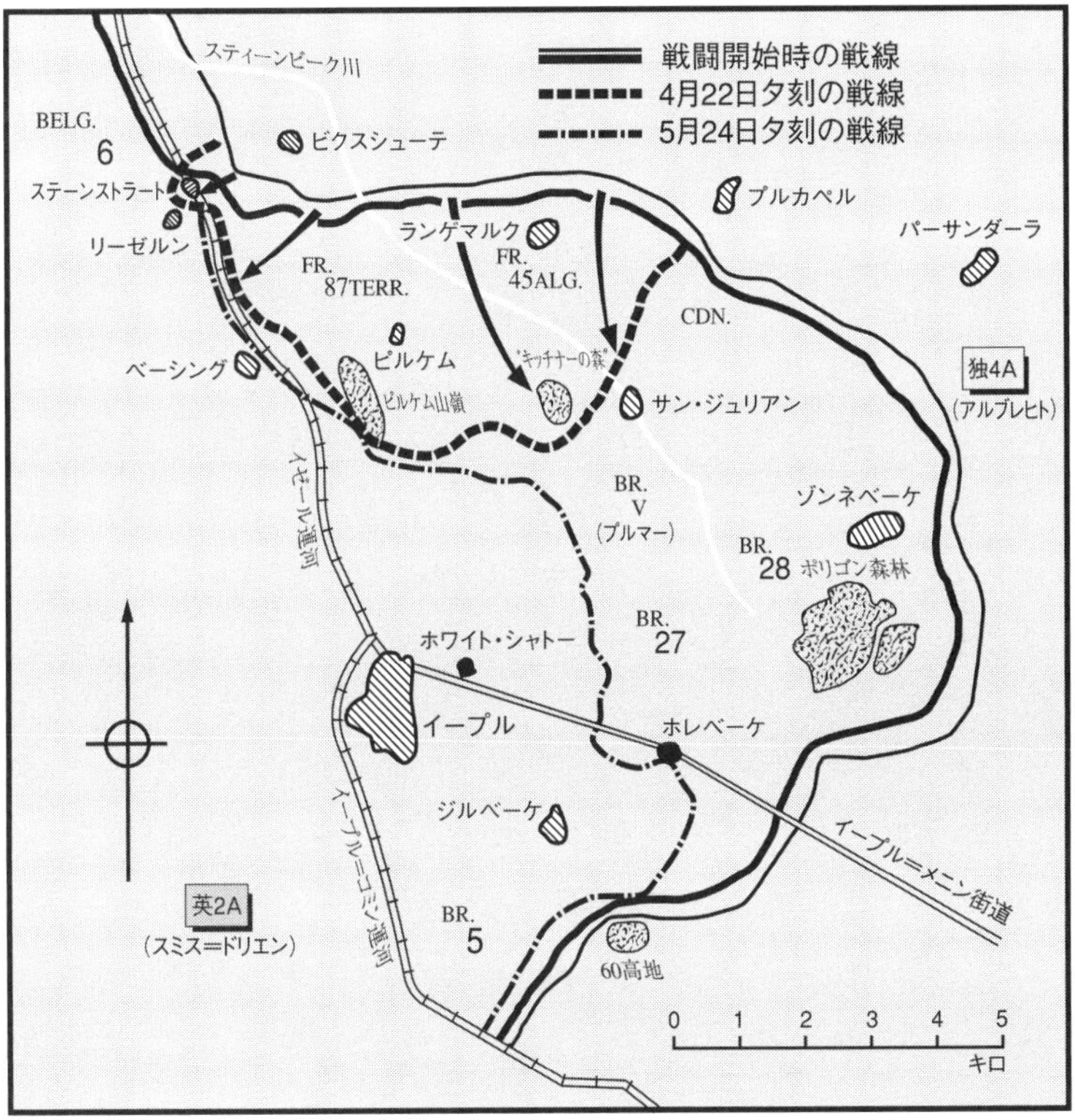

7　第2次イープル戦　1915年4月～5月

BELG.＝ベルギー軍　BR.＝英国軍
FR.＝フランス軍　TERR.＝国防義勇軍
ALG.＝アルジェリア軍　CDN.＝カナダ軍

大隊が深夜に反撃を試みた。そして新しいドイツ軍布陣に浸透して、〝キッチナーの森〟を占領したが、フランス軍の攻撃が開始されなかったために、のちに撤退しなければならなくなった。翌日、英国軍はわずかばかりの予備部隊をかき集めて小反撃を試みたが、手痛い打撃を受けて失敗した。これは日中に行なったのと、フランス軍および砲兵隊からの支援が貧弱だったためである。しかし二十三日夕刻までに、イープルへの広い道と英国軍後方はほぼ兵員で満たされた。もっともそれはひどく弱体化した英国軍二一・五個大隊[*22]であった。対するはドイツ軍四二個大隊で、砲数は五対一と敵が優勢であった。

英国遠征軍総司令官フレンチ卿は二十四日、無駄な努力の続行を命じたが、ドイツ軍はその機先を制した。午前三時、ドイツ軍はベルギー軍の〝かなめ〟を攻撃したが、手痛い敗北を喫し、以後、運河の対岸の小さな足場を拡げることも深めることも不可能になった。午前四時、ドイツ軍はカナダ軍前線の鋭くとがった角の部分に、ガスを用いてしたたかな一撃を与えた。防毒マスクはまだなかったので、唯一の方法としては、ハンケチ、タオル、綿製弾薬帯などを塹壕内の手近にある液体でしめらせ、口に当てることしかなかった。多数の者がまいってしまった。最初の襲撃で受けた陣地の破れ目は小さかったが、徐々にひろがっていった。砲兵隊の巧みな砲撃によってしばらくの間はドイツ軍の突破口への侵入は阻まれていたが、午後、彼らは大挙して、サン・ジュリアンへ押し寄せ、さらにそこを越えていった。戦況は切迫してきた。しかしヨークシャー国防義勇軍二個大隊が、さえぎるものとてない視界の一点を狙い撃つカナダ砲兵中隊の掩護のもと、ドイツ軍先鋒をサン・ジュリアンへ撃退した。ためにドイツ軍は同日にはそれ以上進撃する意欲を殺がれてしまった。しかしドイツ軍側のこのためらいは、混乱状態にあった英国軍指揮官らの眼にはそれとは映らなかった。ドイツ軍の進撃路をよぎるつぎはぎだらけの布陣の中に、さまざまな師団や旅団のカナダ兵、英国正規軍兵、国防義勇軍兵、それにズアーブ兵[*23]などがまじり合い、くずれかけた壁のいたる所に押し付けられたセメントのように、へばりついていた。突出部はドイツ軍の圧力を受けていまや幅三マイル足らず、奥行ほぼ六マイルの狭い舌状地帯と化していた。死守せんとする守備軍側は過密状態となって、ドイツ軍砲座のかっこうの餌食となった。

けれどもフォッシュと軍団長プッツの楽観論に振り倒されたジョン・フレンチ卿は、フランス軍の新たな二個師団が失地回復にやってくるものと信じ、退却に同意することを渋った。ガリポリ上陸と同じ日の二十五日早朝、新編成の正規軍一個旅団がサン・ジュリアン付近の攻撃にやみくもに投入され、「機銃掃射によって麦を刈るようになぎ倒された」。驚くべきスピードで二四〇〇名が一掃された。これはイアン・ハミルトンの軍がガリポリの海岸を占領したときの損害を上回った。そしてその日の夕刻、カナダ軍師団の大半は予備部隊に引き下げられた。『公刊戦史』によれば彼らは、「南アフリカ戦争[*24]時代の旧式な兵器」である大砲によってわずかに掩護されながら、小銃をもって敵のガス弾と重砲に抗して勇敢に戦ったあげく、約五〇〇〇名を失ったのであった。このカナダ軍の救援によっても、この望みない戦闘の負担は止まず、むしろさらに重く別の肩へと移されただけであった。これより軍事行動は向う一ヵ月続けられることになり、ドイツ軍の整然とした攻撃に対し、英国軍はその場しのぎの攻撃で応じた。ここで、著者がこの戦闘の不毛性をいたずらに誇張しているのではないという証

＊22――内一二個はカナダ軍。
＊23――アルジェリア人からなるフランス軍軽歩兵。
＊24――第4章＊43参照。

拠に、『公刊戦史』の冷静だが暗澹たる表現を引用してみよう。

「基本方針は、フランス軍がいったん失った布陣を取り戻し、英国軍はこれを助けることにあった……。フォッシュ将軍は即刻の反撃を指令したが、プッツ将軍はこれを実施できなかった。一方英国軍は、その役割を果たすべく、一般に真の反撃とも、また慎重な準備にもとづく攻撃とも違うとされる攻勢に忠実に取りかかったが、戦況を回復できずに重大な損害を受けた……。前線の英国軍将校らは、フランス軍が一大飛躍に備えている間の時間かせぎのために自分たちが犠牲になっていると思っていた。ところがその飛躍は計画されたかもしれぬが、実現はしなかった」

この悲劇の原因を究明するために、前線から後方へと視点を移す必要がある。英国第二軍司令官スミス＝ドリエンは、二十六日の攻撃にインド軍ラホール師団とノーサンバランド国防義勇軍旅団を投入して失敗し、このあとでも四〇〇〇名の損害を出して、はじめてかかる努力の空しさを知り、フランス軍の協力が得られそうもないことを悟った。そこで彼は二十七日、遠征軍参謀長ロバートソンに、真の戦況を総司令官フレンチに伝えて欲しいと要請する手紙を書き、「フランス軍がほんとうに大きな手を打つのでない限り、フランス軍の失地を回復するために、これ以上損害をしのぶ価値があるかどうか疑問に思います」と記した。さらに彼はイープルに近い、もっとゆがみの少ない布陣へと退却の準備を整えることが賢明であろうと提案した。これに対してロバートソンからは電話で次のような伝言が与えられただけだった。「参謀長は貴下の手紙に述べられているほど、事態を危険なものとは見なしていない」。けれども実のところは、スミス＝ドリエンの手紙自体、厳しい現実にくらべればまだまだ楽観的なものであった。にもかかわらず、はるか遠方の安穏無事な総司令部からのこういう〝気安め〟の伝言のあとに、もっと手ひどい拒絶回答が届けられた。それは暗号なしの電報でスミス＝ドリエンに対し、イープルにおける全部隊の指揮権を第五軍団長プルマー将軍に移譲すること、およびその参謀長としてミルン将軍を送ることを命じたものである。フレンチとスミス＝ドリエンの関係は、一九一四年八月、ル・カトーにおける戦いでスミス＝ドリエンがあえてフレンチの命令にそむき、彼の立場を救ったことがあって以来、ひどく緊張したものになっていた。いまフレンチは自分と同名の人々[*25]の習性に従って、正しい診断を下したはずのスミス＝ドリエンを罰する機会を捉えて、公的な拒絶を表明したというわけである。スミス＝ドリエンはやむをえず辞意を表明し、フレンチはすぐさまこれを受理した。そして縮小された指揮権を返上し、故国に帰ることを命じた。

にもかかわらず、英国第二軍新司令官プルマーがフレンチから受けた最初の指令は、スミス＝ドリエンが言い出した退却準備をするようにというものであった。次にフレンチは、フォッシュと会見するためカッセルに出向き、考えを変えて戻ってきた。フォッシュは退却に強く反対し、失地は現有勢力によって回復できると確言するとともに、退却を「禁止すべきだ」と説き、フレンチに対し、「二十九日正午開始予定の、フランス軍の、い、か、な、る、犠牲もいとわずにランゲマルクを奪回するための攻勢を支援するよう」依頼した。それ以後の日々は、後方においては〝喜劇〟であり、前線部隊にとっては〝悲劇〟であった。来る日も来る日もフレンチは、実戦に従事している部下から兵士の苦悩について、またいったん約束されたフランス軍の攻勢が相変らず空手形であることについての報告を受けた。そこで彼は退却に気持が傾いては、そのたびにフォッシュの軽々しい保証とへつらい半分の依頼に負け、考えを変えるのであった。『公刊戦史』をふたたび引用しよう。

*25――フランス人のこと。

「大戦の最後の年には幸いしたとはいえ、この時点においては、困ったことにフォッシュ将軍は攻勢一点張りであった……。ジョン・フレンチ卿は、最初こそフォッシュ将軍の要望に誠実に応じていたが、フランス軍の努力の成果の乏しさ――あるいはむしろ努力そのものの乏しさ――と、せまい突出部の局地的な戦闘に密集した自軍の大きな損害を身にしみて知った。……そこでジョン・フレンチ卿は、自軍を撤退させなければならないと確信し、楽観論から悲観論へと移っていった。このように彼の考え方が一方から他方へと揺らぎがちで、フォッシュ将軍の依頼を受けるとたちまち兵員撤退をためらい、もう一度反撃を命ずるようなことが一再ならずあった。部下としては、彼の意志に合わせて行動することがきわめてむずかしかったのも当然である」

しかし五月一日になって北方軍集団総司令官フォッシュが、ジョッフルは援軍を送れる状態どころではなく、アラス付近に予定している攻勢を強化するために、むしろイープルから部隊の転送を求めているということを打ち明けたとき、フレンチはこのわらにつかみかかった。かねて念願の撤退を是認されたと考え、フレンチは夜間にそれを実行した。イープルの手前約三マイルの布陣までしりぞいたが、前線は平坦化されたとはいえやはり突出部を形成していた。これはいままでの突出部よりも守備面でも管理面でもいっそう不便で、頭部は八方からの攻撃にさらされているうえに、イープル自体も補給と連絡のためには危険な狭い喉首を形成していた。土地を失いたくない、とくにベルギーの土地は失いたくないという政治的配慮と、遅延したフランス軍の活動を助長したいという軍事上の望みとから、ジョン・フレンチ卿は、イープルの城壁と運河によって形成された天然の直線的防衛布陣へ退きたいという、前線指揮官らの願いを却下せざるを得なかった。そこでこの部隊は縮小された突出部のなかに「砲兵隊のための巨大な一標的」となってとどまった。乏しい弾薬を使い果たした彼らは、ひっきりなしにガス攻撃にさらされたあげく、ついに五月の第四週日、相対的に優位にあったドイツ軍が、手持ちの弾丸を撃ち尽くしたことによって救われた。ドイツ軍は歩兵の人命を尊重するか大砲の弾薬を節約するかの選択を迫られたとき、少なくとも攻撃を停止するだけの良識をもっていた。この間にフランス軍の戦果としては、五月十五日、運河の西岸地帯を掃討したことだけであった。他方イープルの東側で英国軍が歩兵攻撃を続けていたが、ドイツ軍が最終的なフランス軍の小攻撃を阻止するため、英国軍戦区から部隊を転送することさえ防ぐことができなかった。まことに〝泰山鳴動してネズミ一匹〟というほかにない。そして英国軍は、そのネズミ一匹の産婆役を果たすために六万名を失ったあげく、もっとも不愉快で窮屈な新突出部に敵の標的となってたてこもり、二年以上にわたる持続的損失をしのぶことになったのである。

　失敗の上塗りに金を出すのは愚かである。しかし形勢を有利に導く見込みのないときに、人命を犠牲にすることは犯罪ですらある。戦闘最中における指揮命令の誤りは避けがたいことであり、それは許容されてよいといえる。しかし運よく成功すれば有益というだけの理由で、本来無駄な攻撃を命ずるようなとき、その指揮系統に対する真の告発が生まれる。その原因が無知にあったか、戦争に対する誤った考え、あるいは道徳的勇気の欠如にあったかは別として、このような〝殺戮〟について、司令官らは、国民に対し責任を負わなければならない。

第二次イープル戦

一九一五年四月二十二日早朝、黄緑色の霧がランゲマルク方向にたなびいていき、フランス軍陣地をすっぽりと包みこんだ。続いてドイツ軍の奇襲。……二時間後、静まり返った四マイルの戦線には、苦悶の形相もすさまじい兵士の屍が累々と横たわっていた。……

ドイツ軍は、この第二次イープル戦ではじめて毒ガスを投入し、多大の戦果をあげた。国際法によって禁止された毒ガスの使用は、ドイツ軍に対する激しい非難を呼んだ。しかしこの戦い以後、大戦が長びくにつれ、両軍ともに毒ガスその他の禁止兵器を使用するようになり。戦いは残忍な科学戦の一面をもつようになっていったのである。

毒ガスには、塩素ガス、ジフォスゲン・ガス、イペリット・ガスなどが用いられ、はじめのうちは特別部隊が組織され、円筒および放射器を使い、風を利用して放射されていた。しかしこの方法では、風力、風向、天候、地形また敵との距離いかんにより、その効果が大いに左右された。時としては、攻撃側が自軍のガスの被害を受けるという不測の事態さえ起こった。ために、のちにはガス弾が開発され、適時、遠隔地から大砲によって相手布陣に撃ち込まれるようになった。

4　望まぬ戦闘――ロース（一九一五年九月十五日）

九月初旬、フランスにおける〝前線後方〟は、ドイツ軍戦線を粉砕する英仏軍による一大攻勢のうわさで湧き返っていた。そして戦闘部隊間には緊張した雰囲気とともに、結果についての明るい確信もみられた。新編成部隊と国防義勇軍が初めて華々しい役目を負わされることになった。そしてこの英仏連合の猛攻作戦が、少なくとも一年近くも続いた塹壕戦の停滞をゆさぶることができるだろうと期待しないものはいなかったようである。しかし、こうした確信とは正反対の空気があった。そこは英国軍上級司令官らのつめる総司令部であった。

そもそもこの不運なロース攻勢は、ダグラス・ヘイグの意見にさからって企てられ、しかもヘイグは第一軍司令官としてその実施に当たらざるを得なかったのである。ヘイグは重砲と砲弾の支給がなお不充分であり、これを満足させることが目下の急務であり、この弱点が修正されない限り攻勢計画も有害無益だと主張した。記録によれば、六月現在、英国軍の軍装備は、野砲一四〇六門に対して重砲はわずかに七一門、そして英国の工場における砲弾日産量はわずか二万二〇〇〇発。これに対してフランスでは一〇万発、ドイツ、オーストリア両国では合わせて二五万発であった。

ヘイグの意見は決して孤立無援ではなかった。英国遠征軍の参謀長ロバートソンはこれに全面的に賛成だった。しかし総司令官に対するロバートソンの影響力は、フランス軍の軍事判断の無謬性を固く信じている参謀将校ヘンリー・ウィルソン卿のために減殺されていたうえ、ロバートソンはジョン・フレンチ卿のプライベートな会食グループにさえ加われずにいた。一方では、フレンチの腹心の友であるはずのウィルソンは、英国遠征軍を二群に分け、一群を遠くロレーヌへ配備し、フレンチがフランス軍を無視しないように保証する必要のあることを、キッチナーに進言していたのである！これと同じように大げさで悲観的だったのがヘンリー・ローリンソン（第四軍団長）だった。彼はヘイグのもとにあって自分の軍団に主要任務を遂行させようとしていた。彼は日記にこう記した。「私の新しい前線は手の平と同じくらい平坦である。覆いかくすものはほとんどない……D・H（ダグラス・ヘイグのこと）はわれわれに〝徹底的〟攻撃を命じており、フランス軍も全力を尽くして攻撃を敢行しつつあると告げている。われわれの犠牲は大きいであろうし、たいして奥へは進めないだろう」。しかし彼は兵員の死を賭しても攻撃を敢行せざるを得なかった。というのも、英国軍指揮官らは正しい見通しをもって、このような根拠のある警告を発したにもかかわらず、残念ながらフランス軍総司令官ジョッフルの圧力に屈してしまったからである。

次の驚くべき事実は、この圧力の手先が英国陸軍大臣キッチナー卿だったということを示している。このことは英国軍指揮官のうちで西部戦線の膠着状態をいち早く理解し、通過不可能な地点を進撃しようとする頑迷固陋さに対し最初に反対した当の人物の奇妙な側面を如実に証明している。[*26] キッチナーは一月の時点における自分の懸念が現実となったことを知り、六月にはポアンカレの伝えるところによれば、次のように苦言を呈していた。

「十一月にジョッフルとジョーン（フレンチ）卿は、ドイツ軍を国境の向うに撃退してみせると言明した。十二月にも、三月にも、五月にも同じことを私に確言した。だが彼らは何をしたであろうか。彼らの攻撃は高価についただけで、無効に終わった」。しかし今度は、彼自身がゼロにゼロを加える決定をなしたのである。

この不思議な因果の鎖はどのようにして作り出されたのであろうか。度しがたい楽天家という点では、部下のフォッシュと精神的双生児であるジョッフルは、春の困難な経験にも懲りずに秋にもまたそれを繰り返したのである。彼の作戦では、ふたつの遠く離れた戦区であるアルトワ（アラス、レンス）とシャンパーニュ（ランス、アルゴンヌ森林）から、二大集中攻撃をかけることになっていて、最初は前者を主要攻撃戦区とするつもりであった。この点に注目したい。なぜなら、これがのちに重要な影響を及ぼし、また決定的な修正を受けた点だからである。

シャンパーニュとアルトワの両戦区をうまく突破できれば、それが西部戦線の英仏両軍の総攻勢の引き金となるはずであった。ジョッフルは自信をもって断言した。「ドイツ軍をしてムーズ川対岸への退却を余儀なくさせ、おそらくこの戦争を終結させる」であろうと。

しかし結局のところ、ドイツ軍三分の一個師団でレンス北方にある英国軍六個師の攻撃の背後を衝くのには充分であり、またレンスの南方におけるフランス軍一四個師団の攻撃も、ドイツ軍五個師団を相手にさしたる進展をみせていなかった。雄大な着想でありながらも、ジョッフルのこの作戦は近代戦の物質的条件に何と無関係であったことか！　そしていわゆる専門家の戦略がいかに〝素人戦略〟に堕しかねないかの、痛切な証拠であったことか。

ジョッフルの作戦草案が六月四日、ジョン・フレンチ卿に送られると、この英国遠征軍総司令官は全般的同意を表明した。次に部下のヘイグから強い〝良識の風〟が吹きつけられて、風見鶏はまたもやくるりと方向を変えた。

前もってヘイグは、ラ・バセー運河の南の地域（ラ・バセー、レンス）をみずから偵察し、自信をもって「攻撃に向いた地域ではない」と断言していた。この判定はまことに的確であることがやがて

＊26——フランスの大統領。一八六〇～一九三四。

明らかとなった。彼の見解では、ドイツ守備軍はきわめて強固であるから、重砲が大量に追加されるまでは、攻囲戦による以外に落とすことはできないはずであった。「地面は大部分むき出しでさえぎるものとてなく、ドイツ軍前線の塹壕からと、そのすぐ後ろの多数の要塞化された村落からの機銃、小銃の掃射によって、すみやかな前進は不可能となるであろう」。彼はフランス軍左翼における攻勢が至上命令であるならば、運河の南側には補助的攻撃のみを行ない、主要攻撃は運河を渡って北側に加えるべきであると進言した。とにかく彼は先に述べた〝冷水シャワー〟にも似た結論を出した。

けれどもジョッフルは、攻勢延期、あるいは場所の変更の意見具申には耳を貸そうともしなかった。彼は尊大なほどの確信――それはあとから考えれば愉快なものであるが、その時点では愉快どころではない――をひけらかしながら言ったものである。「貴下の攻撃はロースとラ・バセー間でとくに好都合な場を見出すでしょう！」。これは確かに、すでに現場を見ているヘイグの反対証言を一掃するための、単純にして尊大な言葉ではある。

その間にもドイツ軍は、攻撃をまだ予期してはいなかったが、守備陣地の強化と前線の後方に第二の布陣を建設にするためにやっきとなって働いていた。それは七月下旬には完成しそうな形勢であり、この情報がヘイグの意見の反復とあいまってジョン・フレンチ卿の懸念を強めるばかりであった。そこで七月二十七日、フレヴァンでフォッシュとの会談が行なわれた。しかしフォッシュは、地の利や敵の守備力がどうであろうと、レンス南部からこの迷路のような鉱山町をしめつけるフランス第十軍と密接に提携して、ヘイグの英国第一軍はレンスのすぐ北方で主要攻撃を敢行すべきであると強く主張した。

ヘイグ、フレンチ側とジョッフル、フォッシュ側の間の綱引きは続いていた。ジョン・フレンチ卿は、砲兵隊とだけ協力するという計画によって切り抜けようとしたが、反古《ほご》にされ、綱引きはキャッチナーの介入によって決着した。八月に彼はジョン・フレンチ卿を訪ね、こう語った。「われわれはこの攻勢でフランスを助けるため、全力を挙げ最善を尽くさなければならない。そのために重大な損害をこうむることになろうとも」

彼がこのように従来の態度を改めるに当たっては、当時のロシア戦線における敗北と、盟友ロシア軍を救う緊急の必要を感じたこと、さらにはダーダネルズ海峡の期待外れの戦果に反発を感じていたことなどが影響しているであろう。しかし同じ失敗をふたつ重ねても成功にはつながらない。そして西部戦線を突破することはできないというのが彼の持論であったから、なぜ望みのない攻勢がロシア軍に新たな希望をもたらすことができると彼が考えるようになったのか、理解に苦しむのである。

けれども彼は、その攻勢が協商国側全軍の総司令官を設置する必要を一般に認識させ、その実現を促進するであろうと考えたのかもしれない。『公刊戦史』は慎重に、「キッチナー卿自身がこのポストにつくことを要請されると予期していたと信じられている」と述べて、歴史のヴェールをちらりと開いてみせている。そうだとすれば、ロースの問題でフランス軍に対していい潮時に譲歩しておけば、のちにこちらからの申し入れも受け入れてもらえるというわけである。

しかしその直接の結果は、『公刊戦史』を引用すれば次のとおりであった。

「連合軍の全般的立場にもとづく英本国のキッチナーからの圧力と、フランスにおける局地的状況にもとづくジョッフル、フォッシュ両将軍からの圧力とを受け、英国遠征軍総司令官は彼自身とヘイグ将軍の正しい判断を無視し、地の利のない場所で、準備も整わないうちに、しかも攻撃成功のために絶対必要と思われる三六個師のわずか四分の一の九個師をもって、作戦を開始せざるを得なくなった」

フレンチはのちに述べるように、成功の最後の望みを自分から断ち切ることになった。最後から二番目の望みは、フランス軍の作戦が最終的に変更されたことによってすでに断ち切られていた。これはシャンパーニュの地形が、攻撃戦の障害となる村落が少ないという理由で、主要攻撃をアルトワでなくシャンパーニュに展開することを決めたジョッフルの決断であった。このように突然、戦略よりも戦術的考慮を優先させたことは、英国軍の攻撃場所に関するジョッフル自身の見解とは奇妙にちぐはぐであった。

この変更はまた英国軍の攻撃に対しても、悪影響を及ぼした。それはレンスの南一二マイルの前線に対するフランス軍一七個師団によるアルトワ攻撃――重砲四二〇門がこれを支援した――は、守備軍の兵力が明らかになると真剣に強行されなくなったことを、英仏双方の公式声明が明らかにしているからである。にもかかわらずフランス軍は、マイル当り、重砲の数では英国軍の二倍近く[27]を所有していた。シャンパーニュでは重砲八五〇門を備えたフランス軍二七個師団が、一八マイルの戦線に対して攻撃のために集結していた。したがってここでは砲の支援率はもっと高かった。

ロース攻撃の決断が最終的に下されたとき、ヘイグは肩入れの度合いと、予想される損害を切り詰めるために、まず初めは二個師団だけで攻撃を行なうつもりであった。しかし円筒から〝風にのせて〟放出された塩素ガス攻撃の成功が、幾多の可能性を教えてくれたため、彼は考えを修正して、風向きさえよければガス放射は「決定的な戦果」すら挙げることができるだろうから、もっと戦線をひろげ、六個師団――右翼すなわち南側のローリンソンの第四軍団[28]、左翼のゴフの第一軍団[29]――による攻撃も是認されるであろうと考えた。

ヘイグは戦況を正しくつかんでいたために、「いかなる場合にもわが軍の将来の攻撃は、ガスの掩護なしに開始されてはならない」と力説したが、結局フレンチとフォッシュに押し切られてしまった。次に彼はいよいよという時まで決定を保留する許可を与えられ、また攻撃を大規模にするか小規模にとどめるかの選択を天候次第とする許しを得た。皮肉な運命の働きで、フォッシュが最初に攻撃の日と定めていた九月十五日は、風向きはガス使用に好都合だった。この事実がヘイグの希望をつのらせた。しかし二正面作戦を保留にしたことが結局、砲兵隊の配分を三分の一の戦線に集中する代りに、全戦線へばらまく結果になった。

ほぼ一五〇トン分のガスを入れたガス筒五〇〇〇本以上が前線の塹壕に運ばれ、敵の砲火に邪魔されることのない特別にしつらえた安全な場所に収められた。この分量では四十分間の継続的放射に要するガス量のやっと半分であった。四十分間というのは、敵の機銃兵の用いている酸素補給器の有効時間を上回るのに必要だと考えられていた時間だった。したがってガスの円筒を繰り返し開閉しなければならなかった。そして閉じているときには、ガスに似せた〝発煙ろうそく〟が用いられ、これが大戦に用いられたはじめての煙幕ということになった。

砲兵隊の砲撃は九月二十一日に始まった。弾薬不足を補うために二十四時間につき重砲一門当り二〇発、野砲一門当り一五〇発と使用量を限定した。眼に見えた限りでは思わしい結果は得られなかった。そこで指揮官らは風向きをもっとよく研究しなければならなくなった。

＊27——総数一一七門。
＊28——第四十七、第十五、第一の各師団。
＊29——第七、第九、第二の各師団。

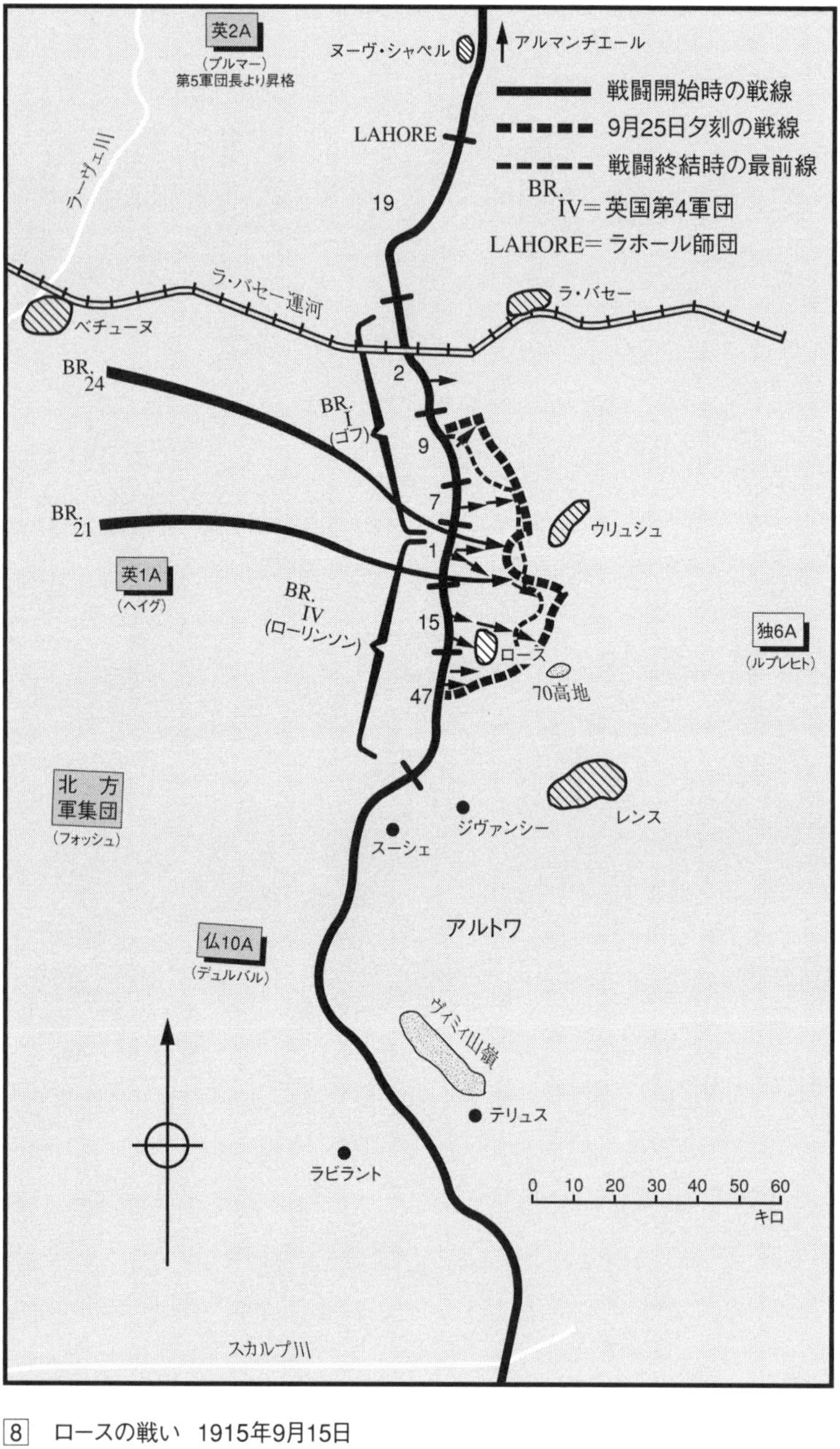

8 ロースの戦い 1915年9月15日

その前夜は緊張と不安の連続であった。ヘイグは各地の気象観測班からそのつど送られてくる天気図を検討し続けた。午後六時の予報では、風は「順風と逆風の中間ぐらいで、やや順風の傾向」であろうとされた。午後九時にはもっといい予報が示され、風は南西あるいは西に変わるであろう、ということだった。そうなるとガスはドイツ軍塹壕陣地へ確実に運ばれるはずであった。ヘイグはためらうことなく全面的ガス攻撃を命じた。が、念のために各軍団の参謀将校を電話口に待機させた。午前三時、あまり好ましくない予報を受けたあと、彼は日の出（午前五時五十分）をガス放出の時刻と定めた。予報どおりまだ暗いうちに、風はやっとその向きを変えたが、南西方向までであり、さらに悪いことにほとんど無風に近い微風の状態になった。

午前五時ごろ、東が白み始めるのももどかしく、ヘイグは外に出た。ほほに感じられるのはかすかな空気のそよぎ程度だった。彼は高級副官[*30]に煙草に火をつけるように言った。煙は北東へそよそよと流れた。

これで冒険がやれるだろうか？　ガスは英国軍塹壕に流れるだけではなかろうか？　風がやや強まったと感じられた。そこで午前五時十五分、ついにヘイグは〝実行〟の決定的命令を下し、木製の物見やぐらに登った。しかし好転はみせかけのものだった。数分後に参謀のひとりがゴフの第一軍団に電話して、放出と攻撃をとりやめることが可能かどうか問い合わせた。こういう緊急事態に備え、ガス担当将校らは充分な用意をしてあった。しかし軍団長ゴフはもはや遅すぎると答えた。これがほんとうに遅すぎたのだとしても、とりわけゴフの過去の実績を考えれば、疑う余地はある。この〝やる気充分の戦士〟にあっては、〝願望が思考の父〟ではないまでも、少なくとも〝産婆役〟だったので

＊30――Senior A. D. C.（仏）Aide-de-Campの略。陸軍の将官付の副官、海軍の参謀大尉のこと。

はなかったか。
午前五時五十分、ガスが放出されたとき、ドイツ軍塹壕陣地右翼へは、充分な効果が挙がるには緩慢で微量でありすぎたにしろ、ガスはかなりうまく運ばれていった。だが、左翼では失敗した。場所によってはガスが逆流してしまったのである。ホーンの第二師団では第六旅団戦区でガスを担当していた将校は、円筒を開く責任を負うことを拒んだ。しかしこのことが師団司令部に伝えられると、ホーンは「条件がどうあろうとも、計画は実施しなければならぬ……」という命令を与えた。こうした〝石頭〟の犠牲となって、歩兵の多くが味方のガスの被害を受けた。何とか前進できた者もたちまち停止させられ、ガスを免れたドイツ軍機銃兵によってなぎ倒された。それにもかかわらずホーンは新たな襲撃を命じた。だが、これは部下の旅団長らが「人命の無益な犠牲」に断固として抗議したためにかろうじて取りやめになった。

歩兵の総攻撃が午前六時三十分に開始されていたが、これには局地戦用の予備軍を除いた第一軍の全兵力が投入された。ヘイグも、麾下の攻撃用二個軍団の指揮官らも、予備兵力はまったく残しておかなかった。それは総司令官がドイツ軍前線突破を熱望しており、すぐに予備軍を送り込んで掩護してくれるであろうと理解していたからである。

最右翼の第四十七師団は、ドイツ守備軍側面を突き崩す任務をどうやら達成した。しかしこのどうやらという限定が、その隣りの第十五師団の驚嘆に価するほどうまくいった最初の突進に重要な影響を及ぼしたのである。つまり彼らにその前進方向を見失わせる結果となり、せっかくスムーズにいきそうだった〝七〇高地〟への突破行を挫折させてしまったのである。この《K》の大部隊[*31]のスコットランド兵の前進があまりに速く深く浸透したため、あわてたドイツ軍総司令部はこの周辺一帯から撤収する準備をはじめ、はるか後方のドエーの町のあたりまで、「果てしのない荷車の護送隊が二列につらなって撤退の準備をしていた」

第一師団の前進は、ごく部分的にスムーズになったとはいえ大幅に遅れたが、このことからもうひとつの悪い結果が生じた。この師団の左翼旅団は、ホーンの師団と同じような苦境に立った。そして師団予備が両軍の側面の空白部へ送り込まれることもなく、むしろ正面攻撃のやり直しを試みてその午前中をむなしく浪費してしまった。英国軍中央部のこの停滞が、軍全体の前進の〝はずみ〟を阻止する結果となった。左側に位置していた第七、第九の両師団は成果を挙げた。もっとも第九師団のほうは第一軍団長たるゴフが、思いどおりにいかぬ正面攻撃をやり直しさせようと誤った命令を下したため、好機を逸して人命も損じたあとだったが。これとは反対に賢明だったのが第七師団長カッパーだった。彼は自軍左翼の前進が阻止されたときに、右翼の前進成功によって生じた空白地帯をかいくぐって、すばやく予備軍を送り込んでいた。

けれどもその企てが達成されるかどうかは、予備軍がすみやかに注入できるか否かにかかっていた。これが最大の難関であり、失敗の決定的要因でもあった。ジョッフルでさえ、もしフレンチが予備師団をあまり後方に置きすぎると、「到着が遅れて先頭師団の成功を継続拡大することができなくなる危険」があるだろうから、「予備師団は攻撃前に、ヘイグ将軍が全面的にこれを掌握することが絶対に必要である」と言っていた。ヘイグは予備師団を少なくとも自分のすぐ後方に置くことを、繰り返し要請した。だが、フレンチの答えはきわめてあいまいで、納得がいかないものであると同時に人を誤らせるものであった。例によって彼の見解は不当な楽観論と悲観的考察の相反する衝動に支配されていたもののようである。

＊31――《キッチナー軍》のこと。第6章参照。

フレンチの英国軍全体の予備兵力は、騎兵軍団——近代戦にあっては、その騎兵隊指揮官が考えているほど重要ではなかったが——と、第十一軍団から成っていた。後者には新編成の近衛師団と、新たにフランスに着いた第二十一、第二十四両師団が含まれていた。フレンチは奇妙な判断から、訓練ずみの師団を平穏なソンム戦線にむなしく待機させ、戦闘の決定的な局面に未熟なこの両師団をあえて用いることにしたのである。そのうえ彼は前線の一六マイルも後方にそれを配しながら、ヘイグには必要とあらば即座に役立てることができると思いこませた。しかもその後の至急便でフレンチは、二十五日の午前九時半には南師団をヘイグの掌握にゆだねると、いい加減な約束を伝えた。実際にヘイグがこれを聞いたのは午後一時二十分で、しかも間接的にであった。ヘイグはその後まもなく、無念の胸のうちをこう語った。「もし予備の一個師団でもすぐ後ろに控えていてくれたら、われわれは歩いても突破できたものを。総司令部というところは予備軍の管理に関しては、戦いの教訓を認めようとはしないのだ」。少なくともこのような狭い空白地帯における効果に関しては、彼の自信はおそらく誇大なものであったろう。そして現に彼自身も、次の七月にはこれと似たような誤りを犯しているのである。しかしフレンチのいい加減な至急便により刺激された彼の当然の立腹は、まず毒々しい手紙のやりとりを、そして次には和解の見込みのない争いをもたらしたのである。彼はまたこれが初めてではなかったが、自分の正しい忠告がフォッシュのフレンチに対する影響力のために、握りつぶされてしまったことにも腹を立てていたようである。その仕返しにフレンチは、ヘイグがあまりに狭すぎる空白地帯を予備軍に突破させようとした愚かしさを非難した。とどのつまりに、ヘイグは陸軍大臣キッチナーに私信を寄せ、またホールデインには口頭でフレンチの失敗と無能ぶりを告げ、そのことによってフレンチの失脚を早め、ひいてはおのれの登用を早めたのである。

これらの予備師団の到来がのろのろしてひまがかかったことについては、総司令官の措置によってもたらされた不利もさることながら、これらの師団の未熟さというよりも師団輸送の方法に大きな問題があった。エドモンズ将軍が辛辣に言っているとおり、「それはちょうど順路を交通止めにして整理することなしに、ロンドンの大通りに市長の行列を押し出そうとするようなものだった」。この愚行にはジョークのおまけがついていた。それはベチューヌ郊外で憲兵のひとりが第七十二旅団を通行させなかった。なぜかというと、その旅団長がその地区への〝通行証〟を持っていなかったからというのである。

確かに〝初陣〟の師団がこれほどむずかしい、あるいはばかげたやり方で、しかも各方面でのこれほど大きな状況誤認のなかで、大事な作戦に投入されたことはこれまでに例がなかった。このことから、二十六日午前十一時に両師団が遅ればせながら何とか攻撃を開始したとき、それが失敗に終わったことも充分にうなずけるし、またその当時広まった性急な批判――この汚名が薄れるのには時間がかかった――も、訂正せざるを得ないのである。両師団が勇気に欠けていたのでなかったことは明らかであり、またせっかくの勇気がその未熟さのゆえに、ましてや参謀たちの未熟さのゆえに実りが乏しかったことも、同じように明らかである。

この両師団とその他の新編成師団の未熟さのハンディキャップは誇張されたきらいがある。正規の師団もそのうちのいくつかの大隊は別として、全体としては、この戦闘で初陣の師団よりも必ずしも有能であったとは思えないし、劣ってさえいたかもしれないのである。戦闘技術は希少な資質にもとづくものであり、天与の独創的リーダーシップの産物であって、これが不在の場合は〝猪突〟のほうが、いわゆる〝経験〟よりもしばしば有効なのである。

レンス南側における、より大規模なフランス軍の攻撃の不首尾も、英国軍のチャンスを妨害した。なぜならばフランス軍は英国軍より六時間十五分もあとにやっと前進を始め、それもたんなる示威行動にとどまるか、さもなければ大した進撃もせずに終わったからである。過ぐる春と夏の苦い経験に懲りて、野戦軍指揮官らは突破にかけたフォッシュの信念に背を向け、厳格な命令もところによってはていよく回避することで無効にしてしまったようである。総司令官ジョッフルもまたフォッシュにブレーキをかけた。彼は二日目の朝、フォッシュに電話をかけ「慎重にやる」ようにと告げ、次のような警告を添えた。「第十軍の攻撃を停止させなさい。ただし英国軍には、彼らがわれわれの支援なしで攻撃しているという印象を与えないように注意するように」。ジョッフルとしては、いまはシャンパーニュにおける攻撃に望みをかけているという口実があったようであるが、この攻撃は、第一日目に敵戦線を突破できそうな、不確かな期待感を与えていた。

　ここで見逃してならないことは、シャンパーニュおよびアルトワにおける攻撃開始時の部分的成功は、主としてドイツ軍参謀総長ファルケンハインの頑迷な自己欺瞞のおかげだったということである。彼は各方面からの充分な警告にも、また予備軍の要請にも耳を貸さなかった。攻撃が始まるわずか二時間前に、彼はカイザーに対して、前線指揮官らは「事態を悲観しすぎている」、そしてフランス軍は攻撃できる状態にはないと請け合っていた。

　二十五日の早い時刻の報告は、ヘイグにも、最初の成功を誇大に見積もらせた。彼は早くも午前十時半に第三騎兵師団に前進を命じた。キッチナーはすぐにヘイグの誤りに気づいた。しかし、ヘイグは騎兵がすでに前進してしまったものと信じて、第二十一、第二十四両師団を手に入れるとすぐにこれを急派した。しかし両師団が到着する前に戦局は変化してしまった。そして先頭の二個旅団は、最初の攻撃によって得た布陣を強化するために選り抜かれた。それでもなおヘイグは、ドイツ軍の無傷の第二守備陣を破りたいと望んだ。このために、両師団の残りの兵力[*32]は夜の雨を冒して未知の山野を行進し続けた。疲労と空腹にさいなまれ、指揮官も兵も混乱状態のまま、翌朝砲兵隊の効果的な掩護

アンリ・フィリップ・ペタン

なしに攻撃にかかったが、敵守備陣はいまはいっそう強化され、最初の第一布陣以上に兵力を整えていた。実際ドイツ軍は夜のうちに兵力を増強したばかりでなく、厚い鉄条網をめぐらしていた。攻撃側はこの障害物を切り開くことができずに、その付近で倒れ、生き残ったものは後退した。彼らが退却したあとには、ロースからウリュシュまでのでこぼこの英国軍戦線にひとつの穴が残され、これを近衛師団が埋めにきた。その間にドイツ軍の攻撃が、とくに両翼において、危険を感じさせるまでに繰り返されていた。ついに二十八日、フォッシュが救援にきてロース付近の英国軍側面戦区を引き継いだばかりでなく、ヴィミィ山地で局地的成功を収め、これを阻止すべく新たに到着したドイツ守備軍団の大半を撃退した。そこで彼はジョン・フレンチ卿と協力して、十月二日に総攻撃再開の手はずを整えた。同じ方針がシャンパーニュでもとられた。すでに同地方でフランス軍は、三日間にわたりドイツ軍第二布陣にむなしい体当りを繰り返し、大損害をこうむっていた。フランス第二軍司令官ペタン将軍が、上級司令部からの命令を無視して攻撃を中止していなかったら、その被害たるや甚大なものになっていたであろうことは確かである。

しかし第二軍の休息は同地区での攻撃再開のためのものであったから、ドイツ軍は、その間に後方で物資の蓄積補強に精を出すことができた。ドイツ軍の反撃による局地的混乱と部隊の疲労がさらに遅れをひどくし、攻勢再開は幾度も延期された。結局三つの総攻撃はそれぞれ別の日に敢行され、英国軍のそれは最後の十月十三日ということになった。しかも『公刊戦史』の表現をかりれば、その攻

＊32――四個旅団。

撃は「いかなる点でも戦局全般を改善しなかったし、歩兵の無益な殺戮しかもたらさなかった」。奇妙なことにヘイグの現実重視の精神が、この最後の局面では姿を消してしまっていた。いやもっと正確にいえば、ヘイグのブルドッグのような粘り強さがそれを圧倒してしまったのである。というのは、ジョッフルはすでにその努力をあきらめてしまっていたが、ヘイグは十一月七日をめどに新たな総攻撃の準備を始めていた。この作戦がかなりの犠牲を出せば、いかなる点からも弁明の余地がなかったであろうが、幸いにも冬将軍と天候が攻撃遂行を制止した。しかし英国軍の死傷者はすでに五万三八〇名――ヘイグ軍の補助的攻撃の分も加えれば六万三九二名――に達しており、これに対してドイツ軍は反撃により犠牲者を多く出したにもかかわらず、二万名そこそこにとどまった。フランス軍はシャンパーニュとアルトワ両戦区において一九万一七九七名の将兵を失い、敵には一二万名の損害を与えた。この比率は、より強力な砲兵隊の支援さえあれば、フランス軍のほうが英国軍よりもこの種の攻撃の実施には長《た》けていることを物語っている。両軍とも前よりかしこくはならなかったにしても、経験は積んだ。しかしドイツ軍のほうは、このての攻撃を失敗させるというより重要な経験を積むことができた。そして一九一六年、この攻勢と守勢の両方の教訓を充分に活かして得をしたのは、ドイツ軍であった。

一九一五年の戦況

「西部戦線異常なし」――一五年のフランス戦場では、局部的な激戦が繰り返されたとはいえ、戦局全体は〝行詰り〟の一言に尽きた。スイス国境より北海沿岸に至るまで、延々五〇〇マイルにもおよぶ塹壕線。マルヌ会戦後に開始された〝延翼競争〟の末、西方に訪れた戦線の膠着は、参戦各国に長期におよぶ消耗戦を覚悟させるものであった。

西部戦線は攻め落とすことも、完全に包囲することも不可能な要塞戦の観を呈していた。この間に他方面での作戦を進展させ、戦局の打開を図る――両軍に共通した戦略であった。それが同盟軍側にとっては東部戦線での大攻勢の開始であり、連合軍側にとっては、ダーダネルズ遠征計画・ガリポリ半島上陸作戦、メソポタミア遠征、そしてセルビア救援のためのサロニカ急派だったのである。

同盟軍の東方大攻勢は、ドイツ軍が絶対に避けねばならないと考えていた二正面作戦を、あえて遂行することであった。しかし、作戦は大いに進展し、ロシア軍はリガ湾からルーマニア国境に至る線にまで圧迫された。英仏連合軍は、停滞した西部戦線にあって、盟友ロシアの敗退をなすすべもなく憂慮するばかりだった。九月中旬、ロシア作戦を大勝利のうちに中止したドイツ軍は、セルビアに兵を転じた。

西部戦線の固着につれ、中立国を陣営に引き入れるための外交戦がますます重要になってきた。前一四年十月、トルコはすでに同盟国側に立って参戦し、連合軍とガリポリ戦争その他を交えていた。一五年五月、イタリアは連合軍の誘いに応じ『三国同盟』を廃棄してオーストリアに宣戦した。新たに設けられたイタリアの戦線は、大局に決定的な変化をもたらすことはなかったが、オーストリア軍を牽制し、惨めな敗退を続けていたロシア軍の危急を救った。九月初旬、同盟国側とブルガリアの間に、セルビア侵略に関する密約が締結された。ロシア軍を圧迫し、次にバルカン征服を狙う同盟国側にとって、ブルガリアの参戦は願ってもない切札となり、セルビアは十一月中に席巻されてしまった。こうして一九一五年の大戦は、停滞した西部戦線を除けば、同盟軍側有利のうちに展開していったのである。

第6章　“相討ち”— 1916年

THE 'DOG-FALL'/1916

1 肉ひき機—ヴェルダン

2 ブルシーロフ攻勢

3 ソンム攻勢

4 高まる戦車の恐怖

5 ルーマニア壊滅

6 バグダッド占領

7 目隠し遊びの戦闘—《ユトランド沖海戦》

一九一四年、世界大戦の主戦場は西部戦線にあったが、一九一五年には東部戦線に移り、一九一六年にふたたびフランスに戻ってきた。連合国側は、サロニカとメソポタミアで多少戦力を浪費したことはあっても、[*1]英国における派遣軍の増強が、塹壕戦の行詰りを打破するために、従来よりもはるかに大規模な行動に出るだけの力を約束したのである。

一九一五年末までのフランス戦線における英国軍兵力は、国防義勇軍師団の投入と《キッチナー軍》（《K》）の投入によって、三八個師に増強されていた。志願制兵役の原則は廃止されてはいなかったが、この方法がさらに組織化され、「国民登録制」を基礎とするようになった。このやり方は一九一五年十月、ダービー卿の後援のもとに開始された。軍事面の要求と産業面での必要を調整することを目標としており、必要な人数をグループ単位で召集し、独身者をまず選抜した。しかし独身者の間での反応は、このような等級別のやり方に必ずしも好意的ではなかったために、翌一六年一月の『兵役法《ミリタリ・サービス・アクト》』によってこの志願兵制度――制度という言葉はあまり適切ではないが――は、「徴兵制」にとって代わられた。

一九一五年末、連合国間の行動を統一しようとする最初の真剣な気運が盛り上がって、フランス、

*1――第5章第一、二節参照。

英国、ベルギー、イタリアの軍指導者に、ロシア、日本の代表が加わって、十二月五日、ジョッフルの総司令部で会議が開かれた。その結果、一九一六年にフランス、英国、ロシア、イタリアの四ヵ国が同時に総攻撃を開始するという原則が採択された。英国遠征軍が未熟であることを考慮して、この訓練に時間を要すること、ロシア軍も再装備のために時間を要すること、したがって攻撃開始は一九一六年夏以降になることが了解されたが、敵戦力を弱めるために前もって予備的な攻撃を実施することが望ましいとされた。けれども一月にはジョッフル、フォッシュの両者がヘイグ[*2]に、はっきりと「この予備的攻撃の担当者は貴官であり、貴官がそれを果たさない限りフランス軍は攻勢に出る意図はない」と通告した。

ドイツ軍の行動がこの計画を混乱させる結果となったために、英国軍だけが全面的に任務を遂行したが、充分な成果はあがらなかった。けれどもまことに皮肉なことに、このことが結局フランス軍を敵戦力消耗のための戦いに、間接的な形ではあったが従事させることになった。そもそもドイツ軍参謀総長ファルケンハインは西部攻勢のためのかねてからの作戦を、ある制限をつけて実行に移そうとしていたところであった。いつも消耗戦を念頭においていた彼は、いまこの決め手を戦術的に用いる決心をし、整然とした段階別の攻撃という新形式を考え出した。そして各段階においてははっきりとした目標を与えるのである。一九一五年のクリスマスに際して述べた謝辞のなかで、彼は敵連合軍の中心は英国である、と言った。「過去において英国が、オランダ、スペイン、フランスおよびナポレオンを相手にして行なったその戦いの歴史がいま繰り返されつつある。この由々しき敵が、自己の目的達成の希望をわずかなりとも持ち続けている限り、ドイツはこの敵から慈悲を期待することはできない」。けれども英国とその軍隊はUボート戦による以外は手がつけられない。前線の英国軍戦区は攻勢に身をゆだねようとしないからである。「この戦争の主要敵国が英国であるとするわれわれの見解からすれば、確かに残念なことではあるが、英国がヨーロッパ大陸での戦いを……その本心から言えば、ひとつの余興にすぎないとみなしていることを思えば、それもがまんできることである。ヨーロッパでの英国の〝真の武器〟はフランス、ロシア、イタリアの各国軍隊である」。ロシアはすでに半分死んでいて、イタリアの軍事的業績は大勢を動かすほどのものではない、とファルケンハインは判断した。「フランスだけが残っている」。「フランスはほとんど軍事的努力の限界点にきている。もしフランス国民が、自分たちは軍事的な意味ではこれ以上の成果は望めぬのだということをはっきりと認識できたら、ひとつの限界点が訪れてきて、英国の最良の剣はその手から叩き落とされるであろう」。彼はこれに付け加えて、大部隊による突破は不必要であり、その代りにドイツ軍は、「フランス軍総司令部が全兵力を投入せざるを得なくなるような」ひとつの攻撃地点を選ぶことによって、フランスを出血多量による死に追いやるべきであると述べた。その地点はベルフォールかヴェルダンかであったが、結局ヴェルダンが選ばれた。それはドイツ軍の主要補給路に対する脅威であったし、また突出部をなしていて、そこに守備軍が押し込まれていたし、この名高い都市を陥落させることが、フランスにとっては精神的な一大打撃になると見込まれたからである。またこのヴェルダンが選択されたについては、奇妙にドイツ的な教訓的配慮、あるいは教訓を越えた配慮が影響していたともいわれている。というのは、ヴェルダンは大昔ゲルマン民族の集団がゴール族[*3]を襲うために通過した西の門であ

＊2——一九一五年九月のロースの戦闘後、英国遠征軍総司令官に任ぜられていた。

＊3——Gaull（英）Gallia（ラテン）　ローマ人がガリア地方と呼んだ古代ヨーロッパ中部・西部に住んだアーリア系の民族の総称で、Celt　ケルト人が支配的。紀元前九～七世紀にかけて今日のフランスを占領、四方にその勢力を伸ばし、ローマの地中海帝国成立以前、フランスを中心にケルト世界を創立した。貴族的部族制社会を構成した精悍な騎馬民族で、宗教的統一が保たれていた。北方に住むゲルマン人とローマ人によって征服された。

ったためである。同じようにドイツ軍は自軍の塹壕陣地を、『ニーベルンゲン物語』[*4]の主人公の名をとって、《ジークフリート》《ブリューンヒルデ》などと名づけることを好んだ。このような縁起かつぎをもっと端的に示した例が、カイザーが小モルトケを軍の指導者に選んだことである。しかもこの任命式は、大モルトケが軍の最高指導者であった一八七〇年当時、ドイツ軍が占領していたのと同じコブレンツの町の、同じホテルで行なわれた。

ヴェルダンにおける戦術的計略の根本は、限定された前進を幾度か持続的に繰り返して敵に脅威を与え、フランス予備軍を引きずり出してこれをドイツ軍砲兵隊の餌食《えじき》にし、粉砕するというものであった。そして一回一回の前進には、短時間ながら集中的な砲撃の掩護をつけるから、損害は免れるはずであった。この方法によって目標地点を奪取し、敵が予備軍を集めて反撃に移る前に奪取した橋頭堡を強化することができるはずだった。フランス軍総司令部の情報機関は、一連のドイツ軍の動きを早くから警告していたが、作戦担当者らは攻勢に出る計画に忙殺されて、この警告に耳をかさなかった。さらに緒戦期においてベルギー軍とロシア軍の要塞が簡単に陥落してしまったために、要塞はすでに時代遅れだという考えが一般に支持されるようになっていたことから、ジョッフルもフランス政府にヴェルダンの非要塞化を納得させ、すでにそこから大砲や兵員を取り除いていた。砦はいまや待避所としてだけ用いられており、要塞の代りをなす塹壕布陣は不備で、修理も行き届いていなかった。

二月二十一日午前七時十五分、一五マイルにわたる戦線でドイツ軍の砲撃が開始された。午後四時四十五分、攻勢の初日として、わずか四・五マイルの戦線ではあったが歩兵が前進した。このときから二月二十四日に至るまで、ムーズ川東岸の守備陣は、海水に浸食されたようにくずれ去った。

ジョッフルはようやくこの深刻な状況に気づき、同戦区の指揮を元フランス第二軍司令官ペタンにゆだね、予備軍がその配下に集められた。三月六日、ドイツ軍はムーズの西岸まで攻撃を拡大した。

しかし守備軍もすでに強化され兵力も対等となったため、ヴェルダンへの直接の脅威は阻止された。

ちょっとした小康状態が訪れ、その間に連合軍はこの圧力からフランスを救おうと努力した。英国軍はフランス第十軍からアラスの戦線を引き継いだ。その結果、英国軍の担当戦線はイゼール川からソンム川まで切れ目のないものになった。またイタリア軍はイゾンツォ川戦線で、失敗に終わったとはいえ五度目の攻撃に出た。ロシア軍はヴィルナ近くのナロチ湖で、未訓練の大軍をドイツ戦線に投入し、多少の戦果を挙げたが、すぐにまた反撃を受けて敗退していた。これらの努力も、ファルケンハインのヴェルダンにおける消耗戦の意図をくじくことはできなかった。その都度の前進はわずかなものであったが、それがやがて積み重なって、守備側が決定的な損失をこうむる結果になった。六月七日、ヴォの砦が落ち、ドイツ軍の潮流はひたひたとヴェルダンに接近していった。またトレンチノ地方では、オーストリア軍参謀総長コンラートがアシアーゴ高原の側面に対して攻勢を開始していた。

ふたたびロシア軍が救援にきた。一九一六年春までにロシア軍は一三〇個師団を備えていたが、それでもドイツ軍四六個師とオーストリア軍四〇個師を相手に、装備の不足をかこっていた。この年の連合軍攻勢に参加するためのロシア軍の準備と再編成は、このヴェルダンの緊急事態のために縮小され、ロシア軍は英仏連合軍を救うため、三月に北方ナロチ湖において犠牲の多い長期にわたる攻撃を開始していた。この攻撃はついに叩きのめされ、主要攻勢のための準備が再開された。これはソンムの攻勢と時を同じくして七月に開始されることになった。一方、ロシア南西正面軍総司令官ブルシーロフは主要攻勢から敵の注意をそらすために、手持ちの兵力で再開できる程度の攻撃を準備していた。

＊4――Nibelungenlied 一二〇四年頃書かれたドイツ中世騎士文学の代表的作品で、キリスト教の影響がきわめて薄く、ゲルマン人の忠誠、その共同体精神の文学的表現とされる。

アレクセイ・ブルシーロフ

しかしこの攻撃は、イタリア軍がオーストリア軍のトレンチノ攻撃強化を防いで欲しいとロシアに訴えたのに応えて、予定を早め六月四日に開始された。ブルシーロフの部隊は特別な兵力の結集もなしに、いきなりルーツク付近のリンジンゲン兵団と、ブコビナ地方[*5]のプランツェル兵団――この軍は最初のショックで抵抗をやめてしまった――に対して進撃を開始した。

この戦争におけるロシア軍としては最後のこの大活躍は、数々の重要な成果を挙げた。イタリア軍に対するオーストリア軍の攻撃は、すでにイタリア軍のしっぺ返しで弱体化していたが、このロシア軍の努力で停止させられた。これはドイツ軍の一部を西部戦線から撤収させ、ソンム川で準備されていた英国軍の攻勢に対する反撃作戦を思いとどまらせ、ひいてはヴェルダンの消耗戦線を強化しようというファルケンハインの希望をくじいてしまった。またルーマニアに協商国側に立って参戦するという重大決意を促し、さらにファルケンハインの失脚と後任としてのヒンデンブルクの登用、および知的指導者としてルーデンドルフ――正式には〝参謀次長[*6]〟と称したが――の任命をうながした。この人事異動の直接の理由はルーマニアの参戦にあったが、根本原因は一九一五年におけるファルケンハインの不明確な戦略がロシアの戦力回復を可能にし、結局一九一六年の彼自身の戦略を台無しにしてしまったという事実にあった。ファルケンハインの戦略は、姑息でその場しのぎの、もっとも卑近な実例である。もっとも有能で科学的な将軍でありながら、「一文惜しみの百知らず」を演じて、計算の上に立った冒険を試みることをしなかったばかりに、祖国を破滅させた人物なのである。一九一六年、彼は多年の念願であった目標を追求するために、矛先を西に向け直していた。そして戦略上の対象として敵の最強の軍隊と、その最強の布陣のしかも最強地点を選んだことによって、彼は旧来の軍事教義を忠実に守ったのであった。確かにフランス軍に予備軍をヴェルダンの〝血の風呂〟に注ぎ込ませるという目的は達したが、決定的な戦略的成果は何ひとつ挙げられなかった。

ファルケンハインは、以前にセルビアを征服したときのような兵力結集を、イタリア軍に対して行なうようにとのオーストリア軍参謀総長コンラートの申し出をしりぞけていた。コンラートはその理由として、この「昔からの敵」に対する一撃は、オーストリア＝ハンガリー軍に強壮剤の役目を果たすであろうし、イタリアを戦場にすることによって、イゾンツォ川で交戦中のイタリア軍の背後に対して、トレンチノから南下攻撃を仕掛けることができるから、決定的な成果が挙がるであろうということの二点をあげていた。一九一七年、カポレットの戦場で比較的軽い一撃によって成功がかち得られた史実が、彼の論拠をあとから補強することになった。しかしファルケンハインはこの作戦の実行可能性も効果をも疑問視し、コンラートがガリシアにおけるオーストリア軍師団を救うために要請した、ドイツ軍九個師団を貸すことさえ渋っていた。援軍が得られないままに、コンラートは単独で自分の意図の実現をたくらみ、ガリシアから自軍の最精鋭師団をいくつか引き抜いた。ためにイタリアでの作戦に必要な兵力を得られぬまま、ブルシーロフの進撃に精鋭軍の正面をさらす結果になった。ファルケンハインは自分の見解を無視されたために忿懣をくすぶらせていたが、ガリシアでの敗北に怒りをあおり立てられて、ウィーンに干渉してコンラートの罷免をかちとった。しかし皮肉にもその

＊5――ウクライナとルーマニアにまたがる地方。

＊6――原書ではFirst Quartermaster-Generalだが、ルーデンドルフは縦横に敏腕をふるい、事実上の参謀総長として終始ヒンデンブルクを補佐した。

報いがその後まもなくわが身にふりかかって、彼もまた失脚することになったのである。

ブルシーロフの攻勢は三ヵ月続き、かなりの成功を収めたが、手もとに予備軍を持たなかったために戦果を拡大することができず、やっと北方から予備軍を動かすことができるようになったときには、ドイツ軍は戦線の破れ目を補修していた。ブルシーロフの以後の戦闘努力はそれほど危険度の高いものではなかったが、ロシア予備軍のすべてをそこに吸収していたために、そこで招いた大損害が結局はロシア軍事力の破滅に最後のとどめを刺すことになってしまった。

ドイツ軍の戦略に与えたブルシーロフ攻勢の影響は大きなものではあったが、ヴェルダンの戦況に及ぼした影響はもっと間接的であった。しかしドイツ軍宿願のソンム川での攻勢が救いの神となったために、栄養不良のヴェルダン攻勢は衰退していった。ドイツ軍はこのようにヴェルダンでは精神、物質両面の目的を達成しなかったとはいうものの、フランス軍に出血を強いた。ために、一九一六年の連合軍作戦では、フランス軍は微々たる役割しか演じられなくなった。そこで英国軍が戦闘の主要任務を負わなければならなくなり、その結果、協商国の戦略の範囲も成果も限られることになってしまった。

七月一日、一週間続いた砲撃のあと、英国第四軍[*7]は、一三個師団をもってソンム川の北一五マイルの戦線を攻撃し、フランス軍は五個師団をもって主として同川南側の、ドイツ軍の防衛態勢が充分整っていない八マイルの戦線を攻撃した。だが、そのための準備を隠さなかったうえに、長期の砲撃を行なったため、奇襲のチャンスはまったくなくなった。そして兵力は弱小でも組織の強固なドイツ軍の抵抗にぶつかって、英国軍の攻撃の大部分は失敗した。英国軍が柔軟性のない密集した〝波状〟隊形をとっていたため、損害はいっそうひどいものになった。わずかに英国軍戦線の南部、フリクールとモントーバン付近において、ドイツ守備陣内に足場が獲得された。フランス軍の抵抗は少なく、予測もされていなかったので、より大きな戦果を挙げた。

この失敗のためにバポームとカンブレーへの〃突破〃という最初の計画は無効となり、英国遠征軍総司令官ヘイグはしばらく消耗戦法に戻って、ドイツ軍の戦力を弱めるために制限つき前進を繰り返す方法をとった。ジョッフルとしては、ヘイグにふたたびティエプヴァルの守備陣に正面から兵力を投入してもらいたいと要請していたが、ヘイグはこれを拒み、まず自軍の右翼だけで攻撃を再開した。そして七月十四日、ドイツ軍の第二陣地へ突っ込んだことによって、もっと手をひろげるチャンスも生まれたが、結局このチャンスは利用されなかった。このとき以後着実な、しかし犠牲の多い進撃が続けられ、占領区域こそとるに足りなかったが、ドイツ軍の抵抗をいちじるしく弱め、十一月の初冬の時期に、雨季の到来による作戦停止を迎えた。けれども雨季の影響は大げさに考えることはできない。ドイツ軍が部隊を西部から撤収してルーマニア攻撃に転用することを妨げられなかったからである。

しかしソンム川はある一点で将来に意義深い光を投げかけた。九月十五日、初めて英軍の戦車が戦場に姿を見せたことである。数がまだ充分そろわないうちに早まって戦車を用いたことは、確かに間違いであった。戦略上の一大奇襲のチャンスを失ったうえに、戦術的にも操作を誤り、小さな技術上の欠陥もあって、得られた成果はたいしたものではなかった。軍当局の高官らは戦車に失望し、廃止を唱える者さえあったが、洞察力ある人々は、これこそ正しく利用すれば、塹壕障壁を撃ち破る決め手であることを見抜いた。

ソンム川の攻勢はこれとは別の間接的な効果を及ぼした。それはヴェルダンへの圧力を軽減したことで、フランス軍は反撃準備を整えることが可能となり、十月二十四日と十二月十五日、マンギャンの

＊７――最近編成されてローリンソン将軍指揮下におかれた。

Mark Ⅰ重戦車

軍団が反撃を敢行して失地の大半を取り戻し、しかも損害は軽微だった。このように容易に成功がかちとれたのは、部分的奇襲戦術の復活と目標地点限定方法のよりいっそう柔軟な利用と、高度な砲兵隊の集中投入、さらに砲火が破壊した守備陣地を最少の歩兵で占領するやり方などのおかげであった。しかしこのフランス軍の成功を大いに助けたのは、ヒンデンブルクが疲れた部隊を後方の安全な布陣に撤収させることをきらって、面子にかけても初めに獲得した橋頭堡を確保するのに固執したことであった。少なくとも彼はこの教訓を肝に銘じて、一九一七年春には連合軍を叩きのめすことができた。

連合国側に同情的であったルーマニアは、参戦する好機をうかがっていたが、ブルシーロフの成功に励まされ、あえて冒険する気になった。この成功にソンム川とサロニカにおける連合軍の圧力が重なれば、ドイツ予備軍を釘付けにすることができるだろうと、ルーマニア軍総司令部は希望的観測をしたのである。しかしルーマニアの情勢には多くの内在的欠陥があった。国土の戦略的位置が悪く、主要な地区のワラキア*8がオーストリア＝ハンガリーとブルガリアの間に挟まれていた。その軍隊も表面的には近代的形態を整えていたが、内部には深刻な弱点を含んでいた。連合国のうちではロシアだけが直接ルーマニアを助けることができ、他の国々はこれを見離していた。こういう不利を背負いながら、ルーマニアはトランシルヴァニアへ攻勢をかけ、ために側面をブルガリアへむき出しにしてしまった。

連合国側がもたついている間に、ドイツ軍は活動していた。その作戦はファルケンハインが始めたもので、八月二十八日、ヒンデンブルクとルーデンドルフが総司令部を引き継ぎ、具体的に発展させた。同計画は、ルーマニアがトランシルヴァニアに反撃するための軍隊を結集させている間に、マッ

＊8——ダニューブ川からトランシルヴァニア・アルプスに至る平原地帯。

ケンゼン指揮のドイツ軍によって補強されたブルガリア第三軍が、ルーマニアの裏口を突破してドブルジャに侵入するというものだった。この作戦の実施によってトランシルヴァニアへのルーマニア軍攻勢はひとりでにやんで、予備軍は引き戻された。九月末、ルーマニア軍はオーストリア＝ドイツ軍の反撃——ファルケンハインはこのときの実戦司令官であった——によって、後退させられた。ルーマニア軍は西部の国境山岳地帯の峠を、十一月半ばまで確保することができたが、ファルケンハインは雪が峠を封鎖してしまう直前に突破した。マッケンゼンは自軍主力を西へ転じ、ブカレストの近くでダニューブ川を渡った。いまやこの両軍がブカレストめがけて進撃していった。翌月六日、同市が陥落した。遅まきながらロシア軍の援軍がかけつけたが、ルーマニア軍は北方のモルダヴィアまで追いやられた。ドイツ軍の水際立った連携戦略は新参の敵に打撃を与え、ドイツは石油、小麦を産出するルーマニアの広い領域を手に入れ、ロシア軍に、さらに三〇〇マイルの戦線を守る重荷を負わせた。これより前、フランス第三軍司令官だったサレイユは、サロニカにあってブルガリア予備軍を釘付けにしておくことに失敗していた。

　イタリアとの国境に近いトレンチノ地方におけるオーストリア軍の攻勢は、イゾンツォ川方面でふたたび攻勢に出ようとするイタリア軍の作戦を中断させていたが、オーストリア軍の攻勢が止むと総司令官カドルナは予備軍をふたたびイゾンツォ川へ向かわせた。この準備として、モンテ・サボティーノから海岸に至る全戦区はアオスタ公の第三軍にゆだねられ、ここに一六個師団が結集してオーストリア軍六個師団に対抗した。八月四日の海岸付近での予備的な見せかけの攻撃のあと、丸二日おいて攻撃が開始された。ゴリツァの北でカペロの軍団が、川への道を死守していた難攻不落のモンテ・サボティーノを一掃し、八月八日夜、川を渡ってゴリツァの町を占領した。ためにオーストリア軍はカルソー戦区で南への退却を強いられた。しかしこの成功を東の方へ拡大しようとする試みは、新たな抵抗陣地にぶつかって頓挫した。秋になって、さらに三回、攻撃が敢行されたが、オーストリア軍に苦しい緊張を課したという成果はあったものの、攻撃側の方が大きな損害をこうむった。この一年間にイタリア軍の戦死傷者は約四八万三〇〇〇人にのぼったが、敵側は二六万だった。

協商国側が年間の戦役の領土的戦果として誇示できる――といっても、新年がくるまでは、まだ全貌がつかめていなかった――のは、遠くメソポタミアの地における、バグダッドの占領のみであった。これは軍事的にはたいした価値もなかったが、精神的なシンボルとして熱狂的に迎えられた。この方面でのこれまでのかんばしからぬ戦況が英国政府にすっかりやる気をなくさせていた。新任の大英帝国参謀総長ウィリアム・ロバートソン卿は、西部戦線に投入すべき戦力を減殺するようないっさいの余分な介入に反対した。しかし遠征軍新司令官モードは、意図的ではなかったが巧みな手段によって、この守勢の方針を新たに攻勢の方向に転じさせることに成功した。モードはメソポタミアの兵力と補給路を徹底的に再編成したあげく、一九一六年十二月十二日、クートの上流と下流のチグリス川西岸で、自軍戦線の前進的右旋回と拡大を開始した。このように塹壕戦を組織的に活用した結果、モードはトルコ軍の退避線をめがけてチグリス川を一気に渡河するかまえができた。やがてモード軍の前線とその退避線が並行に向き合った。しかし兵力の上で四倍の優勢を保ちながら、モード軍右翼は敵を抑え込むことができず、騎兵も敵の退路を遮断することに失敗したために、決定的な成功は得られなかった。しかしとにかくこれによって進路が開かれ、一九一七年三月十一日、モードはメソポタミアの首都バグダッドに入城することができた。つづく一連の巧妙な軍事行動によって、トルコ軍を追い散らし、同地方の英国軍は足場を確保することができた。

ウィリアム・ロバートソン

一九一五年も早いころに、トルコ軍がエジプト侵入を試みて失敗に終わって以来、英国軍はかなりの兵力をエジプトに常駐させ、ダーダネルズ遠征でネコの手も借りたかった時期にもこれを移動させなかった。ガリポリから撤収したときは、余裕ができたトルコ軍がエジプトにまた手出しをする恐れが生じた。この危険を未然に防ぐため、カイロ当局は、キッチナーからアレクサンドリアに近いアヤス湾への上陸の承諾をとりつけていた。しかし英国では参謀本部がこれに反対だったし、フランス軍がすでに自分の戦利品の一部として勘定に入れていたシリアに英国軍が介入することに政治的に反対したため、この提案は握りつぶされてしまった。こうしてエジプトにおける英国大駐屯軍[*9]は、一九一六年を通じて行動を起こさず、その間にトルコ軍はシナイ地区では二、三〇〇〇名を投入し、また西部砂漠地方ではシヌーシ教徒[*10]を扇動してエジプトの両側面で騒動を起こし、これがまたエジプト国内の不安をかき立てる原因になった。

しかし英国軍もまた紅海の東側で、アラブ系の同盟軍の確保に努めていた。その代表者はメッカの長官で、この人物はすでにトルコ軍の命令に抗して、聖都《メッカ》から〝ジハード[*11]〟の布告を出すことを拒み、その結果、回教徒諸民族が英国軍に対する聖戦に結集する見込みがなくなってしまったという点で、英国軍にとって大いに役に立った存在であった。次にこの長官は一九一六年六月、ヘジャズ地方[*12]において、トルコ支配に抗する反乱を起こし、これまで英国軍単独では誘発させることができなかった騒乱状態をつくりあげた。これをまず利用したのは英国で、いまはエル・アリッシュ進軍の決意が固められ、そこを足場にしてシナイ砂漠を支配下に収め、いったんは失った国境地帯を再占拠する計画ができあがった。しかし再度にわたるトルコ軍の侵入が七月にロマーニで挫折したにもかかわらず、アーチボールド・マリ卿（英国派遣軍司令官）の進撃は、砂漠に鉄道と水道管を設置するのに時間を要したことが災いし、なかなかはかどらなかった。英国軍はようやくクリスマスの季節にエル・アリッシュを占領し、マグダバとラファーにおけるトルコ軍の遠隔駐屯地を襲撃できたのである。

この新『出エジプト記』[*13]は英国政府を刺激し、できるだけ兵員の損失なしにパレスチナ侵入を試みる気にさせた。沿岸の町ガザと、二五マイル内陸のベールシェバとが、パレスチナを守る要衝となっていた。一九一七年三月二十六日、マリはガザを攻撃したが、いま一歩というところで戦果を逸した。夜になるまでにはガザをほぼ包囲していたのに、この勝利寸前の陣形を少しずつ放棄しなければならなくなった。それは敵の圧力によったものではなく、指揮官らが誤った情報と誤解と取り越し苦労に災いされて、そういう命令を下したためであった。悪いことはなお尾を引いた。マリがこの一連の行動を勝利として政府に報告し、そのあとの退却については沈黙していたため、本国政府の激励を受け、ろくな偵察も砲火の支援もなしに、四月十七日から十九日に攻撃を再開せざるを得なくなった。だが敵守備軍は補強されていて、当然これは犠牲の多い失敗に終わってしまった。

しかしアラブ系新同盟軍は、トルコ軍のこれらの成功を無効にするくらいの貴重な騒乱状態をつくり出し、英国は一群の技術顧問を派遣するだけで事足りた。反乱は初めにこそ成功したもののすぐに

＊9——ある時期には二五万名を越えていた。

＊10——Senussi or Senousi　北アフリカのアラブ人に信者の多い熱狂的で闘争的な回教徒の一派。

＊11——Jihad　回教徒の義務として、他教徒に抗して争う『聖戦』をさす。

＊12——Hejaz　紅海に面した現サウジアラビアの一部で、メッカ、メジナ等の聖都を含みかつては王国として栄えた地方。

＊13——Exodus　旧約聖書中のモーゼ五書のひとつ。モーゼがファラオの手から逃れ（紀元前一二三〇年）、エジプトを脱出してヘブライ王国を建国する物語。有名な『十戒』が含まれている。

壊滅の危機に見舞われたが、ファイサルが突如側面行動に打って出て紅海沿岸をウェジまでさかのぼり、そこからアラブ軍がヘジャズ鉄道を妨害したことによって情勢は好転し、反乱の規模も変わってきた。この一連の軍事行動の原動力となったのが、若い考古学者で短期間軍籍にあったかのT・E・ロレンス大尉だった。戦史と兵法に造詣の深いロレンスは、柔軟な思考とその知識を苛酷な現状に適応させた。また彼は、アラブ民族の「散発的な火花を確固とした炎」に燃え上がらせるだけの教祖的個性を備えていた。このロレンスの縦横無尽の用兵がトルコ軍を翻弄《ほんろう》したのである。一九一七年五月、彼は一群のアラブ人を率いて単独遠征し、シリアにあらたな反乱の種をまいたあげく、《アカバ急襲》を敢行した。この紅海の北方の入り江に臨む海洋基地を占拠したことによって、シナイにおける英国軍補給線の危険はすべて除かれ、敵対するトルコ軍側面にアラブ軍のてことして役立つ道がひらかれた。すでにパレスチナで英国軍と交戦中に捕虜となったものよりも、ヘジャズ鉄道の長路とその南側の地域を守備しながら捕虜となったトルコ兵のほうが数が多かった。

トマス・エドワード・ロレンス

一九一五年〜一六年における海戦

ドイツ軍初の《Uボート作戦》——連合軍側からは、ティルピッツ提督の名とともに無慈悲の代名詞とされたもの——は、戦果の乏しさの点でも、またそれがドイツの大義名分に及ぼした倫理的不名誉の点でも、いちじるしい失策であった。アメリカ、ドイツ両政府間でやり取りされていた覚え書の応酬は、一九一六年四月、ウィルソン大統領の事実上の最後通牒で頂点に達し、ドイツは〝無制限戦

ウッドロウ・ウィルソン

ラインハルト・シェーア

争〟の方針を放棄した。この武器を取り上げられたことがドイツ海軍を刺激した。海軍総司令部は開戦当時から心頼みにしていた最初の作戦を実行に移す試みを、あとにも先にも一度だけ着手してみる気になった。英国《大艦隊》は一九一六年五月三十日夕刻になって、敵艦隊との遭遇もあり得ると予期しながら、定期の北海掃討作戦に出航した。ドイツ《大海艦隊》もまた五月三十一日早朝、英国艦隊のどれか孤立した部分を撃滅すべく出航した。

遭遇戦に備え、英国《大艦隊》司令長官ジェリコウ提督はすでに、大戦初期のころに概略の作戦を定めていた。それは《大艦隊》の優越性を無傷のままに保つことを基本的な必要条件としており、ジェリコウは《大艦隊》をたんに戦闘用のみでなく総合的戦略用の切札として、連合国側の経済、士気、軍事その他あらゆる領域における活動のかなめと考えていた。したがってドイツ艦隊をこちらの言いなりの条件で戦闘に誘いこみたい気持はありながら、彼は機雷やUボートのうようよしている海域に誘いこまれまいと決意していた。

五月三十一日午後も早くに、ビーティはその指揮下の巡洋戦艦と戦艦から成る巡洋戦艦部隊を率いて南へ掃討作戦に出たあと、北転してジェリコウに合流しようとしたが、そのときドイツ巡洋戦艦五隻を発見した。交戦を始めてまもなく、ビーティの六隻の巡洋戦艦のうち二隻は大破して沈没した。そして弱体となったときビーティは、シェーア提督麾下のドイツ《大海艦隊》主力に出会った。そこで彼は北へ転じ、五〇マイル離れていたジェリコウの勢力圏内へ、敵艦隊を誘いこもうとした。ジェリコウは救援に駆けつけた。海戦は霧と夕闇のため、うやむやのうちに終わった。しかし、その結果、英国艦隊はドイツ艦隊とその基地の中間に取り残されてしまった。その夜のうちにシェーアは敵駆逐艦の警戒線を突破した。そのとき敵に姿は見とがめられたが報告はなされなかった。こうして彼は、ジェリコウが自分の指導原理に固執し、また魚雷攻撃の危険も考慮して、わざと厳しく張りめぐらさなかった網の目を安全にくぐり抜けることができたのである。

この《ユトランド沖海戦》(ジェットランド海戦)は戦術的にはドイツ側の得点とすることができても、戦略的にはドイツに何のプラスにもならなかった。英国は封鎖の手をすこしもゆるめなかった。そこでドイツはふたたびUボート作戦をとり、まず航行範囲を拡大することから着手した。七月、ドイツの大型巡洋潜水艦一隻が、米国の沖合に出現して、中立国の船を数隻撃沈した。

外洋以外では地中海が主な活動舞台となったが、英国に対する直接の圧力はこの夏の間は軽減された。それはウィルソン大統領の威圧にドイツ政府が屈したことに腹を立てたシェーア提督が、指揮下のUボートを臨検および捜索という制限規定にもとづいて活動させることを拒んだからである。ために制限された戦闘の重荷が《フランダース戦隊》に負わされた。英国にとって幸いなことに、ドイツ海軍首脳部がベルギー海岸の基地としての利点を見出し、利用することははなはだ遅かった。基地の整備を怠った六ヵ月の空費はもはや取り返しがつかなかった。それにここに配置された海軍力では、せっかく至近距離から英国をおびやかせる地の利も、充分生かすことはできなかった。十月六日、シェーアは指揮下の戦隊による活動を強化せよという命令に従わざるを得なかった。これは全般的なUボート作戦を、隠密のうちに再開することにほかならなかった。主として軍令部長フォン・ホルツェンドルフ提督と《フランダース戦隊》司令フォン・バルテンバッハ大佐が作戦計画立案に当たった。間接的にではあるが、このいきさつが、シェーアにとって自分の出撃を警備し、英国艦隊にわなを仕掛けるのに必要であったUボートを奪い去る結果を、自動的に招いたのである。

したがって以後のドイツ艦隊のマヒ状態は、ドイツ軍自身が選択した作戦の結果であって、《ユトランド沖海戦》のためではなかった。とはいうものの同作戦は、英国《大艦隊》に北海を占有することさえさせなかった。八月十九日のドイツ海軍出撃のいちじるしい特色となったUボートの〝待ち伏せ戦法〟は、失敗に終わったとはいえ、その心理的効果が絶大であったために、英国《大艦隊》は〝フリート監獄[*14]〟に監禁された債務者さながらのありさまで、北海の南半分からは完全にしめ出されてしまったからである。ジェリコウと海軍本部はこの幽閉状態に堪える必要があるという点では同意見だった。

名にしおう〝制海権〟もいまや空文に等しく、その年の秋にはドイツ軍のデンマーク侵入の危険が増大し、陸軍省と海軍本部が検討した結果、その評決は「海軍側の理由により、デンマーク軍支援はほとんどまったく不可能であろう」と出た。この〝Uボートの幻影〟は〝ネルソンの縦列[*15]の幻影〟よりも長期にわたった。『英国海軍公刊戦史』は腹蔵なく公平に記している。「《大艦隊》は約一〇〇隻もの駆逐艦の護衛つきではじめて出航できたし、戦艦は小舟艇の護衛がなければ基地を離れることもできなかった。そしてドイツのUボートがわが艦隊を悩ませた範囲は、もっとも見通しの利く海軍専門家の予想をも越えたものだった」。それでいて奇妙につじつまの合わないことに、この大海戦以後

＊14――Fleet　ロンドンのフリート川付近にあった監獄で、一八四八年に廃止されるまでの二百年間、主として借金を返済できない者が投獄されていた。

＊15――一八〇五年十月、トラファルガー岬沖海戦における英国《大艦隊》の勝利は、ネルソン提督が麾下二七隻の軍艦を二列の縦列に分け、フランス＝スペイン連合艦隊の側面を衝いた作戦によるとされている。――第4章＊31参照。

いまに至るまで、海軍士官らは戦艦の絶対優位性と潜水艦の無効性を言い立てているのである。

一九一六年秋の《大艦隊》はいっそう身動きがとれなくなったが、それには理由があった。新たに始まった商船に対する〝隠密〟Uボート攻撃に対処するため、軽舟艇の需要が大きくなって、《大艦隊》の警護が手薄となったからである。あらゆる防護策にもかかわらず、このUボート攻撃は効を奏し、ひと月当りの船舶の被害が六月分の一〇万九〇〇〇トンから漸増して、一九一七年一月には三六万八〇〇〇トンとなり、そのうちのほぼ半分は英国船であった。この〝隠密〟攻撃の期間中、地中海は不穏な水域であり、逆にドイツ側からすればまことに格好の水域であった。というのもUボートにとってここでは楽に標的を発見できたうえに、アメリカが引き受けている仕事にちょっかいをだして妨害してしまうおそれもあまりなかったからである。地中海ではアメリカの船舶や権益をうっかり侵す危険があまりなかったのである。わずか一隻のUボートが、五週間の巡航で六万五〇〇〇トンの船舶を撃沈した。

駆逐艦その他の舟艇が数多く補充されるようになっても、船舶の被害増大をくいとめることがまったく不可能であることがわかった。一九一六年九月の一週間に、駆逐艦九七隻と補助艇六八隻の哨戒する水域において、わずか二隻あるいはせいぜい三隻のUボートが、三〇隻もの船舶を撃沈している。防御策として秘密の航路をとったり、にせの船舶旗を掲げたり、おとりの船を仕立てたりする試みがなされた。このおとり船は《Qシップ》として知られているもので、商船のように見せかけてあるが魚雷発射管と水中爆雷を備え、折りたたみ式の舷檣のうしろには大砲を隠していた。こうした外観上の仕掛けに加え、乗組員もさして大あわてをする必要のない状況のもとで、わざと大混乱の体をつくろい、図に乗ったUボートをすぐ近くの海面におびき寄せたものである。この種の《Qシップ》は、このたびの海戦におけるもっともロマンチックな活躍を見せたのであるが、Uボート撃沈一一隻の戦果を挙げたとはいっても、その効果は一九一六年末までにほとんど消滅し、ただ敵の警戒心をつのらせるばかりとなった。そして敵は当然、武装船と非武装〝らしく〟みえる船を区別する慈悲深さをなくしていった。この《Qシップ》がUボートに及ぼした危険は、英国が普通の商船を武装したことで倍加され、速度が遅く構造も弱く、視界も良くないUボートはジレンマに陥った。つまりUボートは慈悲深くなればなるほど、冒す危険が増大し、標的の艦種と乗員の救援についてほおかむりをすればするほど、身の安全と成功が保証されるのであった。そこで船舶を見たらすぐ撃沈せよという叫びが、ドイツ国内に高まったのは当然であった。

そのうえ、英国が経済的圧迫の苦痛を感じていたとすれば、一方のドイツも同様であって、指導層は陸上での決定的勝利と経済の崩壊のいずれが先に訪れるかについて、不安な予想を立てていた。ドイツ海軍当局は、いまや量産体制によって格段に強化できるようになった〝無制限の〟Uボート作戦を復活すれば、連合国側を屈服させることができるであろうと言明した。この意見をいれてルーデンドルフは、従来反対してきたひとつの措置に賛成した。陸海軍の合同具申の重みが宰相ベートマン＝ホルヴェークの反対を制したのである。和平の審議が提案され、予想どおり連合国側がこれを拒否したことが、臨検捜索の制限を公然と撤廃し、ウィルソン大統領に与えた約束を取り消すことに道義的正当性を与えた。一九一七年二月一日、客船、貨物船を問わずいっさいの船を即座に撃沈するという〝無制限〟方針が宣言された。もとよりこれが敵側の〝天秤〟の〝皿〟にアメリカ参戦というおもりを加えることになるのは百も承知であった。この方針の賢明さについてドイツ国内に生じた疑惑はもみ消され、その必要性を言い立て、勝利を確約し、アメリカはどっちみち連合国に与えた借款の取り立てをはかるために、連合国援助に出向かざるを得ないのであるという不可避性の論法などが持ち出された。しかしドイツは、アメリカのおもりが秤を狂わせる前に、勝利を期したのである。

1 肉ひき機——ヴェルダン

一九一四年から一八年の大戦が、いっさいの時間的観念を、軍事的な意味で、またとりわけ戦闘の持続性の意味で、根本から変えてしまったということは、いまさら言うまでもない。数千年に及ぶいくさの歴史のうえでは、戦闘はどんなに大規模な場合でも、何時間かのうちにけりがついていた。今世紀の初めまではこれが一般的なケースであって、ただナポレオン戦争以降、たとえばライプツィヒ[*16]やゲティスバーグ[*17]にみられたように、戦闘に数日を要する例が二、三あっただけである。真の変化は日露戦争のときから始まり、戦闘はついに数週間単位で考えなければならなくなった。そして、世界大戦からは〝基準〟は数ヵ月ということになった。というのも、一般に認められていず、また学問的にも正当な扱いは受けていないが、戦闘は攻囲戦となるのが通例となってしまったからである。これは一時的現象であると望みたい。量は質とは無関係であるばかりでなしに、時間が長いということは〝静止状態〟と〝優柔不断〟を意味し、やがては統率力の欠如をも意味するからである。したがって兵学の立場からも、人命尊重の立場からも、長い戦闘は悪しき戦いといわねばならない。

時間の延引は、また軍事史家の仕事をむずかしいものにする。おびただしい量の細部を積み上げて大著をものしたいと望むのでない限り、これという特色が何もないか、あるいはありすぎてまとまりのないものになってしまっているところから、顕著な材料を拾い出すのは大変である。そしてこの大戦のいわゆる〝戦闘〟全部のうちで、ヴェルダンは長時間継続の記録を保持している。このいくさは一九一六年の二月二十一日から、じつに十二月十五日まで続けられたのである。ドイツ軍の攻勢中止を最後の日付と解し、フランス軍の反撃を明瞭なものと考えれば、その継続期間は七ヵ月に及んだ。

このように日付ひとつにしても確認できないのは不幸なことである。なにぶんにもこの大戦中、これ以上英雄的、劇的な経過をたどり、注目する諸国民の同情をかった戦闘は他になかったからである。フランスの最大の犠牲と最高の勝利がここに存在する。そしてフランス軍の輝かしき業績を全世界が賞賛したものである。

フリードリヒ・ヴィルヘルム

二月二十五日以降六月二十三日まで、ドイツ軍に一連の危機があった。そこで多くのフランス権威筋は二月二十五日を主要な日付に選んでいる。しかし戦況がほんとうに自軍に不利になりだした瞬間のことなら、当のドイツ軍がいちばんよく知っているはずである。きわめてすぐれた批評家であるフォン・ツヴェール将軍は、真の転機をドイツ軍がコート・ド・プワーヴル攻略に失敗した三月九日であるとみなした。作戦指揮の任にあったドイツ皇太子（フリードリヒ・ヴィルヘルム）が自分の第五軍を訪れ、〝フランスの中心部〟ヴェルダン占領に最大の努力を払うことを求めたのは三月四日だった。この新攻撃は二日間の砲撃のあと三月六日に下火となり、九日には決定的に挫折してしまった。

この戦いを論ずるには、ドイツ軍総司令部がヴェルダン攻撃を開始するに当たって何を目標にした

＊16――Leipzig　一八一三年十月十六日～十九日、プロイセン＝オーストリア＝ロシア連合軍が、ナポレオン一世の率いるフランス遠征軍を破った戦い。ロシア遠征の敗北を契機にして始まった『解放戦争』中最大の決戦場。

＊17――Gettysburg　一八六三年七月一日～三日にわたる『南北戦争』のうちの最大の激戦地で、ミード将軍の指揮する北部軍が、リー将軍麾下の南部軍を撃破し、勝利へと導いた。リンカーン大統領の『ゲティスバーグ演説』としても有名。

かという問題もからんでくる。責任者である参謀総長フォン・ファルケンハイン将軍は、目標とすべきはフランス軍が最後の一兵を投じてまで死守したいと念願している地点を総攻撃の対象とすることによって、フランス軍をしぼれるだけしぼり取ってやることにあると断言している。なお同将軍は一九一五年のクリスマスに用意した原稿から引用し、目的達成のためには大軍による突破は必要がないことを自分が主張していたことを明らかにしている。

しかしこれらの戦後になされた言明にもかかわらず、当初の目標に関する正当な疑念は依然として消えない。ドイツのすぐれた批評家であるフェルスター大佐は、ファルケンハインの言明を攻撃の実態と一致させることが困難であることを指摘し、当初の作戦行動はあきらかに突破をめざしてすすめられた攻撃であったと断じている。その証拠として彼は、一九一六年一月二十七日付のファルケンハイン自身の命令文の抜粋と、三月三十一日、皇太子の司令部が提出した攻撃失敗の報告書の欄外に、ファルケンハインがしたためた手厳しい批判の言葉を挙げた。そこにはファルケンハインが前進の継続を要求していたことが示されている。

ペタンやその他の人々は、この作戦のほんとうのねらいは一九一四年九月に試みられたセダンの両翼包囲の再現にあったとみている。一九一六年の時点においては、この包囲作戦は成功の見込みが濃くなっていた。それは突出部がその東側面に深くうち込まれたサン・ミエルの楔のために、マルヌ川の戦いのころよりも鋭角をなしていたからである。そしてヴェルダン突出部がムーズ川をまたぐような地形にあるため、守備軍がドイツ軍に挟撃態勢をとらせないでおくことはできないと考えられた。この仮説は、ドイツ軍が川の東岸だけに最初の攻撃を仕掛けてきたことの、一見わけのわからない誤りと思われる事態を論理的に説明してくれる。しかしセダンの再現をねらったのならば、ドイツ軍のつもりでは、東岸を攻撃することによってフランス予備軍をそちらへ引き寄せることができ、のちに始める西岸への攻撃はフランス軍をとじ込める壁として川を利用し、フランス軍後方を一掃することができるともくろんだのかもしれない。これによってフランス軍の一部を遮断できるばかりでなく、残りの軍をもふたつに分断できるであろうし、広い突破口が開くことによって、フランスにおける全塹壕前線の崩壊が起こるであろうと期待されたのであろう。

しかしドイツ側の公文書と重要な証人たちによって、このなぞめいた戦闘にあらたな光が当てられている。そのうちでも、ヘルマン・ヴェントの著書に照合されている証言がとくに有効である。この新材料が明らかにしているのは、ファルケンハインの目的は彼の日和見主義によって説明されるであろうし、ドイツ軍の奇妙な進軍経路は、従来も多くの作戦をだめにしてきた内部紛争の再燃によって説明されるであろうということである。

ファルケンハインは確固とした行動の指針をもっていなかったらしく、ただ何かが起こるであろうという期待を拠りどころとしていたようである。その「何か」とは、フランス軍内部におのずから生ずる意気消沈を計画的宣伝によって増幅させ、精神的崩壊を導くことであったかもしれない。しかし他の戦略家にくらべて、彼は政治的な効果の重要性を知っている点では賢明であったとしても、その効果を造り出すべき方法を明確に理解してはいなかったようである。おまけに残念なことに、各兵科を担当する部下たちは、軍事問題しか念頭になかった。皇太子軍の参謀長シュミット・フォン・クノーベルスドルフの作成した計画案は、ファルケンハインの考え方から大幅に外れたものであった。そのねらいとするところは、「兵力の無限の損失をともなう長期の物量戦を避けるために」ヴェルダンの両側面に強力な攻撃を敢行し、これを摘出することであった。

この大ばくちはファルケンハインの気に入らず、彼はこの作戦を東岸への攻撃だけに縮小し、予備軍をしっかり掌握することでクノーベルスドルフの性急さを抑えようと希望したようである。この意図も、もっと大きな意図と同様に達成されない運命にあった。この失敗が、目的に手段を合わせようとするときの彼自身の判断の誤りによるものか、部下の具申を自分の意見にまとめることができなかったことによるものか、いずれとも決め難い。皇太子の部下ともなれば、その意見を抑えることはむずかしかったし、またファルケンハインの立場も強い圧力をかけられるほど安定したものではなかった。これらの失敗はともかくとして、少なくとも彼は戦術上の新原則を確立したという栄誉をになっている。

ドイツ軍の攻勢は、人力よりも砲火の力に頼ることをたてまえとした。そして砲火の力は主として集中砲撃によって発揮され、その持続性に欠ける点は砲列の数と速射の手腕で補い、奇襲の効果を充分に発揮させることを意図した。こうした奇襲の効果は、連合軍側ではすでにロースやシャンパーニュで、またこれ以後ソンム川で、数日間、ときには一週間にも及ぶ準備砲撃のために当然失われてしまったものである。奇襲のチャンスを増やすために、ドイツ軍は敵の布陣の近くに設ける習わしの〝突撃〟塹壕をまったく設けず、自軍の強烈な砲撃によって味方の歩兵が、場所によっては半マイルにも及ぶ広い無人地帯を、さしたる抵抗もなしに突破できるであろうと確信していた。後衛の準備については、ドイツ軍はこれほど充分なことができなかった。けれどもフランス軍総司令部の情報部はドイツ軍の意図を推測することができたが、作戦部がその警告を無視した。二月一日、国防義勇軍二個師団のうちの少数が派遣されたが、その場所に適切な補強——二個軍団——が命令されたのは、最後の瞬間になってからであった。そのうちの最初の軍団が到着したときにさえ、わずか三個師団がムーズ川の右岸に、二個師団が左岸に、三個師団が東向きの要塞の南にいただけで、予備軍の用意はなかった。かりにドイツ軍の攻撃がこの最初の軍団の到着する前に、予定どおり十三日に始まっていたとすれば、その結果は推測するにかたくなかった。悪天候が守備軍に二重に幸いしたのである。なぜなら、それがドイツ軍重砲の前進をも妨害したからである。

けれどもこの予備的な段階には、あまり知られていないもうひとつの重要な面がある。フランスがベルギーとロシアの要塞のあっけない陥落から性急な一般論を引き出したことが、ヴェルダンで危機をひき起こした大きな誘因になったのかもしれない。もともとフランスの要塞は野戦軍の管理下にはなかったが、フランス軍総司令官ジョッフルはリエージュとナミュールの例を口実にフランス政府を説得し、ヴェルダンを要塞として〝格下げ〟させ、一九一五年八月にこれを管轄下においてから、兵員と武器とを取り除いていった。こうした砲の撤去は一九一六年一月三十日までも続けられ、残った砲台の砲廓は部隊の退避所としてのみ利用された。全面的な守備策はとられず、砦の前方ではただ一個所だけ塹壕陣地が設けられ、後方では補助的塹壕布陣がひとつだけ使用できた。

この長期にわたる前線を駐屯軍で固めるか、充分な守備体制におくかするためには、ヴェルダン防衛軍司令官エール将軍は充分な兵員も資材も持ち合せていなかった。鉄条網は不完全で、防弾用の覆いもほとんどしていなかった。したがってこの塹壕陣地が一撃のもとにけし飛んでしまったのは驚くに当たらない。これと対照的なのは、砦の度外れた頑強さであった。ドゥオーモンとヴォの砦はいったんはドイツ軍の手に落ちたが、十月、ふたたび奪回された。そのときフランス軍は、数ヵ月間にわたる砲撃がほとんど何の痕跡も残していないことを知った。地下室の覆いは無傷であり、野砲の砲塔は少しの損傷も受けておらず、砲塁も射撃不能となったものはほとんどなかった。早まって要塞を無価値だと思い込んだために、フランス軍が自分たちの覆いをお笑い草として捨ててしまったことは、運命のいたずらであった。

初代の指揮官（要塞守備隊）クタンソー将軍は要塞は無価値だという見方に同調していなかった。しかしある国会議員の面前で彼が第一軍司令官デュバイユ将軍の意図とは違う自説をあえて披瀝したとき、譴責解任の憂き目にあってしまった。ヴェルダンの守備体制が不充分であるという問題について、しばらくの間とかくのうわさがパリに流れていた。そこで十二月、ガリエニが陸軍大臣としてジョッフルに手紙を送り、正確な情報を求め、事態の改善を要求した。ジョッフルの返信は、額に入れて世界中の官僚どもの仕事場に飾っておけば反省材料にもなろう、という代物だった。ガリエニの申し入れをしりぞけ、彼はこう付け加えた。「しかしこのようなご懸念が、守備体制の欠陥を申し立てている報告にもとづいている以上、私はそれらの報告の責任者の名をお示し下さるよう……要請します。私の指揮下にありながら、私の命令の実行について不平なり抗議なりを、筋の通った手続きを踏まずに政府に訴えるような軍人を、本官は相手にするわけにはいきません……。このようなことは軍規律の精神をいちじるしく阻害するものと見なされるべきであります」。敵は彼の無謬性の信念をたちまち打ち砕くことになったが、それは一九一七年の反乱暴動[*18]によって、将軍たちの無能と人命軽視が規律の精神を阻害する最大の要因であることが明らかとなるのと軌を一にしている。しかし、その報いが表面化するのには時間がかかった。ナンシー選出の代議士で、ヴェルダンの情勢を警告していた高名な軍事評論家のドリアン大佐が、その警告無視の最初のいけにえのひとりとなった。一方ジョッフルはドリアンたちの英雄的ともいえる〝つめ腹〟によって、つかの間ではあったがあらたな勝利の栄冠を与えられたのである。

寒く乾燥した、二月二十一日の朝七時十五分、ドイツ軍の砲撃がムーズ川の両岸と一五マイルの前線に向けその火蓋を切った。塹壕と鉄条網が次々と破壊され、穴ぼこや土の山と化した。「大型砲弾のためにできた円形のくぼみはあたり一帯を月の表面《クレーター》のようにしてしまった」。それ以後はなじみ深い光景とはなったが、一九一六年二月にはこれほどの強烈な砲撃はこれが最初であったし、それだけに衝撃も大きかった。砲撃はなおも続けられ、ついに午後四時、砲弾の雨は最高潮に達した。さらに四十五分経過してのち、ドイツ軍歩兵の薄い布陣が、砲兵分遣隊と火炎放射班を従えて、ほとんど気づかれないうちに前進を開始し、歩兵本隊の出撃に備えてフランス軍陣地を偵察した。このいくさで無益な人命の損失が回避され、またドイツ軍砲撃の効果も満足すべきものでないことが明らかとなった。ドイツ軍の砲撃は、部分的にはフランス軍砲兵隊の熾烈な反撃に悩まされたのである。そのうえ最初のドイツ軍の攻撃はわずか六個師団によって、東岸のオーモン森林からエルブボワに至るわずか四マイル半の前線に対して加えられたにすぎなかった。前線が狭すぎたために、生き残ったフランス兵があちこちに群れていたことが、広い戦線の場合よりも遅滞を誘う結果となり、また夕闇の早い訪れのため、最先頭の塹壕堡塁を占拠しただけで攻撃は停止された。しかし翌日の攻撃の幅はもっと拡大され、以後二十四日まで、守備軍の布陣はしだいに大きく崩されていった。

第一線のフランス軍指揮官らは、ウワーヴル平野からの撤収と、右岸のムーズ高地に新たな陣を布く許可を求めた。彼らはこれさえ、ムーズ川の全右岸、すなわち東岸からの撤去の先触れに違いないと感じていた。しかし前線の後方では、戦況の深刻さが充分には認識されていなかった。依然として〝作戦〟指令は、ヴェルダン攻勢はシャンパーニュにおける主攻撃を掩護するための陽動作戦なりとしていた。だからこそ前線崩壊の知らせがもたらされたとき、ジョッフルは動揺せず、まして困惑などしなかった。二十四日夜、ド・カステルノー将軍――彼はフランス軍参謀総長に就任以来、ジョッフルの嫉妬深い部下たちによって体よく仲間はずれにされていた――は主導権を握って、直接ジョッフルのもとにおもむき、ペタン軍を派遣してヴェルダンの守備をまかせる許可をとりつけた。それ

＊18――一九一七年になるとフランスでは戦争遂行方針をめぐり議会各派に不穏な空気がみなぎり、軍部内の士気もどん底にまで落ち込んでいた。ために深刻な反乱が相次ぎ、その影響は実に五四個師にまで及んだ。しかしペタン将軍の緩急自在の処置により事態は収束した。――下巻第７章参照。

210㎜重砲で砲撃を加えるドイツ砲兵

砲撃によりえぐられた大地（ドゥオーモン砦付近）

以後もっと深刻な報告がはいってきた。午後十一時、ド・カステルノーは大胆にも当直将校に命じ、かぎのかかったジョッフルの室のドアをノックさせ、総司令官を叩き起こさせた。このお偉方が定めの睡眠量をふたたびむさぼろうと引きあげていくまでの間に、ド・カステルノーは〃全兵力〃をヴェルダンに急派する権限を授けられた。ド・カステルノーはその夜のうちにシャンティリーを発ち、ド・ラングル・ド・キャリイの中央軍集団総司令部へ車を急がせた。その間に、ジョッフルはヴェルダンの北部前線は絶対に守り抜くよう電報を打った。「司令官で……退却命令を出す者は、すべて軍法会議に付されるであろう」。ジョッフルは右翼をムーズ高地に撤収させるかどうかの判断は、ド・ラングル・ド・キャリイにまかせた。そこでキャリイはこの許可にもとづいて行動した。

ド・カステルノーのヴェルダンにおける第一日目は幸先のいいものではなかった。二十五日にはドゥオーモン砦に奇妙な出来事が起こり、それとともにこの長い戦闘での最初の危機が発生したからである。この砦にはご多分にもれず駐屯軍がおらず、砲塔一基に配された二三名の砲手から成る兵隊がいただけだった。しかしドイツ軍がこの砦に寄せてきたとき、右戦区を指揮していたクレチエン将軍はこれらの砦を主要な抵抗布陣とすることを命じた。これは二十四日の真夜中近い時刻であった。不幸なことに彼の参謀がこの命令に付ける略図の類ができあがるまで待ったため、命令の伝達が遅れ、二十五日の朝九時四十五分となった。その間に《ブランデンブルク州兵》の巡視隊が、はね橋が降りたままで守備兵の気配もしない――砲手たちは疲れ切って眠り込んでいた――のを見つけ、押し入って、砲火をまじえることなしに砦を占領した。カイザーの面前でドイツ側の告示《コミュニケ》が「強襲による」ドゥオーモン占領を高らかに謳った。けれどもこの大言壮語のさらに上を行き、茶番じみていたのが、実際よりも三ヵ月も早くヴォ砦占領を謳った三月九日の告示であった。これは電話による報告を聞き違えたものだった。しかし何といっても最高の傑作はこの報告の作成者たる師団長と、砦を占領しない

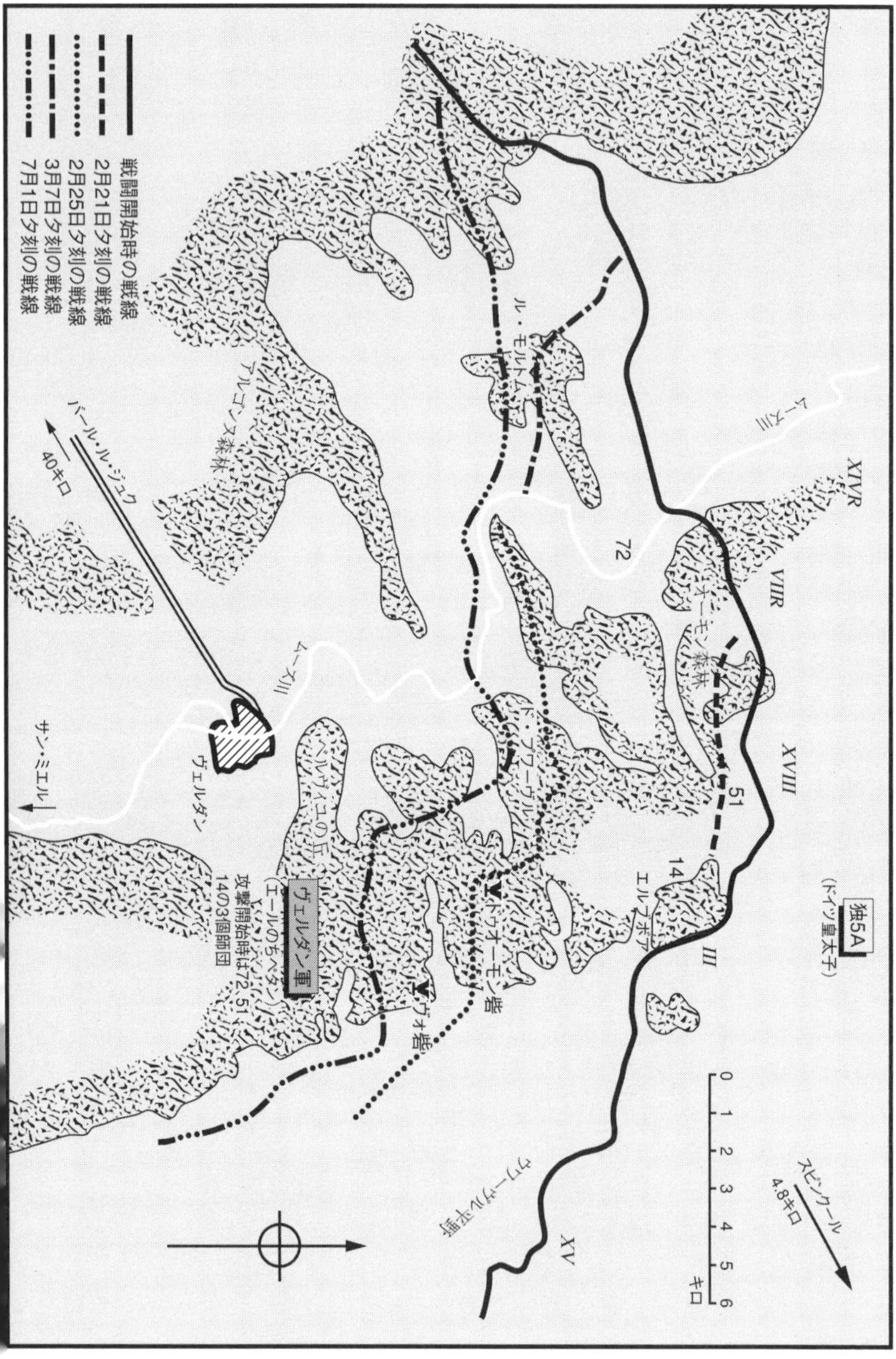

9　ヴェルダンの戦い　1916年2月～12月

かった将校に、その武勲をたたえ、カイザーから最高のプロイセン勲章《プール・ル・メリット勲章》が授与されたことである！　電話の聞き違えはとかくおもしろい結果を生むものである。

　二月二十五日、ペタンがヴェルダン戦区の指揮を受け継いだ。そして予備軍の大部隊の主要部分が後方に集結しつつあった。ペタンの最初の課題は守備よりむしろ補給にあった。すでにドイツ軍重砲はあらゆる経路をふさぎ尽くし、残されたのは、軽便鉄道一本と、バール・ル・ジュクからヴェルダンへ通ずる道路――これはのちに〝聖なる道〟として不滅のものになった――だけであった。食糧と弾薬の補給ができなければ、兵員だけ送っても無意味だった。この道路は間断ない車両の通過のためにすでに破損しており、そこで地方守備兵がかり出され補修と道路の増設に当たっていた。それ以後交通量は増え、二十四時間にトラック六〇〇〇台が通過することになった。前線においては、ペタンは戦線を戦区ごとに組織化して、各戦区にそれ自身の重砲隊を配し、反復反撃を敢行させた。これによって土地を獲得したわけではなかったが、向かってくるドイツ軍を当惑させ、阻止することはできた。もうひとつの補助的な効果としては、ドイツ軍が東岸を前進すればするほど、対岸からのフランス軍の砲火を側面に浴びやすくなることがあった。その前進ははずみを失い、速度も落ち、ツヴェールの記しているところでは、すでに「ある重苦しい悲観的な空気」がドイツ側を包んでいた。

　ファルケンハインはいまや攻撃戦線を拡大することを迫られ、やっと四個師団をしぶしぶ回したのであった。二日間の砲撃のあとの三月六日、皇太子はムーズ西岸を攻撃し、八日には東岸の部隊もこの全面攻撃に加わった。損害の大きさに見合うだけの戦果は挙がらず、西岸のル・モルトムと東岸のド・プワーヴルの丘に対する攻撃は失敗に終わった。突破の成算は薄れた。守備陣は強化され、兵力も均衡してきたからである。ジョッフルの先見の明に関しては意見は分かれるかもしれないが、彼のものに動じない気性がその当時の不安を鎮めるのに大きな役割を演じたことは疑いをいれない。そして彼が危機に備えてペタンを選んだことは正しかった。運命は勇者に味方するというのはよく知られた言葉だが、ふたつの大きな幸運がフランス軍に訪れたのである。ひとつはフランス軍の長距離砲が、運よくドイツ軍の一七インチ曲射砲をあらまし破壊したことと、いまひとつはスピンクールの近くのドイツ軍大砲置場を、不用意にも信管をつけたままにしてあった四五万発の重砲弾もろとも爆破したことである。これらの要因がヴェルダンを救ったのだという意見を述べるパラト将軍のような権威者もいるほどである。

三月九日以後は、ドイツ軍の作戦が主として消耗戦にあったことと、ヴェルダンを対象としたのは、精神的な目標としてであったことがはっきりしている。外へ向けての宣伝では、軍事的な価値よりもその象徴的価値を決定的に優先させていた。正直なところこの戦略はほぼ成功したと言わなければならない。しかしそれもかなり長い間をおいたあと、新たな因子の導入によってではあったが。その間、ドイツ軍は法外な代価を払って、ほとんどなにも得られなかった。にもかかわらず彼らはフランス軍に重い税金を課した。ペタンは援軍をすみやかに交替させることで、この重圧を和らげることに骨を折った。したがって各師団が砲火にさらされている期間はきわめて短くてすんだ。けれどもその結果として、フランス軍の大きな部分が〝肉ひき機〟にかけられることになって、フランス予備軍の消耗がはなはだしく、のちにくるソンムの攻勢におけるそれらの働きをほとんど不可能にしてしまった。

ドイツ軍側では、不本意な結果が、もっとすみやかな反応をひきだしていた。三月末にファルケンハインは、「しかるべき期間内に進展の見込み」があるかどうかを皇太子にたずねていた。そして彼はイープルでこれに代る攻撃をもくろんでいた。しかし皇太子は自信に満ち、フランス予備軍がほとんど使い尽くされてしまったことと、自分が「掛け値なしに、フランス軍の運命がヴェルダンで決せられるという意見である」ことを断言した。そのうえ、この皇太子の頭がどうしようもなく古いことが、「フランス予備軍の壊滅は……武器、弾薬および兵員の投入によって全うされるであろう」という言明のなかにはっきりとあらわれていた。ファルケンハインはこの具申を承認した。

こうして皇太子は参謀長シュミット・フォン・クノーベルスドルフにそそのかされ、部下の血を注ぎ込み続け、一方ファルケンハインは代替戦略の研究に余念がなかった。しかし四月の末、ひっきりなしの小刻み攻撃が何の成果も挙げられないことから、もっと広範囲の攻撃に逆戻りする決定が下された。

ところがこれもまた不毛であることがわかったために、シュミット・フォン・クノーベルスドルフさえこれ以上の攻撃は見込みがないことを認めざるを得なかった。しかし彼が悔い改める思いを抱いてファルケンハインを訪ねたとき、参謀総長もまたそれとは反対の方向へ見解を変えていたことを知った。そこでシュミット・フォン・クノーベルスドルフはまた思い直し、攻勢を続行することにした。しかし人命の浪費は、ちょうどジョッフルがドゥオーモン砦をぜひとも奪回すべしという誤った指令を与えたことで埋め合せがついた。ジョッフルはペタンをふたたび上級司令官に昇任させ、ニヴェルをヴェルダンの直接担当者とすることによって、ペタンの拘束力を断ち切った。ニヴェルは反復攻撃を開始したことで、ファルケンハインの思うつぼにはまった。そして立ち直ろうとしたが失敗した。

ロベール・ニヴェル

六月七日、英雄的な抵抗の甲斐もなく、ヴォ砦は事実上陥落した。またもや電話連絡の手違いで、ドイツ側では関係のない将校に栄誉が与えられてしまったが。そして広大な作戦地域一帯がドイツ兵の大波に埋められて、不安な観測者の眼にはそれが人間というよりは一種の景色のように見えた。六月十一日、ペタンは仕方なしにジョ

ガスの霧の中を前進するドイツ兵

ッフルに、川での救援攻勢を急ぐように依頼した。次いで六月二十日、ドイツ軍は新種の《ジフォスゲン・ガス弾》を導入して、めざましい効果を挙げた。このためにフランス軍砲兵隊による掩護は麻痺させられ、ドイツ軍は二十三日に前進を行ない、ヴェルダンの最後の外塁であるベルヴィユの丘の近くまで到達した。マンギャンの間断のない反撃もその前進にブレーキをかけるのが関の山であった。そしてペタンは東岸からの撤収の用意をすっかり整えていたが、彼は自軍に対して不安のそぶりを見せることなく、いまは不滅の一句となった「いまにやっつけてやるぞ！」をつねに繰り返していた。四個師団がジョッフルによってこちらへ急派され、ソンム川の予備軍はそのためにいっそう弱体となった。

しかしドイツ軍がせっかく手に入れたこの新しいてこを活用するのは遅すぎた。戦略的には守備軍は、ファルケンハインが二十四日にヴェルダンへの弾薬の流入を停止させたため、間接的に立場が安定していた。その日はソンム川で英国軍の砲撃が開始されたたが、それは長いこと準備されて七月一日に加えられた攻撃に先立って敢行されたものである。その日以後、ヴェルダンのドイツ軍は新しい師団を与えられずに、まったく精力が枯渇して前進をやめてしまった。こうしてその秋の輝かしいフランス軍の反攻勢への道が開かれて、小刻みに失ったものを一挙に取り戻すことになった。第一にソンム川がヴェルダンを救ったのだということと、第二にドイツ軍が攻撃前線が狭すぎたために最良のチャンスを失ったあと、四ヵ月のちに彼らの目標にしゃにむに迫ってきたということを正しく認めることは、決して守備軍の優秀性をくさすことにはならないのである。

一九一六年、西部戦線

大戦の主舞台はふたたび西方に戻った。連合軍は、前年、メソポタミア、ガリポリ、バルカンで戦力を浪費していたが、西部戦線の兵力を着々と増強して大攻勢の機をうかがっていた。一方のドイツ軍側では、前年、東部戦線で大きな戦果をあげながらも、連合軍側の経済封鎖により、その国民経済は窮迫の度を加えていた。軍需産業の最優先、労働力の強制配分、パンの切符制度など、確定的となった長期の消耗戦に備える施策は、大戦に対する厭戦気運を助長し、国内には重苦しい空気がたちこめていたのである。これらのドイツ軍首脳部の焦燥感が、ティルピッツの提案になるUボートの通商路破壊戦術を生み、陸上では西部戦線におけるヴェルダン要塞攻略作戦を敢行させた。

第一次大戦中で最も激しい戦闘のひとつといわれたヴェルダン戦は、二月から十二月までの長きにわたった。特にその前半におけるドイツ軍の猛襲は、フランス予備軍をほぼ壊滅状態にまで追い込んだ。ペタン、ニヴェルに率いられたフランス軍は、勇猛果敢な抵抗を示したが、その被害は莫大だった。連合軍はこの最大の危機を、ソンム川北方の大攻勢と、東方ロシア軍の攻勢開始で逃げ切ろうとした。

七月初旬、一週間にわたる準備砲撃に始まったソンム会戦は、十一月の冷雨期到来にまで続く犠牲の多い消耗戦となった。それはドイツ軍のヴェルダン攻撃を挫折させはしたが、戦局全般に大きな進展をもたらすものではなかった。しかし両軍の出血はいちじるしく、その人的被害は、英仏軍九〇万、ドイツ軍六〇万を数えた。こうして西部戦線の鉄壁は、華々しい戦闘が行なわれたにもかかわらず、またも膠着状態に陥ったのである。

ヴェルダン、ソンム会戦は、大戦がすでに新しい戦闘形態をとるようになってきたことを如実に示した。その難関継続の時間、武器・弾薬の消費量は飛躍的に伸び、一四年のマルヌ、タンネンベルク会戦は、すでに比較にならなかった。さらに、各兵器の開発、発達には目覚しいものがあった。九月十五日のソンム戦場で、英国軍は塹壕障害突破のための新兵器として、史上はじめて戦車を投入した。この時には、使用方法の誤りと時期尚早のために、得られた戦果こそ微少なものであったが、将来の戦術展開を暗示する歴史的な日となった。また、大戦初期においては、もっぱら偵察用に用いられていた飛行機は、機関銃・爆弾を装備する戦闘機へと発展し、制空権の争いという新分野を開拓した。ソンム会戦は、地上戦闘との協同作戦の試験場でもあった。飛行機の発達は、互いの大都市空襲を可能にし、潜水艦の輸送船攻撃戦術の拡大とあいまって、非戦闘員である一般市民をも直接戦火の危険にさらすこととなった。

日に日に強まる国民経済の逼迫——参戦各国の社会生活は、ドイツの実状と大同小異であった。大戦はいまや全体戦争、「総力戦」の色彩をますます濃くしていた。

2 ブルシーロフ攻勢

一九一六年六月五日、ロシアにとって最後の真に効果的な作戦となった東部戦線の攻勢が始まった。一般にブルシーロフ攻勢として知られているこの作戦は、初めは驚異的な成功を収めたため、ロシアの無敵〝蒸気ローラー〟[*19]の熱烈な夢を復活させたほどであった。そしてこれはおそらくこの大戦における最大の、そしてもっとも危険な神話であった。しかし実際にはその最終結果は、ロシアの弔鐘を打ち鳴らすことになった。これは結果が逆説的であったばかりでなく、経過そのものがなおさら逆説的であった。まやかしの目標によって行なわれたこの攻勢は、失敗変じて成功と化し、成功転じて滅亡に終わったおそらく史上最も風変りないくさの代表であろう。一九一五年には連合国側は希望をロシア軍に託したが、結局その年の会戦は打ちのめされて消耗したロシア軍が、ひたすら退却を続けたことでかろうじて完敗を免れたという結果に終わった。一九一六年、ファルケンハインがほこ先を転じてヴェルダン攻撃に乗り出したときには、彼はロシアにダメージを与えたが決定的ではなかった。そしてその後、ロシアがおそらく表面的ではあろうが驚くほど早く復興したことが、一九一六年のドイツの作戦を狂わせる結果となった。早くも三月に、ロシアはフランスに対する圧力を犠牲的に軽減しようというなんとも勇敢な意図で、バルト海に近いナロチ湖を攻撃した。次には七月の予定で、やはり北方で主要攻勢の準備をしていた。しかし用意が整わないうちに、連合国側の要請からロシアは

＊19——第4章＊28参照。

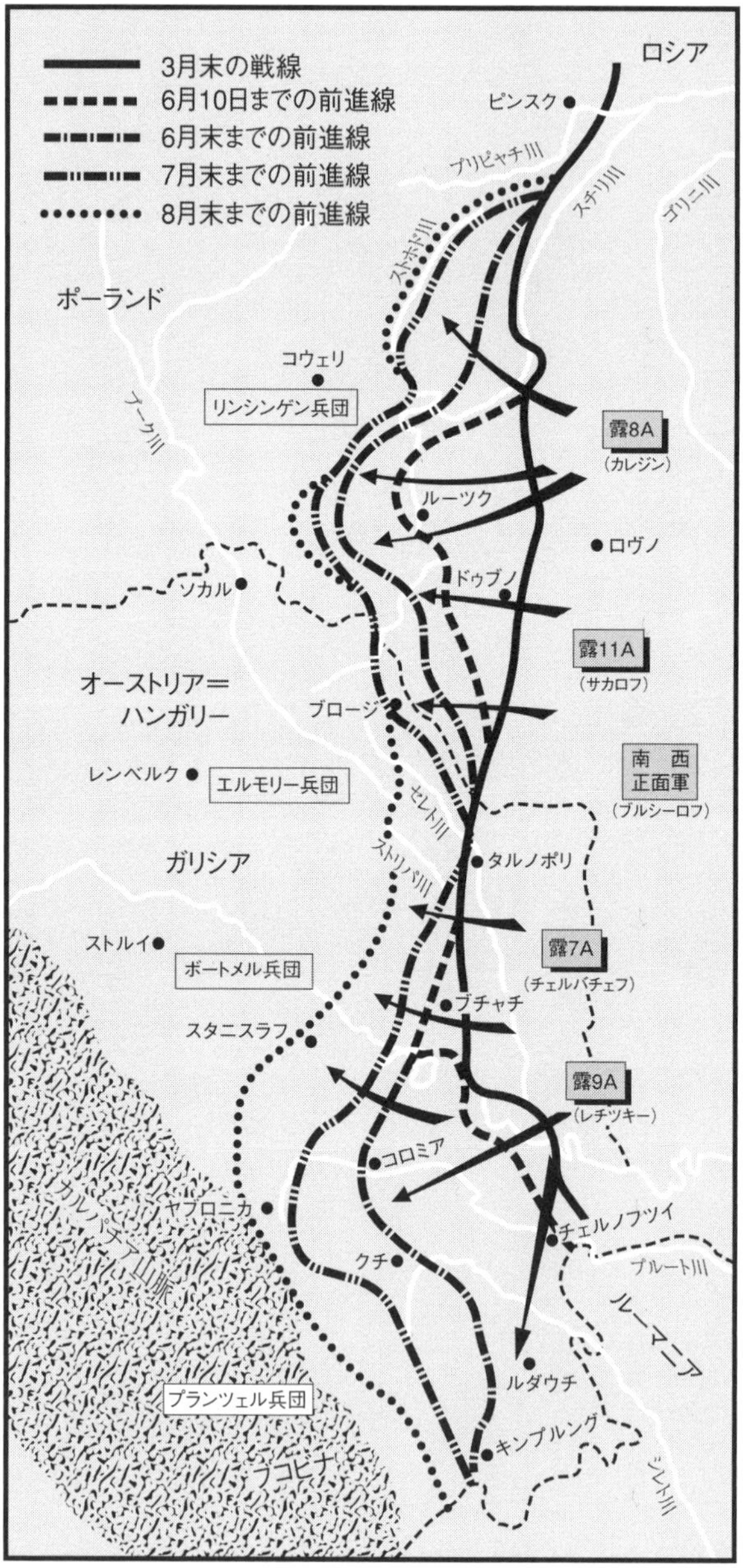

10　ブルシーロフ攻勢　1916年6月～8月

またもや未熟な行動に出ざるを得なくなった。ヴェルダンにおける緊張がいちだんと深刻になっていた間に、オーストリア軍は機をつかんでトレンチノでイタリア軍に攻撃を仕掛けた。そこでイタリア軍は盟友であるロシア軍に対し、オーストリア軍が東部戦線から兵を引き揚げトレンチノ攻撃に回さないよう配慮を望んだ。

一方ではツァーリは四月十四日、軍司令官らを招き戦争審議会を開いた。この席で、ロシアの主要攻勢はエヴェルトの率いる《西正面軍》が担当し、クロパトキンの《北西正面軍》は内側へ旋回してこれを助けることが決められた。またブルシーロフの《南西正面軍》は前衛が攻勢には不向きであるため、厳しく守勢を守ることが提案された。しかしブルシーロフはこれこそ攻勢をとる理由になる――つまり奇襲に役立つから――と考え、過去において成功しなかったのは、ロシア軍が同時攻撃をしなかったことで敵にかの〝中央陣地〟を利用することを許したためだと主張した。議論のあげくブルシーロフは希望どおりに行動する許可を与えられ、北部のモロジュチノ付近で計画されている主攻撃から敵の注意をそらすための攻勢を、手持ちの全兵力を挙げて試みることを認可された。ブルシーロフは成功の秘訣は奇襲にあることを見抜き、脱走兵といえども真の攻撃地点を洩らすことができないように、二〇個所以上の地点で準備を始めた。そして予備軍を結集させる代りに、逆に分断した。

ロシアの同盟国からの訴えが彼を急がせた。五月二十四日、参謀総長アレクセイェフは電報で攻撃開始の日取りを問い合せてきた。ブルシーロフはエヴェルトも攻撃をしてくれるのなら、六月一日に開始する準備ができていると答えた。しかしエヴェルトは用意ができていなかったので、結局ブルシーロフは四日に、エヴェルトはその十日あとに開始するという合意が成り立った。

三日夜、アレクセイェフはブルシーロフに電話して、この定石破りの作戦が賢明かどうか疑わしいと述べ、広い前線に兵員を分散させる代りに、狭い前線に集結して攻撃してはどうかと提案した。ブ

1916年のロシア兵

地図を見るブルシーロフ

ルシーロフは断固として反対し、アレクセイェフもついに折れて、「神のご加護を祈る。お好きなように」と言った。

一見〝いちかばちか〟のような冒険に向かって、夜の間に部隊は進発した。奇襲の見込みは別として、その他の点ではどうみても成功はおぼつかなかった。ブルシーロフの兵力は敵兵力と似たり寄ったりで――味方は三八個師、敵は三七個師――、それが広く分散されていた。しかしこんなふうに分散していたために、オーストリア軍はさし迫った火の手にまったく気がつかなかった。そして六月四日、カレジン指揮下のロシア第八軍が、せいぜい威力偵察といった様子でルーツク付近に前進してきたとき、オーストリア軍は不意を衝かれたのである。前線はパイの皮のように一度ふれただけで崩れ、ロシア軍はこれといった抵抗も受けずに、リンジンゲン兵団のオーストリア第四、第二軍の間に侵入し、翌日までに四万人を捕虜にした。ブルシーロフが攻勢を拡大するにつれて、その数はすみやかに増大した。ロシア第十一軍（サハロフ）はタルノポリ付近で失敗したが、もっと南方の他の二個軍はルーツクの場合と同じく、すばやい成功を収めた。第七軍（チェルバチェフ）はオーストリア軍をストリパ川の向うへ追い払い、第九軍（チツキ）はブコビナ地方へ侵入し、オーストリア軍前線の最南陣地であるチェルノフツイを占領した。二十日までにブルシーロフはオーストリア兵二〇万名を捕虜にしていた。

たんなる示威行動がこれほどめざましい成功を収めたことは、ヨシュア[*20]のラッパの響きがエリコの城壁を崩したとき以来のことである。両側面から崩壊したために南部のオーストリア＝ドイツ軍は、ロシア軍がつけ込む気になりさえすれば、タンネンベルクの二の舞いに輪をかける危険さえあった。

＊20――Joshua　モーゼの後継者としてイスラエル民族を指導した。旧約聖書中の『ヨシュア記』第6章参照。

しかし予備軍はすべて主要攻勢に備えて、北部に群がっていた。にもかかわらずその攻勢は展開されなかった。最初エヴェルトは、悪天候のために十八日までは着手できないし、かりに着手したとしても成功は期待していないと言った。ツァーリもアレクセイェフもエヴェルトを強制したり首にしたりする決断力を有せず、逆に別の地域への攻撃のために準備する権限を彼に与え、これがいっそうの遅延をまねいた。しかしエヴェルトもクロパトキンも攻勢に出る意向を示さなかった。そこでアレクセイェフはこの二人の将軍たちを動かせないので、代りにその予備軍を使おうと試みた。しかし側面の輸送機関が貧弱だったため、この予備軍がブルシーロフの手もとに到着する前に、ドイツ軍はこの大波を阻止すべく急いで補強をすませていた。ドイツ軍総司令部はいつもの抜け目のなさを見せ、最初の増援部隊をリンジンゲン指揮のもとにルーツク突破口の北のへりに対する反撃に用いた。そして少なくともこれがロシア軍のもっとも決定的な地点における進軍を阻止した。南方ではブコビナ地方におけるロシア軍は、カルパチア山脈という天然の障害にぶつかるまで、前進を継続していた。

七月も遅くなってからロシア軍の攻撃が再開され、まず中央部ではサハロフの第十一軍がブロージとレンベルクに対して、次にはこれまで満を持してきたロシア近衛軍が北方のストホド川とコウェリに撃って出た。しかし好機はすでに去っていた。八月いっぱい攻撃は続いたが、損害の大きさに見合うだけの結果は得られず、燃える太陽の勢いで始まったこの行動も、つるべ落しの秋の陽さながらに消えていった。

しかしその直接的というより間接的な結果——必ずしもロシアにとって純粋な利益ばかりではなかったが——のほうが大きかった。この攻勢に対処するためにファルケンハインは、西部から七個師団を撤収し、したがって英国軍のソンム川攻勢をはね返す計画も、ヴェルダンを消耗戦にもち込もうという希望も、みなご破算になってしまった。これをきっかけにルーマニアは、連合国側に立って参戦する運命的な決定を下し、結局破滅へ追い込まれていった。そしてまた、「わずかな積み荷のために船そのものをダメにしてしまった」ファルケンハインが失脚したのも、これが原因だったのである。

しかしこれらの間接的な結果は高い代価であがなわれたものである。ブルシーロフはなるほどブコビナ地方と東部ガリシアを占領し、三五万名の捕虜をあげたが、しかし好機を逃したあとの〝だらだら攻勢〟によって、一〇〇万名以上の尊い生命を失ったのである。この損失はロシアの戦闘力を物質面よりもむしろ精神面で崩壊させた。その結果として革命と瓦解がさし迫っていた。同盟国のためにロシアは国を犠牲にして果てたのであって、そのあとの出来事がどうであろうと、彼らの功績が忘れ去られるのは正当とは言えない。

一九一六年、東部戦線

一九一五年の同盟軍東方大攻勢は、ロシア軍の力が半分になるまでに痛めつけていた。一六年六月、かろうじて立ち直ったロシア軍は、西方連合軍のヴェルダンの危機を救うため、ガリシア方面で大攻勢を開始した。――ブルシーロフ攻勢である。大戦三年目の主攻撃目標を西方鉄壁突破に定め、また東部戦線においては、バルカン征服のために兵力を割いていたドイツ軍戦略にとって、それは大きな痛手となった。ロシア軍としてはこの大戦における最後の活躍となったブルシーロフ攻勢は、準備不足にもかかわらず数々の重要な成果をあげた。まずオーストリア軍のイタリア攻勢を中止させ、ドイツ軍のヴェルダン攻撃を牽制して、その一部兵力の東方急派を余儀なくさせると同時に、連合軍のソンム攻勢に、間接的ではあったが多大の貢献をしたのである。さらには八月に至り、それまで態度を保留していたルーマニアに、連合軍側への参加という重大決意を促した。同盟軍にとっては、それまでの優勢を一挙に覆す由々しい事態だった。

ロシア軍の攻勢は三ヵ月続いた。しかし、それが限度だった。長期戦による国内経済の破綻、軍需品の深刻な欠乏に悩んでいたロシア軍は、すでに息切れしていた。ファルケンハインに代わり、ヒンデンブルクが参謀総長に就任したドイツ軍は、逆襲に転じ、急速な戦略を展開していった。疲弊したロシア軍を追い返し、一七年初頭までには、マッケンゼン軍集団がルーマニア全土を席巻した。

参戦後わずか四ヵ月、ルーマニア軍は壊滅した。同盟軍はバルカン半島の大半を制圧し、三B政策のかなめであるバグダッド鉄道の安全を確保するとともに、ルーマニアの豊かな穀物と油田を手中にした。西方の連合軍救援のためにあえて攻勢をかけたロシア軍は、ルーマニア戦線という新たな負担を背負いこまなければならなかった。しかもその国内には、徐々に革命の気運が盛り上りをみせていた。

3 ソンム攻勢

七月一日に開始されたピカルジーにおける〝戦闘〟——というより、戦略的に正確を期すれば、部分的交戦の連続——が、一九一六年の英仏連合軍の攻勢キャンペーンの実質であった。この年の西部戦線における英国軍の努力一切と、ヴェルダンの長期防衛〝戦闘〟による疲労と緊張のあととしては、フランス軍の努力が最大限、ここに傾注された。そしてこれは、一九一四年の危機にこたえてすぐに応召した英国市民により、英国史上初めて結成された国民軍である《キッチナー軍》の栄光と、同時に墓標ともなったのである。

ソンム攻勢の起りは、一九一五年十二月六日、連合軍の司令官らが会した『シャンティリー会議』にあった。フランス軍総司令官ジョッフルは現状を分析し、シャンパーニュとアルトワ（ロースを含む）における秋季攻勢は「戦術的にめざましい成果」を挙げたとし、それを戦略的成功にまで発展させられなかった原因は、ひとつは悪天候、ひとつは弾薬の一時的不足にあるとした。次の努力のための教訓として、「上級司令部は弾薬に関して不安を感じてはならない」から、「三ヵ月以内に次の行動を起こすことはできないのである」とした。しかし二月の初めになるとジョッフルは、ロシア軍が同時に攻撃に加わることと、英国が新編成の大部隊をもって分相応の参加をすることがどうしても必要である以上は、攻撃開始をさらに遅らせなければならないことを悟った。英国遠征軍総司令官ヘイグと会ったとき彼は、攻撃の正面を広くとることが成功の秘訣であり、このためには英仏両軍が「手を取り合って」、一方の攻撃布陣が他方のそれの延長線になるように、連携攻勢をとることを希望すると強調した。ジョッフルの意向では、ラッシニーからソンム川に至る二五マイルの前線に対しフランス軍四〇個師団が、そしてそこからエビュテルンまでの一四マイルには、英国軍二五個師、あるいはそれに近い兵力が攻撃するという考えだった。

『英国公刊戦史』によれば、ジョッフルが西部戦線で、防衛のためには「最強と見なされるかもしれない」戦区において攻勢に出ようと決断したのは、「ただ英国軍がこれに参加せざるを得なくなるであろうというだけの理由からであったらしい。ジョッフルが実際に持ち出した様々な理由は、ほとんど検討に堪えないものであろう」といわれている。ふだんは戦術上の困難を問題にすることをしないフォッシュでさえ、その戦区を選んだことを戦略上の袋小路だとして、非難していた。ヘイグの立場からすれば、ベルギー海岸への上陸作戦の支援のもとに、フランダースで攻撃を行ないたいと願ったであろう。実際にヘイグは一九一七年にその方面で攻勢を実施している。

ジョッフルはまた英国軍に対し、四月と五月にソンム川の北方へ予備的攻撃を仕掛けるよう求めた。それは敵の予備軍を引き寄せて、英仏連合軍の主攻撃のための道をあけるためであった。ヘイグは充分な準備を整えたうえで全兵力をあげ、一気に撃滅するほうを選びたかった。ヘイグの行動は、彼の不充分な手持ち兵力や、前年秋の予備的攻撃が不毛に終わったことなどから正当化することができたが、しかし批評家として、ジョッフルが歴史上の経験を味方にもっていることと、敵の予備軍が別の方面へ引き寄せられない限り、決定的攻勢は無駄であるといくさの経験が教えていることを認めざるを得ない。しかしこのような予備的攻撃は、総攻勢のせいぜい十日か二週間前でないと目的は達成できないと主張している点では、ヘイグは疑問の余地もなく正当であった。

彼はもしフランス軍がそのような攻撃を幾度か行なうならば、英国軍も一回だけはやってもよいと提言した。この考えはジョッフルの気に入らなかった。レイモン・ポアンカレによれば、ジョッフルは今や、「われわれの盟友である英国、ロシア、それにイタリアまでもが覚悟しなければならない消耗戦を念頭に」おいていたのである。そこで議論が戦わされた。英国側の参謀が次のような弁明に逃げ込んだことが興味を引く。「英国軍は義務を完全に遂行する用意がある。しかしわれわれはドイツ軍の次に悪しき敵である政治屋たちには対抗できない」

結局二月十四日の会議で合意が成立し、ヘイグは七月一日に予定されたジョッフルのソンム攻勢計画を受け入れ、一方ジョッフルは予備的攻勢の要求をあきらめた。

連合軍の攻勢が理由はどうであれ延期された結果、主導権はドイツ軍に移り、二月二十一日以後のヴェルダンにおけるドイツ軍の攻撃は、一九一六年の連合軍の作戦と戦闘の全体にひずみを与えた。しかし十四日の会議ではそのような可能性があるということにはひと言もふれられなかった。

二月二十二日、ジョッフルは北部におけるフランス軍の一部を解放することで自分を助けて欲しいと英国軍に依頼した。これを受けてヘイグは急遽、アラス付近で自軍の第一と第三軍の間にはさまれていたフランス第十軍を解放する手はずをとった。アレンビーの第三軍が北へ横すべりして、ローリンソン指揮の新編成第四軍が、そのマリクールとエビュテルンの間の前線を引き継いだ。今や英国軍はイープルからソンム川まで、ほぼ八〇マイルの連続した前線を担当していた。

フランス軍がヴェルダンで戦力を消耗させるにつれて、ソンム作戦計画におけるその役割も低下した。最終的にその攻撃前線は二五マイルから八マイルに縮小され、兵力は四〇個師から一六個師に減らされ、そのうちの五個師だけが七月一日の攻撃に従事した。以後は英国軍が西部戦線の戦闘の主要任務を負うことになり、このことだけからも、一九一六年七月一日は大戦の歴史上、ひとつの道標となった。

しかしヘイグは戦力が減少した場合に目標をどう改めるかを考えていなかった。確かに彼はイープル近くのメッシーネにおける攻撃準備は続けており、完全に失敗した場合はそちらへ予備軍を切り換える代案を立ててはいた。だが彼はいくさにおいて可能性のもっとも高い、成功と失敗の錯綜した場合のことを予見していなかったようである。そして彼の作戦はこういう柔軟性の欠如により実行段階でつまずいてしまった。現実をみる眼も足りなかった。英国軍総司令部の希望的観測では、第一段階で、マリクール＝セルレ間のドイツ軍前線を撃破し、第二段階で、バポームとジンシー間の高地を確保し、他方ではフランス軍がサイリィとランクール付近の高地を奪取、第三段階で、左へ旋回してドイツ軍側面をアラスまで撃退し、開口部を拡大するという予定になっていた。これらの目的がすべて達成されれば、騎兵を含む部隊がバポーム＝ミローモンの線から北へ動き、他方ではアラス南西のドイツ軍前線に対して、共同攻撃が開始されるはずだった。第四段階として、カンブレー＝ドエーに向けて総進撃が予定されていた。意図するところと現実のなんという開きであろうか！　概略からいえばこの作戦は抜け目なく工夫されており、長期にわたる見通しを立てた点でヘイグは賢明であった。しかし彼は自分の足元をよくみていなかったようである。これほど先の可能性を信じたということがすでに、現実の情勢判断ができなかったことを裏書きしている。奇襲という古くて新しい決め手をなげうち、それに代わるものを工夫していないような作戦には、根本的な現実無視がひそんでいるのである。

マリクールとセルレ間の一四マイルの前線に対する主要攻撃は、一八個師団から成るローリンソンの英国第四軍にまかせられ、そのうちの一一個師が攻撃を担当し、五個師が直接の予備に回ることになった。わずか二個師と騎兵隊一個師が予備軍となったのである。しかしヘイグはまた、勝ちに乗ずるための兵力として、ゴフ麾下の騎兵部隊二個師と後続の二個師の一軍団とを、ローリンソン配下においた。第三軍の二個師団はゴムクール付近で補助攻撃を担当することになった。砲は総数で一五三七門、うち四六七門は重砲だった。これで前線二〇ヤードごとに一門の割となり、のちに破られるまでは密集度の記録となった。これはドイツ軍がドナエツ戦線の敵を大規模に突破したときの集中度の二倍であったが、一年前のロシア軍前線の守備陣は、このソンム戦線の鉄条網や塹壕の密度とは比較にならなかった。もうひとつの大きな違いは、フランス軍が重砲九〇〇門を備えていたのに、英国軍ははるかに広い戦線にあってこの半数にも満たない数で、五七ヤードに一門の割であったことである。『英国公刊戦史』はいう。「連合軍の当面していた課題は、事実上要塞を強襲するということであって、歴史上の先例に従えば、その場合に必要なのは最大のすき間（ないしはもっとも弱い部分）に対する主攻撃と小さなすき間に対するいくつかの補助攻撃――これとても、主攻撃に切り替えられるだけの強度をもって、完遂されなければならない――と、にせの攻撃である」。しかし実際は、兵力の配分も均一であり、攻撃方法も型にはまったものだった。どのみち不充分な砲兵隊が、前線全体に均等に散らばっていた。「この課題が総司令部に理解されていなかったことを、打ち明けなければならない」。この不明の原因はどこにあったのか。それはすでに大戦前にはぐくまれていた。「半攻囲戦の問題と野戦の守備陣攻撃に必要な砲の大集中の問題は、実際のところ参謀本部によって研究されたことがなかったことを認めなければならない。H・H・ウィルソン将軍（故ヘンリー・ヒュー・ウィルソン卿）の影響を受けて、参謀本部はきたるべき戦争に関するフランス軍の考え方を踏襲することで満足し、ドイツ軍の軍備状況や演習の際の戦法に関する情報部の報告を耳にしても、ただ〝気を悪くする〟だけであった」

この戦闘の問題と経緯を理解するためには、多少戦場について触れておく必要がある。西部戦線のあらゆる戦闘のうちで、これほど地勢というものが戦闘員に大きな影響を及ぼしたり、強い印象を与えたりした場合はあまり例がないからである。ソンム川が南へ直角に曲がっていくペロンヌ付近から、丘陵地帯が北西へのび、ソンム川と、スカルプ川[*21]やスヘルデ川の盆地との間の分水界をなしている。アンクルという小河川を包む狭い谷間が横切っているこの丘陵地帯は、一九一四年十月の〃海への競争〃以来ドイツ軍の手中にあった。そしてドイツ軍はここから連合軍の布陣とその背後の地勢を見はるかし、観測していた。初年度はこうしたハンディキャップもたいして問題にはならなかった。というのは一九一五年七月、英国軍がここでフランス軍を救ったときには、この戦線はイープルやラ・バセーでのひっきりなしの小闘に馴れた兵士にとっては、驚くほど平穏な雰囲気につつまれていたからである。伝えられるところでは、場所によっては連合軍各部隊が歩哨だけを塹壕に残し、陣地近くのほとんど無傷な村々へ朝食をとりに戻っていったこともあったし、また無人地帯にあったある村では、敵と味方が暗黙の了解のもとに同じ寝室を交替で利用していたともいわれている。筆者の保証できる事実として、英国軍がこの前線を引き継いでから数ヵ月間は、ドイツ軍の布陣がすっかり見渡せる野原で、大隊が何の妨害にもあわずに訓練することができたものであるが、六ヵ月のちになると、それより数マイルも後方の兵士の宿泊する民家が、砲火を受けるほどになっていた。フランス軍の戦闘方針は、積極的な作戦に出るときのほかは、「敵に対して寛容なもの」であった。そしてあとから考えてみると、このほうが英国軍の絶えざる〃猛攻〃の方針よりも賢明だったことはほぼ確かなようである。なぜならドイツ軍が弾薬と装備でまさっていたうえ、こういう見晴しのきく陣地を確保しているときは、英国軍の猛攻戦術は敵よりも味方を参らせ、消耗するのはこちら側だったからである。そのうえこの戦術に刺激されて、ドイツ軍は塹壕の守りを強化し、地の利を人為的に補強したために、一九一五年秋のころの比較的弱い防衛態勢とはこと変わって、ほとんど歯の立たない要塞に対し攻勢をかける次第となった。メイスフィールドはその著書『旧前線布陣』のなかで、この状況を適切に表現している。「この旧前線のほとんどいたるところで、味方の兵士は丘に登って攻撃しなければならなかった……。敵はフランス軍を見はるかす絶好の見張り所を占有し、優越感を抱いていた。わが軍兵士は下の方にあって、上の方に見えるものはただ日を追って強化される砦に次ぐ砦ばかりであった」。今日ではソンムの戦場の破壊荒廃の名残りは消え失せた。メイスフィールドは時間の予測では間違っていたが、正しい直感を次のように記している。「塹壕を埋め立て、さらに鍬が行き交うようになれば、大地はいくさの跡をとどめなくなるであろう。花咲く夏がひとたび訪れれば、人間の所業である廃墟はほとんど茂みにおおわれるであろう。そうなれば敵を撃退し始めたこれらの場所は、地図を参照してもつきとめることができなくなるであろう」。「センター・ウェイ、ピール・トレンチ、マンスター・アレイその他の栄光への道は麦畑におおわれ、落穂拾いたちがデッド・ミュール・コーナーで歌を歌うだろう[*22]」。しかし記憶に頼って戦時中の様相を再現することが困難ではあっても、心静かに現地を見れば、登り勾配のけわしさと頂上からの見晴しのよさなどは、あのヤード刻みの前進がなされ、その姿が塹壕ののぞき穴や砲弾のえぐった凹地から見えた日々におけるよりもいっそう強く、心に迫ってくるのである。砲兵の立場からみれば、丘の上にはドイツ軍の塹壕がはっきり露呈していたから、そこを砲撃することは有利であったが、しかしその他の点では攻め登る歩兵にとってばかりでなしに、この地理的条件はひとつの肉体的、心理的ハンディキャップではあった。

このような見晴しのきく陣地に対して、奇襲は困難であったし、秘密行動とカモフラージュの技術

＊21——エスコート川支流。
＊22——Center Way, Peel Trench, Munster Alley, Dead Mule Corner——「中央道」「元英国首相ピール塹壕」「(アイルランドの)マンスターの小路」「死んだラバのコーナー」。いずれも英国派遣軍が勇戦したソンム付近の地につけた英語による俗称。

を学び直さなければならないという点で、よけいに困難だった。二月にアンクル川の両岸に英国軍が新しく仮兵舎を設営し始めたことが、まずドイツ軍に手掛りを与え、それ以後その兆候は増える一方だった。ファルケンハインは英国軍の攻勢を狂わせる試みを考えたが、これに必要な兵力を割くことができないことに気づいた。途方もない準備作業のために不可能ではあったが、もし一週間ぶっ通しの砲撃が英国にできたとすれば、それはいずれにしても強襲の近いことを知らせることになったであろう。もっと早い時期に、労働大臣アーサー・ヘンダーソンが六月二日、弾薬製造の労務者たちに行なった演説が検閲のミスで公表されてしまったとき、ドイツ軍総司令部は強襲が迫っていることを察知したのである。唯一の救いは、攻撃の正確な予告と警告が直接の軍司令部[*23]からも国外の機関からも送られてきたにもかかわらず、ファルケンハインは、英国軍の準備作業があまりに騒々しいので本物とは思わず、これをもっと北方での主攻撃のための予備にすぎないと信じ続けたことである。その結果彼は補強作業をさしひかえた。そしてようやく七月五日になって彼は、ソンム川こそヘイグの選んだ戦場であることを〝納得〟した。その一方では彼は第二軍の参謀長を、自分に従わなかったことと「余分にねだったこと」を理由に解職した。

　ドイツ軍総司令部におけるこうした意見の不統一は、英国軍にチャンスを与えたが、英国軍自身の総司令部の意見不一致がそのチャンスをつぶすことになった。この不一致の範囲とその影響が明らかにされたのは、ごく近年になってからである。攻勢が始まってから二、三週間も経ていない時期に、権威筋の代弁者たちが、ヘイグのねらいは徹頭徹尾〝消耗〟にあって、〝突破〟などはまったく念頭になかったのだという説を流した。この説は戦争後も長いこと熱心に主張されてきて、歴史的真実に対するもっとも手の込んだ歪曲の代表例となっている。真実の断片を不誠実にまぜ合せて作り出されたこの〝煙幕〟は、一九三二年の『公刊戦史』の刊行によって決定的に吹き払われた。

この本が明らかにしたことは、ジョッフルが消耗戦を意図していただけで、ローリンソンも同じ意見に傾いていたが、仲介者であるヘイグは突破を目標とし、また信じてもいたということである。この判断が英国軍の目標を決定した。しかしローリンソンの疑念が英国軍の作戦をふたつの見解の妥協的産物にしてしまって、どちらの目標にもはなはだ不向きなものにしてしまった。ローリンソンは自軍の砲兵隊の「比較的乏しい戦力」とドイツ軍陣地の厚さを考慮し、長時間の砲撃と小刻みな前進を決めた。この長時間の砲撃は、乏しい戦力をもっとも有効に補うはずの奇襲のチャンスを減ずることは避けられなかったし、小刻みな前進は敵に回復と予備軍導入の時間を与え、せっかくの勝ちいくさを定着させる妨げとなった。ヘイグはその欠点を正しく見抜き、短時間の砲撃方法をとりたかった。しかし技術面に弱い騎兵畑出身のせいか、彼は敵の陣地の前面をおおっている鉄条網を切断する問題を真剣に考慮しなかった。討論のあげく、ローリンソンは長時間の砲撃を許可されたが、ドイツ軍第一陣地と、第二陣地の一部を一気に平らげることを命じられた。

『公刊戦史』は、一方では、突破が行なわれても決定的な結果は得られなかったであろうと述べ、危険な突出部を設けるだけだったろうとさえ言っているが、反面、突破は可能だったとも言っている。しかしあのやり方ではだめだとしている。ヘイグが突破をやり遂げるために実際に選んだ手段は、多すぎる忠告のために動きのとれないものになっていた。彼の砲術顧問は、砲兵隊をあまり「働かせすぎる、と注意した。また、ヘイグがローリンソンは手持ち兵力に「多くを望みすぎる」ようだし、砲が散りすぎて効果が挙がらないようであり、第二陣地の一部を食いちぎる試みは賭けのようなものであるなどという「懸念を表明した」にもかかわらず、部下たちを託すことを決意したのは、この賭

＊23――第二軍。

けに向けてであった。

　フランス軍の戦力は、ヴェルダンでの消耗につれて小さくなり、したがってその任務はますます縮小されていったのに、ヘイグは戦いの日が迫るにつれて「いよいよ楽観的に」なっていった。おそらくもっとも特筆すべきことは、彼の有力な部下たちまでがその楽観論の雰囲気に毒されて、この問題を冷静に考察していた間に感じていた疑念を、どうやら忘れてしまっていたことである。彼らは上官の判断に従ったというよりは、それを自身の判断にしたのである。忠誠心をもってしても、これ以上のことはできないであろう。

「個人的には」ローリンソンは「それ[*24]が間違った前提と過度の楽観論にもとづいていることを痛感していた」。しかし彼は、「会議の席やその他の機会に……『砲撃によってあたり一面をおおったあとには、何者も生存できないこと』と、そうなれば歩兵は歩いていって占領すればいいのだということとをすべての人に納得させた」。この楽観論の勢いは下部にまでひろがり、その結果、砲撃の効果が挙がらないことがわかったときにさえ、「敵の機関銃を沈黙させることができないと報告した」大隊は「師団参謀たちから、びくびくするなと言われた」。自分たちの報告を無視された代価を自分たちの生命によって支払おうとしている兵士たちに向けて発せられた言葉としては、何という恐ろしい言葉であろうか！

　この途方もない楽観論が由々しき結果をもたらしただけに、その原因をよく分析してみる必要がある。程度の差こそあれ将校たちにとって、個人的な利害に関する配慮というものが影響を及ぼしたであろう。公平に見れば、軍人たちにとってそれは特に非難に価することではない。いかなる職業でも立身出世がかかっているともなれば、上からの命令に従うのが当然の人情というものだからである。[†1]しかしもっと大きな原因は、純粋な自己欺瞞にあったと思われる。また場合によっては、忠誠心のはき違え——十九世紀の軍隊組織によって育成された〝批判なき忠誠心〟——が原因となったようである。もっともこの大戦のときも英国第四軍の訓令のごときは、きわめて大切な戦術の要点を大幅に省略しながら、わざわざ「権威ある上官から与えられた命令を……部下たるものが批判するようなことがあれば、結局それは批判者の頭上に戻っていくであろう……」と記している。しかしまた場合によっては、楽観論が上からの刺激を待つまでもなく〝はね上り〟気味だったことも確かである。たとえばある軍団の準備不足を気づかって、ヘイグが「成功の見込みが乏しいと考えて」チャトリス将軍を攻撃撤回の権限つきで、そこへ派遣したとき、その軍団長が満足このうえなしという様子で、意気揚々と、自分は「アウステルリッツの会戦前のナポレオンのような」気持だと言ったものである。そこでチャトリスは楽観的な彼の言い分を聞きいれてやったが、「内心はなはだ惨めな思いをしながら帰ってきた」。

『公刊戦史』の示唆するところでは、上級司令部の間にこのような致命的な楽観論がはびこった源は、先立つ経験を重要な教訓として生かすことができなかった驚くべき手ぬかりに求めることができる。しかもこの教訓は、およそ連隊付軍人ならずっと前から身につけていたはずのものであった。「過去

＊24——ヘイグの指令。

†原注1——そこから生ずる悪い結果は、おそらく戦争が素人、あるいは少なくとも訓練をすませたのち文民になっていた軍人によって行なわれるときにのみ、軽減されるであろう。今次大戦の後期になされたこの種の任用について、チャトリス将軍が述べている。「彼は大変おおきなひとつのプラスをもっている。……それは望むときにはいつでも戻っていける市民としての立派な仕事があるということである……。正規の職業軍人が自分の将来の見通しに不安を感じないでいることは困難である。少なくとも彼は文民としての独立と、軍人の訓練を身につけている」

の失敗は敵の機関銃使用と科学的な守備作戦以外の理由に帰せられていた」。こういう巧みな〝理由づけ〟は確かに、〝樹を見て森を見ない〟誤りの最たるもののひとつである。

砲撃によって敵の塹壕に一兵も生かしておかないことを期待するなどということは、理屈の上からは説明できないことのようである。現に初めのころはローリンソンも疑いを抱いていたが、のちにはその彼自身が手持ちの限られた砲を、「場所の重要度にはおかまいなしに」前線に均等に分散させた結果、「その砲火は当然散漫なものとなって、敵の強力な地点や機関銃陣地の多くが手つかずで残ってしまう」という事態になった。おまけに使用した重砲のかなりの部分が旧式のタイプで、射程距離も短く、また弾薬の多くは欠陥品であった。したがって砲弾はドイツ軍機関銃手が待機している待避壕を貫通できなかった。だが英国軍総司令部のとった戦術がともかくも理解できるのは、圧倒的に強力な砲撃を仮定した場合だけに限られる。かけらほどの常識を備えているか、または過去の経験に学んでいる人間ならば、よほど砲撃の効果の確信に酔い痴れてでもいない限り、こんなやり方で部隊を攻撃に進発させることなど考えてもみないであろう。このやり方は確かに大きないましめとしての実地教育となった。

『公刊戦史』はなお続ける。「初めのころの討論では、ヘイグは敵守備陣が充分に破壊されたことを司令官が納得するまでは、各軍団は攻撃してはならないと言っていたが、時がたつにつれてこの制限は無視されたようである」。戦争全般、とりわけ攻囲戦にとって、絶対に必要なこの条件を不注意から守らなかったことが、またひとつの異常事である。これが中隊長の場合だったら、ふらちな怠慢ということになったであろう。

公正を期するために、予防措置として役立った点、もしくは役立つはずであった点を、ひとつ記しておこう。ヘイグは歩兵の大群を繰り出す前に、ヴェルダンでドイツ軍がやったように、斥候なり小隊なりをまず派遣し、砲撃の成果と守備軍の状況を偵察してはどうかと提案していた。ところがこの案は「彼の部下である軍司令官らによってしりぞけ」られてしまった。

成功をかちとるか、あるいはせめて犠牲を緩和するような方法はあったろうか。あった、ただしそれは、守備兵が発砲できないうちに、英国軍歩兵が敵の塹壕にたどりつける場合に限られていた。これをやり遂げるにはふたつの方法があった。敵の砲の照準に入る前か、あるいは敵が発砲する用意のできないうちに行き着いてしまうことであった。天然の霧か人工の霧がないときは、前者のチャンスはただひとつ、闇夜かあるいは夜明け前に強襲することであった。「二、三の司令官は……敵機関銃手が獲物を見分けることができないうちに、夜明けのかすかな気配を利して、その強襲を少なくとも敢行することを望んだ」ことと、またこれを「ローリンソン自身も受け入れて、隣接フランス軍にも同意するよう働きかけた」ことが今日明らかになっている。しかしフランス軍は二倍の重砲をもっていて、そのためにも良好な視界を望んでいた。そこで彼は時刻を遅らせることに同意した。しかも大して不安を感じていなかったようである。

残された問題は、英国軍歩兵部隊が味方の集中砲撃のやむ前に無人地帯を突破できるかどうかであった。これは〝死との競争〟であり、この種の突撃では最大規模のもので、第一次予選にほぼ六万もの兵が加わった。しかも絶望的なハンディキャップを背負わされていたのである。密集した大波のような兵の大群が、砲撃によって敵の抵抗がほんとうに麻痺したかどうかを確かめるゆとりもなく、どっと繰り出されることになった。第四軍の訓令にもとづき、その各波は打ち倒されるのを待つボウリングのピンのように、整然と列をなし、「一定の速度で」前進しなければならなかった。「敵が砲座に着く前にそこへ到達するために、無人地帯をかなりの速度で突破する必要があるということは、ひと言もいわれていなかった」。しかし所詮、突破は肉体的に不可能であった。「歩兵は重い背嚢《はいのう》を負わされていたために、歩く以上のことはとてもできない」のが最大のハンディキャップだったからである。めいめいが体重の半分を上回る六六ポンドぐらいの荷を背負っていたから、「塹壕から出ていくのが困難で、のろのろと歩くのがやっとで、敏捷に立ったり横になったりするのは不可能だった」。生れつき荷をよく運ぶことで知られている軍用ロバでさえ、自分の目方の三分の一がせいぜいであるというのに！

この〝競争〟はすでに開始前に負けていたし、実戦でもすぐ惨めな敗北を喫することになった。味方の集中砲撃は続けられ、歩兵は進むこともならず、集中砲撃をもとに戻すわけにもいかず、増援部隊は先発歩兵部隊が釘付けになっているその場所に押し込められ、失敗に失敗が重なって悲劇を生んだ。

砲撃開始は六月二十四日。攻撃は六月二十九日の予定だったが、のちに天候悪化のため七月一日まで延期された。フランス軍の注文でこの延期がなされたが、それは結局弾薬の食い延ばしと、したがって攻撃の集中度の低下を招いたばかりでなく、攻撃要員の側に大きな緊張を強いることになった。彼らは戦闘に備え士気旺盛、おおいに張り切っていたときに、窮屈な塹壕の中に四十八時間も待機させられ、頭上に飛びかう味方の砲火と敵の砲火の応酬に神経を疲労させ、そこへもってきて篠突く雨が塹壕を水浸しにしたのである。

七月一日はうだるような暑さで明けた。午前七時、砲撃は最高潮に達した。三十分後、歩兵はついに塹壕から飛び出した。だが、ドイツ軍の前衛塹壕にさえ行き着かぬうちに、幾千名もの兵が倒れ、無人地帯を死骸で埋めてしまった。なにぶんにも敵は一九一六年当時の名だたるドイツ軍であり、きわめて頑強で熟練した戦士たちであった。砲弾が自軍の塹壕陣地を撃ち壊しているあいだ、彼らは待避壕や砲弾の開けた穴にひそみ、集中砲撃がやむと機関銃を引っ張り出して、攻撃側のはなはだしく密集した人波に向かって鉛の雨を激しく浴びせかけるのであった。一九一六年は歩兵攻撃のもっともふるわなかった年で、形式にこだわり機動力に欠ける点では十八世紀とよく似た隊形が復活していた。歩兵大隊は一〇〇ヤード以内の間隔をおいた四波か八波をなして攻撃し、兵士は服装を整え、肩と肩が触れ合うくらいにきちんと一列に整列して、銃剣を上にしたライフル銃を胸の前に斜めに構え、じっと見守っている敵の視線を捕えて直立姿勢を崩さず、ゆっくりした速度で前進するように教育されていた。これはフリードリヒ大王の〃機械仕掛け〃の歩兵隊[*25]のすばらしい模倣で、その相違点は今度の場合は一〇〇ヤードそこそこの有効射程しか有せぬ当時のマスケット銃に向かって前進しているのではないということであった。宵闇の訪れるまでに、兵員わずか一〇〇名前後になってしまった大隊が多かったのも不思議ではない。直立した人波が砲火によって撃ち砕かれたときだけ、前進が可能になった。というのは、その瞬間、人間の闘争本能と原始的な巧妙さとが本来の正統な戦術理論に反旗をひるがえし、士気衰えぬまだ生ある兵士たちが、統率力のある臨時の指揮官のもとにそれぞれ小部隊ごとに結集し、短距離ながらも勇気ある突撃を敢行したからである。彼らは砲弾の穴から穴へと匍《ほ》匐《ふく》前進を繰り返し、敵の機関銃座にしのび寄っていった。こうした戦法によりさしたる損害を出すこともなく、しばしば敵陣の相当深くにまで侵入できたのである。しかし彼ら前衛小グループ群のすり抜けていったあとの多くの地点に敵集団と機関銃班がまだ残されていたため、密集隊形を組んで前進してきた後続部隊がひどい目にあわされることもあった。

＊25――プロイセン王 Friedrich大王（二世。一七一二～八六）は、女帝マリア＝テレジアのオーストリアと戦い（オーストリア継承戦争）、一七四一年四月、モルヴィッツにおいて大勝利を収めた。この時、ローマ時代以来用いられていなかった歩兵の〃歩調行進〃を復活させ、また銃の柵杖を木製から鉄製に改めて玉込めの時間を短縮、部隊の均一的かつ素早い前進に大いに成果を挙げた。〃機械仕掛け〃とは、この高能率の進撃をさしている。

こうして南部を除いては、潮流の勢いは弱まり、次第に衰えていった。右翼中央部にあたるフリクールが、前線における、そしてまたその日の戦局展開の転換点となった。ソンム川の南と、北はマリクールまでのフランス軍は、大した損害も出さずに目標をすべて達成していた。この成功の理由のひとつは、高度な柔軟性ある戦術と砲の集中度の高さに、またもうひとつはドイツ軍守備陣の弱さ、およびこの攻撃が英国軍前線の攻撃だけだと思っていたドイツ軍にとって、戦術的奇襲になったという事実にあった。マリクールとフリクールの間で、英国第十三軍団[*26]が多大の損害を受けながらも目標線に到達し、モントーバンを占領した。その左側では、第十五軍団が要塞をフリクール村と森林から切り離す任務に部分的に成功した。第七師団はマメッツを攻略することによって、一方の側面を後方から襲い、またもう一方の側面では、第二十一師団がドイツの布陣へ約半マイル侵入して、翌日フリクールが陥落するまで、占領した狭い舌状部にしがみついていた。

しかしこの第二十一師団が成功の限界であった。北方はすべて失敗し、英国軍の損害は今次大戦における自軍の昼間戦闘では最大のものとなった。ひとつの重要な要因は、〝無人地帯〟の幅の広いことにあった。第三軍団では、第三十四師団の一部がラ・ボアセルを通ってコンタルメゾンへ進んだが、結局押し戻された。オヴィエールに対して第八師団の数波が挑んだが、ほとんど無駄だった。午後に新たな攻撃が命令された。英軍の「もっと賢明な分別が勝ちを占めた」北方では、第五軍団の第三十二師団の強襲も、ティエプヴァルの守備陣地には歯が立たなかった。「弾丸を受けても倒れない不死身の兵士のみが、この日のティエプヴァルを攻略できたであろう」。けれども第三十六《アルスター》師団[*27]は、ティエプヴァルをやりすごしグランクールへ向かってドイツ軍の前線深く侵入することによって、めでたくボイン川戦闘記念日を祝った。残念なことに、第五軍団長は予備軍を、前進を阻止された師団の方に回し、有望な開口部を切りひらいた《アルスター》師団には回さなかった。こうして前進していた部隊は遮断され、夜になったときには英国軍の手中に残されたドイツ軍前衛塹壕はごく少数にすぎなかった。左翼における第八軍団[*28]の攻撃は、ここでも二、三の孤立した部隊によるボーモン＝アメルとセルレへの侵入こそあったにしても、いっそうあっけなく粉砕されてしまった。地雷一個を爆破する問題をめぐる議論のもつれが、歩兵の強襲よりも十分早い重砲砲撃の〝停止〟をもたらし、それが致命的な結果を生んだのである。ゴムクールにおける第七軍団による補助攻撃については、第四十六師団の失敗が第五十六師団の最初の成功を無意味なものにしてしまったし、また軍団全体が生んだ大きな犠牲の意味も、主要攻勢の失敗によって失われてしまった。

その日、各軍団の収容所の門をくぐった捕虜の員数表が、ある程度初期の成功を比較する手掛りになる。すなわち第十三軍団（コングリーヴ）九三四名、第十五軍団（ホーン）五一七名、第三軍団（パルトニィ）三二名、第十軍団（モーランド）四七八名、第八軍団（ハンター＝ウェストン）二二名。これに対してフランス軍は、少ない損害で四〇〇〇名以上の捕虜を得ていた。英国軍に隣接していたフランス第二十軍団の強襲は、無人地帯を突破するときは川霧に包まれていたため、たちまちのうちにドイツ軍第一布陣を侵略することができた。フランス軍はなおも前進したいと望んだが、隣接の英国軍が上級司令部からの命令で進撃できないでいるとの報告を受け、進撃続行をあきらめた。フ

＊26――第三十および第十八師団。
＊27――the Boyne　アイルランドにある川。一六九〇年、同地でウィリアム三世がジェームズ三世の王制復古の野望をくじいた。ジェームズ三世は、ルイ十四世治下のフランスへ逃れたために、英仏間の長期にわたる植民地戦争の契機となった。『ウィリアム王戦争』。
＊28――第二十九、第四、第三十一師団。

ランス軍の植民地軍団の二個師団と第三十五軍団の一個師団によるソンム川の南の攻撃は、他方面より二時間遅れて開始されたため、奇襲の効果を挙げた。そして目標の全部を手に入れたばかりかさらに押し進み、夜になるまでにドイツ軍第二布陣にすぐ手の届く地点にまで達した。

こうした成果を考えれば、七月一日はフランス軍にとって勝利と見なされるであろう。しかし攻撃の主体は英国軍であって、実際にはむしろドイツ軍側が成功を収めたと言ってもよかった。なぜなら、ドイツ軍はわずか六個師の兵力で敵一三個師の強襲を支え、ほぼ一個連隊が英国軍一個師団の攻撃戦区に対峙しながら、わずか一九八三名の捕虜と、多少の土地を失っただけだったからである。英国軍が事前に抱いていた大いなる希望はいまや地に落ち、〝下ごしらえ〟と〝種まき〟の数ヵ月も、〝苦い果実〟の収穫に終わった。しかし軍事的には失敗であっても、七月一日の戦いはまさに勇壮な一篇の叙事詩であったし、それ以上に英国の新しい軍隊の気骨を如実に示すものであった。このときの将兵は今次大戦における最大の犠牲を捧げながら、びくともしない勇気と堅忍不抜の精神をもって、もっとも激しくより血なまぐさい試練を見事に切り抜けたのである。

攻撃布陣全面にわたって、いずれも、もともとは文民であった兵士たちは、過去におけるいかなる職業軍人の軍隊も想像できなかったほど甚大な損害を受けながら、有効な働き手として面目を保ったのである。さらに彼らは同じように熾烈な戦闘をさらに五ヵ月も耐え抜いた。経験を積んだ彼らの戦術行動は改善され、まして上級司令部の彼らに対する扱いは向上したであろうが、しかしその後のどんな偉業も、この七月一日という日——「それは強烈な夏の青さのみなぎる美しい日で、夜明けから日暮れまで、咆えたける暴力と、死、苦悩、勝利が入り乱れていた」——の精神の水準を凌駕《りょうが》することはできなかった。「その日いっぱい、この競争に加わった人々が、わが軍の血まみれの塹壕から無人地帯へと、小刻みな突進を繰り返した。塹壕を出たとたんに倒れる者、緑地帯を渡り切らなかった者、敵の鉄条網の中で死んだ者、引き返さざるを得なかった者などさまざまであった。また他の者は首尾よく渡り切り、なおも前進して敵を布陣から布陣へと押し戻し、ついにソンム川の戦闘を敵の後退をもって終わらせたのである」。しかしながら敵は頑強に抵抗し、いざ後退したときにはそれが攻撃側に利するというよりも、むしろ不利に陥る時機になされた。

なぜにヘイグはソンム川であれほど手ひどい目にあった緒戦のあとでも屈服することなく、北方で用意されていた代りの作戦を放棄し、南方での作戦に固執したのであろうか。『公刊戦史』は、「一九一七年の時点においてあんなにうまくいったメッシーネ攻撃が、前年一六年に行なわれてさえいれば、ことに沿岸作戦と呼応して着手されていれば、ソンム川両岸にわたる攻撃よりも決定的な結果を得るチャンスははるかに濃厚だったことについて、ほとんど疑いを」いれていない。作戦開始準備もかなり押しつまった六月五日になって、ヘイグはローリンソンに対し、もし第四軍の攻撃が「かなりの抵抗に遭遇するなら、自分はこの作戦を取りやめ、メッシーネ作戦に取りかかる決意をするかもしれぬ」と警告していた。七月一日の経験はまさにこの条件を満たしていたはずである。おそらく彼が攻撃続行に踏み切ったことをもっともよく説明しているのは、彼の顔立ちのいちじるしい特徴である〝ブルドッグ〟的表情であろう。彼は挫折をみずから認めることや、いったん防衛陣にくらいついたら、その牙をゆるめるのを潔しとしなかったのである。もし戦線のいたるところで撃退されていたのなら、彼は予備軍を北方メッシーネに回すほうがはるかに容易であることを悟ったかもしれない。しかしいやしくも薄いドイツ軍前線にかみついた以上、ヘイグはさらに深く歯を立てたかったのである。それならなぜ彼はもっと早く、柔らかい部分にかみつかなかったのであろうか。ひとつには事実を率直に認めることのできない人間の弱さからであった。これがいくさの混迷をよけい深めたのである。

前線背後では上級指揮官らが、おぼろげな事実から察せられる以上に、また多分自分たちが信じている以上に〝バラ色〟の報告書を提出していた。「捕虜を獲得。しかも重大な損傷なし。判で押したようにそう報告された」。こうした状況では、知らないことがあっても当然だった。しかし事実を無視していることには弁解の余地がなかった。その間に南方戦区で成功を発展させる好機が失われていった。

深刻な戦況に直面したヘイグは、七月二日も遅く、オヴィエールから北の無傷の守備陣に、新たな正面攻撃をかける代りに、いったんは成功した地点へ再度の攻撃を加えることに決めた。その後の年月に得られた経験、および緒戦のころの歴史が、この決定の正しさを裏付けている。そして唯一の問題点は、なぜもっと早く南方における成功をさらに拡大させなかったかということである。無人地帯をいたずらに死者で埋めることのみに使われた歩兵の密集勢力の一部は、こういうときに備えて予備として保存しておいたほうがよかったであろう。ただでさえドイツ軍は大いに動揺を見せていた。そして英国軍の予備兵力が少なかったにしても、ドイツ軍のそれはもっと貧弱だった。その事実は、反撃に出るのが遅れたことからも明らかだった。しかし第四軍は抵抗のもっとも弱い戦区に、予備軍を押し込む試みをしなかった。そして一日午後十時、配下の軍団に対し、全戦線において均等に「攻撃を継続」するよう命令が下された[*29]ただけだった。ローリンソンの示唆にもとづきゴフが、明らかに失敗していた左翼の二個軍団の指揮をゆだねられた。これは勝ちいくさを拡大することを任務と心得、またそれにうってつけの指揮官であったゴフにとっては、「嬉しくない任務」だった。軍団長らは適切な準備もせずに、新たな攻撃に出ることの無益さを指摘した。賢明にもゴフはこれに同意し、ローリンソンより与えられた命令を無効にしてしまった。この二個軍団は無傷の守備陣をふたたび攻撃できるような状態になかったため、二日には何も行動を起こさなかった。一方、最右翼で真に敵陣への浸透を果たしていた第十三軍団は、押し戻された。この消極性がよけいに残念に思われるのは、同軍団が、先にフランス軍と連携し、すぐに間に合う唯一の予備軍としてカンブレーから馳せ参じたドイツ軍一個師団による不揃いでへまな夜間反撃を、見事に粉砕していたからである。

英国第四軍のローリンソンが三日の日程として、軍左翼に対して軍中央と連携し攻撃を再開するように命令したときには、好機はいっそう遠去っていた。ヘイグはこの作戦に反対はしなかったが、修正を加え、その結果は必ずしも良好なものとはならなかった。彼はいまや右翼に注意を向けつつあったため、翌日の攻撃をティエプヴァルとオヴィエールに対する小部隊の襲撃にまで縮小させた。この手直しで、指揮系統の分裂からくる欠陥がむき出しとなり、ひいては攻撃規模の縮小のみならず、そのバラバラな実施につながり、結局死傷者を多く出しただけでめぼしい成果は何ひとつ挙がらなかった。一方、右翼の第十三軍団の部隊はほとんど抵抗を受けず、ベルナフェイの森に分け入ったが、それから先へは進めなかった。その隣りにいたフランス第二十軍団も当然の結果として行動を封じられたが、ソンム川南でフランス軍は、ドイツ軍第二布陣と、ペロンヌを見渡せる高地を手に入れた。

ヘイグは今や右翼方面に努力を集中するのが賢明であると確信した。しかしフランス側から横やりが入った。この攻勢のフランス軍分担区を直接監督していたジョッフルとフォッシュは、ヘイグに右翼すなわちロングユーバル戦区への攻撃準備として、中央のポジェールからティエプヴァルに至る丘陵をまず手に入れるべきだと主張した。これに対してヘイグは戦線全般にわたる攻撃再開をまかなうだけの弾薬が手元にないことと、ロングユーバル丘陵の守備陣はティエプヴァルのそれより弱体であると意見具申したが、反応はさっぱりだった。そしてジョッフルは英国軍がロングユーバルを攻撃するれば、守備陣は必ずや敗北するであろうと断言した。実際に彼はヘイグに対し、中央部を攻撃するよ

＊29——第十および第八。

う直接命令を出したほどであるが、これに対しヘイグは、自分は英国政府に対して責任を負う身であり、ジョッフルの戦略に従うにやぶさかではないが、戦術面での問題では自己の方針を貫くつもりであると反論した。これでけりがついた。

しかし英国第四軍が敵の第二布陣への攻撃準備を整えるまでに、長い空白期間があった。その期間をよけい長引かせたのは、ヘイグが主要攻撃をかける前に敵の外廓の拠点すべてをつぶすことが必要であると考え、小刻み攻撃の連続によってこれらを奪取しようと努めたからである。それと同時に左翼の第十、第八軍団は、ローリンソン軍（第四軍）からゴフの予備軍に移譲され、これが第五軍の前身となった。そして使用可能な予備軍と砲が、縮小された第四軍前線に集められた。

こうして七月一日――この日はドイツ守備軍はモントーバン＝ラ・ボアセルの南部戦区で深刻な脅威にさらされた――に続く数日間、再開された攻撃は弱体で、散発的だった。抵抗する側は、再編成と強化のためにひと息入れることができ、ドイツ軍第二布陣のつらなるジンシー＝ポジュールの見晴しのきく丘陵の守りを固めることができた。英国軍の進撃はきわめて緩慢となり、とくにマメッツの森が障害となった。三日間にわたる第三十八（ウェールズ）師団による不毛の攻撃が、主要攻撃に悪影響を与えることになった。しかし上部からも同じくらい大きなハンディキャップが押しつけられた。

英国軍総司令部は七月一日前までは過度に野心的で、底抜けに楽観的であった。だが今度は、おそらく逆の極端に走る気配をみせていた。ローリンソンだけは、ドイツ軍が後方で英国軍のたどり着かぬうちに増援軍と労働力を送り込んで、要塞化した前線を建設しつつあるのを出し抜くためには、大胆かつ迅速な措置が肝心であることを理解していた。もし英国軍が自軍の前線布陣をドイツ軍第二布陣《褐色布陣》《ブラウネ・シュテルンク》のすぐ近くまでもっていって、至近距離から強襲をかけようとすれば、その抵抗たるや七月一日のあの最初の障害と同じくらい頑強なものになりかねなかった。ローリンソンは、右はデルヴィーユの森から左はバゼンチン・ル・プチの森に至る四マイルのドイツ軍守備陣を攻撃し、突破する作戦を練った。彼の右翼はこの第二布陣からたっぷり四分の三マイル離れたところにいて、その間には、依然としてドイツ軍の手中にあるトローネの森というきわめて大事な戦術上の拠点が介在していた。その森は彼の左翼の無人地帯に向かって徐々に狭くなり、マメッツの森の前面ではわずか三〇〇ヤードほどになってしまうが、このトローネの森は前進してくるドイツ軍に縦射を浴びせられる位置にあった。もし自明の進路をとって、左翼だけに攻撃を加えるとすれば、予想される成果は悲観的だった。一九一五年の経験から学んだところでは、充分な砲を備えた敵に対し狭い正面から攻撃をかければ、最初こそうまくいくかもしれないが、敵の砲火はかえって能率よく集中されるため、わずかばかりの獲物も相殺されてしまうはずであった。

そこで自明の進路の代りにローリンソンは、予測される危険はあっても、おそらくはもっと安全で兵力の節約にもなる進路を選んだ。露出している地域を夜陰にまぎれて突破させ、夜明けにわずか二、三分間だけ集中砲撃を加えたあと、攻撃に移るという段取りであった。この作戦は奇襲利用のおさらいであった。今次大戦の大部分の期間を通じ、奇襲は〃お蔵〃にしまわれたままになっていたのだが、最後の一年になってカンブレー戦以後、改めて蔵から出されてきたのである。

一九一六年には、夜間の前進とこのような短時間の砲撃という着想は、まだ復活したばかりであったため、正統派の考え方からすれば意外であり、賭けの要素が大きいと思われたのである。彼がこの作戦を、二年足らず前には民間人であった兵士から成る新編成軍の部隊を用いて試みようとしたため、いっそう軽率だと見なされた。総司令官はこれに強く反対して、もっと小規模な代案を望んだ。しかしローリンソンは譲らなかった。麾下の指揮官たちが夜戦を遂行する自分たちの能力に自信をもっていたことが、彼の確信を強めた。ホーン（英第十五軍団長）はふだんはヘイグの見解に同調しがちだ

英国軍18ポンド野砲

ガスマスクを着けて射撃する英国軍機関銃兵

ったが、このときばかりは直属上官に同意した。そしてこれが風向きの好転に幸いしたのかもしれない。ローリンソンは作戦実施にこぎつけた。しかしただでさえ遅れていたこの攻撃を、当初の意図どおり七月十三日に開始することはできず、気乗り薄な総司令部のために七月十四日まで延期させられた。この一日の遅れが深刻な結果を生むことになった。もうひとつの欠点は、この攻撃の成果を信じていなかったフランス軍が協力しなかったことである。

攻撃部隊は右翼の第十三軍団の第九、第三師団（W・T・ファースとJ・A・L・ホールデイン）と、左翼の第十五軍団の第七、第二十一師団（H・E・ワッツとD・G・M・キャムベル）とから成り、一方、最右翼側面では、マックス指揮の第十八師団がトローネの森掃討の任務を帯びていた。最左翼では第三軍団がバゼンチン・ル・プチの森とコンタルメゾンの間で、守勢のための側面を形成していた。騎兵師団がその近くに繰り出され、両攻撃軍団の命令下におかれた。

ドイツ軍の前線はシュタイン将軍の混合師団から抽出した六個大隊のみで守られ、バポームの南に第七師団が予備に配されていた。《ブラウネ・シュテルンク》の各塹壕は、デルヴィーユの森、ロングユーバル、バゼンチン・ル・グランの森、バゼンチン・ル・プチの森などのすぐ前に連なって、「地平線上の黒雲のような」ハイ・ウッドを後ろにして、敵の接近方向全体を睥睨《へいげい》していた。ドイツ軍はそこから、七月一日には英国軍前線布陣だった付近のさらに後方数マイルまで見はるかすことができた。

右翼では標識班が七月十三日、夜の帳《とばり》が降りて数時間後、一〇〇〇ヤードにわたって部隊の接近を案内する白テープを張り、次に別のテープをこれとは直角に何本も張りめぐらして、部隊が目標に向かって並行して発進できるように隊形を組むための前進線を印した。この危険で困難な任務はうまくやり遂げられ、真夜中を少し過ぎたころ、各大隊はキャタピラーの森に集結し、中隊も小隊も一列となって長いみみずのような幾本もの線をなして進んでいった。午前三時二十分、ドイツ軍塹壕に弾幕がはられた。その五分後、全布陣が強襲をかけた。あえてこのような奇襲攻撃を試みた直感力と、部下のすぐれた協力に支えられた判断は結局正しいものだった。ドイツ軍の第二布陣はたちまちのうちに蹂躙《じゅうりん》され、攻撃部隊はそれを越えて進んだ。左翼から右翼へ順にみれば、第二十一師団はバゼンチン・ル・プチの森から村へ突入し、第七師団はバゼンチン・ル・グランの森を掃討してハイ・ウッドへ向けて斜面を登り、第三師団はバゼンチン・ル・グランを占領し、第九師団は苦労しながらロングユーバルからデルヴィーユの森のへりまで、しゃにむに進んだ。

この右側面では、一ヤード進むにも強い抵抗なしにはすまされなかった。これ以後何日かにわたって、デルヴィーユの森の奥で、南アフリカ軍は彼らとしてはこの戦争で最大の犠牲を払うこととなった。今日その場所には美しい白い石造りの列柱が平和な姿で立っていて、一九一六年の流血の戦闘地獄と鮮烈な対照をなしながら、これを記念している。

しかし左側面では好機にめぐまれ、さえぎるものとてない地帯が腕をさしのべていた。正午少し過ぎ、第七師団前線でドイツ軍の抵抗ははっきりと崩れ始め、このチャンスに乗ずる試みが、数時間を空費したあとで行なわれた。第七師団は午後六時少し過ぎに前進を開始し、騎兵二個大隊がその側面で活躍した。これは一九一四年以来初めて英国軍戦線に乗馬姿を見せた騎兵であった。バラ色の期待感がみなぎった。しかしこれはまたしても軍事という砂漠にあらわれた蜃気楼にすぎなかった。勇名をはせた第七師団の部隊も、いささか戦いに疲れていた。欠員は多数の未熟な徴募兵によって埋められていた。原因は何であれ、前進は気勢をそがれがちであった。そしてハイ・ウッドは、その宵にはあらかた掃討されたとはいえ、側面を固める塹壕の北の一角はドイツ軍の手中にあった。とくに悪いことに、二十四時間の延滞中に新たな予備軍が到来し、その兵力がふくらむにつれてドイツ軍の守りは固められ、英国軍の勢いは弱まっていった。七月十五日も遅くなってから、反撃の圧力に抗しかねてその森は放棄され、やっと再占領できたのは二ヵ月のちのことであった。七月十四日の〃バスチーユ〃[*30]を思わせるソンム川の奇襲敢行をもって、英国軍は戦略的決断の限界に達した。以後は消耗戦でお茶を濁すほどに調子が下がってしまった。

七月十四日の一撃が失意のうちに終わったあとヘイグは小闘というバクチに切り替えた。ヘイグが弾薬を使いすぎることが非難を呼んでいたが、彼としては敵の封印された前線を「こじ開ける手段」としては、砲撃以上に効果的な方法が考えられなかったのである。六月も早いころヘイグは、もしドイツ予備軍がソンム川でこちらを阻止するなら、フランダースのメッシーネ戦区に主攻勢を切り換えようと、その手順を考えていた。そして《アンザック》軍団[*31]が用意を整え、そちらへ移動を始めた。しかし七月七日までに彼は、敵にとってはいまや頼みの布陣であるソンム川に自分の予備軍を投入し、ここに全力をあげて直接攻勢をかける決意を固めていた。

《アンザック》軍団の残りの兵力はソンム川へ移されていた。そこでのヘイグのねらいは主要丘陵における足場を拡大することにあった。彼は自分が最初に考えていた第三の段階——つまりドイツ軍前線を北へ巻き返すこと——を、最初の条件が満たされていなかったにもかかわらず、実施に移したい希望をもっていた。しかしそれに見合う兵力を展開するだけの余地はなかった。おまけにそれはフラ

＊30——Bastille　もともとは域砦を意味する普通名詞だったが、パリ郊外サン・タントアーヌにあるものに限られるようになった。十七世紀、ルイ十三世の頃より、反権力的文筆家が投獄されるようになり、絶対王政のシンボルとみなされるようになった。ために、一七八九年七月十四日のバスチーユ攻撃は、フランス革命の本格的開始を告げる事件だった。

＊31——本文三〇三ページ参照。

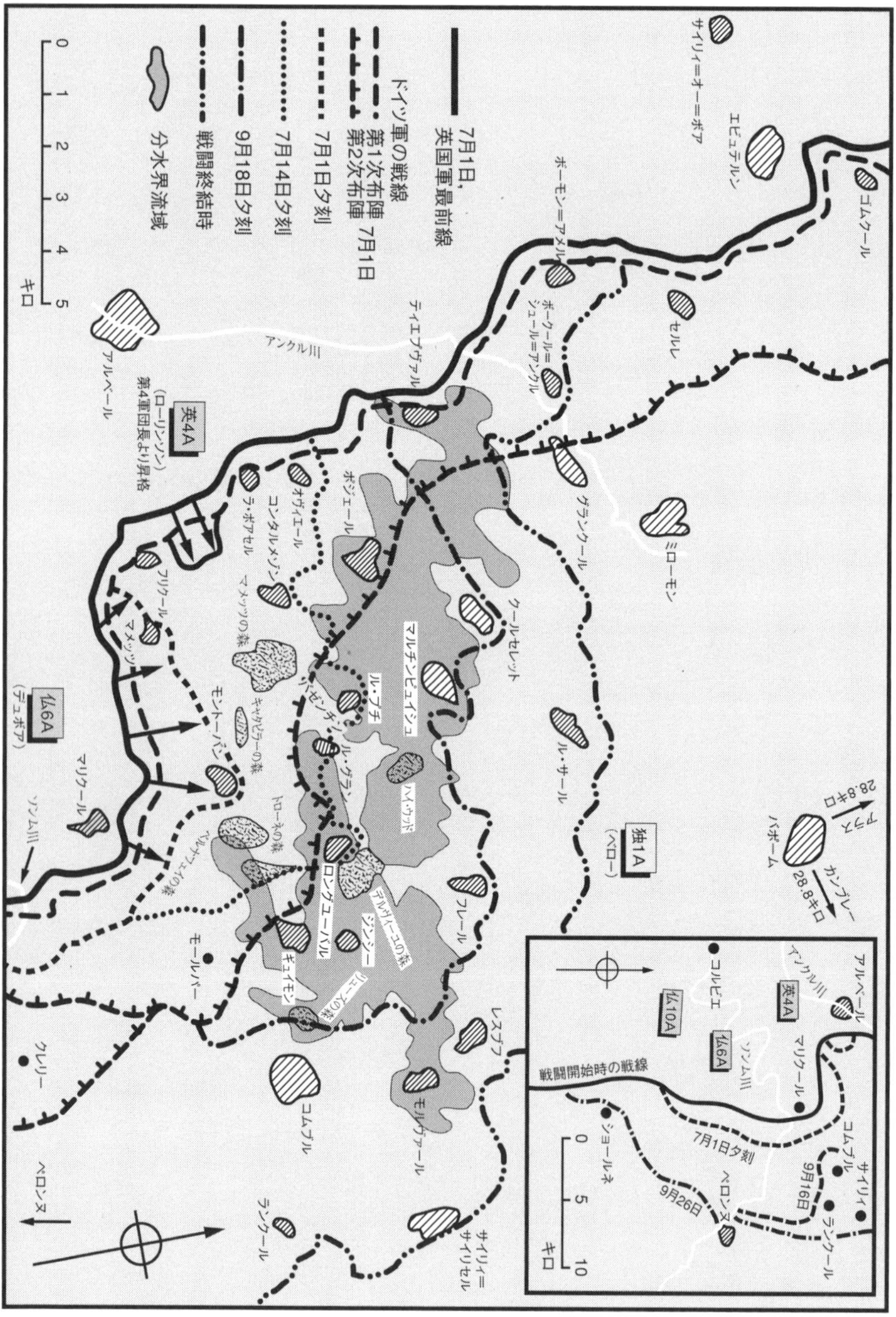

11 ソンム攻勢 1916年7月～11月

ンス軍との協力の路線にもとることを意味した。そこで彼は自軍の右翼をもって、東の方のフランス布陣の集結点へ向けて行進を継続することに決めた。一方左翼ではゴフが、丘陵の末端のポジュール＝ティエプヴァルを手に入れることによって、英国軍のそこでの足場を拡げようと努めていた。

この目的のためにゴフは《アンザック》軍団（バードウッド）を与えられ、七月二十三日にその一部をポジェールに向けて発進させたが、これと歩調を合わせて第四軍の三個軍団が、ギュイモンからバゼンチン・ル・プチまでの狭い戦線全般にわたって強襲を再開したが、これは完全な失敗に終わった。しかし左翼ではオーストラリア第一師団がポジェールに足掛りを獲得したが、ヘイグは小刻みに奪取する戦法に改めた。これは今や消耗を誘う戦略としてきわめつけのすぐれた方法として賞揚され、またドイツ軍の損害が過大評価されたためにいっそう推奨されることになったのである。

つらい戦闘がほぼ二ヵ月続き、その間、英国軍は多大の犠牲を払いながらほとんど進展はみられなかった。そして両軍の歩兵は大量に消費される砲弾の餌食になるばかりであった。左側面にあっては、《アンザック》軍団が「整然とした進展」の新作戦の主役となった。その成果は『オーストラリア公刊戦史』の次のような慎重な表現にもっともよく表現されている。

「総司令官にとっては当然だが、内閣にとってもおそらく、ゆっくり進展しているという意味の言葉は、弾薬と人命が節約されていると信じられるので、安心して使うことができる。しかし前線布陣にとって、この方法は、組織化された敵の守備陣の真っただ中へ、一マイル、あるいは二マイル侵入しようとの意図をもって、敵の前線の同一個所を破城槌を用いて一〇回も一五回も打ち叩くという戦法を思わせるにすぎないのである……」

「圧力を加え続ける必要は認めるとしても、知性によってはどうしても解明できないこの現実の戦術に戸惑うであろう。敵の守備陣の最強地点のひとつに対し、一個旅団また一個旅団と……軍団のかなりの部分を果てしもなく投入する戦法は、なるほど『整然とした』という形容は当てはまるかもしれないが、節約に適うという表現はどう考えても当てはまらないのである」

これだけの努力を費やして六週間ののちに、一マイルを少し上回る深さの小さな舌状地を最後に勝ち取るため、尊い二万三〇〇〇名もの人命が失われた。そして士気面での結果はどうであったろうか。

「オーストラリアの兵士はたいていが楽天的で、原則として不平を口にしたり、腹にためたりすることを潔しとしないのだが、その結果が知識人たちに、自分たちは無駄な犠牲になりつつあるのだという、うらめしい確信を与えたとしても驚くには当たらない。『お願いだから、ひとりの歩兵の一生を本に書いてくれよ（と歩兵のひとりが言った……）、そうすることでこんなめっそうもない悲劇を早くやめにしてやってくれよ』。J・A・ローズ中尉のように堂々と戦った将校が、戦死する前の最後の手紙に『当局の高官たちの無能と冷淡と個人的野望による』多くの戦友たちの『殺害』について言及したことは、その言葉の文字どおりの真実性の証拠であるばかりでなく、高級指揮系統のなかで何かはなはだしい誤りが犯されていたという厳然たる証言でもあるのだ……。『われわれがたったいま抜け出てきた場所は（と、部隊のなかでもっとも冷静な将校のひとりが書いている）、……最後の十三日間の恐怖は荒れ狂う狂人でさえ想像することすらできないほどのものすごいところだった』」

歴史は《アンザック》軍団長バードウッドが、すばやい成果を挙げようと焦っていたゴフを制することができなかったことと、その思慮の浅さのために、せっかくガリポリで得た人気をほとんど失ってしまったことを示している。これもひとつの要因となったのかもしれないが、バードウッドのじきじきの懇請を斥けて、オーストラリア部隊は自分たちの経験した恐怖と同じものを経験させられることになる新たな人員の徴集を、反対投票によって拒絶した。

しかしもう一方の側面でポジェールと好一対だったのがギュイモンだった。ここはいまでこそ麦畑の中の平和な一寒村にすぎないが、当時は恐怖と不安の入り混じった修羅の巷だったのである。現在のトローネの森から同村までは、坂をひとつ下ってまたひとつ登る、わずか二、三百ヤードのいなか道にすぎないが、一九一六年七、八月当時においてはそれが無限の距離だった。各師団が次から次へと突破を試み、指の間に泥というごほうびを握るだけで、足場も保持できずにすべり落ちてきた。そして九月三日、これがついに確保されたとき、その坂をさらに二、三百ヤード登ったところにあるジンシーが、九月九日まで同じような障害物になった。なお反抗をやめようとしないティエプヴァルを除けば、この二地点ほどその獲得に高い代価を要した所はなかった。

いまやついに英国軍布陣はリューズの森——そこからコムブルを見はるかし、フランス軍と連結することになるが——から北西に走る七マイルの前線でひとつにつながった。フランス軍はソンム川の南まではるかに南下攻撃をすませ、ショールネ付近の旧ドイツ軍前線布陣の三マイルを急襲し、七〇〇〇名の捕虜を得たばかりだった。八月三十日、ローリンソンは日記にこう記していた。「総司令官(ヘイグ)はドイツ軍の抵抗を粉砕し、バポームまで到達する目的で、九月十五日ごろ手持ちの全兵力をもって賭けをやる気でいる」。そしていささか非論理的にこうつけ加えた。「その時分には疲れた兵員以外には予備軍はなくなっているであろう。しかし今度成功すれば……ドイツ野郎を和議に持ち込めるかもしれない」。いったんは消耗戦をやり抜くと公言したにもかかわらず、ヘイグの士気はいまやひとつの突破に賭けるところまで低下してしまった。

その攻撃は左翼、つまりゴフの予備軍をかなめとすることになった。ローリンソンの担当する主攻撃の第一の目的は、南方コムブルとソンム川の間へ突入するフランス軍と連携し、もともとドイツ軍最後の布陣であったモルヴァールとル・サール間を突破し、結局コムブルを摘出することであった。もし発端の成功でこの試みがいけるとなれば、英国軍は攻撃を北へ拡大し、クールセレットとマルチンピュイシュを奪取することになった。八個師団が最初の攻撃用に展開され、二個師団は〝拡大〟用に分遣された。特筆すべきことは、初めて《戦車》が用いられたことであった。この山野を縦横に走る装甲車は、機関銃と有刺鉄線から成る守備軍の障害物に対抗するために発明されたものだった。英国軍総司令部は、戦車の生みの親たちの意見にそむき、またそれに同意を明示していた彼ら自身の言葉にもそむき、ソンム攻勢の消えかけた希望を取り戻す賭けとして、使えるだけの戦車を使うことに踏み切ったのであった。この決定が下されたときには、全保有戦車一五〇台のうちわずか六〇台しかフランスに輸送されていなかった。四九台が実際に使用され、それも二、三台ずつの小さな支隊となって活動したが、これもまたスウィントン大佐の定めた原則に対する違反であった。準備を急ぎすぎたことと、この初期の型式の機構上の欠陥とが重なって総数が減少し、結局スタート・ラインについたのはわずか三二台だった。そのうち九台が歩兵とともに前進した。他の九台は歩兵に追いつくこともできなかったが占領地帯の掃討には役立ち、九台は故障し、結局残りの五台は戦場の砲弾穴に「はまり込ん」だ。最初の九台はとくにフレールの占領のために有効な働きを見せたが、強力な奇襲というより大きな成果を逸したことは、ソンム川攻勢の失敗をある程度償うために支払わされた重い罰金と言ってもよかった。

三日間にわたる砲撃のあと、十五日夜明けの薄い霧の中で攻撃が開始された。この霧に砲煙が混じり合って、ドイツ軍砲手に歩兵のともすのろしを見失わせる場合が多かった。その結果ドイツ軍側は砲兵隊の支援が足りず、これが英国軍歩兵の前進を楽にした。こうして中央の第十五軍団は早い時期に相当の進展をみせ、午前十時までに左翼の師団はフレールを越えた。これには戦車の働きが大いにものをいったわけだが、ドイツ軍の連隊史はその戦車の鮮明な印象をこう記している。「《戦車》の到着が、兵士たちにもっとも破壊的な影響を与えた。これらの怪物《モンスター》――それは塹壕のへりづたいに這って歩きながら、ひきもきらない機関銃掃射を行なっていき、そのすぐあとから歩兵の小隊がつき従い、生存兵に向かって手榴弾を投げつける――に対して、兵士たちはまったく無力であることを痛感したのだった」。しかし右翼では、第十四軍団の損害がいちじるしく、同軍団は長いこと阻止されたあげくやっとモルヴァールとレスブフにたどり着いた。左翼では、第四十七師団が宿願のハイ・ウッド掃討をついに達成したけれども、第三軍団全体としてはこれまた目的を遂げることができなかった。最左翼では、攻撃の拡大がもくろまれて、マルチンピュイシュもクールセレットも手中に収めた。こうした勝ちいくさによって、丘陵の頂上を右翼だけ除き手に入れることができ、長いことドイツ軍側がほしいままにしてきた有利な眺望も英国軍のものとなった。

右翼の失敗は、九月二十五日、フランス軍との連携による再度の大攻撃によって取り返すことができ、ドイツ軍はコムブルを撤退せざるを得なくなった。翌日、ティエプヴァルはゴフ予備軍の四個師団による攻撃でついに屈した。ドイツ側の説明は、ドイツ軍前線の決定的な崩壊は「ティエプヴァル村のへりに、三台の英国軍戦車が出現したことが原因であった」という事実を明らかにしている。へイグはなおも「間断ない」攻撃を要求した。それからも多少の戦果が挙がったために、十月第一週までにドイツ軍は最後に完成した守備陣へ退却していた。それは右はサイリィ、サイリセルから、ル・トランスロイを経て、バポームの前面までつらなるものだった。彼らはさらに新しい布陣を後方にせっせと構築中であったが、まだ完成には至っていなかった。他方、この日の戦況はドイツ軍の抵抗力がまだ衰えていないことを物語っており、部分的な成功が真の突破または突破後の拡大につながるかどうかは、予断を許さない状況だった。秋の長雨が予想より早く始まったことが、この希望を日に日にしぼませていった。長雨と砲撃による荒廃が戦場を沼地と化し、砲も輸送車両もこれにはまり込み、軽装備の歩兵さえのろのろと前進するのがやっとだった。こういう状況下では攻撃もままならず、大部分の試みが失敗したのも当然であった。かりに塹壕をひとつ奪取したとしても、それを補強する仕事がかえってマイナスとなった。

十月十二日までにはヘイグは、年内にドイツ軍守備陣を突破することは不可能だとついに覚悟したようである。しかしジョッフルとフォッシュは彼をせき立てるのをやめようとはしなかった。そこでひとつにはこれに答えるべく、ヘイグはル・トランスロイに向け泥海を衝いて新たな攻撃を展開するよう要求し続けた。ついに第十四軍団を指揮するキャヴァン卿がたまりかねて強く抗議した。いったいフランス軍左翼を助けるために、英国軍右翼を故意に犠牲にするつもりかと抗議して、彼はこう付け加えた。「前線を訪れてみたことのない者には、兵士たちが陥っている疲労困憊の現状を本当に理解はできないのだ」。しかしこれほど剛毅な精神をもった軍団長ばかりではなく、ローリンソンにしてもキャヴァンの立場に同情しその判断の方が正しいと思いながらも、上官である総司令官の決定に屈したようである。こうして第三軍団と《アンザック》軍団は、望みのない一連の小攻撃を十一月十六日まで続けた。しかしゴフの部隊の土壇場の成功によって、それらの小攻撃のバカらしさが隠され、効果のなさが補われた。

東の方向へアンクル川とソンム川の間にゆっくりと打ち込まれていた楔は、アンクル北方の最初のドイツ守備陣を、くっきりとした突出部に変えてしまった。しばらくの間ゴフの部隊はこれを撃破すべく準備を続けていたが、天候が一時よくなったため十一月十三日、七個師団をもって攻撃を開始した。ボーモン、アメルとボークール、シェーア、アンクルが占領され、捕虜七〇〇〇名が得られたが、左翼ではセルレがまたもや難攻不落であることを立証した。ヘイグはおおいに喜んだ。これでシャンティリーでの来たるべき連合国軍事会議において、「英国軍代表の権限を強められる」と思われたからである。そこでソンム攻勢はついに面目を保った状態で一時停止とすることができた。

九月二十五日以降の最終段階での愚行は、丘陵の頂上とそこからの有利な眺望をついに手中に収めながら、その向うの谷へと攻め下ったためにせっかくの利点を放棄してしまったことである。そのために部隊はこの冬を、水浸しの塹壕の中で過ごす羽目になった。〝ソンムの泥濘〟は以後たちまちその悪名を高めた。

こうして、その名はふさわしくないのだが、《ソンム川会戦》なるものは失意のうちに、また敵ドイツ軍がこうむった苦痛も影が薄くなるほどの、英国軍兵力の激しい消耗をもってその幕を閉じた。ドイツ軍の損害は主として、その上級司令官ら、ことに第一軍のフォン・ベロー将軍にその責がある。彼は、一インチたりとも塹壕を放棄した将校はすべて軍法会議にかけられる、塹壕一ヤードを失った場合は必ずや反撃、奪回しなければならぬという布告を発していた。ドイツ側の誤りは英国軍の犯した誤りほどではなかったにしても、少なくとも人命の無益な損失を招き、士気面への影響はそれをさらに上回った。この点で英国軍の損失と同程度といえた。ついに八月二十三日、ベローは自分の布告を撤回せざるを得なくなり、またヒンデンブルク＝ルーデンドルフ新体制の方針に沿って、自分の抵抗戦法を修正せざるを得なくなったのである。

4 高まる戦車の恐怖

一九一六年九月十五日、ひとつの新たな〝戦争手段〟が砲火の洗礼を受け、その日の英国軍攻撃を、ソンム攻勢におけるひとつの画期的事件とするのに大きな役割を果たした。それは大判の地図と拡大鏡を使って軍隊の進撃経路を跡付ける必要のない数少ない攻撃のひとつであった。しかしそれよりもはるかに重要なことは、これが戦争の将来にその影を投げかけたことである。これはソンム攻勢の、というよりは、今次大戦の歴史のなかで、いっそう大きな出来事とされている以上に、おそらく〝戦争〟そのものの歴史においてもさらに偉大な出来事といえるであろう。

その理由としては、この《戦車》という新しい兵器が戦争の様相をまったく変えてしまったことである。戦場における移動方法として人間の脚に代わる内燃機関を利用し、またさらに防護方法としては、人間の皮膚または地面を掘ることに代わり、装甲の利用を復活したからである。従来人間は移動するときには発砲できなかったし、遮蔽物が必要なときには移動できなかった。しかし一九一六年九月十五日から、ひとつの物体の中に火力と移動と遮蔽の三つの要素が同時に結合されることになったのである。従来、かかる利点は、近代戦においてはもっぱら海上で戦うものだけに与えられていた。〝陸における海戦〟が戦車の究極の目的かもしれず、また《陸上船《ランド・シップ》》という最初に冠された名前もそれを暗示してはいるが、しかし最初の意図はもっと控え目で、より直接的かつ実用的なものであった。つまり機関銃と有刺鉄線が組み合わされることによって戦線が停滞しがちとなり、指揮官の手腕を発揮する余地もなくなって、〝消耗戦〟になってしまった場合、それに対する起死回生策を与えることにあったのである。

　これは英国の生み出したものであって、この世界大戦における英国の頭脳のもっとも意義深い成果でもあった。とはいえ、これには大西洋を越えた重要なひとつの結びつきが必要であった。そしてその事実は、まもなく実現する戦場での結びつきを考えれば、はなはだ象徴的といえるものである。つまりいくさのこういう堕落も、それに対処する方策も、ともに起源はアメリカにあった。塹壕戦はなんといっても、アメリカ人ハイアラム・マキシムの発明による。彼の名こそ、この世界大戦の真の歴史に何人《なんぴと》のそれよりも深く刻まれている。皇帝や政治家そして将軍たちは、戦争をひき起こす力は持っていても、終結させる力は有していなかった。いったん戦火を開いてしまってからは、彼らは機関銃によって攻撃力を麻痺させてしまったハイアラム・マキシムの手の中で、何する術もなく踊らされる〝操り人形〟でしかなかった。機関銃の防御力を撃破せんとする努力はすべてむなしく、〝凱旋門〟の代りに〝墓石〟をいたずらに増やすばかりであった。ついにこの行詰りを打開するカギが生み出された。そしてこれも同じアメリカ人であるベンジャミン・ホウルトの発明がもとになっていたのである。彼は自分の農業用トラクターを改良して戦車を製作したのであるが、これはいみじくもことわざにいう「剣を叩いて鍬の刃に変える」の逆をいったことになる。

　戦車の最終的効果をもっともよく理解するには、それに悩まされた人々の証言を調べるのがいちばんの近道である。一九一八年八月八日の戦車による大奇襲に触れて、「今次大戦の歴史におけるドイツ陸軍の暗黒の日」と言い、「戦車による集団攻撃……われわれの今後のもっとも危険な敵となった」と付け加えたのは、ほかならぬルーデンドルフ自身であった。フォン・ツヴェール将軍の表現はもっと調子が強い。「われわれを負かしたのはフォッシュ元帥の天才ではなくして、〝戦車将軍〟だった」。これらは敗北をとりつくろうためにあとから考えて言った言葉だとすることはできない。現に戦いの現場から受けた衝撃《ショック》のさめやらぬうちに報告されたもっとも胸を打つ証言は、一九一八年十月二日、ドイツ軍総司令部代表によって『ライヒスターク』紙社説へ送達された次のような重大報告である。「陸軍総司令官はきわめて容易ならざる決断を下し、次のとおり宣言せざるを得なくなった。すなわち考え得る限りにおいては敵に平和を強制し得る見込みはもはや存在しないということ、これである。なかんずくふたつの要因がこの問題を決定づけている。第一は戦車……」。こんな形でなされた声明は、ドイツ軍総司令部が緒戦期に戦車をけなしていた言葉と比較した場合に、その重みが増してくるのである。

　戦車の歴史にとって第一の問題は、戦車がいかにして導入されたかであり、第二の問題は、いかなる理由でその決定的な効果が一九一八年まで現われなかったかである。第一の問題を解明するために、「誰が戦車を発明したのか」という戦中、戦後にしばしばむし返されたおなじみの問いかけは、むしろ有害無益といわねばならない。あまりに多くの人々がその手柄をわが物顔に言い立てた。多少もっともらしい理由のあるものもあれば、厚顔無恥なものもあり、世間一般人としては戸惑うばかりであった。また政府としても強いて真の因果関係を調べ上げる試みをしなかったが、それはおそらくできるだけ財政上の支払い義務を避けようとする大蔵省の方針に影響されたためであろう。こうして一九一九年に『王立発明褒賞委員会』に提出された作品を補足するものとして、一九二五年、国王を相手に起こされた訴訟における証拠が登場してはじめて、この間の消息が明らかになった。こういうふらちな褒賞要求をくつがえすため、大蔵省は真に名誉を与える価値があるかどうかを評価する機会を設けざるを得なくなった。

　また戦車の歴史的な発展は、戦車とその目的の確固とした定義づけに欠けている点からも混乱をきたしている。そしてこのあいまいさの幾分かは、《戦車《タンク》》という偽装名が考案される以前は、《陸上《ランド・》船《シップ》》ないし《陸上巡洋艦《ランド・クルーザー》》と呼称されていたという事実からもきている。戦車そのものの着想が海軍本部によって温められたことから派生しているかかる名称は、これから先の、永い将来を予言するものではあっても、今次大戦におけるその来歴にはとうてい当てはまらない。《陸上船》として、あるいは《装甲戦闘車《アーマード・バトル・カー》》としてみた場合、戦車の起源は〝古代の霧〟の中に見失われてしまう。その祖先としては、昔の《二輪戦車《ウォー・シャリオ》》、フス戦争[*32]での戦車《カート》――このときの戦車が有名な〝ヴァーゲンブルク〟[*33]を形成した――、またまんざらこじつけともいえない〝ピュロスの戦闘用の象〟[*34]、さらには中世騎士のまとった甲冑《かっちゅう》などが含まれるかもしれない。

また範囲を人力や畜力によらず「自動的に動く車」に限った場合は、その起源は一四七二年のヴァルトゥリオの《風力推進二輪戦車》、あるいはかの万能の天才レオナルド・ダ・ヴィンチが、後援者のルドヴィコ・スフォルツァに提出した案などにさかのぼることができよう。一五九九年、シモン・ステヴィンはオレンジ公のために、車輪つき帆かけ式の二台の本物の《陸上船》を建造した。早くも一六三四年、デイヴィッド・ラムゼーは戦争に使用できる自動の車によってもっとも早い特許をとっ

＊32――Hussite war　ボヘミアのフス派の反乱（一四一九～三六）。ローマカトリック教会によって行なわれたプラーグ市破門とプラーグ大学圧迫に対して、フス（Jan Hus　一三六九頃～一四一五）の教説を信じる大学生、市民が宗教改革に立ち上がったもの。単に宗教的抵抗運動ではなく、社会的・政治的・民族的問題が大きな要因をなしていた。

＊33――Wagenburg　車障、車陣。車両を円形に配置して防壁とした陣営をいう。

＊34――Pyrrhus（紀元前三一九～二七二）古代ギリシア、エピロスの王。ベネウェントゥムでローマ軍と戦火を交え敗北を喫する（紀元前二八〇）。このとき戦闘用に使用した象が、逆に味方兵士の群に襲いかかって敗戦を決定的にした。

た。こうした起源をたどっていけば、実験の連鎖は果てしなく続くだろう。キャタピラーそのもの――おそらく一般の考えでは、これが戦車のきわ立った特色であるが――の起源は十九世紀初期、あるいは一七七〇年のリチャード・エジワースの創案にまでさかのぼる。

かりに戦車の定義をさらにしぼり、石油を動力とする「軍用軌道車」の意味にとれば、一九〇八年にオールダーショットで用いられた《ホーンズビイ・トラクター》のほうが、アメリカ人ホウルトのトラクターよりも戦車の祖先としては早い。またかりに、「タンク状の」機械の武器としての使用を規準にすれば、H・G・ウェルズ氏が、一般に知られているとおり、その着想の優先性を誇る資格がある。もっとも一九〇三年の『ストランド・マガジン』に掲載されたその予言的物語よりも二〇年も前に、『ラ・カリカチュール』にアルベール・ロベイダ氏が図入りの書きものを載せている。また意匠の類似性からいえば、一九一六年の戦車よりも優秀なL・E・ド・モウル氏の模型が想い起こされるが、これを陸軍省は一九一二年に握り潰してしまった。これらのほかにもノッティンガムの鉛管工で、この種の機械のおもちゃを作るのが趣味であった人物の話もある。彼は一九一一年に自分の考案を陸軍省に届けたが、もちろん無視された。その青写真が戦後に発掘されたところ、その綴じ込みには当局の批評として一言、「この人物は狂人」と書かれてあった。

けれどもこのように歴史上の事実をつぶさに調べて得られる主な結果は、この世界大戦の決定的武器の起源をいずれかに決めようとする試みは、その特定目的の確固とした理解と定義なしには無駄であるということがわかることである。レオナルド・ダ・ヴィンチもノッティンガムの鉛管工も同様に、機械化戦争の始祖であると主張できるだろうが、この世界大戦における戦車の本当の生みの親を探すためには、もっと詳細に検討しなければならない。その起源を決める規準は技術的なものというより、戦術的なものである。それはこの世界大戦で初めて発生した悪性の病気に対する、特別な解毒剤であった。この病気とは、密集した機関銃の力によって発生し、鉄条網によって悪化させられた〝攻勢の完全麻痺〟であった。この病気は一国の壮年男子を緩慢な、まだるっこい死に追いやるものであって、その死は、むなしく果てていく犠牲者を次々と送り込む能力がある場合にのみ、先へのばされた。「必要は発明の母」というウィッチェリーの言葉が、これ以上に真実であったことはない。じつにこの格言こそがこの世界大戦における戦車の直接の起源を探る真の解答を与えているのである。

この病気を診断して解毒剤を思いついた最初の軍医こそ、アーネスト・スウィントン大佐で、彼は『オレ＝ラック＝ワ』というペンネームで、『みどりの曲線』や『愚者の放浪』──いずれもフィクションによる戦争の研究書で、〝知恵の丸薬〟をジャムで楽しくくるんである──を書いたことでよく知られていた。一時期、日露戦争に関する『英国公刊戦史』の仕事に打ち込んだことで彼は、戦場に現出した様々な傾向を分析し、将来の機関銃の君臨を推察するきっかけを与えたのである。その後彼はホウルトのトラクターの実験に関心を寄せた。これらの印象がまもなく、円のふたつの弧のようにピタリ符合した。戦争が勃発してすぐ、彼が公式の〝現場目撃者〟としてフランス軍総司令部へ派遣された際、彼は視察した場所もよく、学問的下地もできていたため、行詰りの最初の兆候を見逃さなかったし、対策も進言した。十月二十日、ロンドンを訪れて大英帝国国防委員会幹事モーリス・ハンキー大佐に会見し、彼は機関銃を主力にした守備の優勢という状況を伝え、対抗措置として自分の提案を説明した。それは要するに、ホウルトのトラクターのような機械を改良して、一門ないしそれ以上の小型速射砲を備え、弾丸をはね返し塹壕を蹂躙する機関銃破壊物を製作することであった。ハンキーはそれを熱心に前向きの姿勢で聞いてくれた。翌日、さらに議論を煮つめたあげく、ハンキーがこれを英国で、スウィントンがフランスで取り上げるという了解ができあがった。十月二十三日、スウィントンはさっそくこの問題を総司令部に意見具申したが、せっかくの提案も〝のれんに腕押し〟

であった。

一方、ハンキーはこの着想を英国陸軍大臣キッチナー卿に提出した。が、結果はこれまた不毛に終わった。しかし彼はまた首相（アスキス）宛に、現状の行詰りを打破する戦略的、技術的な様々の方策――そのなかにはスウィントンの提案も具体化されていた――についての覚え書を提出した。これがチャーチル[*35]の手に渡った。彼は前々からベルギー沿岸で活躍していた英国海軍航空隊の装甲車分遣隊に関心を寄せていた。ために、破壊された地面や塹壕を装甲車に突破させようとする問題を前向きに解決する基盤はできていた。一九一五年一月五日、チャーチルは首相宛に手紙を書き、塹壕を突破するためのキャタピラー式装甲トラクターの使用を進言しているハンキーの覚え書を支持する旨を伝えた。アスキスはこの手紙をキッチナーに送った。たまたまスウィントンは一月四日、陸軍省を訪れ、フランスでのその後の戦況をつぶさに視察していたために、さらに手を加えた自分の提案を、また改めて力説していた。

こうして二人の手によって陸軍省にまかれた種だったが、石だらけの土に生えた芽は、いくらか世話をされたあとで結局枯れてしまった。それは主として輸送機械化局長カヘル・ホウルデン卿の冷淡な意見のせいだった。幸いにも着想のあらましは別の土壌で保存された。つまり二月にチャーチルが海軍本部にひとつの委員会を設けたのである。そしてこれはのちに《陸上船》委員会として知られるようになった。しかし同委員会は多方面の考え方と実験を調査研究しながらも、しばらくは巨大車輪を備えた《陸上船》の方向にエネルギーを転じていたため、実地のうえではかばかしく進展しなかった。もっと手ひどい打撃は、チャーチルの洞察力と実行力が除去されたことだった。とはいえ海軍本部からチャーチルが去っても、実験は相変わらず彼の影響力のもとで続けられていた。しかし、幸いにもこのときまでに委員会は――海軍建造局長テニソン・ディンカートの指導により――正しい方向、つまりキャタピラーの方向に乗っていた。それでもなお、このような機械が軍事的にどんな役割を要求されているのかがはっきりと指示されなかったために、具体的な成果は挙がらず、いたずらにエネルギーが空費されているように思われた。科学的戦争の企画においては、〃戦術的〃要素が〃技術的〃要素に優先するからである。

このこれまで欠けていた根本的に大切な輪が、覚え書の形で総司令部から提供された。そしてひとたびこれが得られたあとは、進展は急速かつ現実的だった。この覚え書を編集したのがスウィントンで、彼はすでに総司令官宛のアピールによって、不信と慣習の壁を打破していた。それはこの機械に必要な性能をまとめ上げたもので、この説明書にもとづき、陸軍省と海軍本部の新たな合同委員会が本格的に仕事に取りかかった。

七月十九日、スウィントンは英国へ戻り、内閣戦争審議会の代表幹事となり、のちに首相から委任を受け合同委員会と接触し、各省協力会議を招集してこの新しい機械に関する仕事の調整をはかった。九月十九日、リンカンにおいて試作品《リトル・ウィリー》[*36]のテストが行なわれたが、この製品は必要条件を満たしていないとして、スウィントンによって拒否された。次にもっと大型の木製の実物大模型が彼に提示された。これはいちばん新しい軍の説明書にもとづき、トリトン氏とウィルソン中尉が特別に設計したものだった。これは五フィートの垂直面を登り、幅八フィートの溝を渡るというふ

＊35――当時の海相。

＊36――Little Willi 一九一五年に製作され、高さ三・二メートル、時速三キロメートル、二ポンド砲一門を装備し、装甲一〇ミリ、八フィートの溝を越えることができた。同型を基礎として改良が加えられ、一九一六年二月、"Mother" あるいは"Big Willi" "Mark"と称される戦車が建造された。これの性能は、全重量二八トン、高さ三二フィート、五五ミリ砲二門装備で、一〇フィートの溝を越えることができ、航続距離は二三マイルだった。

たつの主要条件を満たすように思われたために認可され、この型式の試作品の製作に力を傾注することが決定された。

ついに一九一六年二月二日、《マザー》あるいは《ビッグ・ウィリー》と命名されたこの機械の公開試験がハットフィールドで行なわれた。その結果四〇台の発注が決定し、のちにその台数は一五〇台に改められた。ところでフランス軍もこれとは別に同じような実験を、エスチエンヌ大佐の発意によって始めていたが、十二月十二日にはジョッフルがじきじきに同計画を認可した。英国軍のものにくらべると着想も技術的にも手間取ったが、大きな違いは最初のフランス軍の発注台数が四〇〇台、その後まもなく八〇〇台に増やされたことである。

一九一六年夏、ノーフォークのセトフォード付近の、塀でぐるりを囲み、周囲に武装衛兵を配した秘密の広場で、この新製品の乗員の訓練が行なわれた。乗員は一部隊を編成し、これは《機関銃軍団重装備分隊》と命名された。秘密保持のためその製品にも新しい名称が選ばれていた。名前選びの際の要件は、その名がまったく体を表わさないことと、それでいて鉄道輸送のおり防水布に包まれた本体を、誰か外部の者が見てもそれと納得できるような名称であることで、《タンク》《シスターン》《レザヴワー》[*37]の三つについて得失を論じ合ったあげく、最初の語に白羽の矢が立った。

秘密が充分守られたおかげで、《タンク》が戦場に初登場したときには奇襲が実現された。残念ながらその奇襲の成果は失われてしまった。一九一六年九月十五日の悲劇はここにあった。つまり後見人たる軍当局は、両親の願いを聞き入れずに、その戦車の機構が未成熟であり、数も充分でないうちに、働かせることを強硬に主張したのである。こうして当局は戦車の本来の有効性を危険にさらしたばかりでなく、敵が何の対抗措置も用意しないうちに、これに奇襲をかけるというチャンスを放棄してしまったのである。その結果は戦争の困苦と犠牲の長期化であった。

この非難に対してふつうに返される答えは、初期の戦車には機構上の欠陥があったし、「溝にはまり込んだ」のも多かったという指摘と、およそ武器は大量生産にかかるまえに、戦場の条件のもとで試されなければならないという論法である。この言い分はもっともらしいが、事実に照らしてみるとあやふやになってくる。砲弾に切り裂かれ混沌としたソンム川の戦線で、しかも一九一六年の奥深く入り組んだ塹壕布陣に対して初めて投入された戦車は、一九一五年の夏に書かれた説明書にもとづいて建造されたもので、そのころは一九一六、一七年のころとくらべ、塹壕布陣はずっと単純だったし、砲撃も地面を沼地に変えてしまうほど猛烈なものではなかった。

またさらに弁護するものは、戦車は一九一六年九月にあわただしくフランスへ移送され、大急ぎで戦場に投入されたために乗員は充分な訓練を受ける暇もなかったし、フランス戦線の前線指揮官らもその利用法について指示されたりする時間がなかったのだという事実を強調している。だがこの初期の型のものには機構上の欠陥が多かろうという慎重さこそが、結果的には充分な台数を生き残らせ奇襲効果を挙げるために、大量生産に踏み切らせた論理的な理由であったに違いない。英国民はドイツ軍前線の〝錠前のかかった門〟を見守り、ときどきはこれを叩く楽しみのために、一日に数百万ポンド以上を支払っていたのだから、余分の一日分の出費を錠前破りの手段を購入するために投入するぐらいのことは朝飯前であったにちがいない。

それではこの未熟な道具の早まった使用の謎を、もう少し深くさぐってみよう。一九一五年十二月、チャーチルは戦車の使用についての草案を作成した。大英帝国国防委員会のために印刷されたものの一部が、フランス軍総司令官へ手渡された。一九一六年二月、この機械の意匠と装備が精密な計算に

＊37――いずれも水槽を意味する語。

回してもいいくらいに固まるとすぐ、スウィントンはもっと総括的で詳細にわたる覚え書をこしらえた。このなかで強調していたのは、一大奇襲攻撃に大量に投入することができるようになるまでは、戦車は秘密裏に生産することが決定的に重要であること、および製造の途中から小出しに使用することは絶対禁物だということであった。ヘイグはこの年の春、この覚え書に全面的に賛意を表わした。しかし八月になると彼はふいに当時使用できたわずか六〇台を使ってみることに決めてしまった。そのころはソンム川攻勢はほとんど停止状態で、ささいな戦果のために重大な損害を出しているという報告が、世間一般に不快な印象を及ぼしていた。

ヘイグの決断は本国政府に衝撃を与え、今や陸軍大臣となっていたロイド・ジョージは強く異議を唱えたし、その後任として軍需大臣になったモンタギューは、総司令部に出向いて戦車の性急な使用を思いとどまらせようと説得したが、徒労に終わった。ヘイグはびくともしなかった。無力な生みの親たちは、その子の将来をみすみす犠牲にしなければならなかった。

そんなわけで、戦車はソンムという「二束三文の値打ちもない物のために質に入れられた」という推測が生まれている。世間一般からアンコールを受けるであろうし、ついでに高まる批判も押し潰してしまうであろうような局地的大成功の代価として、質に入れられたのである。しかしこうしてもっと大きな成果が永遠に失われてしまったという事実は、ソンム川攻勢の不振をわずかにでも取り返すために支払った重い罰金だったのである。ヘイグにとってこの措置は、攻勢を放棄することなしに部下の歩兵の生命を無駄にしたくないという、賢明とは言えないがあっぱれな願いに発したことであったかもしれない。彼は、確かに、かねてからどんな新しい援助にでも飛びつきたい様子を見せていた。しかし彼の参謀たちのなかには、これと同じように弁解するわけにいかないものもいた。

というのはこの原則違反が総司令部の勘定書のしめくくりではないからである。スウィントンの覚え書にはいくつかの条件が定められてあったが、それは一九一六年九月には無視され、苦い経験によってその必要性がわかってのちようやく、尊重されることになった。戦車攻撃のための戦区は、戦車の性能とその限界に応じて、慎重に選択する必要があったわけだが、この条件は一九一七年十一月のカンブレー攻勢までは考慮されることも守られることもなかった。さらに、戦車の運搬に要する鉄道無蓋貨車やはしけを準備する必要はもちろん、その走行経路も特別に用意する必要があったのだが、六ヵ月の準備期間があったにもかかわらず八月に戦車が到着するまでこうした準備はなされなかった。また戦車の予備を製造する必要が強調されたが、カンブレー戦の時点はおろか一九一八年八月までもこの教訓は守られなかった。そして戦車と歩兵の連携戦術が説かれたけれども、これまたカンブレーまでは注目されなかったのである。戦車砲としては砲弾のほかに散弾も撃つことになっていた。そういう設計にはなっていたが、製造が可能になったのはソンム戦のあとで、前線指揮官らが声を大にして要求したからであった。戦車の一部には無線機一式を装備することになっていて、その設計がなされ、通信兵の訓練も行なわれた。しかし総司令部は通信装備を外に出すことを決して許さず、結局それはバラバラになってしまった。総司令部にしみついていた保守的な態度や心理的傾向を物語るのに格好な話が当時伝えられていた。ヘイグの参謀の一員であった某将軍が、ある鉄道路線を経由して戦車を前線に送るよう指令した。輸送の責任を負っていたひとりの技術者が積載容量の関係から不可能であると指摘した。「積載容量とはいったい何だね」と将軍は聞き返した。専門家は説明して、この路線を通行不可能にしているふたつのトンネルを避け、別の路線を経由すればよいと指摘した。しかしまだ不可能を認めようとしない将軍はあっさりと言った。「それなら、トンネルを拡げさせたまえ」。

ソンム戦のみで戦車の試練が終了したわけではない。新型戦車一〇〇〇台の発注が英国軍需省によってなされたばかりのとき、その反対者ら——といってもドイツ軍のことではなく、フランス軍参謀本部のことであるが――が、そっけない報告をよこしたため、陸軍省はあっさりと注文を取り消した。英国政府にとっては幸いだったが、陸軍参謀たちの意図にとっては都合の悪いことに、戦車建造の責任を負っていた将校はアルバート・スターン少佐であって、彼はロンドン旧市街地に定職をもっていたことから、失業の心配もなく、臨時の上司たちの不興を平然と忍ぶことができた。彼はその命令を無視して直接陸軍大臣のところへおもむいた。そこではじめて取り消し命令は、担当大臣たるロイド・ジョージのあずかり知らぬままに発せられたものであることがわかった。そしてロイド・ジョージがこんなばかげた措置にはまったく反対であるとの確証を得て、スターンは大英帝国参謀総長ウィリアム・ロバートソン卿を訪ね、自分は取り消し命令を無視するつもりであると告げた。

しかしながら参謀本部にあって戦車に反対した人たちの名誉のためにひと言付け加えておくが、彼らにはドイツ軍を叩く手段を発明する才こそなかったが、戦車を盛り立てようとする人たちを叩く工夫にはたけていた。一介の軍人であったスウィントンは手強い相手ではなく、たちまち英国における全戦車部隊の指揮権を奪われた。一九一七年七月、デインカートとスターンは委員会の会議から巧妙にはずされた。今や陸軍省にあってこの委員会が戦車の設計、生産を管理することになったわけだが、軍側の三名の委員は、二、三週間前までは戦車なるものを見たこともないというおそまつさだった。翌年の戦役のために四〇〇〇台の戦車を建造する計画は、三分の一に削られる羽目になった。そして十月には将軍たちの圧力のために、スターンは軍需省のポストからはずされ、戦車を一回も見たことのない一提督が後任となった。英国軍参謀本部には、フランス軍の同僚たちと接触したことにより都合のよい決論を出したらしい点と、自分たちの耳に痛いことを言った先見の明ある人たちを追い出すことが肝心だと思っていたらしい点が再三みられた。スウィントンは、最初の型式の戦車をソンム川戦闘に送り出した参謀本部の愚行を帳消しにするために犠牲にされたが、それと同じようにスターンは、第二次の型式をパーサンダーラの沼地へ投入した愚行を償うための人身御供となったようである。参謀本部は自分たちの判断に自信を失う代りに、またもや戦車に対して信用をおかなくなった。

幸いにも、前線で戦車を扱った若干の正規軍人たちが、最初に抱いた戦車への疑念を克服して、パーサンダーラの愚挙を見抜き、戦車に正当な試練の場を与えようと努力した。十一月、カンブレーでその場が得られた。この戦いが、ついに一九一六年二月の時点であらかじめ意図された形で実現したのである。パーサンダーラで浪費した戦力の補いがつかなかったために、勝利自体は安ピカの栄冠でしかなかったが、しかしこの戦闘は戦車に関してもはや争う余地のないほんものの栄冠を与えたのである。[*38] 一九一七年は〝弁明の年〟であったが、一九一八年は〝勝利の年〟となった。しかしかりに戦車が一〇〇台単位でなしに一〇〇〇台単位で使用できたなら、人命の損失はもっと小さかったであろうという興ざめな反省はまだ残る。一九一七年の縮小計画のもとで生産された台数でも、充分勝利はもたらされたが、英霊を呼び戻すことはできなかった。願わくば、戦車のかかる厳しい幼年期が、将来の世代のための生きた教訓となって欲しいものである。それらの世代が不幸にして戦争に巻き込まれた場合、みずからの血によってではなしに、古き世代の貴重な経験によって学ぶために。

＊38――第７章第三節参照。

5　ルーマニア壊滅

ルーマニアは一九一六年八月二十七日に参戦した。そして同年十二月六日のブカレスト陥落は、同国の事実上の消滅と、その参戦を歓迎した連合国側のぬか喜びの終りを意味した。今次世界大戦における戦役のうち、おそらくもっとも人に知られず研究もされていないこの戦いは、特別な興味がもたれるし、従来よりももっと注意が払われるべきである。というのは連合軍側の根本的な弱点と、ドイツ軍側の長所――つまり戦争遂行に当たって協同態勢で臨む場合の必然的な弊害と、それとは対照的な単一支配から来る戦力の集中と節約――を端的に示しているからである。

この戦いの教訓はこれのみにとどまらず、より実際的価値のある教訓が他にもある。そのひとつは兵員数についての間違った考え方をあらわしたことであって、〝神は《巨大部隊》に味方する〟という大いに濫用されたナポレオンの言葉に対し、〝量よりも質〟というアレキサンダー大王の原則が、またしても歴史的反論を加えたことである。ふたたび優れた攻撃力と優れた機動力の結合が、物量を信じ込んでいた軍隊を打ちのめしたのである。

さらにまた三ヵ月という短期間でルーマニアが征服されたことは、特に英国軍にとって価値ある研究題目である。なぜならこれは本質的に機動戦であって、小規模な英国軍がそのための訓練の必要のある困難な地形上および気候上の自然条件のもとに行なわれたものだからである。

開戦以来、ルーマニアの世論は連合国側に立って介入する方向へ少しずつ固まってきていた。そして首相イオネスクおよびフィリペスクが抱いていた友好的感情を強く支えていたのは、アルザス＝ロレーヌよりもはるかに苛酷な外国支配に甘んじているトランシルヴァニアの同胞を救いたいという国民的願望であった。そしてついに一九一六年夏、ブルシーロフの率いるロシア軍のめざましい進撃――今日からみるとその成功はうわべだけだが――がルーマニアを刺激して決定的な一歩をとらせた、それも深淵へ向けて。ルーマニアがもっと早い時期に、セルビアがまだ活力を失わず、ロシアがまだ真の意味の強国であったころに参戦していたなら、もう少し運が向いたかもしれなかった。二年間の準備でルーマニア軍は兵員こそ二倍にふくらんだが、実際にはその能率は相対的に低下していた。なぜなら、敵側がつらい経験を経て火力と装備を向上させていた間に、孤立と軍指導の無能があいまって、ルーマニアは自国軍隊を銃剣武装の市民軍から近代的軍隊に改めることができなかったからである。

歩兵は自動ライフル銃、防毒マスク、塹壕臼砲などを装備せず、機関銃は現役一〇個師団にあって戦前の平均比率である一個大隊につきわずかに二挺、また新編成一三個師団のうち八個師団は一挺すらも備えていなかった。砲兵隊も不充分、空軍は存在しないも同然だった。弾薬は最初わずか六週間分しかなかった。これはブカレストの兵器庫が爆発して、九〇〇〇万発の携帯火器の弾薬が失われたためであった。そのうえ連合国側は、最初に約束した一日三〇〇トンの供給を維持できなかった。そして編成の大きすぎる師団と、その軍団将校たちの凡庸な質的水準なども、機動作戦の大きなブレーキになっていた。

ルーマニアの戦略上の位置もまた弱さのひとつの原因となった。ローマ字の「L」を左右逆にした形の領土の底の部分にあたるワラキア地方は、両側をトランシルヴァニアとブルガリアにはさまれていた。そのうえ、国土の奥行きにくらべ国境線がやたらと長く、鉄道ははなはだしく支線が不足し、また首都はブルガリア国境から三〇マイル以内にあった。おまけにダニューブ川の東岸、ドブルジャ地方の細長い〝裏庭〟は侵入するのに絶好の地点となっていた。

このような国内的、地理的に不利な条件に加えて、ルーマニア軍の行動に関し連合国側がまちまちな助言をしたことが事態をさらに悪化させた。英国参謀本部は南方ブルガリアへ向けての前進を進言し、ルーマニア軍とサロニカの部隊[*39]にこれを撃滅してもらうことを望んだ。それに反して、ロシア軍は西方への進撃、したがって理屈上ではブコビナ地方に向かう自軍との連携をいっそう密にしてもらいたいと説いた。トランシルヴァニアへの移動の政治的、心理的利点を計算に入れ、ルーマニア軍は第二の進路を選んだ。その結果は惨めなものではあったが、批評家たちがほのめかしているほど明白な愚行ではない。ブルガリアの領土には障害物が多く、ルーマニア軍のような不備な軍隊ではスムーズに侵入できなかったし、またルーマニア軍には、サレイユがサロニカからひた押しに進んできて自軍と出会うだけのエネルギーがあるかどうか、疑うべき根拠は充分すぎるほどあった。

他方今日からみて言えることは、ルーマニア軍がもっとすばやくトランシルヴァニアに侵入していたなら、オーストリア＝ドイツ軍は危機に陥ったではあろう。だが、このひと息つく暇をもってしても、ルーマニア軍はこの新設戦線のための軍勢をどうしてかき集めたらいいか、ほとんどお手上げだったということである。ルーマニア軍の誤りは目標の選択にあったというよりは、目標を早く強く叩くことができなかったことにあった。

八月二十七日の夜から二十八日にかけて、一縦隊約四個師団から成る主要三縦隊をもって、ルーマニア軍の前進が開始された。隊列はカルパチア山道を通り、進路は全体として北西方向であった。計画は、左翼を軸にして右翼を旋回させ、ハンガリー平原に達したときに西に面して一線になることであった。三個師団がダニューブ川警備に残され、別の三個師団がドブルジャ地方の〝裏庭〟に残されたが、ここにはロシア軍が騎兵一個師団、歩兵二個師団を送ることを約束していた。これに対してルーマニア軍の当初の要求は、一五万のロシア軍兵力であった。

ルーマニア軍縦隊の慎重かつ緩慢な前進は、山間の悪路とオーストリア軍による橋梁の破壊によって妨害されながらも、抵抗は受けなかった。だが、こののろい前進によって国境に配備されていた弱体のオーストリア軍五個師団は危険を免れ、また同軍総司令部はドイツ軍五個師、オーストリア軍二個師を出して、マロス（ムレシ）川の線に結集させ、反攻の用意を着々と整えていた。別の戦区での（つまりブルガリア側）同盟軍の作戦を達成するために、ブルガリア軍二個師団、そのあとさらにドイツ軍一分遣隊、オーストリア軍架橋部隊を擁する二個師団が、ドブルジャに侵入すべくマッケンゼンの指揮下に置かれた。ファルケンハインは付け加えて、「マッケンゼンの軍隊を重砲、地雷投下機、ガスなどルーマニア軍のまだ知らない兵器によって、豊富に装備する」ための用意ができたと言っている。

こうして最初ルーマニア軍は、七個師の敵に対して二三個師を擁していたわけだが、一週間とたたないうちに敵は一六個師となるはずであったから、成功するには一刻も早く行動しなければならなかった。その縦隊が西のトランシルヴァニアに向かってのろのろと進んでいたすきに、九月五日、マッケンゼンはトゥルトゥカイア（ツトラカン）の橋頭堡を強襲し、ダニューブ前線を守っていたルーマニア軍三個師団を撃破し、まず側面を安全にしておいてから、東方ドブルジャに進出した。これは抜け目のない心理的な一撃だった。この作戦がもたらした戦略的効果は、トランシルヴァニア攻勢を支援するはずであったルーマニア予備軍を南方ワラキアへ転じさせたことである。攻勢は栄養失調となって進展を阻止されてしまった。こうして勢力を分散させられたルーマニア軍は、どこでも弱体とな

*39――本文二七七ページ参照。

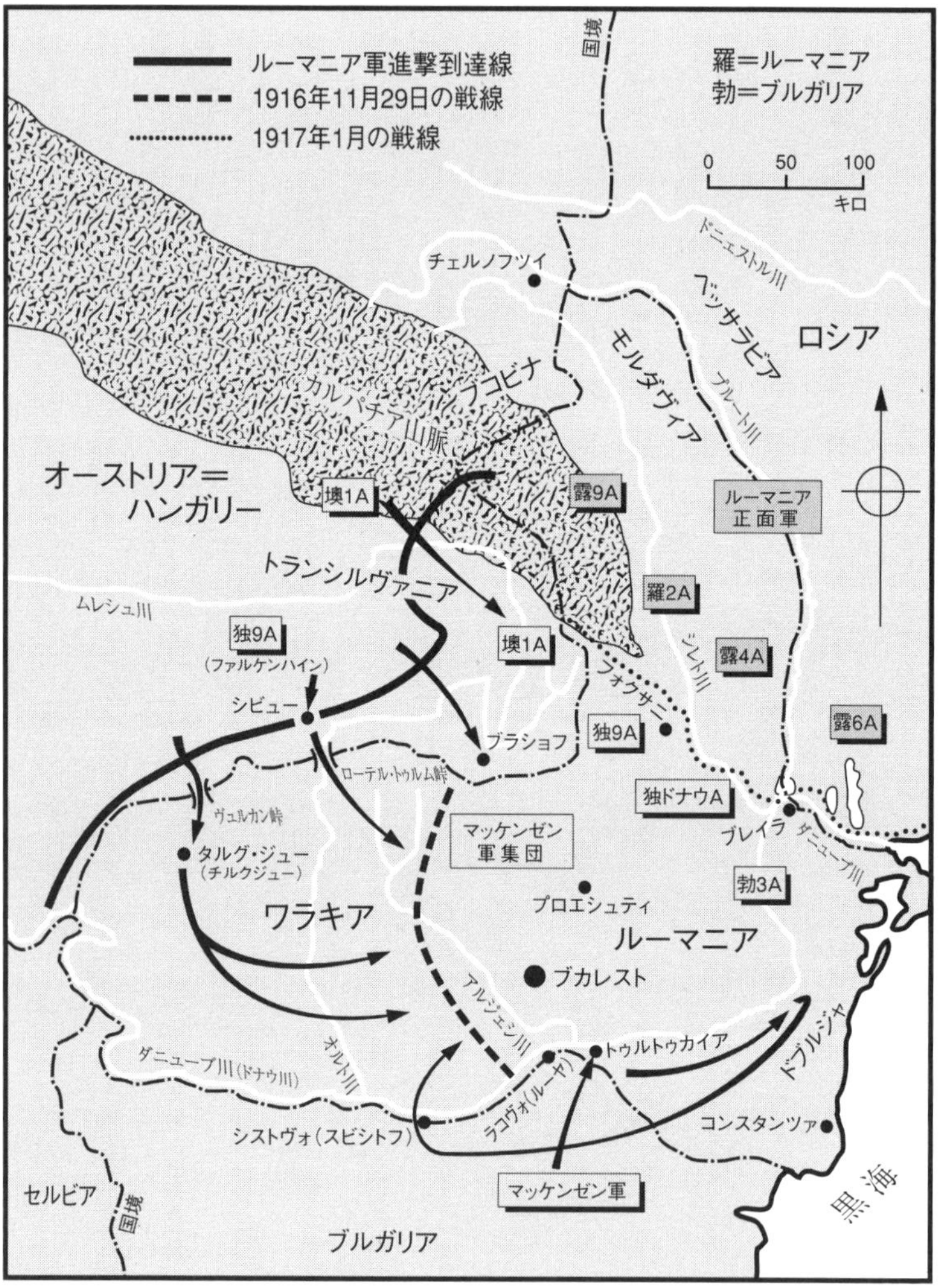

12 ルーマニアの崩壊 1916年11月～17年1月

った。かくして九月十八日、トランシルヴァニアにおけるオーストリア＝ドイツ軍攻勢を指揮するためにファルケンハインが到着してみると、ルーマニア軍の前進はほとんど停止しており、その縦隊は二〇〇マイルの前線にひろく分散していた。ここで断わっておかなければならないが、ファルケンハインはドイツ軍総司令部における地位をすでにヒンデンブルク（およびルーデンドルフ）にゆずっており、ここで与えられた指揮権は単なる慰労のためであった。

ファルケンハインが決断したのは、まずローテル・トゥルム峠をすでに越えていたルーマニア軍南部縦隊に力を集中し、一方、小兵力を用いて他の縦隊を近寄らせないことであった。ファルケンハインは大胆な危険を冒し、幾度も気がかりな思いを味わいながらも、勇者にこそふさわしいすぐれた知識によって成功をかちとったのである。《アルプス》軍団は三日間に五〇マイルの山道を踏破し、ルーマニア軍の南側面を回って背後に出て、予備軍の巧みな直接攻撃の作戦行動と連携し、ルーマニア軍をシビュー（旧ヘルマンシュタット）から駆逐し、山中へと追いやった。

彼の次の一手は、ルーマニア軍総司令部がナポレオンの相手方と同じように、「一時に多くのことを考えすぎた」ことから、すらすら運んだ。ルーマニア軍総司令部は、トランシルヴァニアにある部隊をそのままにしておきながら、予備軍にラコヴォ（ルーヤ）でダニューブ渡河を強行させ、マッケンゼンの背後を襲わせようとし、不首尾に終わった。このおかげでファルケンハインは、ブラショフ（旧クロンシュタット）でルーマニア軍中央縦隊に攻撃を集中することができ、十月九日までにこれを撃退した。が、包囲殲滅するという当初の大きな目的は遂げられなかった。これが達成されていたら、ルーマニアへの邪魔のない道がひらかれたはずである。

彼のこの不運は、ドイツ軍の作戦全体を危険にさらし、ルーマニア軍をもう少しで救うところであった。それというのも、ルーマニア軍部隊は山の障害を縫っていく通路を、依然としてすべて手中に収めていたので、あとから迫ってくるオーストリア゠ドイツ軍の攻撃を頑強にはねのけることができ、同軍に補強のためにしばらく足止めするのを余儀なくさせたからである。すみやかに南へもっと下って、ヴュルカンとスザーダクの山道を強行突破しようとするファルケンハインの試みもまた停止させられた。そして、降雪期に入ってまさに作戦行動を妨げようとしていた十一月十一日から十七日へかけて、最後の集中砲撃を行なって、タルグ・ジュー（チルクジュー）への突破が敢行された。ワラキア平野の急追撃によって、ルーマニア軍はオルト川の布陣まで押し戻された。

これが次に打つ手の合図だった。マッケンゼンはドブルジャ地方の北寄りの部分を守るべく小兵力を残したまま、主力を西方シストヴォ（スビシトフ）にまで撤退させ、十二月二十三日、そこからダニューブ渡河を敢行、そのままオルト川に臨むルーマニア軍布陣の側面を回って後方に出た。ルーマニア軍は新参謀総長プレサン将軍の指令による迅速綿密な反撃によって、一時的にマッケンゼン軍をおびやかし、その側面をほぼ包囲した。しかしこの反撃もひとたびかわされてしまうと、マッケンゼンとファルケンハインの両軍が集中的に押し寄せた。アルジェシ川布陣におけるルーマニア軍最後の必死の抵抗も及ばず、十二月六日、オーストリア゠ドイツ軍は首都ブカレストに入城した。同軍はさらに追撃をかけた。ルーマニア軍およびドブルジャ地方であまり有効な活躍をしなかったロシア軍は、たちまちシレト川゠黒海の布陣まで押し戻された。豊富な小麦と石油にめぐまれたルーマニアの国土の大部分が侵入者に蹂躙され、同軍は身動きできなくされ、また連合国側はルーマニアの参戦によって望みをかけていた物質上の利点を失うばかりでなく、より大きな心理的敗北を喫した。

この短期間の会戦が軍事史に与えた実地の教訓は、人力は機械力ほどの価値はなく、優秀な機械をすぐれたひとりの人間——司令官——が管理すれば、《巨大部隊》の価値を減少させることができるということである。武器と訓練はたんなる人数よりもはるかに有効なのである。

6 バグダッド占領

一九一七年三月十一日、英国軍のバグダッド入城は、『アラビアン・ナイト』で名高いこの都市のロマンチックな魅力ゆえに、また一九一六年の一年間、連合国側のいくさの大義名分をおおい隠していた闇を切りひらく一筋の暁の光を象徴していたために、世界中の人々に強烈な印象を与えた出来事であった。いま手に入る歴史上のデータが、軍事上の手柄が当時思われていたほどめざましいものではないことを明らかにし、人々の受けた印象の輝きをぼやかすことがあっても、事件の心理的な意義と価値が減ずることはまったくないのである。しかし戦いの初期の段階に失敗した勇者たちを正当に評価するために、バグダッド陥落をもたらした作戦行動のほうが正しく、クート＝アル＝イマラ明渡しを頂点にした作戦行動は間違いであったとする当今の一般の見方に潜む誤りを、認識しておく必要がある。

この後者の戦いは戦略と組織化の点では前者よりはるかに健全で、確実であったが、より低次元の戦術実施面では、圧倒的な兵力の優勢にもかかわらず、前進の記録には好機逸失の汚点がしみついている。地形上の困難さは認めたうえで、なお歴史家は、ノミ一匹殺すのに大ハンマーをふるって、しかも肝心のノミを殺せなかったという印象をもたざるを得ない。しかし武勲の決め手が量よりも質にあるとするなら、比較した場合にはっきりすることだが、優勢な敵を相手に、不完全な装備と原始的な輸送手段をもって、敵国の真っただ中で完全に孤立してしまった、タウンゼンドの最初の第六師団の前進と退却は、英国軍事史に本質的にりっぱな記録を残したことになる。

一九一七年の成功の栄誉は、とくに戦略上の指揮と、補給、輸送手段の組織化を安全に効率的に行なった人々の手腕と活力とに帰せられる。そのうえこれらのプラス条件が、戦争のもっと肝心な場面で兵力の不必要な損失なしに軍事目標を達成するうえで、ものをいったのである。総指揮権はいまやホワイトホールに移された。大英帝国参謀総長ウィリアム・ロバートソン卿は、クートのタウンゼンドを救出するために、勇敢ではあるが金のかかった努力を払ったあげくに、降伏という結果を招いて、メソポタミアにおける守勢を強く訴えた。彼は油田の確保とチグリス、ユーフラテスの二動脈河川確保のため、もっとも簡単で安価な方法として、アマラへの撤収を採用したかった。しかしロバートソン自身が選んだ新任司令官モードは、状況を検討したあげく、クートの前進陣地は軍事的に安全であり、そこを守るのが政治的に賢明であると主張した。この考えを支持したのはあいついでインド駐留軍総司令官をつとめたダフとモンローだった。ロバートソンは折れて、現地の判断を受け入れた。モードの強烈な個性と、彼が少しずつ収めた軍事的成果とがあいまって、この守勢の方針をほとんど気づかれないうちに新しい攻勢方針に変えてしまったいきさつは、心理学的にはなはだ興味ある研究課題である。ロシア軍の協力という幻想も影響を及ぼしていた。なぜならそもそもこの進撃は、ロシア軍の攻勢を側面から助けるだけの目的で始められたものが、そっくり英国軍の業績となってしまったからである。

一九一六年の夏と秋は、レイクが開始し、後任者のモードが拡大強化に大いにつとめた徹底的再組織と準備に丸々費やされた。彼は兵員の健康状態と訓練の改善向上、不安定な補給路線の改良、物資、弾薬の充分な予備の蓄積などに留意した。こうしてモードはナポレオンの名言を実践し、その後の持続的攻勢のための確かな基盤を能率的につくり上げたのである。彼の作戦計画の構想もこれまた大胆さと用意周到さを兼ね備えた、見事なものであった。作戦行動の発端およびその後の彼の命令を調べてみると、決断力の不足は彼にエネルギーが欠けていたためであると、一概に断言できないことがわかる。彼が間違いを犯しがちなのは、権力の集中と秘密保持が行き過ぎた場合である。後者はふつうは許されるあやまちであるが、この場合はバグダッドへの前進の途中のアジジヤでの休止に多少責任があったと思われる。それは彼の部下の通信検閲兵監が、このような休止が計画されていることを知らされておらず、したがって何の特別な準備も整えていなかったとこぼさずにいられなかったからである。

この〝気どられない〟攻勢は、一九一六年十二月十二日、チグリス川西岸において開始されたが、これが一連の慎重かつ手がたい、充分に考えぬかれた塹壕「小刻み奪取」戦の第一着手となった。これが始まったとき、モードはチグリス川と直角をなしているトルコ軍塹壕陣地に向き合っていたが、徐々に川を軸にしてその左肩に当たる部分を先行させ、同時にその前線を上流へとのばしていった。そして、一九一七年二月二十二日までには、西岸の掃討を終え、モード軍ののびた布陣は対岸のサナイヤートからクート上流のシュムラン屈曲部にわたるトルコ軍主力と向き合っていた。こうしてトルコ軍はサナイヤートの要塞陣地を、南からの直接攻撃に対して守らねばならなくなったばかりでなく、西側からの渡河攻撃にも備えなければ補給路を断ち切られるおそれがあった。この忍耐強い攻囲戦が長引いたのは、守備陣が複雑に入り組んでいること、あるいは西岸の弱体なトルコ軍分遣隊が頑強に抵抗したことだけが原因ではない。ロバートソンはそれ以上の冒険をやる意志はなかったし、また英国からの訓令はそれを制止するような趣旨のものであった。歴史家がその当時の命令と作戦行動を研究してみると、モードの作戦行動は、意識的であったかどうかは別として、たんにトルコ軍陣地の安全性ばかりか、ロバートソンの訓令の安全性をもつき崩すことをたくらんだものという印象を受ける。

こうした慎重で無駄のない作戦行動の結果として、二月の第三週までにモードは、さらに大きな賭けを敢行するだけの力と地の利を得た。彼の作戦はトルコ軍左翼をサナイヤートにしばりつけておいて、シュムラン屈曲部――トルコ軍右側面はそこで終わり、そこから退却することは戦闘の路線を延長することになる――において渡河を強行することによって、敵の補給線を襲うことであった。賢明にも彼はサナイヤートに見せかけの攻撃をかけるだけでは無効であることと、トルコ軍をおさえつけておくためには、両方の末端部に対して同時に真の脅威を与えることがどうしても必要であることを見抜いた。残念ながら彼の目的は達成されなかった。シュムランにおける渡河部隊の見事な武勇にもかかわらず、任務の困難さのために進展は遅く、サナイヤートの攻撃は守備軍を長く釘付けにすることはできなかった。

それでもトルコ軍は、「敵の動きの緩慢さだけが」自軍を壊滅から救ってくれたと、みずから告白するほどの危険に見舞われていた。この不首尾の主因は騎兵の追撃が緩慢で迫力に欠けていたことだった。それはモードの規制が厳格すぎること、騎兵隊長の活力と創意の不足、また現代戦における騎兵の本質的弱点などが原因していた。二月二十四日、退却を敗走に転ぜしめる絶好のチャンスが訪れたとき、わずか二三名の死傷者を出しただけで、騎兵師団は午後七時、追撃をやめて野営のために戻ってしまった。それ以後の数日もせいぜいその程度の戦果を挙げたにすぎなかった。言いわけとしてあげられるのは、馬に水を飲ませる必要と、現代火器の障害であった。そして、それを容認することは、現代における騎兵の価値が、アジアにおいてさえ減じているという教訓を、打ち消すどころかむしろ強調することになるのである。陸上における数台の装甲縦断車に匹敵する働きを川の上で演じた小部隊の勇敢な追撃だけが、わずかにトルコ軍の整然とした退却を妨げた。

少なくともこの戦略上の勝利のおかげで、モードはバグダッド奪取の試みを承認された。三月五日、アジジヤから彼の前進が始まった。ディヤラ川の線で阻止されると、モードは騎兵師団と第七軍団を

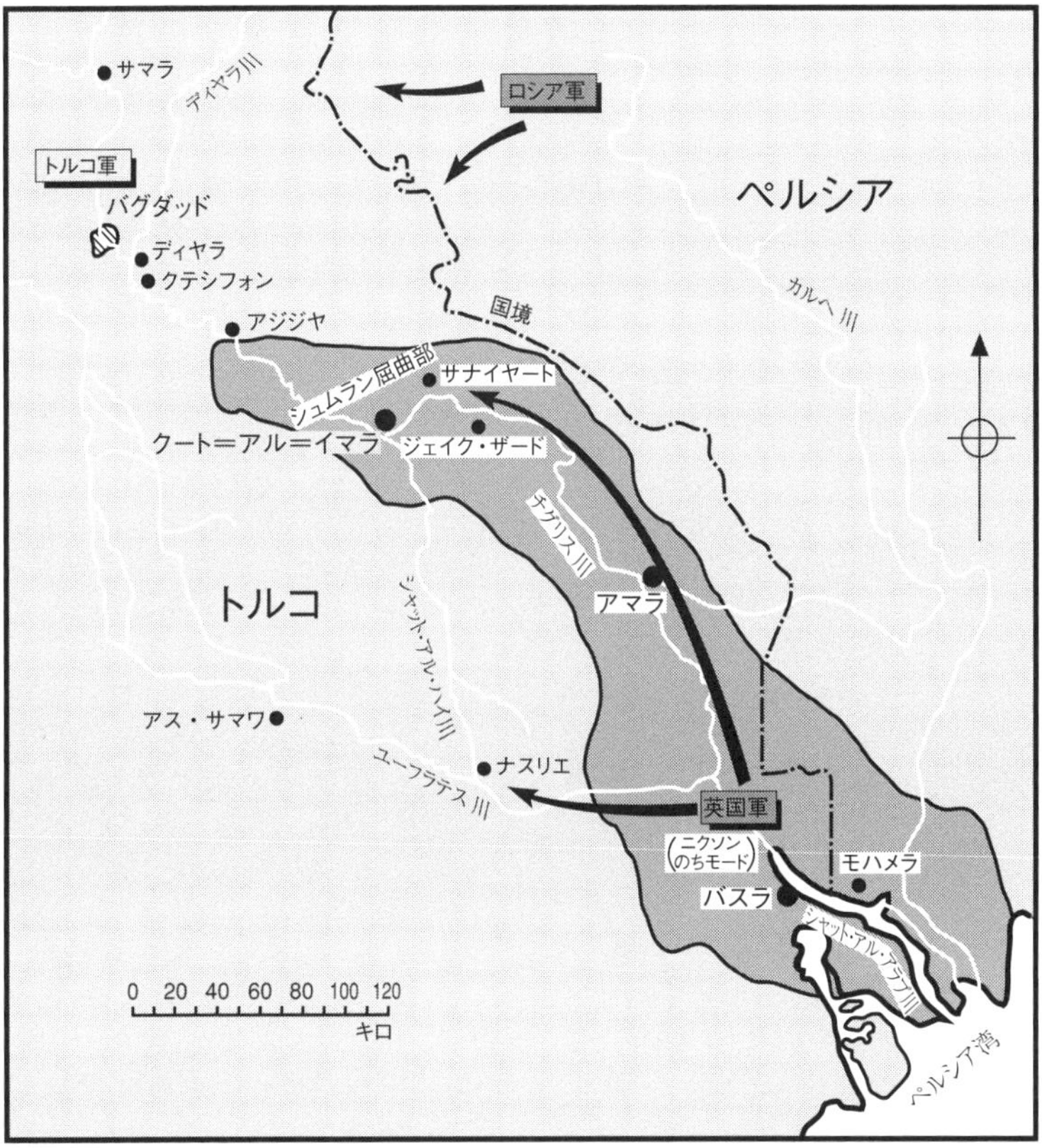

13 メソポタミア　バグダッド占領

西岸へ切り替え、直接にバグダッドを側面包囲する構えをとった。攻撃側にその他いろいろ誤算があって、トルコ軍はこの脅威をもちこたえることができた。しかしふたつの強力な進撃を一手に受け、絶望的な兵力の劣勢と避けられない終末を痛感したトルコ軍は、三月十日夜、バグダッドを放棄し、川を北にたどりながら退却した。翌日の午後、モードはこの都市に入城し、バグダッドの数えきれない征服者のリストに名をつらねた。英国の威信と全連合軍の士気のために、この占領はきわめて貴重な刺激となった。これに要した直接の努力は報われた。勝利者の貸借対照表の借り方をみたすために払われた努力の総計は報われなかったとしても。

メソポタミアの戦い

一九一六年の西部戦線は、ヴェルダン、ソンム会戦が、形の上では連合軍の勝利のうちに終わった。しかし、流された血の多量さにもかかわらず、戦局全体には大きな変化をもたらすものではなかった。そして、東部戦線における同盟軍側の圧倒的な優勢――。一六年を通じて、連合軍が領土的戦果として誇示できるのは、わずかにメソポタミアの戦闘だけであった。

十九世紀末期より、三Ｃ政策を標榜する英国は、中近東における利権の擁護・拡大を重要な国策としていた。一方三Ｂ政策をかかげるドイツは、トルコを懐柔して一九〇三年にバグダッド鉄道の敷設権を手中にし、バルカン、小アジアを通って陸路からペルシア湾進出をめざし、英国が独占していたインドへの通商路を脅かそうとしていた。

一九一四年十月、トルコが参戦するに至り、英国軍とトルコ軍は、メソポタミアにおいて激しい戦火を交えることになった。この戦闘は、ガリポリのダーダネルズ海峡争奪戦、またスエズ運河をめぐるシナイ砂漠、パレスチナの争いと同様、純粋に政略上の必要からひき起こされた戦闘であった。

ペルシア湾沿岸の油田を確保し、トルコ軍を牽制してロシア軍の負担を軽減すべく、一九一四年十一月、英国は遠征軍を派遣した。トルコ軍と小闘を繰り返しながら、勇躍チグリス川を遡行していったが、炎熱の沼沢地、まん延する熱病、そして続々と増強されるトルコ増援部隊のために非常な苦戦を強いられた。途中、クートの籠城部隊がトルコ軍に降伏するという手痛い打撃を受けた英国軍は、その後、兵力と補給路を増強して大攻勢に移り、一七年三月、ついにバグダッド入城を果たした。軍事的価値よりも、精神的なシンボルとして迎えられたこの勝利は、中近東における英国の威信を保ったが、二年余りの苦戦による損害も甚大であった。

7　目隠し遊びの戦闘——《ユトランド沖海戦》

四年以上にわたる大戦中にただ一度、英国《大艦隊》とドイツの《大海艦隊》が出会った。もっと正確には、両艦隊が「通りすがりに互いに歓呼を交わした」と言ったほうがいいが、その歓呼はおそろしい性質《オウ・インスパイア》のものだった。が、むしろたんに記述欲《ペン・インスパイア》を刺激するものだったという印象が残ってしまった。歴史を通じてこれほど多量のインクを費やさせた戦闘はない。一九一六年五月三十一日午後、制海権を争うために建造された艦隊が、何世紀にもわたって制海権を保持してきた艦隊と遭遇した。日暮れのころにこの世界最大の両艦隊は、互いに相手を手探りし、触接し、離れ、また触接し、また離れた。そこに闇がたちこめてきた。そして、〝栄光の六月一日〟が明け染めたとき、ひどくめんくらった《大艦隊》は敵のいない空っぽの海上をパレードしていたのである。

この世界大戦における陸軍と海軍統帥部との方針の根本的相違は、〝提督側〟が最初の優位性が確信できない場合は、いや確信できる場合でもおそらく、戦闘にかかる意志がなかったのに反し、〝将軍側〟はどんな不利なことがあろうともたいていは攻勢に出る気構えだったということである。提督側のこうした態度はみずからに忠実であったということになるが、将軍側はその反対であった。戦いを職業とする人間を雇う理由はただひとつ、彼らが訓練によってみずからの技量を磨き上げているものとみなしているからである。充分な権威なりひらめきなりをもった人間ならだれでも兵士を指揮して戦闘させることができるが、とりわけ彼に専門的教育を受けた補助者が添えられて、行軍と射撃のときの部隊の整理をあずかって、助けてくれる場合はなおさらである。技巧を要するが本来非芸術的な人殺しを目的とするこのような羊を飼うためには、舌足らずな職業軍人よりも熟練した扇動家のほうがはるかに有利であろう。しかし職業軍人を雇う習慣があるのは結局、彼が技量を発揮することで、より少ない費用でより多くの利益を得ることができるであろうという考え方をもとにしている。

おのれを支配する基本的真実に対して忠誠を守る司令官を無視できるものがひとつだけある。すなわちそれは国家的便宜である。政策の必要上やむなく技量を犠牲にし、ひいては人命を犠牲にしなければならないかどうかは、政府が決めることであって、政府の雇い人が決めることではない。ところが奇妙なことに、この世界大戦においては将軍側はきわめて貪欲に戦闘を求めたため、自分からすすんで技量を犠牲にし、いやがる政府を無理矢理引きずりながら、不利を承知の戦闘を再三再四かって出た。これに反して提督側はみずからの実力にきわめて忠実であったために、利点がはっきりしなくても政府が戦闘の希望をあからさまに打ち出してくるのを、ときどき無視したり、回避したりするのであった。彼らの現実感覚が冴えている場合は、費用の大きいほうの負担分を陸軍側に押しつけることもままあった。ただし将軍、すなわち陸軍側がその負担を受け入れるのにあまり熱意を示さない場合は、実現しなかったことを言っておいたほうが公平であろう。

提督側が最前線で指揮をとったのに、将軍側ははるか後方の司令部から指揮したということが、この相違のひとつの説明になるであろう。これは決してこの相違がたんに肉体的勇気のあるなしの問題にすぎないということではない。なぜなら将軍といえども、兵士の生命と同じく自分の生命を危険にさらすことを恐れない者もいれば、戦場から遠いからこそ勇気をふるい立たせているとしか思われない者もいたからである。しかし想像力と現実感覚が、戦況の推移にじかに接することによっていっそうとぎすまされるというのは、言うまでもないことである。そういう立場に立った指揮官は、利点がどこにあるか、それがいつ消滅するかをよりよく理解できるし、また不可能を不可能と認めることも

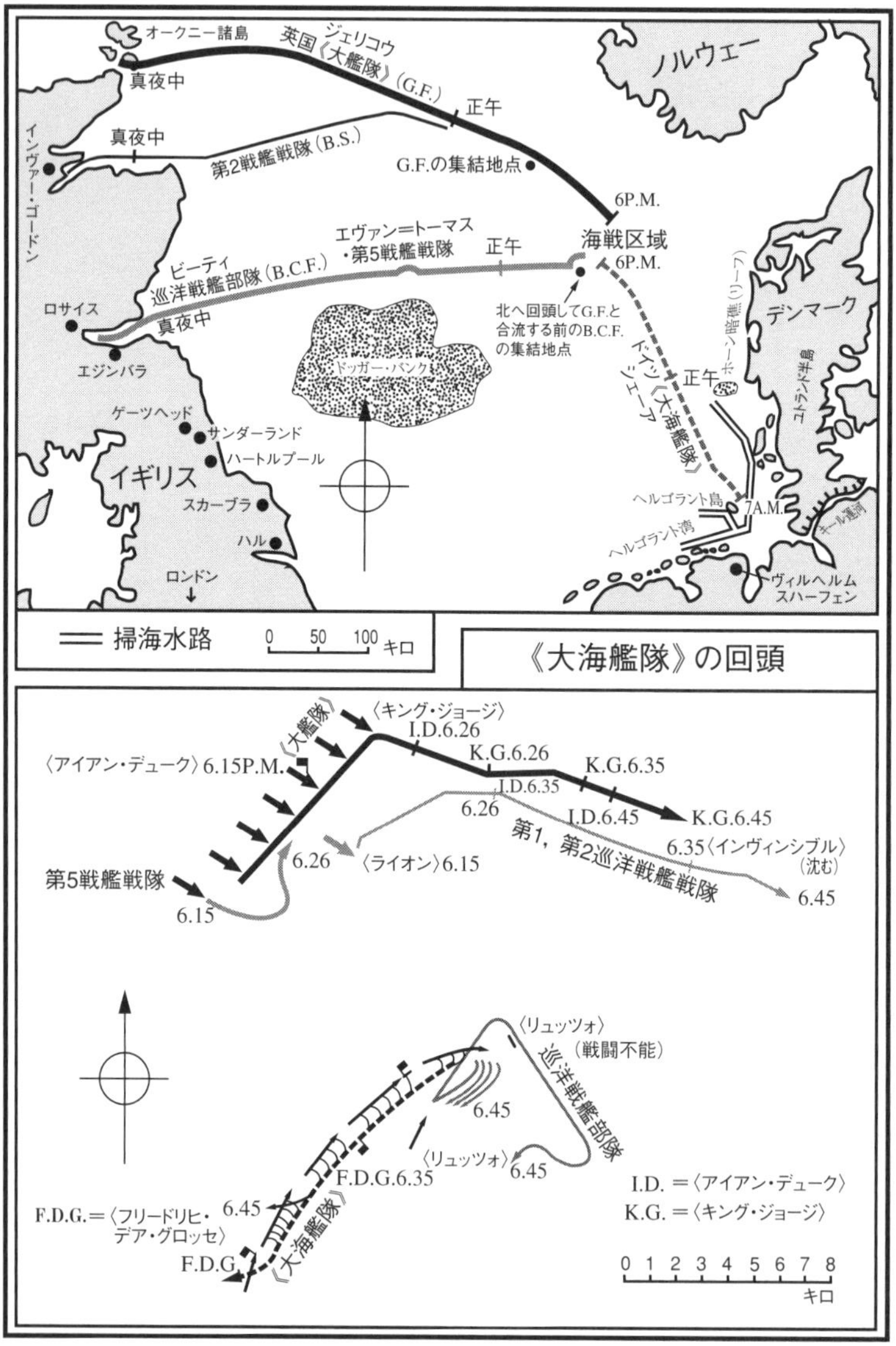
オークニー諸島
英国ジェリコウ《大艦隊》(G.F.)
真夜中
正午
ノルウェー
インヴァー・ゴードン
真夜中
第2戦艦戦隊(B.S.)
G.F.の集結地点
6P.M.
海戦区域
エヴァン=トーマス・第5戦艦戦隊
正午
ビーティ巡洋戦艦部隊(B.C.F.)
6P.M.
北へ回頭してG.F.と合流する前のB.C.F.の集結地点
ロサイス
真夜中
エジンバラ
ドッガー・バンク
ホーンズ暗礁(リーフ)
デンマーク
ドイツ・シェーア《大海艦隊》
正午
ユトランド半島
ゲーツヘッド
サンダーランド
ハートルプール
イギリス
スカーブラ
ハル
ロンドン
ヘルゴラント島
7A.M.
キール運河
ヘルゴラント湾
ヴィルヘルムスハーフェン
掃海水路
0 50 100 キロ
《大海艦隊》の回頭
〈キング・ジョージ〉
《大艦隊》
I.D.6.26
K.G.6.26
K.G.6.35
〈アイアン・デューク〉6.15P.M.
I.D.6.35
6.26
I.D.6.45
K.G.6.45
第1，第2巡洋戦艦戦隊
6.35〈インヴィンシブル〉(沈む)
6.26
〈ライオン〉6.15
第5戦艦戦隊
6.15
6.45
〈リュッツォ〉(戦闘不能)
巡洋戦艦部隊
6.45
〈リュッツォ〉
6.45
F.D.G.6.35
I.D. =〈アイアン・デューク〉
K.G. =〈キング・ジョージ〉
F.D.G.=〈フリードリヒ・デア・グロッセ〉
6.45
《大海艦隊》
F.D.G.
0 1 2 3 4 5 6 7 8
キロ

14 ユトランド沖海戦Ⅰ 1916年5月31日

より敏速にできるものである。

この相違から生ずる結果として、海軍軍人は戦術に片寄り、陸軍軍人は戦略を過大視すると考えるのが当然かもしれない。しかし、事実はその逆であった。この逆説は平時の訓練による経験の差から来ていると理由づけることができるようである。つまり陸軍軍人は小規模な守備隊に勤務し、窮屈な場所で練兵を受けるのに反して、海軍軍人は広い大洋を横切り、航海術を主要課題として学んでおり、砲術よりも地理学が大切なのである。

戦争勃発以来英国海軍の戦略は、制海権の維持こそドイツ海軍を打ち破るよりも大切であるという認識のうえに、正しく組み立てられていた。その制海権はたちまち効を奏し、英国および連合国の戦争努力のいっさいがそのうえに組み立てられることになった。なぜなら英国の存立そのものがこれに依存していたからである。チャーチルがこの事情を適切に皮肉っている。「両陣営を通じて、この戦争に半日で片をつけることのできる人間は、ジェリコウひとりだった」。したがってドイツ艦隊をうち破るねらいと願望は、あくまでも二次的なものであった。それが達成されれば、なるほど連合国側の勝利を早めるのに大いに役立つかもしれない。それは連合国側を負けさせないかもしれない。Uボートが招いた英国の食糧不足やロシアの崩壊は、原因をたどれば英国海軍がドイツ艦隊を粉砕できなかったことからきていると思われる。しかし、もしもドイツ艦隊を撃ち破ろうとしているうちに、英国海軍が戦略上の優位を失うほどに大きな損害をこうむれば、英国の敗北も確実となるであろう。

一九一四年八月以来のドイツ海軍の戦略上のねらいは、英国艦隊を弱体化して成功の見込みが曇りから晴れに転ずるまでは、決定的な行動に出るのは避けることであった。この前提の敵の弱体化をはかるための手段として、ドイツ海軍が頼ったのは機雷と魚雷であった。そしてこの海中の武器が、彼我の力のバランスを劇的に変えてしまう可能性があったればこそ、英国軍戦略は過度に用心深く、慎重一点張りになったのである。一九一四年十月十四日付の海軍本部宛の手紙の中で、ジェリコウは予言的な洞察力を示して次のような警告を発していた。すなわちもし戦闘となって、ドイツ戦闘艦隊が向きを変えて逃げるような場合、それはこちらを誘い込んで機雷やUボートの待ち伏せに誘いこもうとするしるしであり、そのような誘いに乗ぜられることなく、側面にすみやかに移動する必要がある、と。この計算は、ジェリコウがおのれの戦争理論を、徹底的に考え抜いたことを示している。

ドイツ側も英国側も戦略的基調は、それぞれの実情によく合致したものであったが、問題はそれを実行に移すとき、どちらが精力的に、こまやかな配慮をもってことにあたったかである。開戦からほぼ二年になろうとする一九一六年五月の状況は、英国艦隊が依然として戦闘に有利なチャンスをうかがっており、ドイツ艦隊は敵側を弱体化するという予備的ねらいを達成するにはほど遠いというありさまだった。機雷、魚雷による多少の損害はあっても、英国艦隊は開戦当時よりもずっと強力になっていた。きたるべき戦闘においては、ドイツ艦隊の二三隻に対して英国艦隊は弩級主力艦（戦艦および巡洋戦艦）三七隻を繰り出すはずであり、大砲となるとその差はさらに大きく、ドイツ側の一二インチ砲一七六門に対して、英国側は一三・五〜一五インチ砲一六八門、一二インチ砲一〇四門を動員できることになっていた。なるほどドイツ艦隊には、弩級以前の戦艦六隻が含まれてはいたが、艦隊活動においては、これらはせいぜい英国艦隊の大口径砲の標的になるくらいが関の山であると思われた。そのうえ、それらの存在がただでさえ足ののろいドイツ艦隊を、機動性の点でいっそう明らかな劣勢に追いやっていた。英国艦隊はまた巡洋艦と駆逐艦でも優位を保っており、ドイツ側の軽巡洋艦一一隻に対して、装甲巡洋艦八隻、軽巡洋艦二六隻、ドイツ側の駆逐艦六三隻に対して英国側は八〇隻を擁していた。

戦争勃発以後に得た英国側のもうひとつの利点は情報面にあった。英国海軍は時おりの交戦を通じ、敵の兵器の性能について、いっそうはっきりした見当をつけていたばかりでなく、敵の信号方法を解明していた。一九一四年八月、ドイツ軽巡洋艦〈マグデブルク〉がバルト海で撃沈されたが、溺死したひとりの下士官の腕の中に抱きしめられていた、ドイツ海軍の行動を記入した北海地図と暗号および信号帳を、ロシア軍が発見していた。これらがロンドンに送られ、以後は敵の暗号による無電通信を傍受することによって、英国情報部は敵の動きの情報をしばしば事前に察知することができた。うすうすこれをさとったドイツは、もちろん暗号と地図をいろいろに変えはしたが、情報洩れを防ごうとする彼らの努力も、艦船の位置をつきとめる手段としての方向探知無線の発達によって相殺された。そしてこれが今次大戦における唯一の海戦であるユトランドの戦いの発端となった。

一九一六年一月、ドイツ《大海艦隊》に新司令長官が任命された。これがフォン・ティルピッツ提督によって任命された積極的戦争論者のシェーア提督だった。英国軍による封鎖の圧力と、ウィルソン大統領の抗議にもとづくドイツUボートによる封鎖の緩和とが重なって、海軍の行動をうながす声が高まった。英国海岸を侵攻から守るための艦隊が設けられたといううわさが、それをはげますこととなった。五月中旬、シェーアは作戦を練り上げた。それによれば巡洋艦一隻によってサンダーランドを襲い、これをおとりにして英国艦隊の一部を誘い出し、ドイツUボートが急襲に備えた大海艦隊を背後にひかえながらこの英国分遣艦隊を待ち伏せするという手順であった。そこでまずUボートが派遣された。しかし悪天候のためにドイツ軍飛行船による偵察ができなかった。この安全保証がない限りシェーアは動き出すことができず、そのためUボートの潜航能力は尽きてしまった。五月三十日、シェーアはこの作戦とUボートの使用をあきらめ、代案を実施することに決めた。それはヒッパー提督指揮の巡洋戦艦、軽巡洋艦から成る偵察艦隊をノルウェー海岸沖で示威行動に従事させ、シェーア自身は敵に見えないようにこれについて行くというものであった。彼の計算によれば、英国巡洋艦の巡航と船舶航行への危険に備え、英国艦隊の一部がその場に姿を現わすかもしれず、そうなれば撃滅のチャンスが与えられるかもしれなかった。三十一日早朝、ヒッパーは北へ進発し、五〇マイル後方にシェーアが従った。

すでにその前の晩、目的はわからないがドイツ艦隊の進発が迫っていることが、英国海軍本部に知らされており、大艦隊は出航を命じられていた。午後十時三十分、ジェリコウは艦隊の主力を率いて、ノルウェー沖約五〇マイルの指定集合地をめざして出航、途中でインヴァー・ゴードンからのジェラムの戦隊と合流した。ビーティは最新の〈クィーン・エリザベス〉型戦艦四隻で補強された巡洋戦艦部隊を引き連れて、ロサイスから同時に出航した。彼はジェリコウの命令で三十一日午後二時までに、主要集合地の南々東六九マイルの海上に到達することになっていた。もしまだ敵影が見えなければ、ジェリコウはそこからヘルゴラント湾へ向けて南下し、ビーティはその姿を見失わない距離をおいてあとにつづくことになっていた。

ビーティが定めの刻限に自分の指定集合地に到達し、北に転じてジェリコウの方へ向かおうとしたとき、彼の前衛の軽巡洋艦の一隻である〈ガラティア〉が迷っている一隻の商船を発見したため、北に転針するのをやめてこれを監視すべく南々東へ走り続けた。これが数々の運命の皮肉の最初だった。ヒッパーの西側面をひそかに航行していた一隻のドイツ軽巡洋艦も、時を同じくしてこの商船を発見し、調べることに決めた。たちまちこの二隻のライバルは思いがけぬ相手方を見つけ、それぞれの旗艦に通報した。そんなわけでこの素姓のしれぬ商船が《ユトランド沖海戦》をひき起こしたばかりでなく、おそらく英国海軍が決定的な勝利をとり逃がすもとをつくったのである。なぜならもしこの偶然の出会いが起こらなかったら、両軍はもっと北上するまで遭遇しなかったかもしれず、そうなればドイツ艦隊は待避所からもっと離されて、ジェリコウの開いた顎へもっと接近していたはずだからである。

今や数分を争う事態であった。その数分の使い方について今日激しい論議が行なわれているが、対立する二つの側におけるそういう批判の多くはただ理屈をこね回すだけで、悪名高い批評家たち——この場合は専門の海軍軍人から成ってはいた——にはふさわしくても、一九一六年五月三十一日午後の北海におけるあいまいな状況にはふさわしくないものである。

フランツ・フォン・ヒッパー

午後二時二十分、〈ガラティア〉は「敵見ゆ。おそらく巡洋艦二隻。進路南東。コース不明」と信号を発した。はるか彼方で〈ガラティア〉が発砲する音を聞いた直後の午後二時三十二分、ビーティはその敵巡洋艦の退路を遮断するため、ふたたび南東に進路を変えた。不幸にして彼が旗によってかかげた方向転換の信号は、風がなく煙が立ちこめていたために、五マイルあとに従っていたエヴァン＝トーマスの戦艦戦隊からは、読み取れなかった。その結果エヴァン＝トーマスは午後二時四十分まで向きを変えず、ビーティの巡洋戦艦部隊から一〇マイルも遅れてしまった。

信号はもっと単純で効果的なサーチライトの明滅によって送るべきだったという議論がなされているが、これはそのとおりだと思われる。またエヴァン＝トーマスはビーティが向きを変えるのを見たに違いないのだから、自分の発意で向きを変えるべきだったという議論がなされているが、これはエヴァン＝トーマスに与えられていた一般命令と、ビーティの戦術的意図が彼にはわからなかったことを考えてみれば、大いに反論の余地がありそうである。次に反対側から、まずビーティ自身がもっと早く行動すべきであったということ、次に彼の方もまたエヴァン＝トーマスが方向転換しつつある間、北への航行を続けることによって、あるいはもっといいのは向きを変える前にエヴァン＝トーマスの方へ回ることによって、自分の方に接近するチャンスを与えるべきだったという議論がなされている。しかしこの結果論はおそらく、現実の物理的・心理的状況を不当に軽視したものである。ジェリコウもビーティも、時間の経過とともに遭遇する期待を弱め、ゆっくり航行していたのであって、おまけに海軍本部から、方向探知無電によれば敵艦隊は依然としてその停泊地に所在しているという信号が入っていたから、なおさらであった。これまたひとつの不運ではあった。

こうしたはっきりしない状況を考慮すれば、ビーティはそれなりに機敏な決断を下したと考えるべきだろう。その決断そのものについては、彼は過去の経験から、そのドイツ巡洋艦がこちらをまいてしまうことを懸念する理由は充分あっても、反対に、それが大規模な戦力をおおい隠していることを懸念する理由はほとんどなかった。彼は、ドイツ巡洋戦艦に出会うかもしれないが、その総数はたかだか五隻で、自分のほうは六隻だと考えていた。彼の気性はなるほど計算ずくというよりは衝動的ではあったが、過去の経験と全般的な戦略的状況を考えると、数分間をかせぐために幾らかの余力を失ったというその彼の行動を是認するように思われる。

ドイツ巡洋艦がどうやら北西方向へ〈ガラティア〉を追ってくることを見てとって、ビーティ自身も徐々に進路を変え、結局は北東に向かった。そのために彼とヒッパーは互いに相手に向かって集結しつつあったが、午後三時三十分ごろ、この両者は相手の姿を認めるところまできた。ヒッパーはすぐにも向きを変え自分の戦闘艦隊の方へ戻ろうとした。そこで当然ビーティもこれと並行するように進路を変えた。午後三時四十五分、両軍とも約九マイルの射程で砲火を開いた。光線の悪さに災いされて英国艦隊は正確な射程をはかりそこね、ためにせっかく射程の長さでドイツ艦隊をしのいでいた利点を失ったばかりでなく、命中率も低下した。しかも英国艦隊は西空にシルエットを描いて姿をさらしていた。午後四時をすぎてまもなく、英国艦隊は大惨事にみまわれた。ヒッパーの旗艦〈リュッツォ〉からの一弾が、ビーティの旗艦〈ライオン〉の中央部砲塔に命中したのである。両脚をもぎとられたハーヴェイ海兵隊長は、息を引きとる前に伝声管を通じ、火薬庫に浸水させるよう命令を下した。艦はこうして爆破を免れたのであった。しかし〈インデファティガブル〉は〈フォン・デル・タン〉からの一斉射撃により三発被弾して戦列を離れ、さらにまた一発受けたために横転して一〇〇〇名の乗員とともに沈没した。幸いにもエヴァン＝トーマスが近道して射程距離にきていた。そして彼の的確な砲撃がドイツ艦隊の正確な砲火を妨害した。もっとも英国艦隊の砲弾の性能は貧弱で相手の装甲を貫通せずに爆発したため、ドイツ側はまた得点をあげた。ドイツ艦隊は致命的な損害を受けずにすんだ。そして午後四時二十六分、ドイツ側はまた得点をあげた。一斉射撃によって巡洋戦艦〈クィーン・メアリー〉をその一二〇〇名の乗員とともに撃沈したのである。八〇〇フィートの高さまで巨大な爆煙が上がり、戦艦と兵士の墓標をかたどった。こうしてビーティは六隻のうち二隻を失い、五隻の敵と戦うことになった。またこのころ〈プリンセス・ロイヤル〉は不吉な煙と水しぶきの陰に一時的に姿を没した。そこで〈ライオン〉の信号手は、「〈プリンセス・ロイヤル〉撃沈さる」と簡略に報じ、これを受けてビーティは同じく簡略に旗艦艦長に言った。「チャトフィールド、きょうは味方の調子が出ないようだ。二ポイント左舷へ」。敵に迫るために。

これは彼の冷静さを物語るものであったが、実際にはエヴァン＝トーマスが戦闘に参加したことで、危機は去っていたのである。シェーアがビーティに仕掛けていたわなは、この加勢によって台無しになった。なぜならシェーアは、ヒッパーと自分の主力艦隊で形成した顎の中にビーティを捕えるために進むどころか、ヒッパーを救援するために直進しなければならなくなったからである。

午後四時三十三分、〈ライオン〉の二マイル先にいたグードエナフの軽巡部隊は、南東に戦艦をいくつか発見し、ビーティに伝えた。大胆にもグードエナフはそのまま前進し、ついにそれが《大海艦隊》にほかならないことを確認した。そこで彼は、直接ジェリコウに宛てて無電のメッセージを送った。ジェリコウはすでにビーティに合流すべく速度を上げていた。

ビーティも進路を変えずにシェーアの戦艦群を視界に収めた。そこで午後四時四十分、北に回ってジェリコウの方へ進んだ。この回転はうまいタイミングを選んで行なわれ、いまやおとりとしてのビーティ勢をシェーアによく見せ、しかもシェーアの砲の射程外の位置を保たせた。しかしまたもや旗による方向転換の信号は、エヴァン＝トーマスに見落とされ、ために彼は北進するビーティをやりすごしてしまうまで、南への進路を維持していた。その結果、彼はシェーアの嚮導艦[*40]からの砲火を浴びることになり、シェーアに対するおとりになると同時に、北進するビーティの楯にもなった。

ビーティの方向転換は一定点を軸にして順々に行なわれたが、その間の危険をいくらかくい止めたのは英国駆逐艦の勇敢な攪乱攻撃であった。そのうちの二隻は損傷を受け、迫り来る戦艦の戦列の間で頼りなく漂流しながら、称賛すべき剛胆さで最後の魚雷を発射してのち、砲弾を受けて切り裂かれた。ドイツ駆逐艦は騎士道精神を発揮して、停止し、生存者を救い上げた。

その間にも二大艦隊は互いに相手に向かって突進しつつあった。シェーアの方は敵の接近を知らず、ジェリコウの方は知ってはいたが、その正確な進路は知らぬままだった。しかしジェリコウ自身のとる措置は、こういう部分的知識に依存しなければならなかった。不幸にして北海には自然のかすみばかりでなく精神のかすみもかかっていた。北進を先導していたビーティは、シェーアの艦隊ばかりか、ヒッパーの艦隊とも触接を失っていた。後者はかすみの中を彼とほぼ並行して進んでいたのである。そしてエヴァン＝トーマスの方はなおシェーアと触接していたが、彼はその報告を送らなかった。ジェリコウが手に入れた報告は、ちょうど退去を開始するときに送られたものだけであり、四通はグードエナフから、一通はビーティから寄せられた。ビーティは無電装置を砲弾で飛ばされていたので、報告は別の艦を経由して送らなければならなかった。しかし敵に関する情報のこうした不足はとかく誇張されるきらいがあるし、この場合も同様であった。げんにドイツ艦隊は進路を変えていなかったのであって、本当の問題は英国艦隊側にあり、ジェリコウの旗艦もビーティの旗艦も自分たちの位置を算定することを誤ったことであった。その結果この両者がお互いの姿を認めたとき、〈ライオン〉はジェリコウの見積りより約七マイルも西に寄っていた。また当然の結果として、敵影も艦首の右舷部、すなわちジェリコウのまっすぐ前方でなく右正面に見えた。ビーティの艦隊の位置についてもっとたびたび報告がなされていたら、平均値をとることによってずっと正確な算定ができたと思われる。

ジェリコウは幅四マイルの六叉のくしのような、並行六列縦隊という密集隊形を組んで、南へ進んでいた。これは戦闘隊形ではない。これでは敵に遭遇しても、全大砲のうちごく少数だけしか前へ向けて発砲できないからである。砲を最大限に活用するためには、艦は舷側を向けて、戦闘隊形を組まなければならない。敵がもし先頭からまともに立ち向ってくるのなら、各縦隊は右なり左なりへ旋回しさえすれば全艦隊は横隊となり、敵に向かって一斉砲撃に移れるのである。《大艦隊》はこの展開をわずか四分間で完了できたが、そのためには敵の位置が正確にこちらの注文どおりであることを要した。これに代わる方法として、敵がどちらかの翼にいる場合、縦隊のひとつ——ふつうは翼の縦隊——が走り続け、その間に残りの縦隊が旋回してそのあとに従う方法がある。この場合でも《大艦隊》は四分以内にひとつの鎖を形成することはできたが、それをまっすぐにのばすにはもっと時間がかかるはずであった。

実際の場面に話を戻すとしよう。ジェリコウはビーティを支援するために、第三巡洋戦艦戦隊(フ

＊40——先頭の艦のこと。

ード）を急派していたが、すでに述べた手違いのためにそれが東へ進みすぎてしまった。ために偶然にもこれがわなの上顎となって、その顎の中へヒッパーがそれとしらずに頭を突っ込もうとしていた。その間にもヒッパーはビーティの姿を見ないまま、それと並行に走り続けていた。午後五時四十分、ヒッパーはふたたび突然ビーティの姿を西の方角に見出した。そして砲火を浴びはじめて、いっそう東へと向きを変えた。そのとき彼はフードの砲が自分の軽巡洋艦をめがけて火蓋を切るのを耳にした。驚いた彼は午後六時三十四分、南東に艦首の向きを変えたが、そこでは自分の軽巡洋艦がフードの駆逐艦四隻に攻撃されているのが見えた。彼はこれをジェリコウの主力艦隊の先駆であると思って、今度はまた南西に向きを変えた。

一方、ジェリコウとビーティは午後六時直前まで、互いの姿を認めなかった。もっとも両者の先行巡洋艦同士は午後五時三十分、約五マイルの距離に相手を認めることができた。午後六時一分、ジェリコウはサーチライトによって「敵戦闘艦隊いずこにありや」とたずねたが、答えはなかった。ビーティは自分の「消えゆく」敵、ヒッパーのことにかかりきりで、長いカーブを描いて追っていたが、その曲線は偶然ビーティをジェリコウの前面で通過させることになった。午後六時十分、ジェリコウはふたたびたずねた。すると四分後、ビーティがほとんどエヴァン＝トーマスと同時に敵の位置を報告した。このふたつの報告によって、ジェリコウはシェーアの大体のありかは判断できたが、その進路まではわからなかった。実際にはシェーアはヒッパーのあとから北西方向に進んでいたのである。

ビーティの報告を受けて一分以内に、ジェリコウは決意を固め左翼側へ展開するよう命令を下した。二分後に彼の右翼は左へ旋回しながら砲火を開いた。彼がもっと早期に展開すべきであったという議論もあるが、不確かな情報にもとづいて行動を起こせば、不利な立場に身を置く危険があった。また右翼へ展開すべきであったという意見もあるが、もしそうしていたら、彼が敵の先頭を横切るより先

艦上のジェリコウ

イギリス戦艦ロイヤル・ソブリン

ドイツ巡洋艦モルトケ

に敵が彼の布陣の先頭を横切る危険があったであろうし、またその布陣をまっすぐにのばすのに要する二十二分という時間は、彼の艦隊の一部——徐々に増強されるとはいえ——しか砲撃できないことは確かであった。また彼は中央部の分艦隊を中心に展開することもできたはずで、そうすれば七分間節約になったうえ、迫り来る敵にもっと接近して——しかし接近しすぎることなく——展開できる利点があっただろうと、チャーチルは論じている。しかしながらこれはもっと複雑で実戦向きでない機動方法で、少なくとも後部の左舷の砲火は一時遮蔽されることになるであろう。ジェリコウが実施した展開は、敵布陣の先頭を横切る——「T字の横棒を引く」という恐ろしい機動運動の——時間を彼に与えることになったし、また鎖をまっすぐにのばしている間に、彼の戦艦同士が相手の砲火の邪魔をするという事態も防ぐことができた。また敵からずっと離れた位置で展開したために好機が失われたという批判には、大して根拠がないように思われる。むしろチャンスが得られたのである。シェーアは有利とみない限り《大艦隊》と戦う意図はなかったからである。

こうしてシェーアは、中間水域で活動する巡洋艦の煙のためにしばらくはっきりしなかったジェリコウの布陣が、「Tの横棒を引く」らしいことを見てとるや、午後六時三十分、すぐさまくるりと向きを変えた。これは手際のいい緊急機動だった。その後方から各艦はほとんど同時といっていいくらいの連続性を保って、向きを変え始めた。そして全布陣が最短時間で射程距離外に抜け出ることができた。彼がこれほどあわてたのは、フードの巡洋戦艦をジェリコウの嚮導艦と見間違えて、英国艦隊の機動が実際よりもずっと進んでいると思ったためであった。この思い違いはその相手の不利となった。なぜならばジェリコウは、敵に接近するために、午後六時二十九分、分隊ごとに彼の布陣を南々東に転ずるよう信号を送っていたが、後部がまだまっすぐにのび切らないのを見て、この命令を取り消してしまったからである。そしてまたその後部がのび切っていないうちに、シェーアは魚雷攻撃と煙幕に守られながら、とんぼ返りを打った。こうしてシェーアの退去は二、三分間だけ隠され、次にはかすみの中へ呑まれていった。彼の嚮導艦数隻が大きな損害をこうむったが、完全に沈没したのはヒッパーの軽巡洋艦〈ヴィースバーデン〉だけであった。そして姿を消す前に、ヒッパーは英国巡洋戦艦〈インヴィンシブル〉と装甲巡洋艦一隻を撃破し、別の装甲巡洋艦一隻を沈没させた。

しかしシェーアが退去に際して、母港とは反対の西方へ転じたということは、やがて重大な意味を帯びることになった。彼が英国戦闘艦隊を側方に見つけていたら——ジェリコウの展開のやり方が違っていたらそうなったはずである——、その進路は当然旋回ではなく右への転向となったはずであり、そうなれば母港に向かって退去できたであろう。そこでジェリコウの選択は、シェーアの退路を遮断するチャンスを与えたということによって、正当化されている。それはまたシェーアを西空を背景にする位置に置くことにもなった。

ジェリコウはこの好機をすぐに利用した。自軍の布陣がすでに六マイルもシェーアの後方にあり、日没まであとわずか二時間しかないという状況下で、シェーアに直接追撃をかけてもたいした結果は得られそうになかった。そればかりか、追撃すれば、かえってジェリコウがかねてから警戒していた敷設機雷に触れたり、敵の発する魚雷に当たったりする危険に、戦闘艦隊をさらすことになるのであった。

そこで彼は午後六時四十四分、各分隊に対し南西に向きを変え、ふたたび六列縦隊を形成し、左から右へと階段状に梯形編成をとるよう命令した。その後の十五分間に、彼はさらに二度部分的方向変更を命じた。その結果彼は敵との距離を縮めながら、見えないドイツ艦隊とその退去路線の中間へ、徐々にカーブを描きながら侵入していくことになった。この巧妙な作戦によって得られた利点を帳消しにするものは、迫りくる闇と立ちこめるもやだけであった。けれどもひとつの批判として、ビーティの発意によるなりジェリコウの命令によるなりして、本来戦闘艦隊のための〝触角〟の役目を帯びていた巡洋戦艦部隊が、もっと急角度で向きを変え、敵と触接を保つことを心がけてもよかったはずであると言われているが、そのとおりであろう。実際には巡洋戦艦は戦闘艦隊よりも敵から遠くにいたのである。

けれども敵はあやうく自分から触接しかけて、危険に陥るところだった。わなを逃れた敵は、今度は主としてみずからの計算違いから仕組まれたもうひとつのわなにあやうくはまり込むところだった。シェーアは西方へ約二十分進んだあと、ふいに方向を逆にしてまた東へ進み、以前とほぼ同じ位置で、もやの中から姿を現わした。彼はあとから送った急送公文書のなかで、自分の目的は二発目をくらわせて主導権を保ち、またドイツの威信を保持することにあると申し立てた。この申し立てで、彼はみずから墓穴を掘ったようなものであった。なぜならこういう目的のために、優勢な英国艦隊のどまんなかへ乗り込んでいくような〝まともな〟戦術家はあり得ないからである。実際には彼は、英国艦隊の尾部を横断し、その一部分にきびしい打撃を与え、同時に退路をふたたび確保することをねらっていたということが推測される。先にも述べたように、彼はフードの部隊を戦闘艦隊の前衛だと思い込んでいたために、その戦闘艦隊が移動した距離を過大評価していたからである。こういうわけで、午後七時十分にもやの中から現われたときのシェーアは、「段状をなした」敵布陣の中央部に向き合っていた。

この布陣のしんがりの部隊がもっとも接近していたために、まずこれにたいして砲火を開いた。そのときの射程はわずかに五マイルであった。数分以内に英国艦隊の大部分が砲撃に参加した。しかしジェリコウは一部分を敵砲火にさらすことを極端に恐れたため、しんがりの小艦隊群に対して、自分より後方で整列するように、東へ旗回して自分のあとに従うよう命令した。このために彼はこれら小艦隊を敵からいっそう遠ざけることになった。そしてちょうど同じときにシェーアも立ち去る決心をしていた。実際彼はジェリコウの顎から逃れようとあわてていたので、煙幕と駆逐艦攻撃に守られ、前回よりも不手際ながら、またもや〝とんぼ返り〟の機動を演じたばかりでなく、自分の巡洋戦艦を〝死の発進〟へと送り出したものである。

駆逐艦が、彼に命びろいをさせるうえでもっとも有効であることがわかった。なぜなら駆逐艦の魚雷発射を遠くから見つけると、ジェリコウは二ポイント幅の急転回を二度各艦に行なわせて*41これをよけさせたからである。この回避方法は古くから行なわれてきたものであり、海軍の多数意見がこれを最良の便法と認めているが、少数派はこれを魚雷の危険を過大評価するものであり、これを取り入れることによって戦艦の攻撃性能が犠牲にされるという根拠から、これに反対している。この二つの意見のどちらかに軍配をあげるのは困難である。ただ、論理的な結論として言えることは、用心が第一という場合、それはとりも直さず、戦艦の弱さの告白であり、もっとずっと安価な武器を用いて敵の攻撃活動を無為にさせることが容易であることの告白でもある、ということである。ユトランドの場合、用心第一を正当化する理由は魚雷によって戦艦がたった一隻だけ被害を受けたということであったし、また少数派の意見を正当化する理由は、この戦艦の被害がごく軽微であったため戦列を脱する必要もなかったということであった。

ドイツ主力艦隊としては、逃げおおせるためには駆逐艦攻撃がもっとも効果的であったばかりか、もっとも安上りでもあった。わずか一隻が英国軽巡洋艦の反撃によって撃沈されただけであった。これに反して巡洋戦艦のほうは大損害をこうむった。〈リュッツォ〉は〝死の発進〟開始前に行動不能

*41——合計の角度は二二・五度。

になっていたし、残りの四隻はシェーアが救おうと呼び戻す信号を発する前の、二、三分間に反復被弾した。

駆逐艦攻撃の戦術的効果は、ドイツ艦隊が西へ動いているあいだに英国艦隊を反対方向へ動かすことであった。十五分後、魚雷攻撃の勢いが衰えたことに力を得て、ジェリコウは回避行をやめたが、その進路は引き続きほぼ真南で、西に転じたのは、やっと午後八時になってからだった。この遅延にたいしては批判の余地がありそうである。なぜなら、敵の退路を遮断しつつあった彼の戦術的優勢を維持するためには、敵をその帰ろうとする海岸から逆の方へと誘うことと、敵が闇にまぎれて英国側の移動障壁を通り抜けてしまわないように、これと触接を保つことが望ましかったからである。

一部の批評家がとくに強調している事実として、七時四十分、敵影をふたたび認めてから十分後にビーティがさらに一通の無電信号をジェリコウに宛てて、「戦艦の前衛が巡洋戦艦のあとに従うことを黙認せられよ。さすれば味方は敵戦闘艦隊を全部遮断することができる」と送った事実がある。なるほどこれは非凡な戦況判断によるものと思われる。しかしその歴史的価値は、これが暗号を解かれてジェリコウの手に渡る前に、すでにジェリコウは戦闘艦隊を西へ転じており、ビーティのほうはこの最後の通告どおりにただ南西へ進むだけだったという事実によって、かなり減殺されるのである。のみならず、ドイツ艦隊はすでにその基地から遮断されていた。おそらくビーティの意図は「先回りして進路を断つ」ことであった。そのとき南進しつつあった敵布陣の先頭がどの辺にあるのかを突き止めよという、彼の軽巡洋艦に与えたそのすぐ次の指令が、これを物語っている。おまけに彼は独力で敵の先回りに成功した。その証拠に、午後八時二十三分ごろ、敵が彼の砲火の圏内に入ると、あわててまた西方へ進路を転じたものである。そしてこの遭遇戦は敵の南への進路を阻むことによって、のちに敵が英国布陣の尾部をすべり抜けるのを助けることになった。

ドイツ艦隊と交戦する最良の、いや唯一のチャンスは、午後七時二十分の彼らの回避行動に続く三十分のあいだに消えてしまった。残された大きな問題は、ジェリコウが夜通し彼らの進路を妨げ続けることができるかどうか、そして夜明けにふたたび交戦し、そのことによっていま自軍の優勢に加えられた戦略上の利点を活用することができるかどうかであった。

午後九時ごろ、夜の帳《とばり》が海を覆うと、かすみがいちだんとひどくなって完全な目隠し状態となってしまった。戦艦は射程上の利点を失い、魚雷艇はたいした危険に遭わずに至近距離に迫るという利点を得た。艦船はすべて敵味方の区別に困ったと思われる。

ジェリコウは賢明にも夜間戦闘に踏み切ることをしなかった。無謀なばくちのために自軍の二重の利点を棒に振るつもりはなかったからである。こうして彼の課題は、夜明けまでの五時間半のあいだ敵に安全な帰路を見つけさせないということであった。ヘルゴラント湾とドイツの港への接近海路を覆う機雷敷設面に通じている掃海ずみの経路にたどりつくには、三つの可能なルートがあった。その一は東の方のホーン・リーフを通過して、フリースラントの海岸に下るもの、その二は中央寄りで結局はヘルゴラントを通過していくもの、その三はずっと南西に寄ってドイツ海岸の近くへ迫り、エムス川河口を東方へ進むものであった。この三番目のルートへは一八〇マイルの距離があり、いちばん遠かったためにこれが選択される可能性は低かった。したがって、機敏な敵ならこのルートをとるかもしれないことを警戒する必要があったであろうが、ジェリコウは心配しなかった。というのはドイツ艦隊は英国艦隊にくらべて速度が遅かったからである。もしドイツ艦隊の速度が同等か、あるいは優っていたならば、エムス川のルートはドイツ艦隊にとって闇夜の不確実な監視をかわすよい機会を与えたであろう。しかし速度が遅かったために、彼らは賢明にも直接の危険は大きかったが近道のルートを選んだ。

しかしジェリコウは他のふたつのルートをしっかり防備するために、残りのひとつを無防備に放置することを望まなかった。そこで彼は全部を防備する困難さをできる限り緩和する方法として〝巡回〟を選んだ。実のところ、こうなるとドイツ艦隊としてはジェリコウの背後にしのび込んで、ホーン・リーフの水路をとるという唯一のチャンスしかなくなった。そこで誰しも、ジェリコウが後部を通ろうとする試みに対して、きわめて敏感になるであろうと推測するはずである。

　午後九時十七分、ジェリコウは艦隊に夜間巡航隊列を組むように命じた。戦艦は三列の並行縦隊にまとめられた。艦隊の進路は真南、速度は一七ノットであった。駆逐艦は五マイル後方に集められたが、これは移動障壁を延長させ、戦闘艦隊の後部を魚雷攻撃から守り、またとりわけ暗闇での同士討ちを防ぐための配列だった。もし戦艦が駆逐艦を、または駆逐艦が戦艦を見つけたら、そのぼんやりした艦形はまさしく敵だということがわかるのであった。ビーティのほうはすでに巡洋戦艦を引き連れて、この戦闘艦隊の前方の、しかも西方の敵寄りの部署についていた。この夜間配置の歴史的な意義は、これによってドイツ艦隊が英国艦隊を追い越したり、南を通過する試みができなくなり、したがって後方を通過するのではないかという当然の疑惑が強められたことである。英国《大艦隊》の編成は比喩的にも象徴的にも英国の伝統的〝ライオン〟[*42]になぞらえることができるが、その鼻と耳に当たるのがビーティの巡洋戦艦と軽巡洋艦であり、尾に当たるのが駆逐艦であった。鼻は何もかぎつけず、耳は何かを聞き、尾はよじられることになったが、しかしライオン自体はネルソンの彫像を囲むあの獅子どもと同じように、威厳に満ちて動じなかった。

　もうひとつ言っておかねばならないのは、シェーアの意図についてである。それは単純明快なもので、はぐらかすのも簡単であった。その日の朝の暗い見通しに絶望して、彼は大損害を覚悟のうえで突破する決意を固め、ホーン・リーフ経由の最短経路を選んだのである。ジェリコウとはちがって、彼は少なくとも夜間遭遇戦が予想されるものの、この大胆なコースを選定する賭けは吉と出るであろうと、思ったのである。この見込みを高めるために、彼は撃破された巡洋戦艦と旧式戦艦を後部に配備し、前衛を駆逐艦と軽巡洋艦で守った。

こうして舞台はしつらえられた。合図を受けて海の王者同士が闇夜の決戦に突入することになるのであろうか。予想ではそのとおりであった。しかし現実には、暗い舞台に、道化師の鈴がチリンチリンと鳴り響いただけであった。明りがついたときには、舞台は空っぽだった。

最初のチリンチリンが響いたのは午後九時三十二分、ビーティの旗艦〈ライオン〉が閃光灯によって〈プリンセス・ロイヤル〉に、「敵を見失ったので、当方に向け誰何《すいか》と応答を送られたし」と依頼したときであった。その応答の一部が、敵艦に発見されてしまったらしい。なぜならば約三十分後に、英国駆逐艦部隊のひとつを先導していた〈カスター〉は、数隻の巡洋艦の姿をみとめたからである。この数隻が先手を打って、当日用の秘密の英国軍誰何方式を一部用い、〈カスター〉に誰何を行なった。しかし次には探照灯をいっせいにつけて発砲してきた。〈カスター〉も負けじと砲撃で応答した。しかし付属の駆逐艦数隻は、相手の巡洋艦群がはたしてほんとうに敵かどうかを疑ったために、魚雷を発射しなかった。しかしこの不運なチャンス逸失の結果については、とかく誇張されて伝えられるきらいがある。実際には午後十時二十分から十一時三十分まで、英国艦隊後尾はしゃにむに突進しようとする敵と再三再四交戦していたからである。午後十時二十分、敵はグードエナフの軽巡洋艦群を「押し分けて進んだ」が、大破した〈サザンプトン〉が発した魚雷を受け、軽巡洋艦〈フラウエンロープ〉が沈没したあと、針路を変えた。それからの一時間、英国駆逐艦群は被弾して混乱状態に陥っ

＊42——ライオン、獅子は英王室の紋章であり、英国および英国民のシンボル。

た。軽巡洋艦〈エルビング〉は戦艦〈ポーゼン〉に強打されて沈没の運命にあったが、英駆逐艦〈スピットファイア〉[*43]は、その名に恥じずに戦艦〈ナッソウ〉を強襲した。そしてこの快挙を「やり遂げた」ばかりでなく、〈ナッソウ〉の装甲板の細長い一片を武勇の証しとして奪い去ったのである。もう一度ドイツ艦隊は針路をそらしたが、午後十一時三十分ごろふたたびこれを内へ戻して、今度は突破をやってのけた。とはいえ、彼らは一時間以上にわたって、四隻の犠牲をかえりみずにつきまとってくる英国艦隊のすずめばちの群れに大いに悩まされた。

　これらのすずめばちは大いに勇猛ぶりを発揮したが、戦況報告はあまりしなかった。この一連の遭遇戦に関してジェリコウのもとに送られた唯一の報告は、午後十時十五分にグードエナフの発したものだったが、〈サザンプトン〉の無電装置が被弾していたために、これがジェリコウのもとに届いたのは午後十一時三十八分になってからだった。激戦中のこれら《軽艦隊》としては、情報の伝達に落ち度があっても多少弁明の余地があったが、しかし交戦中でないものまでが目撃したことの報告を怠ったのである。しかしエヴァン＝トーマスの第五戦艦戦隊もまた艦隊主力の後方にあって、中間的連結部を形成していて、これがこの一連の継続的攻撃を充分知っており、その後部の戦艦二隻はうしろにドイツ嚮導戦艦群を実際に見ていた。午後十一時三十五分、〈ヴァリアント〉は、「中央部に少なくとも煙突二本と起重機一基を備えたドイツ巡洋艦二隻が、高速で東と思われる方角へ走っていくのを」みとめた。起重機とあるからにはこれらはまごうかたなく〈ヴェストファーレン〉級の戦艦であって、それを巡洋艦と見間違えたというのは、誤りにしてもひどすぎた。五分後に〈マラヤ〉は、「敵大型艦群が右舷正横より三ポイント艦尾寄りにあり、われと同方向に航走中」であるのをみとめた。これは明らかに敵戦艦が駆逐艦の攻撃をかわすために、一時的に向きを変えたのを見つけたものであった。そして今度は嚮導艦の「はっきりそれと知られる起重機」をみとめて、「明らかに〈ヴェストファーレン〉級」のものであると正しい結論を引き出した。ところが〈ヴァリアント〉も〈マラヤ〉も、前方にいる戦艦〈バーラム〉が同じものを見たに違いないと考えたらしく、自分たちの見たものを報告しなかった。〈バーラム〉がこれを見落とした事情については、まだ説明がなされていない。ただひとつはっきりしていることは、この小艦隊から司令長官宛に一言の報告も行なわれなかったということである。

それなら、ジェリコウの疑念をさらに刺激するような、あるいはジェリコウを行動に立ち上がらせるような情報は皆無だったのであろうか。これまでドイツの無電指令を傍受していた海軍本部から、二通の報告が彼のもとに送られた。最初のものは午後九時のドイツ艦隊の位置を知らせるものであったが、手違いでその位置が明らかに不正確だったために、価値のないものであった。これに懲りて彼は二番目の報告もありがたいとは思わなかったが、残念ながらこれは正確そのものだった。ドイツ艦隊に対して午後九時十四分、帰港の命令が下されたことが述べられ、またその配列、針路、速度などが指定してあった。しかしこれには肝心な見落しがひとつあって、せっかく敵の指令を幾通か要約しながら、その中でもっとも意義深い事実を省略してしまっていた。それはシェーアが昼間、飛行船によってホーン・リーフ付近を偵察してくれるよう求めていたことであった。これこそ彼の逃避場所を示す絶対の手掛りであった。

さてこの指令は午後十一時五分に傍受され、暗号解読が行なわれたのは午後十一時三十分ごろだった。もう一通の伝言が午後十一時三十分に受信され、ジェリコウに届けられて、海軍本部からの伝言のあとに読まれた。これは軽巡洋艦〈バーミンガム〉からのもので、「敵とおぼしい巡洋戦艦群が西

＊43――Spitfire　原意には「火を吐くもの」「かみつく犬」などの語義がある。

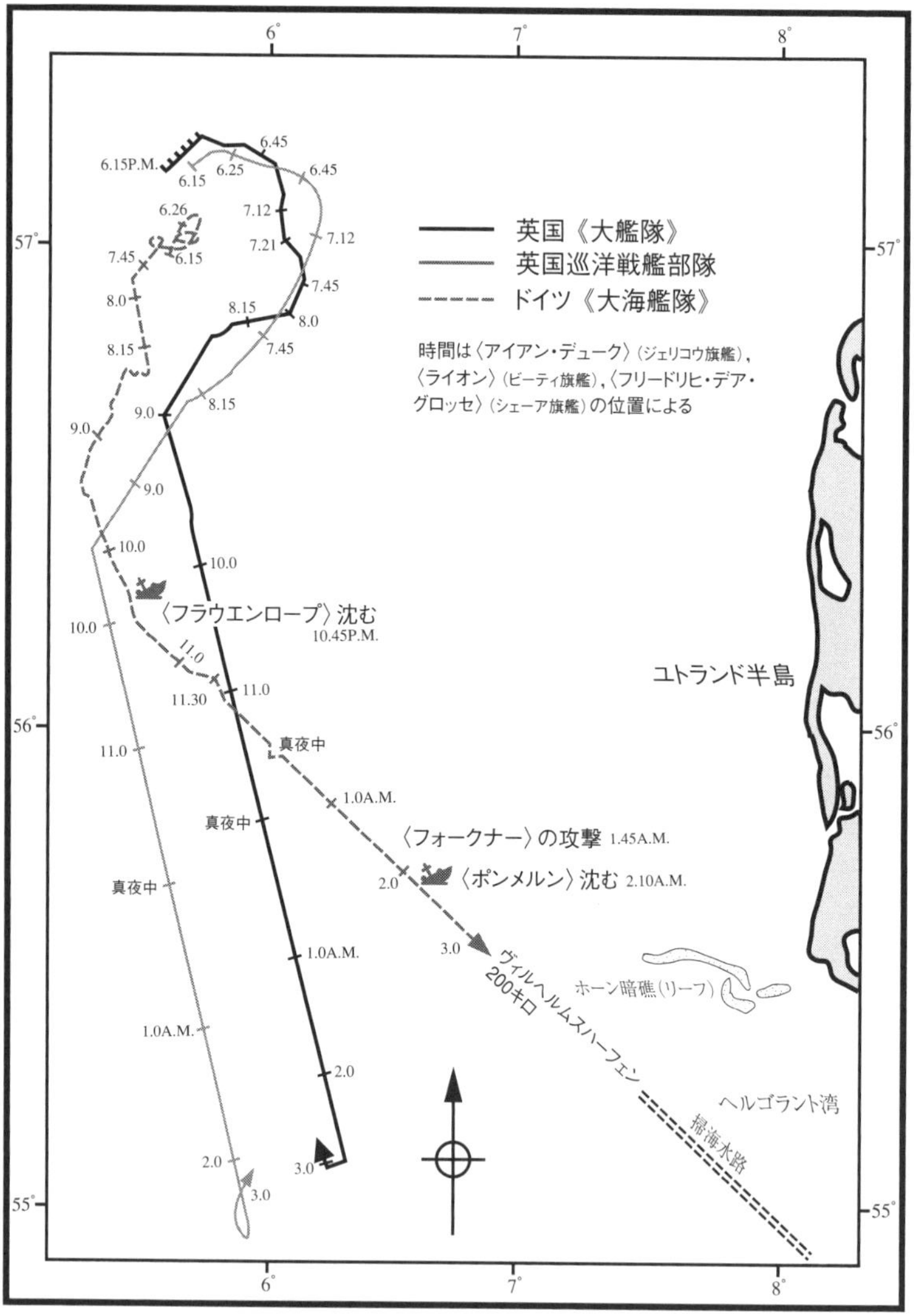

15 ユトランド沖海戦 II 1916年5月31日

へ大きくふくれながら南下中」と報告していた。残念なことに〈バーミンガム〉は、それらがたまたま英国軍の魚雷攻撃をかわしているところを見たのだった。ジェリコウがすでに海軍本部からの伝言を信用せず、何の行動も起こしていなかったからには、あとからの〈サザンプトン〉と〈バーミンガム〉からの二通の報告を、自分の疑惑を正当化する材料だと考えたのは無理からぬところであった。

にもかかわらず、彼が後方におけるはっきりした戦闘の気配に、これほど鈍感であったというのは、奇妙な、説明のつかないことである。この二通の報告は別としても、現実に砲声は止んだかと思えばまた轟いていたし、彼の旗艦もその他の戦艦も閃光を見ていたからである。この砲声が明らかに軽砲のものであったことは、いちおう敵戦艦がそこにいないことを裏付けていたかもしれない。しかし実際には、それは戦艦不在の証拠にはならなかった。夜間に英国海軍軽艦艇と交戦する場合には、敵戦艦が主砲以外の火器を用いることは当然考えられたからである。もっとも奇妙な事実は、ジェリコウが午後十時四十六分、たった一度だけ砲声の源をたずねているが、そのときの信号から察すると、それをたんなる敵駆逐艦の攻撃にすぎないと最初から信じ込んでいたふしがあることである。そこで結論として要約すれば、ジェリコウが情報を充分把握していなかったのは、部下たちの怠慢のせいであったが、その反面彼が疑念を究明しようとしなかったことは、自分の義務を回避したことであり、そのおかげでシェーアは命拾いをしたのである。

ドイツ艦隊が最終的に解放されるまでに、もう一度熾烈な戦闘が行なわれた。夜明け前の微光のなかにドイツ艦隊をみつけたのは、スターリング大佐の第十二水雷戦隊であった。スターリングはこれまでの常道を破ってこの敵と交戦する前、午前一時五十二分、ジェリコウに無電による報告を行ない、さらに交戦中に一度報告した。この攻撃で彼はドイツ戦艦〈ポンメルン〉を魚雷によって血祭りにあげ、《大艦隊》全体で挙げたよりも大きな戦果を挙げたのである。しかし彼の報告は、おそらく無電の故障のためと思われるが、ジェリコウのところには届かなかった。こうして英国戦闘艦隊はのんびりと南への針路を保ち、ドイツ艦隊は故国へと向かっていった。

午前二時三十九分、夜が明けたとき、ジェリコウはくるりと向きを変えて北進を始め、ドイツ艦隊の姿を捜したが、あたりに敵影はなかった。そこに海軍本部から、ドイツ艦隊はホーン・リーフに接近している旨の伝言が届けられたが、今度はそれが真実であることを疑う余地はなかった。敵の落伍艦を探し回ったが見当たらなかったので、《大艦隊》もまた故国へと向かった。英国艦隊の全損害は巡洋戦艦三隻、装甲巡洋艦三隻、駆逐艦八隻、これに対してドイツ側の損害は戦艦一隻、巡洋戦艦一隻、軽巡洋艦四隻、駆逐艦五隻であった。士官と水兵の損害は、英国側の戦死者六〇九七名、捕虜として奪われた者一七七名に対して、ドイツ側は戦死者二五四五名、捕虜となった者なし、であった。

こういうわけでこの世界大戦における唯一の海軍の〝戦闘〟は、長大な戦死者名簿の中のほんの一項目にすぎなかった。ひとつの戦闘としてのその価値は、どんな意味においても取るに足りなかった。二年半後のドイツ艦隊の最終的〝無血降伏〟の原因をここに求めることは、結果を原因と考える愚かしい行為である。《ユトランド沖海戦》は、それ以後ドイツ側に海上で決戦を挑む気を引き起こさせはしなかったが、反対にそれを思いとどまらせたふしもなかった。彼らは第一回戦に巡洋戦艦を相手にして勝利を収め、砲術の腕前では「普通より上」という栄誉が与えられた。第二回戦では彼らは相手の策に乗ぜられて、栄誉は敵味方で半々に分け持った。第三回戦ではゲームが中止されるまでの間に、数度の陽動作戦を記録した。彼らは相手の腕が上であって、この三番勝負の決勝戦を勝ちとる望みはもてなかったわけだが、これが中途で終わったために少なくとも自分の実力に過剰な自信を抱いた。そもそも創設後日も浅く試練も経ていないドイツ海軍は、類のない勝利の記録と〝ネルソンの伝統〟を誇る海軍を前にして、劣等感にさいなまれていた。だが、《ユトランド沖海戦》は、この初めて出会う高名な相手を向うにまわした未熟者の恐怖心を一掃してしまったのである。

十二週間たたぬうちにドイツ艦隊はいっそう大胆に、英国艦隊に不意打ちを食わせようという気を起こすことになった。八月十九日、ドイツ艦隊は飛行船偵察隊に守られて英国沿岸に接近した。そのねらいはサンダーランドを砲撃して、これをおとりに、大艦隊をUボートが待ち伏せしている南の海域に誘い出すことにあった。ここでもジェリコウの用心深さと偶発事のために、戦闘は実現せずに終わった。ビーティの前進位置にあった巡洋艦群が魚雷を受けた。そこでジェリコウはこれを新しく設置された機雷原と疑って、反転して二時間のあいだ北に走った。彼がまた南に向かったときにはドイツ艦隊は去ったあとだった。これはシェーアが強力な英国艦隊——じつはこれはハリッジからの《軽艦隊》であった——が南から北上中という報告を受けて、これを《大艦隊》と思い込んでしまったのであった。だとするなら《大艦隊》は仕掛けられたわなを回避したばかりでなく、形勢逆転、シェーアの退路を遮断するほどの勢いとなったわけだ。そこでシェーアはドイツへ逃げ帰ったのである。

英国海軍としては、《ユトランド沖海戦》は戦わなかったほうがましだったようである。これを容認するのははなはだ不愉快であるが、明らかにこの海戦は連合軍と故国の一般人の眼には、英国海軍の威信の失墜と映り、それは個々の勇壮な武勇談や英国による制海権のゆるぎない維持をもってしても、補いきれないものがあったのである。その制海権が、最後にはドイツの戦争継続力を枯渇へ追い込む決め手となりはしたものの、海上での勝ちいくさによって陸上の消耗激しい殺戮を短縮させるという目的は遂行できなかったのである。《ユトランド沖海戦》は英国海軍が受け身な兵力の優勢を維持し続ける限り、戦わなくても保証されているものを、あらためて保証し直しただけに終わった。

以上がその全体像であった。技術的側面では、《ユトランド沖海戦》は人を熱狂させるよりも、意義深さを示す要素が強い。これによってドイツ軍砲術の水準が、英国のひとりよがりな、あるいは保護者ふうな見解が予測していたより高いことがわかった。そしてこのことが、また別の要素がドイツ艦隊発見の機会をなくしたことなどのために、英国艦隊のある長所と英国軍砲術のうえにいわれのない中傷となってふりかかってきた。物量資材の面では、この海戦はまた、海軍本部とその技術顧問たちがドイツ側と同様、予見し経験を役立てる力がなかったことを示した。英国軍の砲弾の装甲板貫通力の弱さに対比される――これを相殺するものではなく――事実として、英国艦の火炎の侵入に対する不備、とりわけ砲塔で起こった火災が簡単に弾薬庫に引火することをあげなければならない。〈クィーン・メアリー〉と〈インデファティガブル〉があのようにふいに沈没してしまった謎を解くカギは、おそらくここにあろう。また多少速度を増すために防護施設を大幅に犠牲にし、大型の巡洋戦艦を建造した方針の可否については、結果からみて、おそらくさまざまな論議が交わされるであろう。速度は本来、間接的に防御力を高めることに役立つものであるが、それはあくまでも標的を小さなものにして敵のねらいを困難にするという意味においてである。この意味で効果的な防御のためには、二、三ノット速度を増すために装甲を減ずるのではなくて、艦そのものを小さくすることが要求される。

《ユトランド沖海戦》の戦術的側面は、技術的側面よりももっと大きな批判と論争を喚起している。実際の指揮に対する批判よりも、その根本のものに対する批判のほうが答えるのに困難である。海軍の戦術研究の怠慢、戦術教科書の不在、乏しい知識教訓を習慣的に包み隠していた秘密主義などは、陸軍における柔軟な戦術が本来多くの人々の絶え間のない反省と討論の産物であることを歴史からも経験からも学んでいる陸軍軍人にとっては、つねに驚きの種だった。「批評は学問のいのちである」。軍事史の学徒は、戦術を秘密にしておこうとすることが、その戦術自体の目標を、そしてまたそれを駆使しようとする者を滅ぼしてしまうことを知っている。アレキサンダーのマケドニア軍が、ローマ軍が、モンゴル軍が、グスタフのスウェーデン軍が、フリードリヒのプロイセン軍が、ウェリントンの半島戦争のときの歩兵が、いくたびも勝利を収めたその戦術にはなんの秘密もない。ただあるのは訓練と理解を通じて心をひとつにして戦闘を遂行する無類の強みだけであり、これが彼らにいかなる相手も模倣家も及ばない利点を与えたのである。秘密主義は戦術の硬直化を招くのに対して、公開の討論と批判は柔軟性と、予期せぬ事態に当面したときの兵士たちの心をひとつにした率先遂行を生み出す。この世界大戦の間の海軍戦術に対する根本的批判は、戦術の基本である臨機応変さを阻んでいたということである。さらに、英国艦隊はユトランドにおいて、ちょうどナポレオンが《独立師団》の方式を開発する以前の時代に陸軍が行なっていたように、単一の集団として戦った。戦術的にはその艦隊は腕のない身体であった。したがってどんなに器用に艦隊を機動させても、ジェリコウが敵の行動の自由を麻痺させることなど望むべくもなかったのは当然である。そして敵を抑えつけておくことは、決定的機動にとって是非とも必要な前提条件なのである。この二元的行為は、「征服するために分轄する」という古い格言に二重の意味を与えている。英国艦隊はあまりにも忠実に「一にして不可分」でありすぎた。

この支配的な条件下にあってのジェリコウの五月三十一日の艦隊指揮は、そのときのあいまいな事情を充分考慮に入れれば、慎重ではあったがきわめて有能であったと、公平に判定してもよいであろう。一九一六年にはそういうあいまいさが極限に達していた。それは砲の進歩によっていよいよ長くなった射程距離を調整するものとしての飛行機の偵察がまだ充分に発達していなかったからである。よく批判の対象となるジェリコウの左翼への展開は、あの状況にあってはおそらく最善策であったが、これをほめると、ここにも問題があったということをつい見落としがちになる。問題とは左翼への展開によってビーティの巡洋戦艦群が、戦闘艦隊の正面から脱し切るのに時間がかかり、その艦隊の砲火を邪魔して、手詰り状態をもたらしたことで、これまた中央部から展開すべきだったとするチャーチルの代案に対して出されている反対論と同じ内容のものである。

この夜戦の教訓は以上に要約されているが、残された唯一の問題は、ジェリコウが敵の突破の企てを出し抜くために、魚雷搭載艦を突き出た尻尾として受け身に用いる代りに、攻勢用に用いる機会をとらえるべきではなかったかという点である。しかし、いっさいの批判を無視して、われわれがジェリコウの戦闘艦隊の指揮を、多くの海軍崇拝家たちが言うように完全無欠の傑作であると認めるとしても、反面、そう認めることがユトランドの戦いの最大の欠陥とは、そもそも戦いをやったことだったという感想を強めることにも通じるのである。

トルコ／西アジア	東部戦線	日本	
1.9　連合軍，ガリポリ半島撤退完了.			1916
4.29 英タウンゼンド軍，トルコに降伏.			
	6.4　ブルシーロフ・ロシア南西正面軍の大攻勢開始(～ 9 月).		
	11.28 ロシア軍，カルパチア方面で攻勢. 12.6　オーストリア=ドイツ軍，ブカレスト（ルーマニア）占領.		

「マルヌ」ヨリ「エーヌ」ニ至ル獨軍退却經過要圖

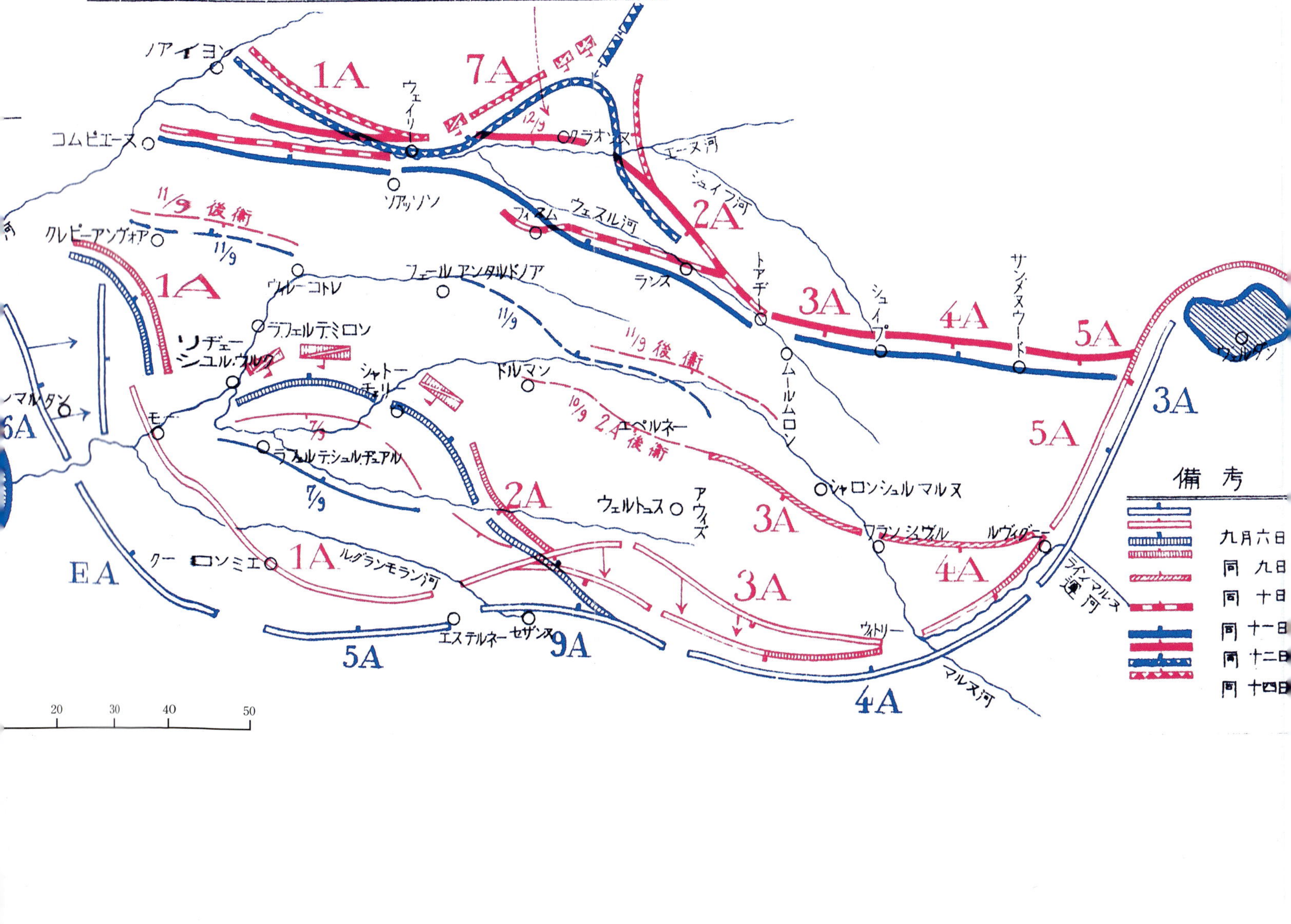

開戦當初西方戦場獨軍作戦經過要圖

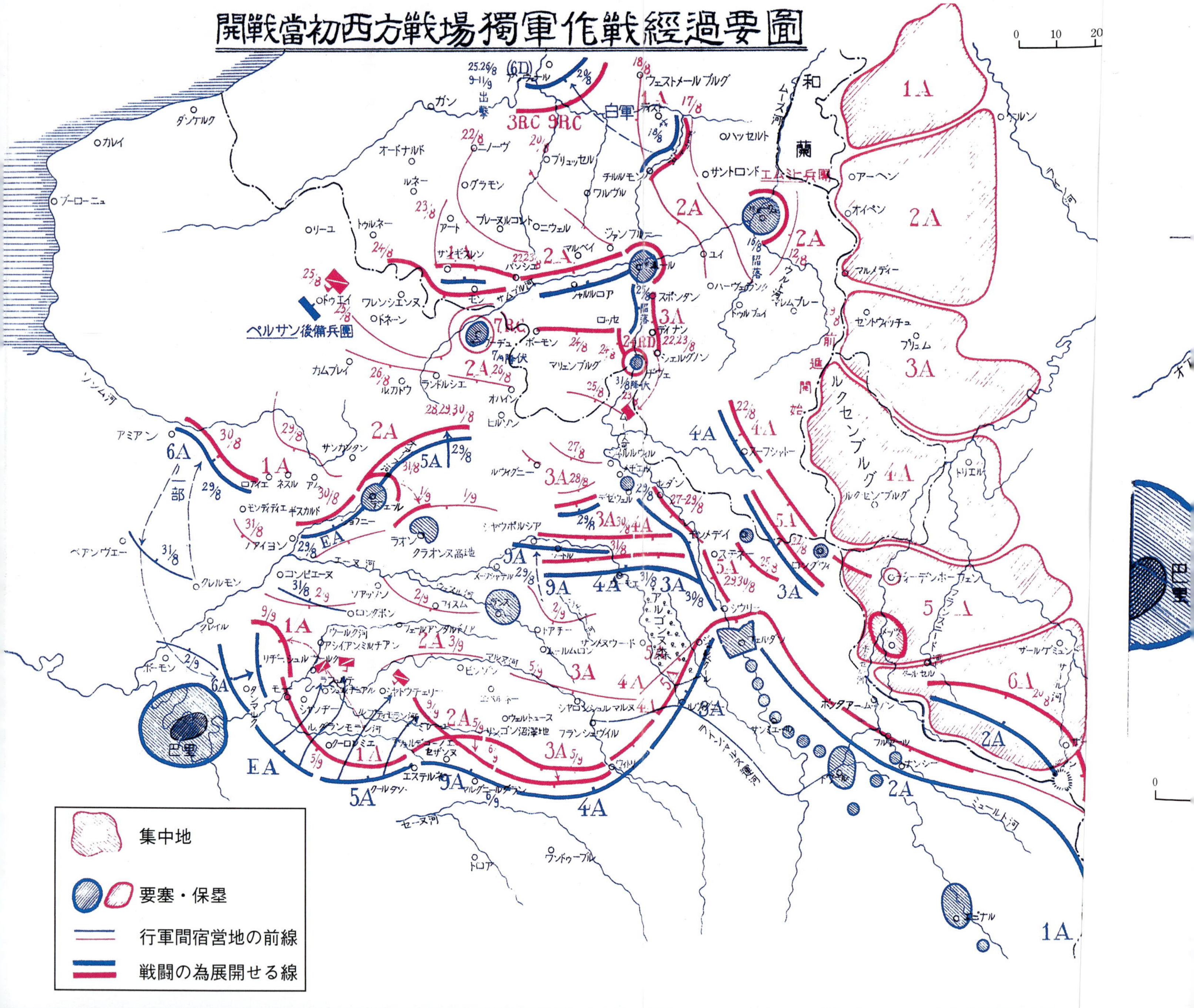

	アメリカ／海上戦	西部戦線		バルカン半島／イタリア
	英	仏	独	オーストリア
1915		1.8　ドイツ軍，ソアソン方面に進出(～13)		
	1.24 ドッガー・バンク沖海戦.			
	2.18 独Uボート，英国封鎖開始.	2.16 シャンパーニュ付近の戦闘(～28).		
		3.6　フランス軍，シャンパーニュ進攻. .10 ヌーヴェ=シャペルの戦い(～20).		
		4.22 第2次イープル戦(～5.27),ドイツ軍が塩素系毒ガスを大量使用.		
	5.7　独Uボート，客船「ルシタニア」を無警告雷沈.	5.9　フランス軍，アラス北方で攻勢.フランス第8軍，イープルに進出.オーベル尾根の戦い(～10). .15 フェステュベールの戦い(～27).		
				5.24 イタリア，オーストリアに宣戦布告. .26 イタリア，ドイツに宣戦布告.
	.31 独飛行船，ロンドン空襲.			
		6中旬 フォーゲンゼン山地の戦い.		
				6.23 オーストリア，イタリア両軍，イゾンツォ川会戦(～7.7).
	7.2　独艦〈ポンメル〉バルト海で英潜水艦に雷沈.			
				7.18 第2次イゾンツォ川会戦(～8.30).
	8.19 独Uボート，客船「アラビック」を無警告雷沈.			
		9.15 英国軍，ロース攻撃(～11.4).フランス軍，シャンパーニュ，アルトワで攻勢(～10.6).		
				10.6　同盟軍，セルビア侵攻. .9　同盟軍，ベオグラート占領. .14 ブルガリア，セルビア開戦. .21 第3次イゾンツォ川会戦(～11.4). 11.10 第4次イゾンツォ川会戦(～12.2).
				12.2　モナスティル（セルビア）陥落，同盟軍のセルビア占領完成.
		12.5　連合軍，パリ軍事会議開催.		
				.13 連合軍，マケドニア退却，サロニカ死守.

トルコ／西アジア	東部戦線	日本	
			1914
8.2 トルコ，ドイツと秘密同盟条約締結.	7.31 ロシア，総動員を開始.		
.10 独艦〈ブレスラウ〉〈ゲーベン〉がダーダネルズ海峡に入る.	8.13 オーストリア軍，クラクフ方面よりロシア領ポーランドに侵入.		
	.20 ロシア北西正面軍，グムビンネンの戦い(19～20)でドイツ軍に勝利. .21 ロシア南西正面軍，国境を越えガリシアに侵入.	8.23 日本，ドイツに宣戦布告.	
	.26 オーストリア，ロシア両軍，ズロータ・リパ川の会戦(～27). ドイツ，ロシア両軍，タンネンベルクの戦い(～30).		
	9.2 ロシア軍，レンベルク占領.	9.2 日本軍，山東省竜口に上陸.	
	.6 マズリア湖沼地方の戦い(～15).		
	.11 オーストリア軍，サン川に沿って総退却. .16 ロシア軍，東プロシアを撤退. .22 ロシア軍，プルジェムィスル要塞攻撃開始.	.11 オーストラリア軍，ビスマルク諸島に上陸.	
	10 中旬 プルジェムィスル要塞陥落.	10.14 日本軍，独領南洋諸島を占領.	
	下旬 ロシア，ドイツ両軍，ポーランド会戦.		
11.2 ロシア，トルコに宣戦布告 .3 英国艦隊，ダーダネルズ海峡砲撃. .6 英仏，トルコに宣戦布告.		11.7 日本軍，青島を占領.	
	11.12 同盟軍，第2回攻勢開始. .17 ドイツ第9軍主力，ロシア軍をロズ付近に包囲. .19 ロシア第1軍の一部，ドイツ第9軍を逆包囲(～22).		
11.21 英国軍，バスラ（メソポタミア）を占領.	.22 ロズ付近のドイツ軍，包囲を突破.		
	12.6 ロシア軍，ロズ付近の戦線撤退.		
	中旬 ワルシャワ，クラカウ方面の激戦. 30 ガリシアのロシア軍，オーストリア軍を圧迫.		

	アメリカ／海上戦	西部戦線	バルカン半島／イタリア
	英	仏　　　　独	オーストリア
1914			6.28 オーストリア皇太子サライェボで暗殺.
		7.5 ドイツ帝国軍事会議，開戦を決する.	
			7.23 オーストリア，ハンガリー，セルビアに最後通牒.
			.28 オーストリア,セルビアに宣戦布告.
		.31 ドイツ戦時体制.	
		8.1 ドイツ，ロシアに宣戦布告.	
		8.2 ドイツ軍，ルクセンブルクに侵入.	
		.3 ドイツ，フランスに宣戦布告.	
		.4 ドイツ軍，ベルギーに侵入.	
	8.4 イギリス，ドイツに宣戦布告.		
		.5 ドイツ軍，ベルギー最大の要塞リエージュを包囲.	8.12 オーストリア軍，セルビアに侵入.
	.12 英国遠征軍，フランスに上陸(～17).		
		.18 ドイツ軍，リエージュ要塞を陥落.	
		下旬 英仏連合軍，漸次退却.	
		.23 モンスの戦い.	
		.24 ドイツ軍主力，フランスに進攻.	.24 オーストリア軍，セルビアで敗退.
		.25 ドイツ軍，ナミュール要塞攻略.	
	.27 英国海兵旅団，オステンデに上陸.		
		9.2 仏政府，ボルドーに移る.	
		.5 マルヌ会戦(～10). 英仏軍，ドイツ軍を阻止.	9.6 オーストリア，セルビア両軍，塹壕戦に(～28).
		.7 ドイツ軍，モブージュ要塞陥落.	
		.10 ドイツ軍，エーヌ河畔に退却.	
		.13 エーヌ河畔のドイツ軍陣地に対する英仏連合軍の攻勢失敗(～15). 以後，「延翼競争」.	
	9.28 英国空軍，ドイツ初空襲.		
		10.10 ドイツ軍，アントウェルペンを占領，カレー突進を目指す.	
		.12 第1次イープル戦・その1(～11.2).	
		.17 「延翼競争」終了.	
		.18 イーゼル河畔の戦い(～29).	
	11.1 南米コロネル沖英独海戦，英艦隊全滅.		
	.9 独巡洋艦〈エムデン〉撃砕.	11.11 第1次イープル戦・その2(～15).	11 中旬 オーストリア軍，セルビアに再侵入.
			12.2 オーストリア軍，ベルグラート（セルビア）を占領.
	12.8 フォークランド沖海戦，独東洋艦隊全滅.	12.10 仏政府，パリ復帰.	
		.12 アルゴンヌ方面の激戦.	.12 オーストリア軍，セルビア軍に追撃され，サーブ，ドリナ川左岸に撤退.
		中旬 ニューポール，イープル方面の戦闘.	

第一次世界大戦

年　表

1914年～1916年

本作品は1978年にフジ出版社から刊行され、2000年12月に中央公論新社から再刊された。４版にて石津朋之氏による解説を新たに付した。

著　者　B・H・リデルハート　Basil Henry Liddell Hart

1895–1970　イギリスの戦略家・軍事史家。ケンブリッジ大学を卒業後、陸軍に入り第一次世界大戦に従軍。ソンムの戦いで負傷し、退役後、各紙誌に軍事記事を執筆、1941年に発表した『戦略論』では間接的アプローチ戦略を主唱した。第二次世界大戦では、リベラルな価値観から戦略爆撃、無条件降伏といった方策に異議を唱えた。代表作に *The Remaking of Modern Armies*（1927）、*The Decisive Wars of History*（1929）、*A History of the World War 1914–1918*（1930）、*The Memoirs of Captain Liddell Hart: Volumes I and II*（1965）などがある。

訳　者　上村達雄（かみむら・たつお）

1920年、東京生まれ。慶應義塾大学文学部文学科卒、慶應義塾大学大学院文学研究科修了。慶應義塾大学文学部教授、神戸学院大学教養部教授、同大学人文学部人間文化学科特任教授を歴任。退職後、千葉在住。共著書に『近代英文学の一面』『続近代英文学の一面』、著書に『夫婦が試されるとき―アルツハイマー病の妻と生きる』、訳書にベイジル・リデルハート『第一次世界大戦』、ジョン・ローラー編『新しい大学』、英国エコロジスト誌編『人類にあすはあるか』（共訳）、モニカ・スターリング『ルキーノ・ヴィスコンティ』などがある。2010年没。

解説　石津朋之（いしづ・ともゆき）

戦争歴史家。防衛省防衛研究所戦史研究センター主任研究官。前戦史研究センター長。防衛研究所入所後、ロンドン大学キングスカレッジ戦争研究学部名誉客員研究員（ダイワ・アングロ＝ジャパニーズ・フェロー）、英国王立統合軍防衛安保問題研究所（RUSI）客員研究員、シンガポール国立大学客員教授を歴任。放送大学非常勤講師、早稲田大学オープンカレッジ講師。
著書に『総力戦としての第二次世界大戦』（中央公論新社、2020）、『リデルハート――戦略家の生涯とリベラルな戦争観 』（中公文庫、2020）、『戦争学原論』（筑摩書房、2013）、『戦争とロジスティクス』（日本経済新聞出版社、2024）、『大戦略の思想家たち』（日経ビジネス人文庫、2023）、「シリーズ　戦争学入門」（創元社、2019～）など、訳書にクレフェルト『補給戦（増補新版）』（監訳）、『戦争の変遷』（監訳）、ガット『文明と戦争』（共訳）、マーレー他『戦略の形成』（共訳）などがある。ほかに *Conflicting Currents: Japan and the United States in the Pacific*（Santa Barbara, CA: Praeger, 2009）、*Routledge Handbook of Air Power*（Oxford, Routledge 2018）、*The Pacific War Companion: From Pearl Harbor to Hiroshima*（Oxford: Osprey, 2005）などがある。

装　幀　中央公論新社デザイン室

第一次世界大戦《だいいちじせかいたいせん》　上《じょう》
——1914-16

2000年12月10日　初版発行
2024年10月5日　4版発行

著　者　B・H・リデルハート
訳　者　上村《かみむら》 達雄《たつお》
発行者　安部 順一
発行所　中央公論新社
〒100-8152　東京都千代田区大手町1-7-1
電話　販売 03-5299-1730　編集 03-5299-1740
URL https://www.chuko.co.jp/

DTP　ハンズ・ミケ
印　刷　三晃印刷
製　本　小泉製本

Published by CHUOKORON-SHINSHA, INC.
Printed in Japan　ISBN978-4-12-003086-4 C0098

中央公論新社好評既刊

戦争論　上下　中公文庫
クラウゼヴィッツ
清水多吉訳

プロイセンの名参謀としてナポレオンを撃破した比類なき戦略家クラウゼヴィッツ。その思想の精華たる本書は、戦略・組織論の永遠のバイブルである。

戦争概論　中公文庫
ジョミニ
佐藤徳太郎訳

19世紀を代表する戦略家として、クラウゼヴィッツと並び称されるフランスのジョミニ。ナポレオンに絶賛された名参謀による軍事戦略論のエッセンス。

孫子・呉子　中公文庫
町田三郎
尾崎秀樹訳

春秋戦国時代に成立した軍事思想書で、徹底した合理主義を説く「孫子」。戦国時代初期、一大変革期に楚の宰相を務めた呉起の言を集め、戦争における「仁」の重要性を説く「呉子」。ともに兵法書として名高い二書を合本。混迷深まる現代における必携の書。〈解説〉湯浅邦弘

制限戦争指導論　中公文庫
J・F・C・フラー
中村好寿訳

第一次大戦下で陸軍の機甲化を初めて提唱したイギリスの軍事史家が、戦争の目的は勝利でなく早期決着・和平にあるとした異色の戦略論。〈解説〉石津朋之

陰の戦争
アメリカ・ロシア・中国のサイバー戦略
E・V・W・デイヴィス
川村幸城訳

サイバー戦争は既に始まっている！　戦時と平時の境界が消滅、国家の中枢機能やインフラを破壊！　三大国の思惑と戦略思想を比較分析する

戦争の新しい10のルール
慢性的無秩序の時代に勝利をつかむ方法
ショーン・マクフェイト
川村幸城訳

21世紀の孫子登場！　なぜアメリカは負け戦続きなのか？　未来の戦争に勝利するための秘訣を古今東西の敗戦を分析しながら冷徹に説く。

文明と戦争 上下 人類二百万年の興亡

WAR IN HUMAN CIVILIZATION

人はなぜ戦うのか?
人類の性《さが》か?
文化の発明なのか?

アザー・ガット著
石津朋之・永末聡・山本文史監訳
歴史と戦争研究会訳

中公文庫

戦争・戦略の分野で注目されている新進気鋭の研究者が、
生物学、人類学、考古学、歴史学、社会学、政治学の最新成果を
脱領域的に横断し、「戦争の謎」を多角的に探る。
古今東西のあらゆる戦争を総覧し、文明の誕生、国家の勃興、農業の登場
産業革命や技術革新による、戦いの規模と形態の変化を分析、
さらに平和論についての検証も行う。

目 次

著者 アザー・ガット（Azar Gat）

テルアビブ大学政治学部エゼル・ワイツマン（Ezer Weitzman）国家安全保障講座担当教授。1959年生まれ。イスラエル・ハイファ大学卒。テルアビブ大学（修士）、英オックスフォード大学（博士）、ドイツのフライブルク大学、米エール大学、オハイオ州立大学、ジョージタウン大学で研究や教育に携わってきた経歴を持つ。軍事史及び戦争・戦略研究の分野で数多くの著作を発表している、気鋭の研究者の一人。自身の過去3冊の研究をまとめた『軍事思想の歴史―啓蒙主義から冷戦まで』（*A History of Military Thought: From the Enlightenment to the Cold War* [Oxford: Oxford University Press, 2001]）は、欧米の戦争・戦略研究や安全保障研究関係の大学・大学院、および軍大学や士官学校などで必読書の一つになっている。オックスフォード大学ではこの分野の世界的な碩学であるマイケル・ハワードの指導を直接受けており、バジル・ヘンリー・リデルハート、ハワード、ブライアン・ボンド、ローレンス・フリードマンに代表されるイギリスの戦争・戦略研究の流れに連なる研究者でもある。